Tandem MATHS

CP

Direction d'ouvrage

Christophe Gilger
Conseiller pédagogique

Catherine Grosjean
Inspectrice de l'Éducation nationale

Stéphanie Collomb
Professeure des écoles – Maitre formatrice

Carole Cortay
Conseillère pédagogique

Cécile Guénard
Professeure des écoles – Maitre formatrice

Johan Jacquier
Professeur de mathématiques – Formateur 1er degré

Vincent Lobry
Professeur des écoles – Maitre formateur

Célia Manseur
Professeure des écoles – Maitre formatrice

Élodie Michaut
Conseillère pédagogique

Cet ouvrage est conforme à la nouvelle orthographe
www.orthographe-recommandee.info

Nathan

SOMMAIRE

© Éditions Nathan 2025 – contact@nathan.fr
92 avenue de France – 75013 Paris
ISBN : 978-2-09-504787-0

CALCUL

RÉSOLUTION DE PROBLÈMES

GRANDEURS ET MESURES

ESPACE ET GÉOMÉTRIE

ORGANISATION ET GESTION DE DONNÉES

SOMMAIRE DES VIDÉOS

- Ajouter des nombres
- Soustraire des nombres
- Se repérer dans le tableau de nombres
- Poser une addition en colonnes
- Tracer un trait avec la règle
- Mesurer un segment et tracer un segment
- Construire un rectangle
- Construire un carré
- Déterminer et constituer une somme en euros
- Rendre la monnaie

Pictogrammes du guide pédagogique

- ▶ Renvoi à un **diaporama** présent dans l'espace numérique du guide
- ▶ Renvoi à une **fiche à imprimer** présente dans l'espace numérique du guide
- ▶ Renvoi aux ressources de la **boite d'autonomie** présentes dans l'espace numérique du guide
- ▶ Renvoi au **livret de calcul mental** présent dans l'espace numérique du guide
- ▶ Renvoi au **fichier élève** ou au **cahier de géométrie**

PARTIE 1

A Nos choix pédagogiques

1 La numération

L'apprentissage de la numération en CP est une étape fondamentale qui se situe dans la continuité du travail entrepris en maternelle autour de la **construction du nombre**. Dès l'école maternelle, en effet, les élèves explorent le dénombrement, la correspondance terme à terme et les premières écritures numériques. Notre démarche est conçue pour assurer une **progression naturelle vers l'abstraction** en s'appuyant d'abord sur la **manipulation d'objets** avant d'amener les élèves vers des **représentations symboliques** et **l'écriture en chiffres** des nombres.

▶ Une construction du nombre par la manipulation et la mise en situation

Les modules proposés débutent par des **mises en situation concrètes**. Les élèves manipulent des objets tangibles (jetons, cubes, cartes à points, matériel base 10, cartes-nombres) pour explorer et structurer les quantités. Cette approche favorise la **création d'images mentales des nombres**, un passage nécessaire pour aborder le calcul mental et la mémorisation des faits numériques. Bien que peu visibles dans le fichier élève, ces étapes prennent appui sur des diaporamas à projeter en classe.

▶ Des représentations variées pour renforcer la compréhension

Nous avons fait le choix de varier les représentations afin que les élèves puissent construire une **vision flexible du nombre** et choisir progressivement les représentations les plus adaptées selon la tâche à réaliser.

- Les **cartes à points** de deux types différents sont destinées à ancrer la perception des quantités et à travailler sur les compléments.
- Le **matériel base 10** permet de comprendre la numération de position et le groupement par dizaine.
- Les **cartes-nombres** sont utilisées pour décomposer et recomposer les nombres en mettant en évidence leur structure en dizaines et unités.

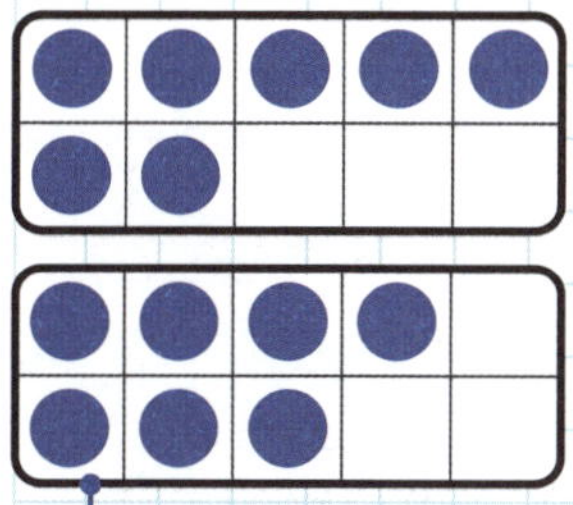

Les cartes à points 7 : en haut, disposition en appui sur 5 (cartes avec un verso rose) ; en bas, disposition en lien avec les doubles (cartes avec un verso bleu).

▶ Une progression structurée, distinguant numération écrite et numération orale

Notre programmation prend en compte la distinction entre la numération écrite et la numération orale, dont les apprentissages ne se font pas au même rythme.
En ce qui concerne la **numération écrite**, les élèves travaillent avec des quantités allant jusqu'à 100 grâce au groupement par 10 et à la compréhension de la numération de position, sans nécessairement savoir nommer ces quantités au départ. La **numération orale** suit une progression qui s'appuie sur l'observation des régularités et irrégularités de la langue, notamment à travers l'usage des grandes et petites comptines numériques.

- **Période 1 :** nombres jusqu'à 10, groupements par 10
- **Période 2 :** nombres jusqu'à 59
- **Période 3 :** tableau des nombres jusqu'à 100, structuration des nombres de 60 à 79
- **Période 4 :** représentations des nombres, structuration des nombres de 80 à 99
- **Période 5 :** droite graduée, nombre 100

Un apprentissage du nombre au service du calcul

Dès le CP, il est essentiel que les élèves perçoivent la **structure des nombres** comme un **levier pour le calcul**. Les activités de numération préparent activement au calcul mental en mettant l'accent sur :

- la décomposition des nombres (par exemple : 37 = 30 + 7) ;
- le repérage des compléments (par exemple : 8 + ? = 10) ;
- l'utilisation des groupements et échanges (par exemple : ajouter 10 à un nombre).

Au lieu de se contenter d'appliquer des procédures, les élèves acquièrent ainsi une véritable compréhension du nombre qui leur permet de s'adapter à des situations mathématiques nouvelles ou plus complexes. Ils apprennent également à choisir parmi les stratégies enseignées et les matériels utilisés.

Un enseignement explicite et des échanges entre élèves

Dans le cadre de notre démarche, l'enseignant.e :

- **guide les élèves** dans leurs observations au cours des manipulations ;
- **verbalise les stratégies** et encourage les élèves à expliquer leurs choix ;
- **favorise les échanges** pour confronter les différentes stratégies.

2 Le calcul

Comme pour la numération, notre démarche pour enseigner le calcul au CP repose sur une **approche structurée et progressive**, favorisant à la fois la **manipulation**, l'enseignement explicite et le développement d'une **posture réflexive** face aux nombres et aux opérations.

Manipuler pour créer des images mentales

Nous avons choisi de proposer une entrée systématique par la **manipulation** afin de permettre aux élèves de **visualiser les nombres et les opérations** avant d'aborder des techniques plus formelles. L'utilisation de **matériels variés** (cartes à points, matériel de base 10, droite graduée, ligne numérique, arbres à calcul) aide à structurer la pensée mathématique et à créer des images mentales. Par ailleurs, le **passage vers l'abstraction** se fait de manière très progressive, notamment pour des notions complexes comme l'ajout de 9 (+10 puis –1), qui demandent des « raccourcis » cognitifs plus avancés. L'objectif est de **respecter le développement des élèves**, en leur laissant le temps de **s'approprier des stratégies efficaces** avant de les complexifier.

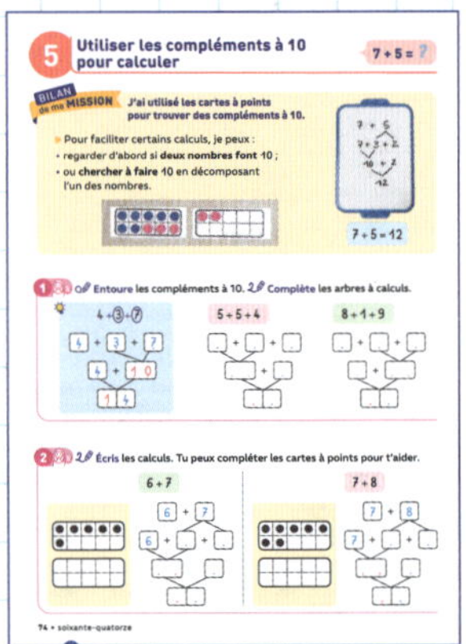

Un exemple d'utilisation des cartes à points et de l'arbre à calcul dans le fichier CP.

Une diversité d'outils pour accompagner sans enfermer

Les élèves n'apprennent pas tous de la même manière et certains outils sont plus efficaces que d'autres en fonction des calculs à réaliser. C'est pourquoi nous avons intégré une palette d'outils variés :

- **les cartes à points** pour ancrer la perception des quantités ;
- **la ligne numérique et la droite graduée** pour visualiser les écarts et les déplacements numériques ;
- **le matériel base 10** pour comprendre les groupements et la numération de position ;
- **les arbres à calcul** pour visualiser les décompositions et recompositions.

Certains exercices sont proposés sans dicter l'outil à utiliser afin d'encourager les élèves à choisir la représentation qui les aide le mieux.

Une progressivité du calcul tout au long de l'année

Les élèves progressent des outils concrets vers des représentations plus abstraites, avec des retours réguliers sur les notions déjà travaillées pour assurer une consolidation efficace des connaissances.

- **Période 1 :** travail sur le **lien entre addition et soustraction** dès le début de l'année, pour poser les bases de la compréhension des opérations.
- **Période 2 :** mise en place de calculs simples grâce aux **compléments à 10**, un prérequis essentiel pour le calcul mental.
- **Période 3 :** utilisation du matériel base 10 pour **renforcer la construction du nombre** et favoriser les allers-retours entre calcul et numération.
- **Période 4 :** apprentissage du **calcul réfléchi** avec un travail approfondi sur les **stratégies** et l'utilisation de différents outils.
- **Période 5 :** introduction de la **technique opératoire de l'addition** après le travail sur le calcul réfléchi, en insistant sur le fait qu'elle n'est pas la seule manière de calculer.

▶ Un enseignement explicite des stratégies de calcul

Les **stratégies de calcul** sont clairement formulées et mises en pratique pas à pas :

- découverte guidée avec des exemples concrets ;
- explication et verbalisation détaillée des stratégies ;
- pratique guidée puis autonome et différenciée ;
- vérification et justification des choix des élèves.

L'objectif est que chaque élève comprenne comment et pourquoi utiliser une stratégie donnée plutôt qu'une autre.

▶ Développer une posture réflexive face aux nombres et aux stratégies de calcul

Plutôt que d'appliquer aveuglément des procédures, les élèves sont invités à :

- **observer** les nombres et leurs relations ;
- **se questionner** sur les stratégies possibles avant de choisir la plus adaptée ;
- **argumenter** et **justifier** leur choix.

Pour renforcer cette flexibilité mentale, nous avons prévu **trois séances spécifiques**, à partir de la période 3, où les élèves travailleront explicitement sur l'analyse des stratégies et l'adaptation de leur choix en fonction du contexte.

3 La résolution de problèmes

Ce domaine fait l'objet d'un **apprentissage explicite et structuré** autour d'une **typologie de problèmes** conforme aux nouveaux programmes. Au-delà des problèmes **prototypiques** (à une étape, additifs et multiplicatifs), sont également abordés des problèmes **complexes** (additifs à deux étapes). L'objectif est d'outiller les élèves pour qu'ils parviennent à résoudre tous ces problèmes en autonomie.

La manipulation et la verbalisation tiennent une place centrale dans cet enseignement qui s'articule autour de trois axes forts.

1 La **compréhension et l'identification des problèmes**

Elles sont travaillées à travers :

- une typologie simplifiée conforme aux nouveaux programmes ;
- la **manipulation d'objets courants** pour ancrer les situations dans le réel ;
- une **réflexion argumentée et verbalisée** lors des séances de découverte ;
- des **exercices de compréhension** des énoncés, des **situations de création d'énoncés**.

Les **situations de comparaison** sont abordées dès le CP, de manière très progressive, en mettant l'accent sur la compréhension du vocabulaire (autant que, plus que, moins que...).

2 L'utilisation réfléchie d'une schématisation pour chaque type de situation

La schématisation est installée progressivement :

- en lien étroit avec la compréhension afin de donner du sens aux situations ;
- en adaptant les représentations à chaque famille de problèmes.

3 Un entrainement conséquent en résolution de problèmes

L'**automatisation** nécessaire à une certaine expertise se fera grâce à la multiplication des problèmes résolus, par analogie avec les problèmes analysés et compris. Cet entrainement pourra être complété par le rituel en résolution de problèmes (*cf.* p. 30).

▶ L'organisation

Un temps d'apprentissage spécifique est dédié à cet enseignement : **une heure par semaine** sur 4 semaines consécutives dans chaque période.
Chacune de ces **4 séances** se compose de 30 minutes en apprentissage avec l'enseignant.e, en appui sur un diaporama, et de 30 minutes en pratique accompagnée sur le fichier élève.

▶ La progression

À chaque période, une **situation issue de la typologie** est enseignée en s'appuyant sur des objets du quotidien :

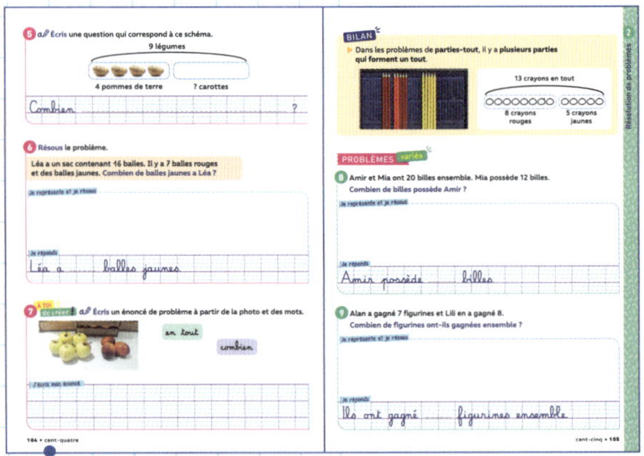

Le bilan s'appuie sur la situation prototypique (ici les crayons).

- **période 1 :** situations de comparaison avec des cartes à jouer ;
- **période 2 :** situations de parties-tout avec des crayons de couleur ;
- **période 3 :** situations de transformation (assimilables à des problèmes de parties-tout) avec des cahiers ;
- **période 4 :** problèmes multiplicatifs (qui relèvent des situations de parties-tout) avec des madeleines ;
- **période 5 :** problèmes additifs à 2 étapes avec différents objets.

▶ La **première période** permet d'entrer progressivement dans l'apprentissage de la résolution de problèmes en étudiant des situations de comparaison. L'objectif premier est d'inviter les élèves à questionner mathématiquement les énoncés de problèmes et de développer une meilleure compréhension du vocabulaire spécifique.

▶ Dans les **périodes 2 à 4**, un problème concret est posé **à partir d'une photo** au cours de la **1re séance**. Il permet de réfléchir collectivement, de donner du sens à la situation et d'identifier un problème de référence. Dans le cadre d'un enseignement explicite, une **phase de modelage** permet ensuite à l'enseignant.e de montrer une stratégie de résolution en s'appuyant sur un schéma. Puis les élèves reproduisent une situation similaire avant de s'entrainer dans le fichier.
Lors des **2e et 3e séances**, les élèves sont confrontés à des problèmes plus complexes, relevant de la même situation, qui les incitent à faire des analogies avec les premiers problèmes rencontrés. Des phases d'entrainement sur fichier sont ensuite proposées avec des exercices de compréhension, des situations de production d'énoncés et des résolutions de problèmes.
Au cours de la **dernière séance**, on structure cet apprentissage en montrant aux élèves comment une même situation peut se décliner en plusieurs énoncés.

▶ La **dernière période** est consacrée aux problèmes à étapes. L'objectif est d'amener les élèves à identifier les étapes afin de pouvoir les résoudre une par une. À ce stade, une seule étape intermédiaire est intégrée aux énoncés. Elle correspond à une question implicite, à identifier avant de pouvoir répondre à la question finale.

4 Les grandeurs et mesures

Il n'est pas toujours aisé de se repérer dans le domaine des grandeurs et mesures tant ces deux termes renvoient à deux notions à la fois très liées et très différentes. Nous avons donc fait le choix d'une **progression qui va de la grandeur à la mesure** pour toutes les grandeurs physiques.

1 Entrée par la notion de grandeur en dehors de tout recours à la mesure

L'acquisition des différentes grandeurs est favorisée par l'utilisation d'un vocabulaire précis (par exemple, « plus court » ou « plus léger » au lieu de « plus petit », si polysémique), un travail autour de la **caractérisation** d'un objet selon différentes grandeurs (« la plume est plus légère que la gomme »), et la **comparaison** de deux objets (directe puis indirecte).

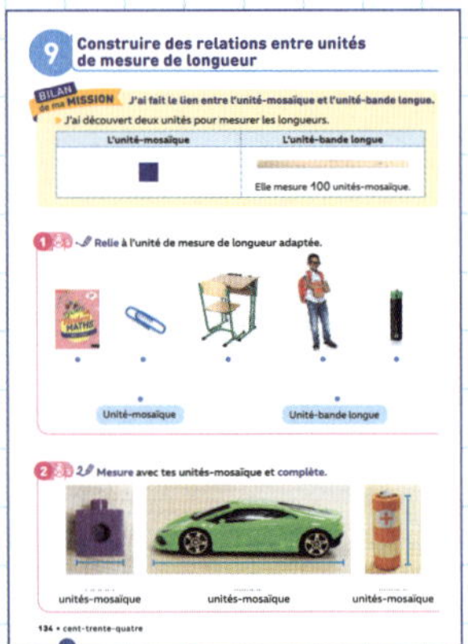

Du CP au CE2, chaque unité de mesure est associée à un objet du quotidien. Cette démarche permet de construire des images mentales solides des unités de mesure.

2 Construction du concept d'unités de mesure arbitraires

Elle s'effectue par des activités de **mesurage** en appui sur des **objets du quotidien**. En CP, cette compétence ne concerne que la grandeur « longueur » mais elle sera élargie à la grandeur « masse » en CE1 puis « contenance » en CE2.

3 Introduction des unités usuelles, puis de l'estimation de mesure

Le lien avec les objets du quotidien permet la **création d'images de référence**. Par exemple, la longueur d'un côté de carré de mosaïque manipulé durant les activités de mesurage renvoie ensuite à l'unité usuelle du centimètre.

Par ailleurs, nous avons choisi de :

- proposer une **progressivité équivalente pour chaque grandeur** (longueur, masse, contenance et durée sont traitées de la même manière tout au long du cycle) ;
- mettre en valeur des **similitudes entre les différentes grandeurs physiques** aux programmes de cycle 2 (longueur, masse, contenance), préparant aux nouvelles grandeurs qui seront introduites au cycle 3 (périmètre, aire) ;
- **créer des liens entre les différents domaines des mathématiques** en insistant sur la dimension géométrique de la grandeur et la dimension numérique de la mesure.

▶ Introduction du temps dans un module à part

Le temps-durée (abordé de manière identique aux autres grandeurs à partir du CE1) est différencié du temps-horaire (abordé singulièrement dès le CP).

▶ Une attention particulière à la grandeur « monnaie »

Le CP est l'occasion d'aborder plus formellement la grandeur « monnaie » à travers l'une de ses unités usuelles : l'euro. La manipulation de monnaie factice et la recherche d'équivalences, de sommes à composer ou recomposer, puis de compléments permettent de renforcer la compréhension du système décimal. L'accent mis sur cette grandeur favorisera ensuite la construction de liens avec l'**écriture décimale en CE1 puis en CE2**, en élargissant à l'unité usuelle du centime d'euro.

5 La géométrie

L'enseignement de la géométrie au CP repose sur les connaissances préalables acquises à la maison et en maternelle. L'objectif est de structurer ces acquis, d'enrichir le vocabulaire spatial et le vocabulaire géométrique, et d'amener progressivement les élèves à une compréhension plus abstraite de l'espace et des formes. Nous avons fait le choix d'**une progression qui mobilise les sens** et qui repose sur une manipulation d'objets géométriques, avant de passer à des représentations plus formelles et abstraites sur papier.

Notre approche répond aux recommandations des nouveaux programmes :

- **manipulation** et **perception visuelle** des solides et des formes ;
- **acquisition d'un langage précis** grâce aux activités de verbalisation qui accompagnent chaque étape ;
- établissement d'un **lien entre espace et plan** en passant du concret (maquettes, solides) à l'abstrait (reproductions sur papier) ;
- **progressivité des tracés**, du géoplan à la règle, en passant par des exercices corporels.

▶ Construire des repères et un langage commun

Avant d'aborder les propriétés des objets géométriques, nous commençons par travailler la **reconnaissance** et le **repérage dans l'espace**. L'élève apprend à se situer et à situer des objets en utilisant un vocabulaire précis (à gauche, à droite, devant, derrière, entre, etc.). L'environnement de la classe sert de support à ces activités. L'enseignant.e guide la verbalisation pour structurer la pensée spatiale des élèves.

▶ Explorer les solides : toucher, observer, décrire

La **découverte des solides** constitue une étape essentielle pour affiner la **perception géométrique**. Les élèves manipulent des solides usuels (cube, pavé, sphère, cylindre, pyramide) pour identifier leurs caractéristiques. Ils décrivent ces solides à l'aide d'un vocabulaire précis : sommet, face, nature des faces. Enfin, ils construisent des solides simples pour renforcer la compréhension de leur structure.

▶ Passer des solides aux formes planes

L'observation des solides conduit à l'étude des formes planes qui les composent. La découverte de ces formes se fait à partir de gabarits, facilitant la reconnaissance et la différenciation. La manipulation avec un géoplan permet de **reproduire des formes** sans être freiné par des difficultés de motricité fine, encore fréquentes au CP. Le **travail corporel** sur l'alignement permet de mieux **percevoir les lignes droites**. Enfin, nous proposons une introduction progressive du **tracé à la règle**, avec une séance spécifique consacrée à l'apprentissage du geste.

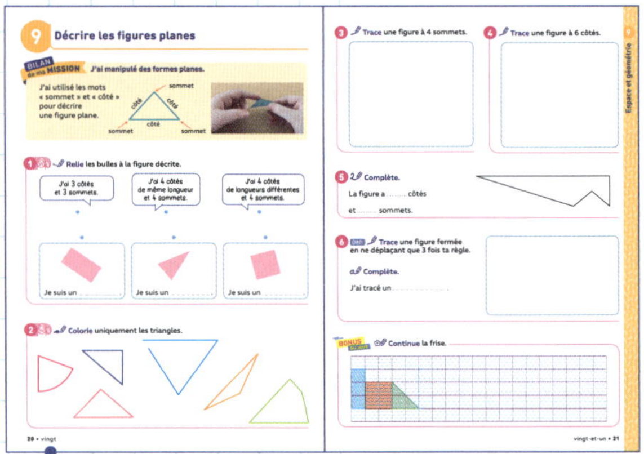

Chaque double-page du cahier de géométrie se termine par une frise à poursuivre, permettant aux élèves de travailler les motifs de façon ludique, en lien avec la notion abordée.

▶ Construire et analyser des assemblages de formes

Une fois ces notions acquises, l'apprentissage se poursuit avec :

- la **reproduction de figures** à main levée et instrumentée à partir d'un modèle ;
- l'**observation** et la **description d'assemblages** de formes simples ;
- la **création de compositions** à partir de figures géométriques.

6 L'organisation et gestion de données

L'introduction de ce domaine dans les nouveaux programmes de mathématiques permet d'appréhender, dès le plus jeune âge, la **lecture et l'interprétation des données**. En s'exerçant à **construire et comprendre un tableau ou un graphique**, les élèves développent des compétences-clés pour se repérer dans un monde où les chiffres et les représentations visuelles sont omniprésents.
Notre approche vise à faire de l'organisation et la gestion des données un domaine vivant et accessible, tout en donnant aux élèves les bases nécessaires pour structurer leur pensée et raisonner sur des informations réelles.

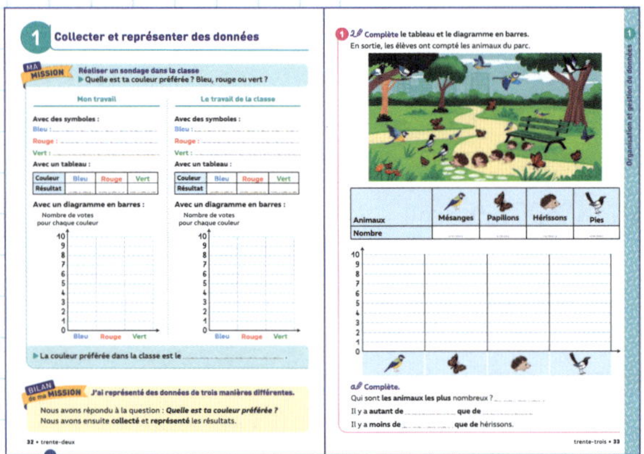

Nous avons choisi d'aborder ce domaine en l'ancrant au réel et en mettant les élèves en situation de collecter, organiser puis représenter des données.

▶ Un ancrage dans le réel à travers une enquête

Pour donner du sens à ce module, nous proposons aux élèves de travailler sur **une enquête et des situations issues de leur quotidien** : organiser un sondage sur sa couleur préférée, construire un tableau sur les animaux observés dans la nature, réaliser un diagramme ou répertorier des parfums de glace dans un tableau. Peu à peu ils sont orientés vers des **situations plus abstraites** autour de formes géométriques.

▶ Une manipulation et une représentation progressive des données

Les élèves sont d'abord amenés à **manipuler concrètement des objets** (gommettes), puis à organiser ces informations sous forme de tableau avant de les représenter sous forme de diagramme en barres. Cette démarche progressive assure une transition entre l'observation et l'abstraction.

▶ Une initiation à la lecture et à l'interprétation des données

L'un des enjeux majeurs est d'amener les élèves à **lire et interpréter correctement des représentations graphiques**. Grâce aux activités présentes dans leur fichier, les élèves apprennent à **répondre à des questions simples sur les données observées** et à **comparer des quantités**.

▶ Un travail en interdisciplinarité

L'organisation des données est en lien direct avec d'autres apprentissages mathématiques comme **le dénombrement ou la résolution de problèmes** (s©ituations de comparaison). D'autres enquêtes pourront être menées en prolongement avec d'autres disciplines (sciences, enseignement moral et civique…). Elles permettront de croiser les apprentissages en favorisant l'observation, l'argumentation et la prise de parole des élèves.

PARTIE 1

B Mettre en œuvre la méthode

- La collection Tandem propose des outils et une démarche qui :
  - permet aux élèves de **donner du sens** aux apprentissages mathématiques **en les ancrant dans le réel** et leur vie quotidienne ;
  - accorde une large place à la **manipulation active** et à la **verbalisation** afin de conduire peu à peu les élèves vers **l'abstraction**. Les **diaporamas** permettent de guider les élèves dans ce processus ; ils sont également le support d'une verbalisation essentielle et exigeante.
- La méthode met en œuvre un **enseignement explicite, structuré** mais aussi **progressif** dès les premiers jours de l'année scolaire.

1 Organiser sa classe avec Tandem Maths CP

▶ Les outils principaux

- **Toutes les séances sont découpées en temps de 30 minutes quel que soit le domaine.** Elles prennent appui sur :

Des diaporamas pour l'apprentissage

\+

Le fichier ou le cahier de géométrie pour l'entrainement

\+

La boite d'autonomie

▶ La journée type

	MATIN	APRÈS-MIDI	
20 min	Mission d'apprentissage	Calcul mental	15 min
10 min	Entrainement guidé		
15 min	Entrainement autonome	Rituel quotidien (numération et problème)	
15 min	Boite d'autonomie		

- L'organisation prévoit **4 séances de mathématiques par semaine**, réparties sur 5 périodes de 7 semaines.
- **La présence de l'enseignant.e auprès des élèves est pensée pour chaque moment d'une séance de mathématiques**. Les modules alternent des temps de travail où sa présence est indispensable pour mener les apprentissages et guider les élèves, et des temps consacrés à du travail en autonomie afin de proposer des remédiations aux élèves qui en auraient besoin ou pour faciliter la gestion d'une classe en double niveau.
- Les **supports** de *Tandem CP* sont **facilement identifiables** par l'enseignant.e et les élèves afin de faciliter la gestion de ces différents temps. Pour les temps de travail qui peuvent être réalisés, au choix de l'enseignant.e, en autonomie ou de façon accompagnée, les élèves disposent d'un fichier et d'un cahier, mais aussi d'activités dans la boite d'autonomie.
- Chaque jour, un temps de 15 minutes est dédié au **calcul mental**, sur lequel les programmes de 2025 insistent tout particulièrement. Le fonctionnement et le descriptif des séances de calcul mental sont détaillés dans la partie 2 du guide.

D'autres manières de fonctionner possibles

• Et si j'ai un double niveau CP/CE1, comment je m'organise ?

Les séances avec les élèves de CP sont construites selon trois moments distincts :
– Un temps d'apprentissage dirigé, en appui d'un diaporama, suivi d'un entrainement guidé sur la page de gauche du fichier, d'une durée de 30 minutes. Sur ce temps, l'enseignant.e est présent.e avec son groupe d'élèves de CP ;
– Un temps d'entrainement plus autonome sur la page de droite du fichier, que les élèves peuvent réaliser seuls, suivi d'un temps d'activités issues de la boite d'autonomie. Sur ce temps, de 30 minutes également, l'enseignant.e peut donc se consacrer à l'autre groupe d'élèves de la classe.

• J'ai une classe de CP, mais je souhaite mettre en place des ateliers pour m'adapter aux besoins de mes élèves, différencier les apprentissages.

Le fonctionnement de la classe pourra s'inspirer de ce qui est proposé pour le double niveau. L'enseignant.e pourra aussi créer des ateliers, selon différentes modalités :

1. 30 minutes en classe entière, pour le temps d'apprentissage en appui sur le diaporama et pour les exercices en pratique guidée du fichier.
Puis 30 minutes pour des ateliers à faire tourner, au choix de l'enseignant.e, avec :
– des élèves en autonomie sur les exercices du fichier ;
– des élèves sur les activités de la boite en autonomie ;
– des élèves en remédiation avec l'enseignant.e, en appui par exemple sur le fichier de différenciation.

2. Des ateliers tournants sur toute la séance de mathématiques avec :
– un atelier dirigé, en appui sur le diaporama et des exercices en pratique guidée du fichier ;
– un atelier autonome avec la page de droite du fichier et la boite en autonomie.

2 Faciliter l'organisation de la classe avec les diaporamas

Chaque étape s'appuie sur des diapositives qui sont un support visuel pour l'enseignant·e, mais aussi pour les élèves. **Leur attention étant mieux canalisée et soutenue, ils comprendront plus facilement ce qui est attendu d'eux dans la mesure où les consignes ne sont plus seulement données oralement.**

▶ Des diaporamas qui ne se substituent pas à la manipulation

Faire des mathématiques, c'est manipuler des symboles et des représentations, entrer dans un monde abstrait. Peu à peu, les élèves sont amenés à laisser de côté les objets concrets, visibles et manipulables pour entrer dans un langage fait de symboles opératoires, de nombres, de signes…

Pour accéder à ce monde abstrait, il est nécessaire de lui donner d'abord du sens par le réel, donc par la manipulation. Les diaporamas ne se substituent pas à la manipulation, ils l'accompagnent. Ils permettent également de guider les élèves vers l'abstraction, en appui de ce qu'ils ont vécu par le corps et par le geste.

Mais selon leur rythme de croissance et de développement psychique, les enfants n'accèdent pas en même temps à cette capacité à se détacher du réel pour entrer dans le symbolique. Certains auront besoin encore plus que d'autre, ou plus longtemps, d'une proximité physique et ne peuvent s'empêcher d'assimiler les situations mathématiques auxquelles ils sont confrontés à un vécu ou une expérience personnelle.

▶ Les diaporamas des missions d'apprentissage

- Les diaporamas contiennent tout ce qui est nécessaire au déroulé des missions d'apprentissage et en structurent le déroulé en 3 étapes.

1. Une manipulation guidée

- Une présentation du matériel nécessaire à la manipulation.
- Une présentation des objectifs d'apprentissage (*Qu'allons-nous apprendre aujourd'hui ?*).
- Un guidage de la manipulation, qui permet à la fois d'être explicite dans les objectifs de la manipulation, la tâche à mener, son sens, mais qui est aussi support à la verbalisation.

Durant tout le déroulé de la séance, les élèves sont actifs : ils manipulent vraiment avec leur matériel, mais ils sont aussi mis en situation de comprendre les enjeux de cette manipulation, de mettre des mots sur ce qu'ils font.

2. Un bilan pour institutionnaliser

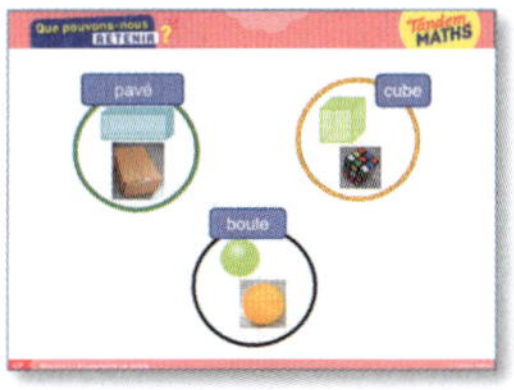

3. Un mini-quiz pour vérifier la compréhension

- Avant de passer à l'entrainement sur le fichier.
- une première évaluation formative (pour l'élève et pour l'enseignant.e) afin de voir si les notions introduites dans la mission sont comprises.

Les diaporamas contiennent des **annotations pratiques, complémentaires au guide pédagogique** et ayant l'avantage d'être immédiatement disponibles. Elles apportent des précisions utiles à l'enseignant.e, en terme, d'**organisation**, de **contenu mathématique** ou d'**attentes vis-à-vis des élèves**.

3 S'entrainer avec le fichier et le cahier de géométrie et d'OGD

Il est difficile pour les jeunes élèves de travailler en autonomie, de réaliser seuls les tâches ou exercices demandés, sans solliciter l'adulte.

Le **fichier de l'élève** et le **cahier de géométrie et d'OGD** ont été conçus en ce sens.

- Le **bilan de la mission**, en entrée de chaque double-page, permet aux élèves de se **souvenir de ce qui a été vécu en mission**. La photo de la manipulation aide les non-lecteurs à se remémorer et visualiser la manipulation.

> Le fichier est **organisé par domaine**. Cette organisation est un élément de l'enseignement explicite que nous avons choisi de mettre en place : l'élève peut créer des liens en regardant les pages précédentes de la même couleur, il peut plus facilement construire ses apprentissages. Et grâce aux onglets verticaux de la page de droite, les élèves peuvent se repérer, même au début de l'année.

- Le fichier et le cahier contiennent des exercices à réaliser en **pratique guidée**, avec l'enseignant.e, en page de gauche (exercices). Puis les élèves passent à une **pratique autonome** sur la page de droite : les exercices à réaliser en 10-15 minutes sont similaires à ceux réalisés en pratique guidée, avec des consignes simples et opérationnelles.

- Sur ce temps, l'enseignant.e pourra **accompagner les élèves les plus en difficulté** mais aussi amener progressivement les élèves à se passer de lui/elle, à trouver autrement les ressources pour effectuer les exercices : en observant les pictogrammes qui accompagnent les consignes écrites, en s'appuyant sur les exercices déjà réalisés sur la page de gauche, en sollicitant un.e camarade…

4 Différencier, s'adapter aux besoins des élèves

- La **boite d'autonomie** propose un ensemble d'activités permettant d'adapter les enseignements à chaque élève. Ces temps d'entrainement moins classiques permettent de rebrasser, de réviser ; chaque élève avance à son rythme, peut choisir en autonomie les activités qui suscitent son intérêt, sa curiosité, toujours guidé.e par les choix que l'enseignant.e aura réalisés (*cf.* p. 20).

> Les activités sont toutes incluses dans les ressources du guide pédagogique et imprimables. Une boite d'autonomie clés en main sera disponible à la vente début 2026.

La boite d'autonomie, une modalité d'entrainement spécialement créée pour les élèves de CP

Avec de jeunes élèves de CP, il a paru indispensable de ne pas proposer un temps long d'entrainement autonome sur fichier, mais de **scinder l'entrainement en deux moments** :
- des exercices « traditionnels » sur fichier,
- puis un entrainement plus ludique avec la « boite d'autonomie ».

Si sa mise en œuvre nécessite une organisation particulière (voir p. 20), elle fait aussi le lien avec les pratiques qu'ont connues les élèves en **maternelle** avec les **espaces-jeux** et le **fonctionnement en ateliers**. Après avoir réalisé les exercices sur leur fichier ou leur cahier de géométrie, les élèves pourront se saisir des activités de la boite que l'enseignant.e aura préparées dans un espace dédié dans la classe.

- Le **fichier de différenciation** est un **outil complémentaire** à la méthode permettant de s'adapter aux besoins des élèves et à leur progression dans la maitrise de la notion : revoir certains apprentissages ou au contraire, pour ceux qui sont en réussite, aller plus loin.

  Il propose des fiches de différenciation et d'entrainement à photocopier avec 2 niveaux de difficulté par compétence, qui suivent la progression du fichier de l'élève et reprennent le même type d'exercices. D'un format A5 (A4 pour la géométrie), les fiches peuvent être collées dans le cahier de l'élève ou plastifiées et rangées dans un coin de la classe.

- Elles peuvent également être un support pour effectuer de **courtes évaluations formatives**.

  Les activités de ce fichier pourront être proposées à certains élèves en autonomie pendant que l'enseignant.e prend en charge un groupe d'élèves en table d'appui autour d'une activité de remédiation issue du fichier ou une activité de manipulation.

Comment faire avec des élèves qui ne sont pas autonomes ?

Nous pensons que l'autonomie s'enseigne et s'apprend.

- Les élèves doivent clairement identifier les temps d'autonomie et le comportement que l'on attend d'eux. Cela peut être rappelé visuellement, en utilisant les étiquettes associées à la flèche du temps proposée dans l'espace numérique du guide, mais aussi par l'utilisation d'un *Time timer* qui leur permettra de visualiser le moment où ils pourront à nouveau solliciter l'enseignant.e.
- Les élèves doivent également savoir précisément ce qu'ils peuvent faire sur ce temps et comment trouver l'information s'ils ne s'en souviennent plus (par un affichage, un écrit au tableau, en plaçant des documents utiles toujours au même endroit…).
- On apprendra aussi aux élèves à savoir où trouver les outils (dans un espace « mathématiques » bien identifié) et l'aide dont ils pourraient éventuellement avoir besoin (je commence par chercher dans ma tête, puis dans ma leçon ; je peux ensuite faire appel à un.e camarade).
- À la fin de la séance, il est important de prendre quelques minutes pour valoriser le travail effectué, échanger sur les difficultés rencontrées, parler des comportements observés. Les élèves accorderont d'autant plus d'importance à leur travail qu'il sera valorisé.

Sur les temps d'autonomie, une fois les règles de vie dans la classe bien établies, on pourra proposer des temps de travail en binôme ou en petit groupe, par exemple autour d'un jeu. Vous pouvez également développer la coopération dans un défi collectif et autonome comme :
– écrire sur un tableau ou une affiche la suite des nombres à partir de 5, en comptant de 2 en 2, de 5 en 5, en avançant, en reculant… Chaque élève a la possibilité de venir, un à la fois, ajouter des propositions ;
– participer à la réalisation d'un grand puzzle ou d'un coloriage magique mathématique géant ;
– proposer un atelier autonome avec la page de droite du fichier et la boite en autonomie.

5 Évaluer avec Tandem Maths CP

- Dans l'espace numérique de votre guide pédagogique, vous trouverez des **évaluations au format modifiable** pour les domaines suivants : numération, calcul, grandeurs et mesures, géométrie, résolution de problèmes et OGD. Étant donné la diversité des pratiques et des élèves, nous invitons les utilisateurs de la méthode à utiliser les exercices qu'ils souhaitent et à éventuellement les adapter au regard des apprentissages conduits en classe.
- Nous n'avons volontairement pas défini de temporalité concernant la passation des évaluations car, là encore, les pratiques ne sont pas uniformes. Elles pourront être données régulièrement ou à l'issue d'un module d'apprentissage, chaque mois, à la fin de chaque période ou de chaque trimestre. La mention explicite des objectifs d'apprentissage évalués permet de renseigner facilement le LSU (Livret Scolaire Unique) ou tout autre outil de suivi scolaire.

6 Tandem Maths CP, au fait des grands enjeux autour de l'enseignement des mathématiques

Comment lutter contre l'écart de performance en mathématiques entre filles et garçons ?

- Depuis plusieurs années, des études, des enquêtes et les résultats aux évaluations nationales montrent qu'en CP apparaissent des **différences de performance en mathématiques entre les filles et les garçons**[1]. Alors qu'en début de CP, il n'y a pas d'écart significatif entre filles et garçons, celui-ci commence à apparaitre dès les évaluations de mi-CP et ne fait ensuite que s'accentuer au cours de la scolarité. Forts de ce constat, nous avons accordé une attention particulière au fait de **combattre les stéréotypes de genre** à travers le choix des énoncés, des situations proposées, des illustrations ou encore des couleurs.

1. https://www.education.gouv.fr/evolution-des-ecarts-de-performances-entre-filles-et-garcons-en-mathematiques-au-fil-du-temps-et-de-416485

Peut-on agir en classe ?

- Les enseignants ne peuvent pas, à eux seuls, changer une situation qui dépasse le cadre de la classe. Par exemple, le regard porté sur les mathématiques dans les familles a un impact non négligeable sur les élèves. Néanmoins, prendre conscience de ce phénomène est un premier pas indispensable. Il s'agit également de se rendre compte que notre éducation et la société dans laquelle nous vivons peuvent nous amener, de manière inconsciente, à reproduire des gestes et des paroles qui contribuent à entretenir des stéréotypes de genre. Des études montrent que, lors d'une séance de maths, **nous interagissons différemment selon que nous nous adressons à un garçon ou à une fille**, et que nos réponses, nos encouragements ou nos *feedbacks* ne sont pas identiques. Ainsi, nous pouvons tous observer nos propres comportements afin de les modifier, au service de la réussite de tous les élèves.

- D'une autre manière, montrer aux petites filles des modèles de grandes mathématiciennes ou de grandes scientifiques peut se révéler bénéfique. [2]

Il peut être utile d'expliciter que la « bosse des maths » n'existe pas, que les filles ne sont pas « programmées génétiquement » pour moins bien réussir en mathématiques que les garçons.

Communiquer avec les parents à propos des mathématiques.

- **Les parents**, sans le vouloir, **transmettent leurs propres angoisses** par rapport à cette discipline. Parler de mathématiques avec eux, c'est parfois entendre des phrases comme « *Je n'ai jamais rien compris aux maths, elle est comme sa mère, elle n'y peut rien* ». Il peut être important de chercher à comprendre, lorsqu'un.e élève est en difficulté, la perception que cet enfant et sa famille ont des mathématiques, de faire prendre conscience aux parents que leur enfant peut réussir comme tous les enfants, quelles que soient les difficultés, les échecs qu'eux-mêmes ont pu connaitre dans leur enfance.

L'angoisse des jeunes par rapport aux mathématiques

- Beaucoup plus que les autres domaines d'apprentissage, les mathématiques cristallisent une forte peur de l'échec. Cela peut entrainer, pour les élèves rencontrant des difficultés, une baisse de la confiance en soi et de l'estime de soi préjudiciables à tous leurs apprentissages. Les activités proposées, la manière d'enseigner doivent permettre aux élèves de percevoir qu'ils **sont tous en capacité d'apprendre et de progresser.** Il est donc important d'être attentif à présenter les activités mathématiques de façon ludique et motivante, de permettre aux élèves d'être actifs dans les apprentissages, de les faire verbaliser à tous moments afin de percevoir leurs difficultés dès qu'elles apparaissent.
- **Tandem Maths CP** se veut **ancrée au réel** car l'angoisse nait souvent de l'impression que les mathématiques sont abstraites et déconnectées de la réalité. Les élèves comprennent **« à quoi ça sert »**. Exemple : faire une enquête sur les fruits préférés de la classe pour apprendre à construire un diagramme donne un objectif clair et motivant.
- Quand les élèves partent d'expériences concrètes qu'ils ont vécues, ils sont plus en confiance. Ils disposent de points d'appui familiers : objets manipulés, situations connues. Enfin, l'**abstraction** peut être source de blocages si elle est introduite trop tôt ou de manière brutale. En partant du concret comme nous le faisons, on guide progressivement vers l'abstrait (ex : représenter une collection réelle par un nombre, un dessin, puis un symbole). Cette progressivité rassure, car elle suit le rythme de compréhension de l'enfant.

2. Vous trouverez de nombreuses autres pistes ici : https://www.education.gouv.fr/media/133538/download

PARTIE 1

C Programmations

1 Programmation et matériel période par période

PÉRIODE 1		Matériel à prévoir (hors fiches à imprimer)
Nombres entiers	1 Construire des collections jusqu'à 10 2 Décomposer, recomposer les nombres jusqu'à 10 (2) 3 Comparer des collections 4 Ordonner les nombres jusqu'à 10 5 Grouper par 10 pour comparer des collections 6 Dénombrer en utilisant les groupements par 10	Matériel détachable Tandem CP : cartes de 0 à 10 des représentations avec doigts, dés et écriture chiffrée ; cartes à points organisées en double ; matériel de base 10 (ou vrai matériel) Barquettes, petits objets (cubes, pièces de Lego, etc.), jetons, gobelet, ardoises, cubes emboitables de deux couleurs différentes, boites, feuille A4, pâte à fixer ou aimants
Calcul	1 Ajouter ou soustraire 1, 2, 3 ou 4 2 S'appuyer sur 5 pour calculer 3 Utiliser les signes +, −, =	Matériel détachable : bande numérique jusqu'à 19, cartes à points vierges Boites, jetons
Calcul mental	• Associer une quantité à son écriture chiffrée (nombres jusqu'à 10) : … c'est 4 • Trouver le nombre qui suit (nombres jusqu'à 10) : le nombre qui suit 6, c'est … • Trouver le nombre qui précède (nombres jusqu'à 10) : le nombre qui précède 7, c'est … • Connaitre les compléments à 10 : 7 + … = 10 • Connaitre les doubles des nombres de 1 à 5 : le double de 4, c'est… • Ajouter 2 à un nombre : 5 + 2 = … • Soustraire 2 à un nombre : 7 − 2 = …	Matériel détachable : cartes-nombres de 0 à 10 Ardoises, billes, pot opaque, dés
Résolution de problèmes	1 Problèmes de comparaison	Cahiers de recherche, paquet de cartes, cubes emboitables
Grandeurs et mesures	1 Comparer des longueurs (1) 2 Comparer des longueurs (2) 3 Comparer des masses	Stylos, gommes, feutres, cahiers (24 × 32 cm), trousses, bandes blanches, feuilles blanches, balances à plateaux
Espace et géométrie	1 Se repérer dans l'espace de la classe 2 De la maquette au plan de classe	Briques et quelques accessoires Lego (figurine, plante, etc.), couvercle en carton, couvercle transparent, feuille de calque, feutre fin, quelques gommettes de couleur (dont rouges et rondes), photo et plan de la classe (si possible)
Organisation et gestion de données		

PÉRIODE 2

		Matériel à prévoir (hors fiches à imprimer)
Nombres entiers	7 Représenter les nombres jusqu'à 19 8 Représenter les nombres jusqu'à 59 9 Comparer les nombres jusqu'à 59 10 Ordonner les nombres jusqu'à 59 11 Connaitre et utiliser les nombres ordinaux 12 Maitriser les nombres jusqu'à 59	Matériel détachable : cartes à points, cartes-nombres, étiquettes mots-nombres, représentations des nombres, bande numérique jusqu'à 59, matériel de base 10 Cubes, jetons, dés
Calcul	4 Comprendre le lien entre addition et soustraction 5 Utiliser les compléments à 10 pour calculer 6 Utiliser les doubles pour calculer	Matériel détachable : cartes-nombres, cartes à points, représentations des nombres avec les doigts Boites, jetons, cartes à jouer de 1 à 9
Calcul mental	• Connaitre les tables d'addition +2 et +3 : forme addition (5 + 2 = …) ; forme addition à trou (2 + … = 7) ; forme soustraction (7 – 2 = …) • Mémoriser les doubles : 7 + 7 = …, le double de 7, c'est … • Trouver les presque doubles des nombres 5 à 10 : 3 + 4 = 3 + 3 + 1 = … • Ajouter, soustraire 1, 2 (résultats inférieurs à 20) : 15 – 2 = … ; 15 + 2 = … • Connaitre les moitiés des nombres pairs de 2 à 20 : 14 = … + …, la moitié de 14 c'est …	Ardoises, aimants ronds rouges et blancs, cubes emboitables
Résolution de problèmes	2 Problèmes de parties-tout	Cahiers de recherche, crayons de couleur (rouges, jaunes, verts et roses), cubes emboitables, perles bleues et roses, bonbons (à la menthe et au citron)
Grandeurs et mesures	4 Manipuler les euros 5 Déterminer et constituer une somme en euros 6 Mesurer des longueurs avec des unités arbitraires	Matériel détachable : pièces et billets en euros, unités-mosaïque, bandes de 4 cm Feuilles blanches, planches de Kaplas, craies
Espace et géométrie	3 Coder un déplacement 4 Construire un assemblage de solides	Maquette et plan de la mission 2, figurines, feutres, plans de ville avec quadrillage, cerceaux, corde ou craie, cubes, pavés, modèles de cubes et pavés construits (avec photos des assemblages)
Organisation et gestion de données		

PÉRIODE 3

		Matériel à prévoir (hors fiches à imprimer)
Nombres entiers	13 Écrire les nombres jusqu'à 100 14 Se repérer dans le tableau des nombres 15 Comparer les nombres jusqu'à 100 16 Lire et écrire les nombres jusqu'à 79 17 Représenter les nombres jusqu'à 79 18 Encadrer et intercaler les nombres jusqu'à 79 19 Maitriser les nombres jusqu'à 79	Matériel détachable : matériel de base 10, cartes-nombres, bande numérique, étiquettes mots-nombres, représentations des nombres, cartes à points Jetons, dé
Calcul	7 Ajouter ou soustraire 10, ajouter 9 8 Trouver les compléments à des dizaines entières	Matériel détachable : cartes à points Matériel de base 10 (matériel détachable ou vrai matériel), jetons, droite graduée de 10 en 10
Calcul mental	• Connaitre les tables d'addition +4 et +5 : forme addition, forme addition à trou, forme soustraction • Ajouter 10 à un nombre : 34 + 10 = … • Soustraire 10 à un nombre (résultats < 50) : 44 – 10 = … • Connaitre les compléments à 20 : 17 + … = 20 • Ajouter des dizaines entières : 40 + 20 = …	Ardoises, bandelettes de papier
Résolution de problèmes	3 Problèmes de parties-tout : transformations	Cahiers de recherche, cahiers, cubes emboitables, œufs durs ou en plastique
Grandeurs et mesures	7 Rendre la monnaie 8 Résoudre des problèmes de prix 9 Construire des relations entre unités de mesure de longueur 10 Estimer et mesurer en cm et m	Matériel détachable : pièces et billets en euros, unités-mosaïque Feuilles blanches, bandes de longueur 20 cm et 1 m, graduées tous les 10 cm (découpées dans un rouleau de bande à joint de placo), craies, doubles décimètres
Espace et géométrie	5 Reconnaitre un solide 6 Décrire un cube et un pavé 7 Construire un solide	Cerceaux, objets réels en forme de solides dont des cubes et pavés (boites, trousses, balles, etc.), gommettes rondes, cube et pavé avec des faces cartonnées ou plastifiées et leur gabarit, ruban adhésif
Organisation et gestion de données		

PÉRIODE 4

		Matériel à prévoir (hors fiches à imprimer)
Nombres entiers	20 Connaitre les différentes représentations d'un nombre 21 Lire et écrire les nombres jusqu'à 99 22 Représenter les nombres jusqu'à 99 23 Comparer les nombres jusqu'à 100 24 Le tableau des nombres jusqu'à 99 25 Maitriser les nombres jusqu'à 99	Matériel détachable : cartes-nombres, matériel de base 10, mots-nombres, bande numérique Ardoises, petits objets (cubes, jetons, etc.), feuilles roses et blanches, dé
Calcul	9 Ajouter ou soustraire un nombre inférieur à 10 10 Ajouter ou soustraire des dizaines entières 11 Comprendre le sens de la multiplication 12 Ajouter ou soustraire deux nombres inférieurs à 100	Matériel de base 10 (matériel détachable ou vrai matériel), tableau des nombres (fichier élève), cubes emboitables
Calcul mental	• Connaitre les tables d'addition +6 et +7 : forme addition, forme addition à trou, forme soustraction • Calculer les doubles des dizaines entières : 30 + 30 = … • Trouver le complément à la dizaine supérieure : 45 + … = 50 • Ajouter un nombre inférieur à 10 à un nombre : 45 + 7 = … • Calculer les moitiés des dizaines entières : la moitié de 60, c'est …	Ardoises, affiche
Résolution de problèmes	4 Problèmes multiplicatifs	Cahiers de recherche, madeleines, sachets, cubes emboitables, lots de crèmes dessert (si besoin)
Grandeurs et mesures	11 Mesurer, tracer et comparer des segments en cm	Doubles décimètres, crayons de papier
Espace et géométrie	8 Reconnaitre les formes planes 9 Décrire les figures planes 10 Reconnaitre un alignement de points	Matériel détachable : formes géométriques prédécoupées Emballages cartonnés, ciseaux, feuilles blanches, crayons de papier, plots de marquage, grand piquet ou manche à balai, règle d'un mètre
Organisation et gestion de données		

PÉRIODE 5

		Matériel à prévoir (hors fiches à imprimer)
Nombres entiers	26 Les suites organisées 27 Utiliser les nombres ordinaux dans les suites 28 Écrire les nombres en lettres jusqu'à 59 29 Placer des nombres sur une droite graduée 30 Le nombre 100	Matériel détachable : étiquettes mots-nombres, cartes-nombres Feuilles et crayons de couleur, cubes emboitables, ardoises
Calcul	13 Calculer la moitié d'un nombre pair 14 Poser une addition en colonnes 15 Soustraire un petit nombre à un nombre entier de dizaines 16 Choisir une stratégie pour calculer	Matériel de base 10 (matériel détachable ou vrai matériel), cubes emboitables
Calcul mental	• Connaitre les tables d'addition +8 et +9 : forme addition, forme addition à trou, forme soustraction • Ajouter 9 à un nombre : 45 + 9 = … • Ajouter des dizaines entières à un nombre : 46 + 30 = … • Soustraire un nombre inférieur à 10 à une dizaine entière : 50 – 6 = … • Soustraire deux dizaines entières : 70 – 30 = …	Ardoises
Résolution de problèmes	5 Problèmes à deux étapes	Cahiers de recherche, assiettes à soupe, assiettes plates, fourchettes, cubes emboitables, balles de trois couleurs différentes (rouges, vertes, bleues), cartes à jouer
Grandeurs et mesures	12 Se repérer dans la journée 13 Lire et indiquer l'heure	Matériel détachable : horloge
Espace et géométrie	11 Tracer à la règle 12 Construire un triangle, un rectangle, un carré 13 Construire un assemblage de figures planes 14 Entrainement	Matériel détachable : formes géométriques prédécoupées Feuilles A4, crayons de papier, crayons de couleur (dont bleus et rouges), géoplans, élastiques, crayons de papier, règles
Organisation et gestion de données	1 Collecter et représenter des données 2 Construire un tableau à double entrée	Gommettes de 4 couleurs et 3 formes différentes (dont des gommettes carrées bleues, rouges et vertes)

2 Programmation annuelle

Dans l'espace numérique du guide pédagogique, une proposition d'organisation jour par jour est téléchargeable (au format Excel).

	Nombres entiers	Calcul
PÉRIODE 1	1 Construire des collections jusqu'à 10 2 Décomposer, recomposer les nombres jusqu'à 10 3 Comparer des collections 4 Ordonner les nombres jusqu'à 10 5 Grouper par 10 pour comparer les collections 6 Dénombrer en utilisant les groupements par 10	1 Ajouter ou soustraire 1, 2, 3 ou 4 2 S'appuyer sur 5 pour calculer 3 Utiliser les signes +, −, =
PÉRIODE 2	7 Représenter les nombres jusqu'à 19 8 Représenter les nombres jusqu'à 59 9 Comparer les nombres jusqu'à 59 10 Ordonner les nombres jusqu'à 59 11 Connaitre et utiliser les nombres ordinaux 12 Maitriser les nombres jusqu'à 59	4 Comprendre le lien entre addition et soustraction 5 Utiliser les compléments à 10 pour calculer 6 Utiliser les doubles pour calculer
PÉRIODE 3	13 Écrire les nombres jusqu'à 100 14 Se repérer dans le tableau des nombres 15 Comparer les nombres jusqu'à 100 (1) 16 Lire et écrire les nombres jusqu'à 79 17 Représenter les nombres jusqu'à 79 18 Encadrer et intercaler les nombres jusqu'à 79 19 Maitriser les nombres jusqu'à 79	7 Ajouter ou soustraire 10, ajouter 9 8 Trouver les compléments à des dizaines entières
PÉRIODE 4	20 Connaitre les différentes représentations d'un nombre 21 Lire et écrire les nombres jusqu'à 99 22 Représenter les nombres jusqu'à 99 23 Comparer les nombres jusqu'à 100 (2) 24 Le tableau des nombres jusqu'à 99 25 Maitriser les nombres jusqu'à 99	9 Ajouter ou soustraire un nombre inférieur à 10 10 Ajouter ou soustraire des dizaines entières 11 Comprendre le sens de la multiplication 12 Ajouter ou soustraire deux nombres inférieurs à 100
PÉRIODE 5	26 Les suites organisées 27 Utiliser les nombres ordinaux dans les suites 28 Écrire les nombres jusqu'à 59 29 Placer des nombres sur une droite graduée 30 Le nombre 100	13 Calculer la moitié d'un nombre pair 14 Poser une addition en colonnes 15 Soustraire un petit nombre à un nombre entier de dizaines 16 Choisir une stratégie pour calculer

Résolution de problèmes	Grandeurs et mesures	Espace et géométrie
1 Problèmes de comparaison	1 Comparer des longueurs (1) 2 Comparer des longueurs (2) 3 Comparer des masses	1 Se repérer dans l'espace de la classe 2 De la maquette au plan de la classe
2 Problèmes de parties-tout	4 Manipuler les euros 5 Déterminer et constituer une somme en euros 6 Mesurer des longueurs avec des unités arbitraires	3 Coder un déplacement 4 Construire un assemblage de solides
3 Problèmes de parties-tout : transformations	7 Rendre la monnaie 8 Résoudre des problèmes de prix 9 Construire des relations entre unités de mesure de longueur 10 Estimer et mesurer en cm et m	5 Reconnaitre un solide 6 Décrire un cube et un pavé 7 Construire un solide
4 Problèmes multiplicatifs	11 Mesurer, tracer et comparer des segments en cm	8 Reconnaitre les formes planes 9 Décrire les formes planes 10 Reconnaitre un alignement de points
5 Problèmes à 2 étapes	12 Se repérer dans la journée 13 Lire et indiquer les heures entières	11 Tracer à la règle 12 Construire un triangle, un rectangle, un carré 13 Construire un assemblage de figures planes 14 Entrainement **ORGANISATION ET GESTION DE DONNÉES** 1 Collecter et représenter des données 2 Construire un tableau à double entrée

PARTIE 2

A La « boite d'autonomie »

1 Pourquoi cette « boite » ?

- Les élèves de CP sont de jeunes élèves qui viennent tout juste de quitter la maternelle et un environnement où **le jeu constitue une modalité d'apprentissage à part entière**. Il nous a paru essentiel de garder cette réalité à l'esprit lorsque nous avons choisi de décliner la méthode *Tandem* à la classe de CP.
- La boite d'autonomie répond à cette volonté, tout en répondant aux exigences d'une classe de CP, dans laquelle l'élève apprend peu à peu à devenir un·e élève d'école élémentaire. L'utilisation des activités de la boite d'autonomie va permettre à l'élève d'apprendre peu à peu à travailler de façon autonome, seul·e ou avec des camarades, ce qui constitue une posture importante à acquérir pour lui ou pour elle. Elle permet aussi à l'enseignant·e de proposer des **modalités variées d'organisation** de classe : en ateliers, en groupes de besoins ou hétérogènes. Elle va également faciliter l'organisation des temps de travail dans les classes multi-niveaux.
- Par ailleurs, il est difficile de maintenir sur un temps long l'attention et la concentration de jeunes élèves. Proposer des activités courtes, ritualisées et sous une forme plus ludique est une réponse que propose *Tandem*, et dans laquelle la boite d'autonomie trouve toute sa place.
- Les activités proposées dans la boite répondent aussi à la nécessité de **rebrasser les apprentissages**, et donc de les retrouver, tout au long de l'année. Les élèves, sur le temps d'entrainement consacré à la boite, vont retrouver des activités en lien direct avec ce qu'ils viennent de travailler, mais aussi des jeux et activités qu'ils ont déjà rencontrés les semaines précédentes.
- Sur ces temps, les élèves apprennent également à être attentifs, à se concentrer autrement, à coopérer, à devenir autonomes.

Les activités seront proposées dans une boite (parution 2026) d'où le nom de ce dispositif. Mais elles sont aussi toutes disponibles dans l'espace numérique du guide pédagogique. Vous pouvez les imprimer et les plastifier en fonction de vos besoins.

2 Quels types d'activités y trouve-t-on ?

Les activités sont proposées sous différentes formes :

- jeux de cartes (batailles, mémory...), lotos, jeux de dés, cartes à pinces, jeux de plateau (« La course des Plus-Minus », « Le téléphérique des nombres ») ;
- manipulations avec du matériel simple (buchettes, cubes emboitables...) ou plus spécifique (géoplan) ;
- fiches d'exercices et d'activités simples et ludiques pour réinvestir et rebrasser les notions (coloriages magiques, sudokus, lignes numériques, suites logiques, pixel art).

Les règles sont simples pour que les élèves les intègrent rapidement, les temps de jeu sont courts.

Les modalités de travail sont variées afin que les enseignants, en fonction du profil de classe, puissent privilégier les formes de travail qui leur semblent les plus pertinentes à différents moments de l'année.

3 Comment l'utilise-t-on ?

- **Toutes les trois semaines**, la programmation propose un nouvel ensemble d'activités. Elles sont décrites dans le guide pédagogique ; le matériel nécessaire est disponible dans l'espace numérique du guide. Les activités sont **présentées sur un temps dédié** dans l'emploi du temps.
- Lorsque les élèves ont terminé leurs exercices sur le fichier, ils le rangent et vont choisir en autonomie une activité dans le bac de leur choix (l'enseignant·e peut aussi présélectionner des activités pour certains élèves en fonction de leurs besoins). Le plus souvent, les activités sont autocorrectives.
- Une progressivité est prévue dans les modalités d'organisation : en début d'année, les activités individuelles peuvent être privilégiées, pour aller petit à petit vers plus de coopération et de jeux collectifs. Dans tous les cas, en fonction de la configuration de sa classe et de ses spécificités, l'enseignant·e pourra toujours privilégier certaines activités plutôt que d'autres, certaines modalités de travail plutôt que d'autres. Si des propositions sont faites afin de renouveler les activités toutes les trois semaines, l'enseignant·e peut tout à fait les modifier et les adapter à ses besoins et à sa pratique. Il/elle peut aussi les enrichir d'activités qu'il/elle possède déjà.
- Dans ce cadre, des ressources numériques peuvent trouver leur place, les enseignants pouvant avantageusement utiliser des ressources institutionnelles comme :
  - Calcul@tice, pour s'entrainer au calcul mental : https://calculatice.ac-lille.fr/
  - Les oiseaux compteurs : https://eduscol.education.fr/2828/oiseaux-compteurs-un-jeu-de-cartes-mathematiques-au-cp
  - Les services numériques s'appuyant sur l'intelligence artificielle : https://eduscol.education.fr/1911/l-intelligence-artificielle-pour-accompagner-les-apprentissages-des-fondamentaux-au-cycle-2

Il conviendra de rassembler du matériel courant et peu couteux : jetons, pions, cubes emboitables, buchettes, dés, jeux de cartes classiques, matériel de géométrie courant, objets à mesurer, bouchons, porte-monnaie, etc.

4 Proposition de programmation annuelle pour la boite d'autonomie

- Dans les pages qui suivent, les activités sont classées par **demi-période** (semaines 1 à 3, puis semaines 4 à 7) et par **compétences travaillées**.

Les couleurs renvoient aux domaines concernés :
- Nombres entiers
- Calcul
- Résolution de problèmes
- Espace et géométrie
- Grandeurs et mesures

- Le premier tableau concerne les fiches d'exercices et d'activités individuelles à compléter, les deux suivants détaillent les autres types d'activités.
- Chaque activité est accompagnée d'une fiche pédagogique (objectif pédagogique, modalité de travail, règles du jeu, etc.).

	P1 s1-s3	P1 s4-s7	P2 s1-s3	P2 s4-s7	P3 s1-s3	P3 s4-s7	P4 s1-s3	P4 s4-s7	P5 s1-s3	P5 s4-s7
Fiches numération (fiches individuelles à imprimer)	Ordonner les nombres jusqu'à 5 et jusqu'à 10	Constituer des collections de 10	Ordonner les nombres jusqu'à 20	Dénombrer en utilisant le groupement par 10	Connaitre la suite des nombres jusqu'à 59	Se repérer dans le tableau des nombres	Encadrer les nombres sur la droite graduée jusqu'à 79	Encadrer les nombres sur la droite graduée jusqu'à 79	• Dénombrer des collections jusqu'à 99 • Se repérer dans le tableau des nombres	• Encadrer les nombres sur la droite graduée jusqu'à 99 • Connaitre les différentes représentations de 100
Coloriages magiques (fiches individuelles à imprimer)	Calculer avec différentes représentations des quantités	Ajouter ou soustraire 1 ou 2	Utiliser les signes + et –	Ajouter ou soustraire 3 ou 4	Calculer avec les compléments à 10	Connaitre les différentes représentations d'un nombre	Utiliser les signes > et <	Trouver le complément à la dizaine supérieure	Additionner et soustraire	Connaitre les différentes écritures d'un nombre
Pixel art (fiches individuelles à imprimer)	Reproduire une figure sur un quadrillage	Reproduire une figure sur un quadrillage	Reproduire une figure sur un quadrillage	Reproduire une figure sur un quadrillage						
Sudokus / Suites organisées (fiches individuelles à imprimer)					Raisonnement logique	Raisonnement logique	Compléter une suite logique (motifs)	Compléter une suite logique (motifs)		
Fiches espace et géométrie (fiches individuelles à imprimer)									Reconnaitre et compter des triangles	Reconnaitre et compter des triangles

	P1 s1-s3	P1 s4-s7	P2 s1-s3	P2 s4-s7	P3 s1-s3	P3 s4-s7	P4 s1-s3	P4 s4-s7	P5 s1-s3	P5 s4-s7
Les collections	Construire des collections jusqu'à 10									
Le bingo des dés		Additionner des quantités représentées	Additionner des nombres à 1 chiffre	Additionner des nombres à 1 chiffre	Additionner des nombres à 1 chiffre					
Le loto des nombres						Associer différentes représentations des nombres jusqu'à 59	Associer différentes représentations des nombres jusqu'à 59		Associer différentes représentations des nombres jusqu'à 99	
La bataille de dés	Comparer des collections		Additionner des nombres de 1 à 6		Additionner des nombres à 1 chiffre		Additionner des nombres de 1 à 10		Additionner des nombres de 1 à 10	
La bataille de cartes		Comparer des quantités	Comparer des quantités	Comparer des nombres		Comparer des nombres jusqu'à 59		Comparer des nombres jusqu'à 79		Comparer des nombres jusqu'à 99, connaitre la valeur positionnelle des chiffres
Les cartes à pinces « fleurs des nombres »	Représenter les nombres jusqu'à 5		Représenter les nombres jusqu'à 10							
Les cartes à pinces « décompositions »		Décomposer les nombres jusqu'à 10			Représenter et décomposer les nombres jusqu'à 59				Représenter et décomposer les nombres jusqu'à 99	
Les puzzles des tables d'addition						Mémoriser et automatiser les tables d'addition	Mémoriser et automatiser les tables d'addition			Mémoriser et automatiser les tablesd'addition
La course des Plus-Minus				Ajouter ou soustraire 1 ou 2		Ajouter ou soustraire 1, 2 ou 10		Ajouter ou soustraire 1, 2 ou 10	Ajouter ou soustraire 1, 2 ou 10	

	P1 s1-s3	P1 s4-s7	P2 s1-s3	P2 s4-s7	P3 s1-s3	P3 s4-s7	P4 s1-s3	P4 s4-s7	P5 s1-s3	P5 s4-s7
Le mémory des nombres				Connaitre les différentes représentations des nombres			Connaitre les différentes représentations des nombres	Connaitre les différentes représentations des nombres		Connaitre les différentes représentations des nombres
Le téléphérique des nombres					Ranger les nombres jusqu'à 59			Ranger les nombres jusqu'à 79		Ranger les nombres jusqu'à 99
Les buchettes multicolores	Reproduire un modèle	Reproduire un modèle			Reproduire des figures planes	Reproduire des figures planes				
Le géoplan			Se repérer, se déplacer dans l'espace	Se repérer, se déplacer dans l'espace					Se repérer, se déplacer dans l'espace	Se repérer, se déplacer dans l'espace
Le défi construction							Construire un assemblage de solides	Construire un assemblage de solides		
Le jeu de la marchande			Manipuler la monnaie, calculer	Manipuler la monnaie, calculer	Manipuler la monnaie, calculer	Manipuler la monnaie, calculer	Manipuler la monnaie, calculer	Manipuler la monnaie, calculer	Manipuler la monnaie, calculer	Manipuler la monnaie, calculer
Les problèmes à pincer	Résoudre un problème de comparaison	Résoudre un problème de comparaison	Résoudre un problème de parties-tout	Résoudre un problème de parties-tout	Résoudre un problème de parties-tout : transformation	Résoudre un problème de parties-tout : transformation	Résoudre un problème multiplicatif	Résoudre un problème multiplicatif	Résoudre un problème de repérage dans l'espace	Résoudre un problème de repérage dans l'espace
Total	8	8	10	10	10	10	10	10	11	11

PARTIE 2

B Les rituels dans Tandem CP

- Les activités ritualisées occupent une **place essentielle en mathématiques au CP**, car elles permettent aux élèves de consolider progressivement leurs acquis, de développer des automatismes et de gagner en confiance.
- *Tandem CP* propose une **offre complète et variée de rituels** en calcul, en numération et en résolution de problèmes.
- Pour conserver leur efficacité pédagogique et maintenir l'intérêt des élèves, ces rituels doivent être pensés dans une logique de progression et d'évolution ; une même activité répétée trop longtemps risque de perdre son impact, tant sur le plan de l'attention que sur celui des apprentissages. Il est donc important de faire évoluer les supports, les consignes ou les objectifs au fil des périodes, afin d'accompagner la progression des élèves, d'introduire de nouveaux défis et de susciter leur curiosité. Ainsi, **ritualisation ne rime pas avec routine figée**, mais s'inscrit dans une **dynamique vivante**, au service des apprentissages et de l'engagement des élèves.
- Un rituel est dans tous les cas un moment court (qui ne doit pas excéder 10 minutes) et qui nécessite une grande attention des élèves. Il convient donc d'annoncer de manière explicite aux élèves les objectifs du rituel avant de commencer et de présenter le concept mathématique en jeu afin que les élèves s'engagent pleinement dans une activité qui a du **sens pour eux**.

1 Les rituels en résolution de problèmes

- En complément des apprentissages en résolution de problèmes, afin de répondre aux préconisations concernant la fréquence des problèmes rencontrés, nous proposons **un rituel de problèmes** sous la forme d'un diaporama. Le rituel peut être proposé sur un temps de la journée à votre convenance, en décroché de la programmation au jour le jour ; deux fois par semaine, en cohérence avec le type de situation travaillé dans la période.
- Ces problèmes permettent de s'entrainer et de créer des automatismes. Le temps consacré à ce rituel se veut **court et dynamique**. On privilégiera l'utilisation de l'ardoise afin de pouvoir rapidement et facilement mettre les élèves en activité et vérifier la bonne compréhension des situations. La correction se voudra rapide, permettant de verbaliser les démarches, sans se focaliser sur les techniques opératoires.

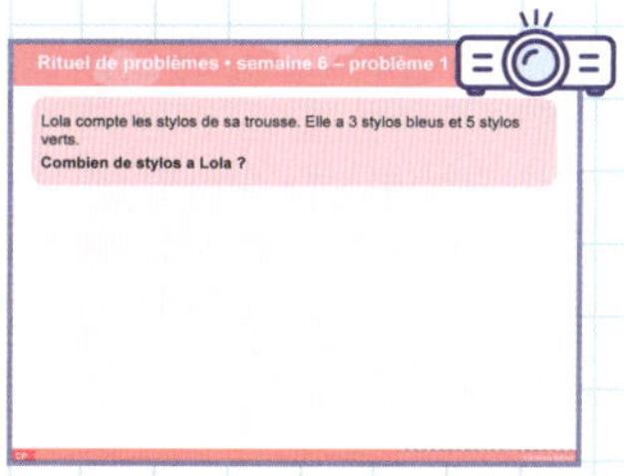

2 Les rituels en numération

- Les rituels proposés sont en lien direct avec la programmation de *Tandem*. Il appartiendra à chaque enseignant·e de cibler les domaines et choisir les activités répondant aux besoins des élèves.
- Tout au long de l'année, les rituels offriront aux élèves l'opportunité de consolider leur compréhension des nombres. Les désignations orales et écrites, ainsi que les différentes représentations et la numération décimale, seront régulièrement abordées.

3 Programmation annuelle des rituels de numération

- La programmation choisie accompagne les élèves dans le délicat passage vers l'abstraction, leur permettant d'explorer des représentations et des concepts de plus en plus complexes.
- Dans chaque période, les rituels ciblent deux compétences et se réalisent **une semaine sur deux** pour contrer la **courbe de l'oubli** (d'Ebbinghaus) et automatiser des connaissances ou des compétences qui allègeront les tâches complexes associées aux nouvelles notions. Chaque rituel peut se dérouler en 5 à 10 minutes.
- Bien que les types d'activités restent relativement constants dans leur format, les variables didactiques permettront d'enrichir les situations d'apprentissage. Une activité spécifique viendra teinter chaque période par sa nouveauté.

PÉRIODE 1

Semaines 1, 3, 5 et 7

Maitriser la comptine orale jusqu'à 59

RITUEL ▶ Le furet

1 Déroulé

- Faire dire les nombres aux élèves à tour de rôle, en respectant une règle, dans l'ordre croissant.
- Commencer, de préférence, à partir de 0 pour stabiliser la connaissance de la comptine et mettre en valeur la régularité orale de la numération.
- Arrêter la comptine quand on le souhaite.

2 Variables didactiques

- Faire dire les nombres de 1 en 1 en avançant jusqu'à 59.
- Faire dire les nombres de 2 en 2 en avançant jusqu'à 30.

- Pour les rituels du furet et du rebours, on peut utiliser **une bande numérique vierge ou une piste de jeu vierge** (type jeu de l'oie) et déplacer son doigt, un pion ou un jeton au tableau pour que les élèves visualisent le sens du déplacement en cohérence avec l'énumération.
- On peut demander aux élèves de réaliser un furet ou un rebours **au moment d'entrer dans la classe.**

RITUEL ▶ Le rebours

1 Déroulé

- Faire dire les nombres aux élèves à tour de rôle, en respectant une règle : de 1en 1 ou de 2 en 2 dans l'ordre décroissant.
- Commencer, de préférence, par des nombres inférieurs à 10.
- Arrêter la comptine quand on le souhaite.

2 Variables didactiques

- La « fusée » : nombres de 10 à 0
- Nombres de 16 à 0 (pour stabiliser la comptine orale – irrégulière – de 11 à 16)
- Nombres de 25 à 0 (difficultés possibles pour les passages à la dizaine inférieure)
- Nombres de 35 à 0 (difficultés possibles pour les passages à la dizaine inférieure)
- Nombres de 45 à 0 (difficultés possibles pour les passages à la dizaine inférieure)
- Nombres de 59 à 0 (difficultés possibles pour les passages à la dizaine inférieure)
- Nombres de 2 en 2 à partir de 30

RITUEL ▶ De... à

① Déroulé

- Faire dire les nombres aux élèves à tour de rôle, entre deux bornes, en avançant de 1 en 1 ou de 2 en 2.

② Variables didactiques

- Choisir des nombres avec une suite qui comporte un passage difficile. Par ex. :
  – les nombres de 11 à 16 ;
  – les passages de dizaines (modification du mot-nombre de la famille).

En lien avec les APQ

▶ Dans les trois rituels qui précèdent, les élèves peuvent associer le passage d'un nombre à un autre à **un saut dans un cerceau** ou bien à **un pas** (en avant ou en arrière) en vue d'engager leur corps dans l'automatisation de la comptine (association de l'espace à la droite graduée).

RITUEL ▶ Le nombre avant/après

① Déroulé

- Annoncer un nombre puis demander à un·e élève de donner le nombre qui précède et celui qui suit.

② Variables didactiques

- Choisir les nombres de manière progressive :
  – les nombres de 0 à 10 ;
  – les nombres de 11 à 16 ;
  – les nombres au sein des familles de nombres (par ex. : de 20 à 29) ;
  – avec un changement de dizaine (par ex. : 30, 49...).

La **« boite mystère (+1/–1) »** est un dispositif visuel et manipulable qui peut aider les élèves fragiles : l'enseignant·e place un certain nombre de jetons dans une boite opaque et ajoute ou retire 1 jeton. L'élève annonce le nombre de jetons qui se trouvent alors dans la boite.

PÉRIODE 1

Semaines 2, 4 et 6

Maitriser les différentes représentations des nombres (< 10) : doigts, écriture chiffrée, constellation de dés, cartes à points

RITUEL ▶ Le loto

Matériel détachable Tandem CP (fourni avec le fichier élève)

① Déroulé

- Annoncer un nombre (entre 0 et 10) et le type de représentation attendue, puis demander aux élèves de montrer la carte qui correspond dans leur matériel détachable.

② Variables didactiques

- Varier les représentations pour automatiser la stratégie.

> Il est conseillé de préparer des reproductions agrandies du matériel détachable afin de pouvoir les utiliser en groupe classe, à la manière de *flash cards*. En les plastifiant, vous pourrez en disposer toute l'année, car elles seront utiles pour de nombreux rituels.

RITUEL ▶ Lecture chrono

Matériel détachable Tandem CP

1 Déroulé

- Demander à un·e élève de lire le plus vite possible une suite de nombres ou une suite de représentations (issues du matériel détachable) qui est affichée au tableau.

2 Variables didactiques

- Varier les représentations pour automatiser leur reconnaissance.

En lien avec les APQ

▶ Dans les deux rituels précédents, les représentations du matériel détachable peuvent être utilisées pour **aller chercher un nombre défini d'objets** dans une course ou un relais.

> À chaque période, il convient de ne donner aux élèves que les représentations des nombres qui ont été vues jusque-là.

RITUEL ▶ Le téléphone des nombres

Ardoise ; matériel détachable Tandem CP

1 Déroulé

- Afficher des représentations ou des nombres écrits au tableau. Un·e élève lit un nombre à son voisin/sa voisine qui l'écrit sur son ardoise puis le montre à son voisin/sa voisine qui le représente d'une autre manière (sur son ardoise ou en utilisant le matériel détachable), et ainsi de suite jusqu'au bout de la chaine.

2 Variables didactiques

- Faire varier le nombre d'élèves de la chaine entre 4 et 10.

En lien avec les APQ

▶ En **relais**, les élèves peuvent aller chercher la représentation d'un nombre pour la montrer à un·e camarade qui court chercher une autre représentation jusqu'à associer à ce nombre toutes les représentations existantes (main, dé, carte à point, écriture chiffrée). Différentes représentations peuvent être affichées à plusieurs endroits de la classe : des élèves désignés doivent se déplacer au bon endroit.

RITUEL ▶ Le Lucky Lucke

1 Déroulé

- Annoncer un nombre et demander aux élèves de montrer avec leurs mains la représentation qui correspond.

2 Variables didactiques

- On peut demander une représentation « classique » (les élèves doivent utiliser tous les doigts d'une main avant de passer à l'autre) ou une représentation « différente » (les élèves utilisent les doigts des deux mains à leur guise) pour montrer une décomposition supplémentaire.

PÉRIODE 2

Semaines 1 à 4

Maitriser les nombres jusqu'à 19 (à l'écrit et à l'oral) puis de 0 à 59

RITUEL ▶ Le loto

Matériel détachable Tandem CP

1 Déroulé

- Annoncer un nombre entre 0 et 19 et le type de représentation attendue, puis demander aux élèves de montrer la carte qui correspond dans leur matériel détachable.
- Quand les nombres de 0 à 19 sont maitrisés, passer aux nombres de 0 à 59.

2 Variables didactiques

- Varier les représentations pour automatiser la stratégie.
- Pour les nombres plus grands, les élèves devront, par exemple, associer plusieurs cartes-nombres.

En lien avec les APQ

▶ Les représentations du matériel détachable peuvent être utilisées pour **aller chercher un nombre défini d'objets** dans une course ou un relais.

RITUEL ▶ La dictée de nombres

Ardoise

1 Déroulé

- Annoncer un nombre et demander aux élèves de l'écrire sur leur ardoise.

2 Variables didactiques

- Choisir les nombres de manière progressive :
  – les nombres de 11 à 16 ;
  – les nombres plus réguliers, en insistant sur l'oralisation du nom de la famille du nombre.

RITUEL ▶ Le téléphone des nombres

Ardoise ; matériel détachable Tandem CP

1 Déroulé

- Afficher des représentations ou des nombres écrits au tableau. Un·e élève lit un nombre à son voisin/sa voisine qui l'écrit sur son ardoise puis le montre à son voisin/sa voisine qui le représente (sur son ardoise ou en utilisant le matériel détachable), et ainsi de suite jusqu'au bout de la chaine.

2 Variables didactiques

- Faire varier le nombre d'élèves de la chaine entre 4 et 10.

En lien avec les APQ

▶ En **relais**, les élèves peuvent aller chercher la représentation d'un nombre pour la montrer à un·e camarade qui court chercher une autre représentation jusqu'à associer toutes les représentations existantes (main, dé, carte à point, écriture chiffrée) à ce nombre.

PÉRIODE 2

Semaines 5 à 7

Comparer les nombres jusqu'à 59 ; ordonner les nombres

Penser à préparer et découper les cartes-nombres issues du matériel photocopiable. Elles pourront être plastifiées pour être utilisées tout au long de l'année.

RITUEL ▶ La bataille

Cartes-nombres

1 Déroulé

- Deux élèves viennent piocher une carte-nombre sur un tas collectif et l'annoncent. Celui/celle qui possède la plus grande carte gagne.

2 Variables didactiques

- Choisir les nombres de manière progressive :
  - les nombres entre 20 et 59 (régularité écrite) ;
  - les nombres de 0 à 24 (irrégularité de la suite de 11 à 16) ;
  - les nombres entre 0 et 59.

RITUEL ▶ La corde à nombres

Cartes-nombres

1 Déroulé

- Disposer des cartes-nombres en désordre sur une table, face visible. Demander aux élèves de venir placer une carte au tableau, à tour de rôle, en respectant la suite numérique.

2 Variables didactiques

- Choisir les nombres de manière progressive :
  - les nombres entre 20 et 59 (régularité écrite) ;
  - les nombres de 0 à 24 (irrégularité de la suite de 11 à 16) ;
  - les nombres entre 0 et 59.

En lien avec les APQ

▶ En **relais**, les élèves peuvent aller chercher chaque nombre et reconstituer une ligne graduée en posant chaque carte-nombre sur cette ligne.

RITUEL ▶ Gagne ton maitre/ta maitresse !

Cartes-nombres

Matériel détachable Tandem CP ; jetons

1 Déroulé

- Chaque élève compose un nombre avec son matériel détachable. Puis l'enseignant·e pose une carte-nombre au tableau et l'annonce. L'élève qui a le nombre supérieur le plus proche l'annonce et justifie puis gagne un jeton.

2 Variables didactiques

- Choisir les nombres de manière progressive :
  - les nombres entre 20 et 59 (régularité écrite) ;
  - les nombres de 0 à 24 (irrégularité de la suite de 11 à 16) ;
  - les nombres entre 0 et 59.

PÉRIODE 3

Semaines 1, 3, 5 et 7

Maitriser la comptine orale jusqu'à 99

RITUEL ▶ Le furet

1 Déroulé

- Faire dire les nombres aux élèves à tour de rôle, en respectant une règle, dans l'ordre croissant.
- L'enseignant·e peut arrêter la comptine quand il/elle le souhaite.

2 Variables didactiques

- Commencer à partir de la famille du 50 pour stabiliser la connaissance de la comptine et mettre l'accent sur les grandes comptines de 60 à 99.
- Faire dire les nombres de 1 en 1 en avançant jusqu'à 99.
- Faire dire les nombres de 2 en 2 en avançant jusqu'à 100.

RITUEL ▶ Le rebours

1 Déroulé

- Faire dire les nombres aux élèves à tour de rôle, en respectant une règle : de 1 en 1 ou de 2 en 2 dans l'ordre décroissant.
- L'enseignant·e peut arrêter la comptine quand il/elle le souhaite.

2 Variables didactiques

- Choisir les nombres de manière progressive :
  - les nombres d'une même famille (de 79 à 60 ou de 99 à 80) ;
  - les nombres de 99 à 60 (stabilisation des nombres des grandes comptines) ;
  - les nombres de 100 à 60 (difficultés possibles pour les passages à la dizaine inférieure) ;
  - les nombres de 100 à 0 (difficultés possibles pour les passages à la dizaine inférieure).

Pour les rituels du furet, du rebours et « De... à », on peut utiliser **une bande numérique vierge ou une piste de jeu** (type jeu de l'oie) et déplacer son doigt, un pion ou un jeton au tableau pour que les élèves visualisent le sens du déplacement en cohérence avec l'énumération.

RITUEL ▶ De... à

1 Déroulé

- Faire dire les nombres aux élèves à tour de rôle, entre deux bornes, en avançant de 1 en 1 ou de 2 en 2.

2 Variables didactiques

- Choisir des nombres avec une suite qui comporte un passage difficile. Par ex. :
  - les nombres de 60 à 79 ou de 80 à 99 ;
  - les passages de dizaine (modification du mot-nombre de la famille).

En lien avec les APQ

▶ Dans les trois rituels qui précèdent, les élèves peuvent associer le passage d'un nombre à un autre à **un saut dans un cerceau** ou bien à **un pas** (en avant ou en arrière) en vue d'engager leur corps dans l'automatisation de la comptine.

RITUEL ▶ Le nombre avant/après

1 Déroulé

- Annoncer un nombre puis demander à un·e élève de donner le nombre qui précède et celui qui suit.

Il est possible de recourir à la « **boite mystère (+1/-1)** » pour aider les élèves fragiles. Pour rappel, l'enseignant·e place un certain nombre de jetons dans une boite opaque et ajoute ou retire un jeton. L'élève annonce le nombre de jetons qui se trouve alors dans la boite.

2 Variables didactiques

- Choisir les nombres de manière progressive :
  - les nombres de 60 à 69 ;
  - les nombres de 70 à 79 ;
  - les nombres de 60 à 79.

PÉRIODE 3

Semaines 2, 4 et 6

Maitriser les différentes représentations des nombres jusqu'à 79, en appui sur la numération décimale et les décompositions

RITUEL ▶ Le nombre du jour

Matériel détachable Tandem CP ; ardoise

1 Déroulé

- Annoncer un nombre et demander aux élèves de le représenter de différentes manières :
  - avec le matériel base 10 ;
  - avec les cartes-points ;
  - avec les cartes-nombres ;
  - en le repérant sur la bande numérique ;
  - en l'écrivant sur l'ardoise à l'aide d'une décomposition (par ex. : 10 + 10 + 10 + 6 pour 36).

2 Variables didactiques

- Choisir les nombres de manière progressive :
  - les nombres de 0 à 59 ;
  - les nombres de 60 à 79 ;
  - les nombres de 0 à 79.

Afin de disposer d'une quantité suffisante de matériel, les élèves pourront mutualiser leurs cartes et travailler en binôme.

RITUEL ▶ Le téléphone des nombres

Ardoise ; matériel détachable Tandem CP

1 Déroulé

- Afficher des représentations ou des nombres écrits au tableau. Un·e élève lit un nombre à son voisin/sa voisine qui l'écrit sur son ardoise puis le montre à son voisin/sa voisine qui le représente (sur son ardoise ou en utilisant le matériel détachable), et ainsi de suite jusqu'au bout de la chaine.

2 Variables didactiques

- Faire varier le nombre d'élèves de la chaine entre 4 et 10.

En lien avec les APQ

▶ En **relais**, un élève peut dessiner la représentation d'un nombre sur son ardoise puis courir la montrer à un·e camarade qui dessine une autre représentation sur son ardoise, et ainsi de suite jusqu'à associer toutes les représentations connues des élèves à ce nombre.

PÉRIODE 4

Semaines 1, 3, 5 et 7

Maitriser les nombres jusqu'à 79 (à l'écrit et à l'oral)

RITUEL ▶ Le loto

Matériel détachable Tandem CP

1 Déroulé

- Annoncer un nombre entre 0 et 79 et le type de représentation attendue, puis demander aux élèves de montrer les cartes qui correspondent dans leur matériel détachable.

2 Variables didactiques

- Varier les représentations pour automatiser la stratégie.

Afin de disposer d'une quantité suffisante de matériel, les élèves pourront mutualiser leurs cartes et travailler en binôme.

En lien avec les APQ

▶ Les représentations du matériel détachable peuvent être utilisées pour **aller chercher un nombre défini d'objets** dans une course ou un relais. Il est possible de préparer au préalable des paquets de 10 ou 20 objets sur lesquels on indiquera « 10 » ou « 20 ».

RITUEL ▶ La dictée de nombres

Ardoise

1 Déroulé

- Dire un nombre et demander aux élèves de l'écrire sur leur ardoise.

2 Variables didactiques

- Se concentrer sur les nombres de 60 à 79 en veillant à faire justifier et verbaliser le choix d'écriture entre 6 dizaines et 7 dizaines.

PÉRIODE 4

Semaines 2, 4 et 6

Maitriser les différentes représentations des nombres jusqu'à 79, en appui sur la numération décimale et les décompositions

Afin de disposer d'une quantité suffisante de matériel, les élèves pourront mutualiser leurs cartes et travailler en binôme.

RITUEL ▶ Le nombre du jour

Matériel détachable Tandem CP ; ardoise

1 Déroulé

- Annoncer un nombre et demander aux élèves de le représenter de différentes manières :
  - avec le matériel base 10 ;
  - avec les cartes-points ;
  - avec les cartes-nombres ;
  - en le repérant sur la bande numérique ;
  - en l'écrivant sur l'ardoise à l'aide d'une décomposition (par ex. : 10 + 10 + 10 + 6 pour 36).

2 Variables didactiques

- Choisir les nombres de manière progressive :
  - les nombres de 60 à 79 ;
  - les nombres de 0 à 79 ;
  - les nombres de 80 à 89 ;
  - les nombres de 90 à 99.

RITUEL ▶ Le téléphone des nombres

Ardoise

1 Déroulé

- Afficher des représentations ou des nombres écrits au tableau. Un·e élève lit un nombre à son voisin/sa voisine qui l'écrit sur son ardoise puis le montre à son voisin/sa voisine qui le représente sur son ardoise, et ainsi de suite jusqu'au bout de la chaine.

2 Variables didactiques

- Faire varier le nombre d'élèves de la chaine entre 4 et 10.

En lien avec les APQ

▶ En **relais**, un élève peut dessiner la représentation d'un nombre sur son ardoise puis courir la montrer à un·e camarade qui dessine une autre représentation sur son ardoise, et ainsi de suite jusqu'à associer toutes les représentations connues des élèves à ce nombre.

PÉRIODE 5

Semaines 1, 3, 5 et 7

Maitriser les nombres jusqu'à 100

RITUEL ▶ Le loto

Matériel détachable Tandem CP

1 Déroulé

- Annoncer un nombre entre 0 et 100 et le type de représentation attendue, puis demander aux élèves de montrer les cartes qui correspondent dans leur matériel détachable.

2 Variables didactiques

- Varier les représentations pour automatiser leur reconnaissance.

En lien avec les APQ

▶ Les représentations du matériel détachable peuvent être utilisées pour **aller chercher un nombre défini d'objets** dans une course ou un relais. Il est possible de préparer au préalable des paquets de 10 ou 20 objets sur lesquels on indiquera « 10 » ou « 20 ».

RITUEL ▶ La dictée de nombres

Ardoise

1 Déroulé

- Dire un nombre et demander aux élèves de l'écrire sur leur ardoise.

2 Variables didactiques

- Se concentrer sur les nombres de 80 à 99 en veillant à faire justifier et verbaliser le choix d'écriture entre 8 dizaines et 9 dizaines.

RITUEL ▶ Le téléphone des nombres

Ardoise

1 Déroulé

- Afficher des représentations ou des nombres écrits au tableau. Un·e élève lit un nombre à son voisin/sa voisine qui l'écrit sur son ardoise puis le montre à son voisin/sa voisine qui le représente sur son ardoise, et ainsi de suite jusqu'au bout de la chaine.

2 Variables didactiques

- Faire varier le nombre d'élèves de la chaine entre 4 et 10.

En lien avec les APQ

▶ En **relais**, un élève peut dessiner la représentation d'un nombre sur son ardoise puis courir la montrer à un·e camarade qui dessine une autre représentation sur son ardoise, et ainsi de suite jusqu'à associer toutes les représentations connues des élèves à ce nombre.

PÉRIODE 5

Semaines 2, 4 et 6

Se déplacer dans le tableau des nombres

RITUEL ▶ Le jeu du portrait

Tableau des nombres

1 Déroulé

- Choisir un nombre et le faire identifier par les élèves dans le tableau des nombres grâce aux indications données oralement.

2 Variables didactiques

- Indiquer la colonne et la ligne dans lesquelles se situe le nombre choisi (par ex. : *Le nombre se trouve dans la colonne du 4 et dans la ligne du 50.*)
- Coder la position du nombre choisi.
- Se déplacer dans le tableau des nombres en ajoutant des unités et/ou des dizaines.

En lien avec les APQ

▶ Il est possible de tracer un tableau des nombres dans la cour pour travailler le déplacement par le corps. Les élèves codent les positions de camarades sur le tableau ou viennent se placer sur une case selon le codage qui leur est donné.

RITUEL ▶ Le tableau en morceaux

Tableau des nombres **Ardoise**

1 Déroulé

- Montrer un « morceau » du tableau des nombres que les élèves doivent compléter sur leur ardoise.

2 Variables didactiques

- Faire varier les « morceaux » proposés du tableau des nombres.

PARTIE 2

C Le calcul mental

1 Principe et objectifs

La pratique quotidienne, l'organisation hebdomadaire et la programmation annuelle du domaine calcul mental sont conçues pour que les élèves puissent atteindre les objectifs fixés par les programmes 2025 :

- une **pratique quotidienne** de 15 minutes du calcul mental,
- des activités alternant un **enseignement guidé** par l'enseignant.e, des **séances autonomes ou différenciées** d'entrainement et de consolidation ainsi que des évaluations régulières, sommatives autant que formatives,
- une structuration des **apprentissages en trois composantes**, explicitement définies, telles que proposées par les programmes : **mémoriser** des faits numériques, utiliser ses **connaissances en numération** pour calculer mentalement, apprendre des **procédures** de calcul mental,
- des séances intégrant la **résolution de problèmes intuitifs**, à l'énoncé oral et bref, participant à l'objectif de traiter 10 problèmes par semaine,
- des tests réguliers de fluence en calcul mental.

2 Organisation hebdomadaire

- L'ensemble des activités vise à une **efficacité d'enseignement maximale** sur le temps prévu : préparation matérielle allégée pour l'enseignant.e, mise en activité rapide des élèves, routine d'organisation, clarté des fiches d'entrainement et des tests de fluence.
- **Un nouveau calcul-type est enseigné chaque semaine** durant 2 séances guidées (jour 1 et jour 3) et repris *en semaine suivante* durant 1 séance en autonomie (jour 2). Le jour 4 est dédié à la consolidation des acquis antérieurs, à la mémorisation et à la pratique de **tests de fluence**, conformément aux objectifs fixés par les programmes :
  - calculs variés (se basant sur la numération et les procédures apprises) : fiche de test proposant 5 calculs (jusqu'à la fin de la période 2) puis 9 calculs à réaliser en 3 minutes ;
  - faits numériques mémorisés : fiche de test proposant 6 calculs (jusqu'à la fin de la période 2) puis 8 calculs à réaliser en 1 minute.

Afin de faciliter le cours à niveaux multiples, l'organisation est compatible avec celle de la méthode Tandem CE1 et CE2.

Jour 1 Avec l'enseignant en collectif	**Jour 2** En autonomie ou en petits groupes	**Jour 3** Avec l'enseignant en collectif	**Jour 4** En autonomie ou en petits groupes
Apprentissage guidé d'une nouvelle notion, intégrant une courte manipulation et un premier entrainement aux calculs sur ardoise.	Entrainement sous la forme de courts exercices écrits, portant sur le calcul enseigné la semaine précédente.	Réactivation des apprentissages du jour 1, intégrant des calculs et des problèmes simples, sur ardoise et sur fiche de suivi (livret de calcul mental).	Consolidation et tests de fluence, portant alternativement sur les faits numériques et sur les procédures déjà enseignées.

3 Organisation du jour 4

L'organisation du jour 4 suit un rituel qui, s'il nécessite par définition une appropriation progressive lors de la période 1, doit permettre aux élèves de réaliser un travail en routine potentiellement autonome visant à améliorer la fluence en calcul. Voici l'organisation qui est visée à partir de la période 2, pour chacun des deux dispositifs se succédant chaque semaine.

1. Consolidation des procédures précédemment travaillées et test de fluence

Cette séance-type de 15 minutes vise à revenir sur 2 à 3 séances d'apprentissages des semaines précédentes, portant sur la mise en place de procédures de calcul mental et l'utilisation des connaissances en numération.

5 min **QCM d'entrainement** Les formes de calculs travaillées précédemment sont présentées par l'enseignant·e sans être explicitées à nouveau aux élèves (*cf.* phase de correction). Le QCM permet une potentielle autocorrection et, au regard du temps dédié, une plus grande efficacité du repérage des erreurs. 20 secondes sont laissées pour la réflexion et l'écriture des résultats (30 s en périodes 1 et 2).

5 min **Correction.** La correction est collective, le score est écrit en bas de la page. En fonction des résultats et des erreurs des élèves, l'enseignant·e décide de revenir sur les procédures utilisées lors de séances correspondantes pour expliquer à nouveau comment trouver le résultat. Il est possible de proposer le cas échéant quelques calculs d'entrainement, à l'oral.

5 min **Test de fluence & correction.** L'enseignant·e propose une fiche très proche du QCM dans sa mise en page et dans la succession des calculs pour que les élèves puissent mettre en application les étayages apportés dans la phase de correction. Le temps de passation est identique. Le résultat est à écrire dans la case correspondante, contrairement au QCM. La correction peut être faite en fin de séance ou reportée *a posteriori*.

2. Mémorisation des faits numériques et test de fluence

Cette séance-type de 15 minutes vise à travailler spécifiquement la mémorisation de faits numériques indiqués au programme. Les faits à mémoriser ne sont pas découverts : ils ont déjà été travaillés en séance de calcul et de calcul mental, mais un temps dédié est nécessaire pour viser une automatisation. Une fiche de mémorisation est distribuée à chacune de ces séances, qui sous un format standard de 10 faits numériques, guide l'élève dans sa tâche. Un test de fluence est proposé en fin de séance portant uniquement sur le contenu de la fiche de mémorisation.

5 min **Mémorisation.** La fiche de mémorisation est présentée. L'enseignant·e peut mettre en avant, dès la distribution, certains éléments facilitant la mémorisation, ou laisser les élèves découvrir la fiche et mettre en évidence ces éléments. Un premier temps d'apprentissage informel est possible.

5 min **Entrainement avec le cache.** Le dispositif de cache individuel, s'il n'est pas indispensable pour la mémorisation, est un support favorisant la concentration, la méthodologie d'apprentissage et l'autotest qui rend la mémorisation plus efficace, chaque élève allant à son rythme durant cette phase. Les élèves prennent ainsi quelques minutes pour mémoriser de manière intensive les faits numériques. L'enseignant·e rappelle que la face « dans le désordre » est nécessaire pour plus de flexibilité.

5 min **Test de fluence & correction.** Le test reprend la forme de la fiche de mémorisation pour faciliter le repérage des calculs par les élèves et le rappel des résultats en mémoire. L'enseignant·e précise que l'enchainement des calculs est rapide : 7 à 8 secondes par calcul (10 secondes en périodes 1 et 2), soit une réponse quasi-automatique. La correction peut être faite en fin de séance ou reportée *a posteriori*.

PÉRIODE 1

Semaine 1

JOUR 1 Découverte – Associer une quantité à son écriture chiffrée

- **Objectif d'apprentissage :** utiliser la numération pour associer une quantité à son écriture chiffrée
- **Nombres utilisés :** nombres jusqu'à 10
- **Calcul type :** … c'est 4
- **Matériel :** 10 billes, 1 pot opaque, les cartes-nombres de 0 à 10 (matériel cartonné) par élève

10 min Dire aux élèves : *À mon signal vous montrerez le nombre de doigts que je demande. Êtes-vous prêts ?* (Faire reformuler pour s'assurer que la consigne est comprise). *Montrez 3 doigts.* Observer et vérifier en dénombrant/montrant, accepter les propositions non conventionnelles. Réitérer la situation avec 5, 1, 7 et 10 doigts.

Ensuite, inverser les rôles : l'enseignant·e montre une quantité de doigts (ou de cubes/crayons) et, au signal, les élèves montrent la carte-nombre correspondante. Montrer 2, 4, 6 puis 9 doigts (ou cubes).

5 min Montrer une quantité de doigts, de cubes, de points dessinés au tableau et demander aux élèves d'écrire sur l'ardoise (écriture chiffrée) le nombre représenté. En fonction des nombres que les élèves savent écrire, on peut proposer de continuer à utiliser les cartes nombres. Proposer ainsi tous les nombres jusqu'à 10, sans omettre le 0. La bande numérique est proposée en support de recherche si besoin.

JOUR 2 Entrainement – Associer une quantité à son écriture chiffrée

15 min Colorie la case du nombre qui est représenté.

JOUR 3 Découverte – Associer une quantité à son écriture chiffrée

5 min **Rappel du jour 1.** Demander aux élèves de montrer une quantité de doigts. Alterner la quantité demandée à l'oral (10 ; 4 ; 2), puis à l'écrit, au tableau (1 ; 3 ; 5 ; 7 ; 8).

5 min **Problèmes.** Demander aux élèves de fermer les yeux. *Je vais mettre des billes dans la boite. Sans regarder, vous devrez écrire combien de billes il y a dans la boite.* Dans une boite opaque (pot à crayon), faire tomber une à une 4 billes (jetons…) et demander aux élèves d'écrire le nombre de billes qu'il y a dans la boite. Faire vérifier par un élève. Recommencer avec d'autres quantités inférieures à 10 en faisant une vérification à chaque fois (la boite est vidée à chaque tour).

5 min **Calculs et problème.** Les élèves vont répondre sur leur livret et non plus sur l'ardoise. C'est la deuxième utilisation de ce support pour lequel il faut prendre le temps d'une présentation. Montrer : 4 doigts, 8 points, 6 crayons. Les élèves écrivent la quantité en chiffres dans les cases réponses. Pour la dernière case, refaire une fois le jeu précédent avec une quantité de billes (inférieure à 10) tombées dans un pot opaque. Correction.

JOUR 4 Entrainement / fluence – Procédure

5 min **Présentation du QCM.** Faire un exemple fictif au tableau. Recueillir les questions des élèves et y répondre.

5 min **QCM d'entrainement « Pour commencer ».** Faire passer le test (30 s/calcul).

5 min **Correction.** Faire une correction collective. En fonction des résultats et des erreurs des élèves, revenir sur la procédure de dénombrement. Proposer le cas échéant à l'oral quelques calculs d'entrainement. Faire écrire le score en bas de la fiche.

Semaine 2

JOUR 1 Découverte – Trouver le nombre qui suit

- **Objectif d'apprentissage :** utiliser la numération pour trouver le nombre qui suit
- **Nombres utilisés :** nombres jusqu'à 10
- **Calcul type :** le nombre qui suit 6..., c'est ...
- **Matériel :** 10 billes, 1 pot opaque, cartes de reconnaissance automatique

10 min Demander aux élèves de fermer les yeux ou cacher la manipulation. *Je vais mettre des billes dans la boite. Sans regarder, vous devrez lever la main pour me dire combien de billes il y a dans la boite.* Mettre bruyamment, une à une, 4 billes dans une boite opaque. Interroger les élèves et faire vérifier. Entourer ou marquer le 4 sur la bande numérique de la classe. *Il y a donc 4 billes dans la boite. Attention, je continue.* Ajouter une bille. *Et maintenant, qu'est-ce que je viens de faire ?* Interroger les élèves. *J'ai ajouté une bille. Combien de billes y a-t-il maintenant ?* Interroger les élèves. Vérifier et entourer le 5 sur la bande numérique.

Rejouer la situation deux fois avec le 6 et le 8. *Observez la bande numérique. Quand j'ajoute une bille, que se passe-t-il ?* Tracer une flèche de 4 à 5, de 6 à 7, de 8 à 9. Interroger les élèves. *Quand j'ajoute une bille, je dis le nombre suivant, celui qui vient juste après.*

5 min **Calculs.** *On va s'entrainer à trouver le nombre qui suit en l'écrivant sur l'ardoise. Quel est le nombre qui suit 2 ? 5 ? 7 ? 9 ? 1 ?* Si besoin, illustrer avec les doigts, la bande numérique ou les billes.

JOUR 2 Associer une quantité à son écriture chiffrée

15 min Colorie la case du nombre qui est représenté.

JOUR 3 Découverte – Trouver le nombre qui suit

5 min **Rappel du jour 1.** *Nous allons revoir comment trouver le nombre qui suit.* Interroger les élèves sur le sens de l'expression, et redire que c'est le nombre qui vient juste après. *Quel est le nombre qui suit 3 ? 6 ? 8 ? 10 ? 4 ?*

5 min **Problème.** Écrire au tableau (ou projeter) et lire : « Donald a ramassé 6 cailloux sur le chemin. Il en ramasse un de plus juste avant de rentrer. Combien de cailloux Donald a-t-il ramassés à la fin de sa balade ? » Expliciter le problème et faire le lien avec l'activité du jour 1. Utiliser le matériel si besoin pour illustrer la situation.

5 min **Calculs et problème.** Les élèves répondent sur leur livret : Quel est le nombre qui vient après 1 ? après 3 ? après 8 ? Lire et écrire uniquement les quantités (en gras) : « Au marché, papa a acheté **7 pommes** rouges et **1 pomme** verte. Combien de pommes a-t-il achetées ? » Correction.

JOUR 4 Entrainement / fluence – Mémorisation

5 min **Mémorisation 1.** *Vous allez vous entrainer à reconnaitre des quantités très rapidement. L'objectif est de ne pas compter un par un les points, mais de trouver des quantités à mettre ensemble, par exemple 2 et 2.* Faire défiler les cartes de reconnaissance automatique (*subitizing* – pdf à projeter ou papier). Ne pas interroger les élèves, mais leur demander de dire à voix haute le résultat dès qu'ils l'ont. Expliciter les stratégies et les compositions jusque 5.

5 min **Présentation du test de fluence.** *Chaque fin de semaine, nous allons faire un petit test de 6 calculs pour savoir comment vous arrivez à calculer très rapidement.* Faire un exemple fictif au tableau. Recueillir les questions des élèves et y répondre.

5 min **Test de fluence M1 & correction.** Faire passer le test (10 s/calcul) et faire la correction collective.

Semaine 3

JOUR 1 Découverte – Trouver le nombre qui précède

- **Objectif d'apprentissage :** utiliser la numération pour trouver le nombre qui précède
- **Nombres utilisés :** nombres jusqu'à 10
- **Calcul type :** le nombre qui précède 7, c'est …
- **Matériel :** les cartes-nombres de 0 à 10

10 min Afficher au tableau la carte du nombre 10. *Nous allons jouer au jeu du 10. Il faut poser les cartes pour reconstituer la bande numérique mais on a le droit de poser seulement le nombre qui précède.* Interroger les élèves sur le sens de l'expression « qui précède » : c'est le nombre qui vient juste avant, celui que l'on prononce juste avant quand on récite la comptine numérique. Faire le lien avec l'apprentissage de la semaine 2. Distribuer une des cartes-nombres de 0 à 10 par groupe de 2 ou 3 élèves, puis commencer le jeu : *Qui a la carte du nombre qui précède 10 ?* L'élève qui possède la carte 9 vient l'afficher au tableau juste avant la carte 10. Faire verbaliser : *Le nombre qui précède 10, c'est 9.* Continuer le jeu jusqu'à avoir posé toutes les cartes dans l'ordre. Refaire le jeu avec d'autres élèves selon le temps disponible.

5 min *On va s'entrainer à trouver le nombre qui précède en l'écrivant sur l'ardoise. Quel est le nombre qui précède/qui vient avant 2 ? 6 ? 8 ? 9 ? 3 ?* Si besoin, illustrer avec la bande numérique ou en récitant la comptine numérique.

JOUR 2 Révision – Trouver le nombre qui suit

15 min Entoure et relie le nombre qui suit.

JOUR 3 Découverte – Trouver le nombre qui précède

5 min **Rappel du jour 1.** Rappeler rapidement le jeu du jour 1 : poser la carte du nombre précédent. Puis demander quel est le nombre qui précède 3 ? 10 ? 5 ? (Réponses sur l'ardoise)

5 min **Problème.** Écrire au tableau (ou projeter) et lire : « Louise a 6 feutres dans sa trousse. Elle prête 1 feutre à sa voisine. Combien de feutres reste-t-il dans sa trousse ? » Expliciter le problème et faire le lien avec l'activité du jour 1. Utiliser le matériel réel si besoin pour illustrer la situation et aider à la compréhension.

5 min **Calculs et problème.** Les élèves vont répondre sur leur livret et non plus sur l'ardoise : Quel est le nombre qui précède 4 ? 2 ? 8 ? Lire et écrire uniquement les quantités (en gras) : « Samy avait **7 billes** avant la récréation. Il a perdu **1 bille** pendant la récréation. Combien de billes a-t-il maintenant ? » Correction.

JOUR 4 Entrainement / fluence – Procédure

5 min **QCM d'entrainement 1.** *Pour trouver les résultats des calculs, vous allez utiliser deux manières de calculer que nous avons apprises depuis le début d'année : dénombrer une collection et trouver le nombre qui suit.* Indiquer/énoncer chaque calcul et demander aux élèves d'entourer le résultat (30 s/calcul).

5 min **Correction.** Faire une correction collective. En fonction des résultats et des erreurs des élèves, revenir sur les procédures utilisées lors des séances correspondantes pour expliquer à nouveau comment trouver le résultat correct. Proposer le cas échéant à l'oral quelques calculs d'entrainement. Faire écrire le score en bas de la fiche.

5 min **Test de fluence P1 & correction.** Faire passer le test (30 s/calcul). Correction en fin de séance ou *a posteriori*.

Semaine 4

JOUR 1 Découverte – Connaitre les compléments à 10

- **Objectif d'apprentissage :** mémoriser les compléments à 10
- **Nombres utilisés :** nombres inférieurs ou égaux à 10
- **Calcul type :** 7 + … = 10
- **Matériel :** 10 cartes à points format A4, 1 carte à points vierge

10 min Afficher les 10 cartes à points au tableau (aimants) dans l'ordre croissant. Montrer la carte « 6 » et demander : *Quelle autre carte pourrait-on choisir pour faire 10 ?* Quand la carte « 4 » apparait comme la réponse correcte, demander : *Je vais vous montrer comment être sûr de la réponse.* Découper la partie « vide » de la carte « 6 » puis la partie vide de la carte « 4 » et montrer que les deux cartes assemblées font 10. *Le complément de 6, c'est 4. On dit aussi : 6 pour aller à 10 ? C'est 4.* Insister sur la réciproque en retournant les 2 cartes : *Le complément de 4, c'est 6. 4 pour aller à 10 ? C'est 6.* Faire la même manipulation avec 5 et 5, puis 8 et 2, puis 7 et 3, puis 9 et 1. Insister sur l'intérêt de se souvenir des couples de compléments (au lieu de les retrouver par comptage). Faire répéter les élèves pour une première mémorisation.

5 min Les 10 cartes à points découpées sont découplées et à nouveau affichées au tableau dans l'ordre. Demander : *5 pour aller à 10 ? 7 pour aller à 10 ? 1 pour aller à 10 ? 8 pour aller à 10 ?*

JOUR 2 Révision – Trouver le nombre qui précède

15 min Entoure et relie le nombre qui précède.

JOUR 3 Découverte – Connaitre les compléments à 10

5 min **Rappel du jour 1 et calculs.** Afficher au tableau les cartes de la séance 1, assemblées par 2. Montrer qu'on peut faire la même manipulation avec les doigts pour retrouver les compléments (doigts ouverts *vs* doigts fermés). Insister à nouveau sur la nécessité de trouver rapidement la réponse (sans compter). Demander : *6 pour aller à 10 ? 3 pour aller à 10 ? 2 pour aller à 10 ?*

5 min **Problèmes.** Écrire au tableau (ou projeter) et lire pour tous : « Ce midi, nous sommes 10 autour de la table. Gabriel a mis 5 assiettes. Combien d'assiettes doit-il encore mettre ? » Expliciter le problème et faire le lien avec le calcul. Utiliser une carte à points vierge si nécessaire. Écrire au tableau (ou projeter) et lire : « 10 équipes sont inscrites au tournoi de football. Pour l'instant, 3 équipes sont arrivées. Combien d'équipes doivent encore arriver ? »

5 min **Calculs et problème.** Les élèves répondent sur leur livret. 7 pour aller à 10 ? 5 pour aller à 10 ? 6 pour aller à 10 ? Lire et écrire uniquement les quantités (en gras) : « Les CM2 veulent chanter **10 chants** avec la chorale en fin d'année. Pour l'instant, ils ont appris **2 chants**. Combien de chants doivent-ils encore apprendre ? » Correction.

JOUR 4 Entrainement / fluence – Mémorisation

5 min **Mémorisation 2.** *Pour répondre très vite, vous allez essayer de vous rappeler de chaque carte à points : cela s'appelle mémoriser.* Distribuer la feuille A5 recto/verso et discuter collectivement de sa forme (la projeter si besoin). Laisser ensuite les élèves la manipuler, commencer à mémoriser.

5 min **Présentation du cache.** *Pour vous entrainer à mémoriser, vous allez prendre une habitude qui est de cacher les résultats avant de répondre. Pour cela, vous utiliserez un cache.* Montrer le fonctionnement du cache, puis le distribuer. Laisser les élèves le manipuler, imposer l'utilisation « dans l'ordre », puis « dans le désordre ».

5 min **Test de fluence M2 & correction.** Faire passer le test (10 s/calcul) et faire la correction collective.

Semaine 5

JOUR 1 Découverte – Connaitre les doubles des nombres de 1 à 5

- **Objectif d'apprentissage :** mémoriser les doubles de 1 à 5
- **Nombres utilisés :** de 1 à 10
- **Calcul type :** le double de 4, c'est…
- **Matériel :** deux dés, les cartes à points de 1 à 5 pour chaque élève (matériel cartonné)

10 min *Lorsqu'on joue avec 2 dés, il peut arriver d'obtenir deux fois le même nombre. Par exemple, je peux obtenir 1 et encore 1.* Montrer avec les dés. *Lorsqu'on a deux fois le même nombre ça porte un nom, ça s'appelle un double. Avec votre voisin, poser sur la table les cartes pour faire le double de 1.* Vérifier les réponses et interroger les élèves : *Combien obtient-on de points avec le double de 1 ?* Interroger un élève et énoncer : *Le double de 1, c'est 2.* Sur une feuille A4 dessiner la représentation (en points) du double de 1 et écrire en dessous : 2. Refaire la même manipulation (et affiche) pour le double de 2, le double de 3, de 4 et de 5.

Dans un deuxième temps, placer au tableau les 5 affiches réalisées. Faire un jeu de Kim : les enfants ferment/se cachent les yeux, retirer une affiche. Les élèves doivent repérer quel double a disparu et son résultat. Le faire pour chaque double.

5 min *On va maintenant s'entrainer à retrouver les doubles sans les affiches.* (Les retirer.) Demander : *Le double de 2, c'est ?* (Réponse sur l'ardoise.) Si besoin, montrer le double de 2 avec les doigts (2 et 2) et vérifier les réponses en replaçant au tableau l'affiche du double de 2. Procéder de même avec le double de 5 ; de 4 ; de 1 ; de 3.

JOUR 2 Révision – Connaitre les compléments à 10

15 min Entoure les nombres qui font 10.

JOUR 3 Découverte – Connaitre les doubles de 1 à 5

5 min **Rappel du jour 1 et calculs.** Rappeler rapidement les doubles construits le jour 1 à l'aide des affiches afin de les remettre en mémoire. Puis demander : le double de 5, le double de 1, de 4, de 3, de 2. (Réponses sur l'ardoise.) Si besoin, montrer les doigts.

5 min **Problème.** Écrire au tableau (ou projeter) et lire pour tous : « Sullivan et sa sœur ont chacun 4 billes. Combien de billes ont-ils à eux deux ? » Laisser un temps de recherche sur l'ardoise, guider si besoin sur la représentation. Faire le lien avec les doubles et corriger.

5 min **Calculs et problème.** Les élèves répondent sur leur livret : Quel est le double de 4 ? le double de 3 ? le double de 1 ? Lire et écrire uniquement les quantités (en gras) : « Au jeu de l'oie Clémence a fait un **double de 2**. De combien de cases va-t-elle avancer ? » Correction.

JOUR 4 Entrainement / fluence – Procédure

5 min **QCM d'entrainement 2.** *Pour trouver les résultats des calculs, vous allez utiliser deux manières de calculer que nous avons apprises depuis le début d'année : trouver le nombre qui suit, trouver le nombre qui précède.* Dicter chaque calcul et demander aux élèves d'entourer le résultat (30 s/calcul).

5 min **Correction.** Faire une correction collective. En fonction des résultats et erreurs des élèves, revenir sur les procédures utilisées lors de séances correspondantes (semaines 2 et 3) pour expliquer à nouveau comment trouver le résultat. Proposer le cas échéant à l'oral quelques calculs d'entrainement. Faire écrire le score en bas de la fiche.

5 min **Test de fluence P2 & correction.** Faire passer le test (30 s/calcul). Correction en fin de séance ou *a posteriori*.

Semaine 6

JOUR 1 Découverte – Ajouter 2 à un nombre

- **Objectif d'apprentissage :** utiliser la numération pour ajouter 2 à un nombre
- **Nombres utilisés :** nombres inférieurs ou égaux à 10
- **Calcul type :** 5 + 2 = …
- **Matériel :** 1 carte à points vierge format A4 (à télécharger et à plastifier), 1 élément « 2 » correspondant à 2 points de cartes à points (recto avec 2 points, verso vierge)

10 min Montrer la carte à points vierge et dessiner 3 points. *Voici le nombre 3. Je vais ajouter 2 au nombre 3.* Placer l'élément « 2 » côté recto (avec 2 points) à la suite des 3 points de la carte. *J'avais 3, j'ajoute 2. Combien cela fait-il ?* Après la confirmation collective du résultat « 5 », refaire lentement la même manipulation en verbalisant en même temps : *3 plus 2 égale 5.* Écrire l'opération au tableau. Faire la manipulation en verbalisant collectivement avec les opérations : 5 + 2 = … et 7 + 2 = … *Maintenant, vous allez imaginer qu'on ajoute « 2 » sur la carte pour trouver le résultat.*

5 min Pour chaque calcul, dessiner les points avant de dicter le calcul. Laisser les élèves écrire le calcul et le résultat sur l'ardoise avant de valider la réponse avec l'élément « 2 ».
2 + 2 = … ; 4 + 2 = … ; 8 + 2 = …

JOUR 2 Révision – Connaitre les doubles de 1 à 5

15 min Colorie la réponse correcte.

JOUR 3 Découverte – Ajouter 2 à un nombre

5 min **Rappel du jour 1 et calculs.** Dessiner les points sur la carte avant de dicter chaque calcul. Valider avec l'élément « 2 » après que les élèves aient écrit leur résultat. Dicter : 1 + 2 = … ; 5 + 2 = … ; 7 + 2 = …

5 min **Problèmes.** Écrire au tableau (ou projeter) et lire pour tous : « Josué a 4 billes dans sa main gauche et 2 billes dans sa main droite. Combien de billes a-t-il en tout ? » Expliciter le problème et faire le lien avec le calcul. Utiliser la carte à points vierge si nécessaire. Écrire au tableau (ou projeter) : « Il y avait 7 livres dans la petite bibliothèque de la classe. La maitresse en ajoute 2. Combien de livres y a-t-il maintenant ? » *Vous allez maintenant écrire les résultats de 3 calculs et d'un problème dans votre livret. Attention, il faudra calculer sans la carte à points.*

5 min **Calculs et problème.** 3 + 2 = … ; 5 + 2 = … ; 8 + 2 = … Lire et écrire uniquement les quantités (en gras) : « Au spectacle de danse, il y a **6 classes** de CP et **2 classes** de maternelle. Combien de classes y a-t-il en tout au spectacle ? » Correction.

JOUR 4 Entrainement / fluence – Mémorisation

5 min **Mémorisation 3.** *Pour répondre très vite, vous allez essayer de mémoriser les compléments à 10.* Distribuer la fiche et discuter collectivement de sa forme (la projeter si besoin). Laisser ensuite les élèves la manipuler, commencer à mémoriser.

5 min **Entrainement avec le cache.** *Vous allez utiliser votre cache pour mémoriser les compléments à 10, d'abord dans l'ordre, puis dans le désordre.* Rappeler le fonctionnement du cache et laisser les élèves s'entrainer.

5 min **Test de fluence M3 & correction.** Faire passer le test (10 s/calcul) et faire la correction collective.

Semaine 7

JOUR 1 Découverte – Soustraire 2 à un nombre

- **Objectif d'apprentissage :** utiliser la numération pour soustraire 2 à un nombre
- **Nombres utilisés :** nombres inférieurs ou égaux à 10
- **Calcul type :** 7 – 2 = …
- **Matériel :** 1 carte à points vierge format A4 (à télécharger et à plastifier), 1 élément « 2 » correspondant à 2 points de carte à points (recto avec 2 points, verso vierge)

10 min Montrer la carte à points vierge et dessiner 5 points. *Voici le nombre 5. Je vais retirer 2 au nombre 5.* Placer l'élément « 2 » côté verso (vierge) sur 2 points de la carte. *J'avais 5, j'enlève 2. Combien cela fait-il ?* Après la confirmation collective du résultat « 3 », refaire lentement la même manipulation en verbalisant en même temps : *5 moins 2 égale 3.* Écrire l'opération au tableau. Faire la manipulation en verbalisant collectivement avec les opérations : 7 – 2 = … et 9 – 2 = … *Maintenant, vous allez imaginer qu'on enlève 2 sur la carte pour trouver le résultat.*

5 min Pour chaque calcul, dessiner les points avant de dicter le calcul. Laisser les élèves écrire le calcul et le résultat sur l'ardoise avant de valider la réponse avec l'élément « 2 ».
4 – 2 = … ; 6 – 2 = … ; 10 – 2 = …

JOUR 2 Révision – Ajouter 2 à un nombre

15 min Colorie le chemin du +2.

JOUR 3 Découverte – Soustraire 2 à un nombre

5 min **Rappel du jour 1 et calculs.** Dessiner les points sur la carte avant de dicter chaque calcul. Valider avec l'élément « 2 » après que les élèves aient écrit leur résultat. Demander :
3 – 2 = … ; 7 – 2 = … ; 9 – 2 = …

5 min **Problèmes.** Écrire au tableau (ou projeter) et lire pour tous : « À l'école, il y a 6 cordes à sauter pour la récréation. La maitresse en a déjà distribué 2. Combien de cordes à sauter reste-t-il ? » Expliciter le problème et faire le lien avec le calcul. Utiliser la carte à points vierge si nécessaire. Écrire au tableau (ou projeter) : « Il y avait 9 crayons de couleurs dans le pot. 2 crayons sont cassés. Combien de crayons de couleur reste-t-il dans le pot ? » *Vous allez maintenant écrire les résultats de 3 calculs et d'un problème dans votre livret. Attention, il faudra calculer sans la carte à points.*

5 min **Calculs et problème.** 5 – 2 = …, 10 – 2 = …, 7 – 2 = … Dicter et écrire uniquement les quantités (en gras) : « La maitresse a commandé **8 pots** de peinture, mais **2 pots** sont déjà vides. Combien de pots reste-t-il ? » Correction.

JOUR 4 Entrainement / fluence – Procédure

5 min **QCM d'entrainement 3.** *Pour trouver les résultats des calculs, vous allez utiliser 3 manières de calculer que nous avons apprises depuis le début d'année : trouver le nombre qui suit, trouver le nombre qui précède, ajouter 2 à un nombre.* Dicter chaque calcul et demander aux élèves d'entourer le résultat (30 s/calcul).

5 min **Correction.** Faire une correction collective. En fonction des résultats et erreurs des élèves, revenir sur les procédures utilisées lors de séances correspondantes (semaines 2, 3 et 6) pour expliquer à nouveau comment trouver le résultat. Proposer le cas échéant à l'oral quelques calculs d'entrainement. Faire écrire le score en bas de la fiche.

5 min **Test de fluence P3 & correction.** Faire passer le test (30 s/calcul). Correction en fin de séance ou *a posteriori*.

PÉRIODE 2

Semaine 8

JOUR 1 Découverte – Connaitre les tables d'addition +2 et +3 (forme addition)

- **Objectif :** mémoriser les tables d'addition +2 et +3 sous leur forme additive
- **Nombres utilisés :** nombres jusqu'à 13
- **Calcul type :** 5 + 2 = …
- **Matériel :** cartes à points de 1 à 10 et 3 cartes à points vierges format A4 plastifiées ou à projeter, 3 aimants ronds rouges

10 min Afficher les cartes à points au tableau côte à côte, dans l'ordre croissant. Dire, en montrant deux aimants rouges : *Nous allons ajouter 2 à chaque nombre et essayer de calculer rapidement le résultat grâce aux cartes à points.* Montrer la carte à points 1, et poser deux aimants. *1 + 2, cela fait ?* Attendre la réponse, écrire au-dessus : 1 + 2 = 3. Remplacer les aimants par deux points rouges au feutre d'ardoise. Faire ainsi rapidement pour toutes les cartes jusqu'à 9 + 2 = 11. Pour la carte 9, demander où mettre le 2e aimant, et mettre en évidence la nécessité d'ajouter une carte à points vierge pour obtenir 11. Faire de même avec 10 + 2. Effacer les résultats des additions (conserver les points rouges) et demander les résultats dans le désordre, en montrant à chaque fois la carte à points complétée. 5 + 2 = … ?, etc.

Recommencer avec trois aimants pour la table +3 en s'appuyant sur les résultats de la table +2.

5 min **Calculs.** *Désormais, vous allez écrire les calculs et les résultats sur votre ardoise. Pour trouver les résultats, vous pouvez imaginer les aimants sur les cartes à points.* Effacer les calculs au tableau et les points rouges. Écrire chaque calcul au-dessus de la carte à points correspondante. Valider les résultats à l'aide des aimants. 6 + 2 = … ; 3 + 3 = … ; 9 + 2 = … ; 7 + 3 = …

JOUR 2 Entrainement – Retirer 2 à un nombre

15 min Colorie le chemin du –2.

JOUR 3 Connaitre les tables d'addition +2 et +3 (forme addition)

5 min **Rappel du jour 1.** Replacer les cartes à points comme au jour 1. *Souvenez-vous, nous avons ajouté soit 2, soit 3 aux cartes à points en posant 2 ou 3 aimants. Pour calculer, vous pouvez imaginer les aimants sur les cartes à points.* Après chaque calcul, poser deux ou trois aimants pour valider le résultat. 4 + 2 = … ; 7 + 3 = … ; 9 + 2 = … ; 8 + 3 = …

5 min **Problèmes.** Écrire au tableau (ou projeter) et lire pour tous : « Léo a 6 billes dans une poche et 2 billes dans l'autre poche. Combien de billes a-t-il en tout ? » Expliciter le problème et faire le lien avec le calcul. Utiliser la carte à points 6 et deux aimants si nécessaire. « La maitresse a déjà corrigé 10 fichiers, il lui reste 3 fichiers à corriger. Combien de fichiers doit-elle corriger en tout ? »

5 min **Calculs et problème.** 6 + 3 = … ; 10 + 3 = … ; 5 + 2 = … Lire et écrire uniquement les quantités (en gras) : « Pour acheter un gâteau à la pâtisserie, la maman de Luca lui a donné un billet de **10 €** et une pièce de **2 €**. Combien coute le gâteau ? » Correction.

JOUR 4 Entrainement / fluence – Procédure

Voir le descriptif détaillé du jour 4 en début de partie.

5 min **QCM d'entrainement 4**

5 min **Correction**

5 min **Test de fluence P4 & correction**

Semaine 9

JOUR 1 Découverte – Connaitre les tables d'addition +2 et +3 (forme addition à trou)

• **Objectif d'apprentissage :** mémoriser les tables d'addition +2 et +3 sous leur forme additive à trou
• **Nombres utilisés :** nombres jusqu'à 13
• **Calcul type :** 2 + … = 7
• **Matériel :** 1 bande numérique de 1 à 20

10 min *Voici le nombre 2 sur la bande numérique. Combien faut-il ajouter pour aller sur la case 6 ?* La réponse 4 émerge collectivement. Insister sur le surcomptage à l'aide de la bande numérique. *On dit que ce calcul est une addition à trou.* Écrire au tableau : 2 + … = 6. Préciser la double désignation de ce calcul. *C'est la manière de dire que nous allons utiliser.* Insister sur le fait que le résultat rappelle la table d'addition étudiée en semaine 8 : 2 + 4 = 6. Réaliser les autres calculs de la table +2 dans le désordre, les écrire au tableau au fur et à mesure.

Faire de même pour la table +3.

5 min **Calculs.** *Pour trouver le résultat et l'écrire sur votre ardoise, vous pourrez vous aider de la bande numérique ou des calculs que vous avez retenus la semaine dernière. Commencez par écrire l'addition à trou avant de calculer.* Écrire et corriger au fur et à mesure : 3 + … = 7 ; 2 + … = 8 ; 3 + … = 11 ; 2 + … = 12.

JOUR 2 Révision – Connaitre les tables d'addition +2 et +3 (forme addition)

15 min Colorie les additions dont le résultat est…

JOUR 3 Découverte – Connaitre les tables d'addition +2 et +3 (forme addition à trou)

5 min **Rappel du jour 1.** Projeter ou montrer la bande numérique comme en jour 1. Rappeler la procédure de surcomptage pour trouver le résultat avec l'exemple : 2 + … = 7. Insister sur le lien avec les calculs de la semaine 8, à mémoriser progressivement pour éviter le surcomptage. Écrire et corriger au fur et à mesure : 2 + … = 8 ; 2 + … = 6 ; 1 + … = 10 ; 2 + … = 12.

5 min **Problèmes.** Écrire au tableau (ou projeter) et lire pour tous : « Achille a déjà préparé 3 cookies pour son anniversaire. Il doit en préparer 9. Combien de cookies doit-il encore préparer ? » Expliciter le problème et faire le lien avec le calcul. Utiliser la bande numérique si nécessaire. « Les CM2 ont déjà fait 2 tours de la cour de récréation en courant. Ils doivent faire 8 tours en tout. Combien de tours doivent-ils encore courir ? »

5 min **Calculs et problème.** 3 + … = 7 ; 2 + … = 10 ; 3 + … = 9. Lire et écrire uniquement les quantités (en gras) : « L'écureuil a déjà retrouvé **3 noisettes**, mais il avait caché **11 noisettes**. Combien de noisettes doit-il encore trouver ? » Correction.

JOUR 4 Rituel entrainement / fluence – Mémorisation

Voir le descriptif détaillé du jour 4 en début de partie.

5 min **Mémorisation 4**

5 min **Entrainement avec le cache**

5 min **Test de fluence M4 & correction**

Semaine 10

JOUR 1 Découverte – Connaitre les tables d'addition +2 et +3 (forme soustraction)

- **Objectif d'apprentissage :** mémoriser les tables d'addition +2 et +3 sous leur forme soustractive
- **Nombres utilisés :** nombres jusqu'à 13
- **Calcul type :** 7 – 2 = …
- **Matériel :** Cartes à points de 1 à 10 (1 carte de chaque et 4 cartes 10) à plastifier ou à projeter, 3 aimants ronds blancs

10 min Afficher les cartes à points de 3 à 12 côte à côte, dans l'ordre croissant. Dire, en montrant deux aimants blancs. *Nous allons retirer 2 à chaque nombre et trouver le résultat de l'opération qui s'appelle une soustraction.* Montrer la carte à points 3, et poser deux aimants blancs sur les deux derniers points de la carte, dans le but de les cacher. *3 – 2, cela fait ?* Montrer sur la carte le résultat. Attendre la réponse des élèves, écrire au-dessus : 3 – 2 = 1. Retirer les aimants et barrer au feutre d'ardoise les points précédemment cachés. Faire ainsi rapidement pour toutes les cartes jusqu'à 12 – 2 = 10. Faire le lien avec les résultats de la table d'addition : 10 + 2 = 12 ; 12 – 2 = 10. Effacer les résultats des soustractions et demander les résultats dans le désordre, en montrant à chaque fois la carte à points avec deux points barrés. *6 – 2 égale ?* etc.

Recommencer avec trois aimants pour la table +3, en cachant 3 points, de la carte 4 à la carte 13, dans l'ordre puis dans le désordre.

5 min **Calculs.** *Désormais, vous allez écrire les calculs et les résultats sur votre ardoise. Pour trouver les résultats, vous pouvez imaginer les aimants sur les cartes à points.* Effacer les calculs au tableau et les traits sur les cartes à points. Écrire chaque calcul au-dessus de la carte à points correspondante. Valider les résultats à l'aide des aimants. 6 – 2 = … ; 5 – 3 = … ; 9 – 3 = … ; 11 – 2 = …

JOUR 2 Révision – Connaitre les tables d'addition +2 et +3 (forme addition à trou)

15 min Barre le nombre qui ne convient pas.

JOUR 3 Découverte – Connaitre les tables d'addition +2 et +3 (forme soustraction)

5 min **Rappel du jour 1.** Replacer les cartes à points comme au jour 1. *Souvenez-vous, nous avons retiré soit 2, soit 3 aux cartes à points en posant 2 ou 3 aimants. Pour calculer, vous pouvez imaginer les aimants sur les cartes à points.* Écrire chaque calcul au-dessus de la carte nombre correspondante. Après chaque calcul, poser deux ou trois aimants pour valider le résultat. 6 – 3 = … ; 8 – 2 = … ; 10 – 2 = … ; 13 – 3 = …

5 min **Problèmes.** Écrire au tableau (ou projeter) et lire pour tous : « Il y avait 7 pommes dans le panier. Papa a emporté 2 pommes pour son dessert. Combien de pommes reste-t-il ? » Expliciter le problème et faire le lien avec le calcul. Utiliser la carte à points 7 et deux aimants si nécessaire. « Au jeu de quilles, 6 quilles sont placées au bout de la piste. Samantha a fait tomber 3 quilles. Combien de quilles sont encore debout ? »

5 min **Calculs et problème.** 9 – 2 = … ;12 – 2 = … ; 7 – 3 = … Lire et écrire uniquement les quantités (en gras) : « En tout, les élèves de CE2 vont participer à **9 séances** de natation. Ils ont déjà fait **3 séances**. Combien de séances leur reste-t-il à faire ? » Correction.

JOUR 4 Rituel entrainement / fluence – Procédure

Voir le descriptif détaillé du jour 4 en début de partie.

5 min **QCM d'entrainement 5**

5 min **Correction**

5 min **Test de fluence P5 & correction**

Semaine 11

JOUR 1 Découverte – Mémoriser les doubles

- **Objectif d'apprentissage :** mémoriser les doubles de 1 à 10
- **Nombres utilisés :** nombres inférieurs ou égaux à 20
- **Calcul type :** 7 + 7 = …, le double de 7, c'est …
- **Matériel :** 20 cubes emboitables

10 min Montrer 2 tours identiques de 4 cubes. Recueillir les remarques des élèves sur leur taille égale et conclure : *Si les tours ont la même taille, c'est qu'elles ont le même nombre de cubes. Le nombre total de cubes, c'est 4 + 4, on dit aussi le double de 4.* Rappeler que, jusqu'à 5, les doubles se « voient » sur les mains. Nous allons trouver et commencer à mémoriser les doubles plus grands que 5. Recommencer la manipulation à partir de 6 + 6 jusqu'à 10 + 10, en écrivant les résultats au tableau au fur et à mesure.

Effacer les résultats et les répéter une fois dans l'ordre (sous forme addition et « double de ») : 6 + 6, 7 + 7, 8 + 8, 9 + 9, 10 + 10.

5 min **Calculs.** 8 + 8 = …, le double de 6, c'est …, 7 + 7 = …, le double de 10, c'est …

JOUR 2 Révision – Connaitre les tables d'addition +2 et +3 (forme soustraction)

15 min Colorie les deux soustractions correctes.

JOUR 3 Découverte – Mémoriser les doubles

5 min **Rappel du jour 1.** Montrer 2 tours de 6 cubes côte à côte. *Souvenez-vous, nous avons commencé à nous souvenir des doubles : quand on ajoute 2 fois le même nombre. Ici, j'ai 6 + 6 = 12 cubes. Le double de 6, c'est 12.* Montrer à chaque fois 2 tours de cubes correspondant au calcul et demander : 10 + 10 = …, le double de 7, c'est …, 9 + 9 = …, le double de 8, c'est …

5 min **Problèmes.** Écrire au tableau (ou projeter) et lire pour tous : « Siméon a acheté 6 petits pains et 6 croissants. Combien de viennoiseries Siméon a-t-il achetées ? » Expliciter le problème et faire le lien avec le calcul. Utiliser les cubes si nécessaire. « Dans une classe, il y a 10 filles et 10 garçons. Combien d'élèves y a-t-il dans cette classe ? »

5 min **Calculs et problème.** 6 + 6 = …, le double de 10 c'est …, 8 + 8 = … Dicter et écrire uniquement les quantités (en gras) : « Dans l'enclos, il y a **7 moutons** et **7 chèvres**. Combien d'animaux y a-t-il dans l'enclos ? » Correction.

JOUR 4 Rituel entrainement / fluence – Mémorisation

Voir le descriptif détaillé du jour 4 en début de partie.

5 min **Mémorisation 5**

5 min **Entrainement avec le cache**

5 min **Test de fluence M5 & correction**

Semaine 12

JOUR 1 Découverte – Trouver les presque doubles des nombres 5 à 10

- **Objectif d'apprentissage :** s'appuyer sur les doubles pour calculer
- **Nombres utilisés :** nombres inférieurs ou égaux à 20
- **Calcul type :** 3 + 4 = 3 + 3 + 1 = …
- **Matériel :** 20 cubes emboitables

10 min Montrer une tour de 3 cubes et une tour de 4 cubes. Recueillir les remarques des élèves sur leur taille presque égale et conclure : *Les tours ont presque la même taille, c'est qu'elles ont presque le même nombre de cubes. Nous avons appris les doubles : on va s'en servir pour trouver le nombre total de cubes.* Détacher le cube « en trop » de la tour de 4 et le poser **à côté** (comme on va écrire le +1 à côté). *Maintenant les tours ont le même nombre de cubes, c'est le double de 3 que vous connaissez, c'est 6, et il y a encore 1 cube, 6 et encore 1, ça fait 7.* Écrire au tableau en verbalisant les étapes de la manipulation : 3 + 4 = 3 + 3 + 1 = 7. Recommencer avec 5 + 6, puis 7 + 8, en écrivant les résultats au tableau au fur et à mesure.

5 min **Calculs.** 4 + 5 = … ; 6 + 7 = … ; 8 + 9 = …

JOUR 2 Révision – Mémoriser les doubles

15 min Colorie la réponse correcte.

JOUR 3 Découverte – Trouver les presque doubles des nombres 5 à 10

5 min **Rappel du jour 1.** Montrer une tour de 4 cubes et une tour de 5 cubes côte à côte. *Souvenez-vous, nous avons commencé à nous servir des doubles pour calculer des presque doubles. Ici, que doit-on faire pour avoir un double ?* Recueillir les propositions des élèves et montrer en enlevant 1 cube de la tour de 5 et en le posant à côté. Conclure (comme au jour 1) et écrire que 4 + 5 c'est 4 + 4 + 1 = 9. Dicter et montrer les tours de cubes correspondant aux calculs : 5 + 6 = … ; 7 + 8 =…; 9 + 8 = …

5 min **Problèmes.** Écrire au tableau (ou projeter) et lire pour tous : « La maitresse a acheté 6 cahiers bleus et 7 cahiers blancs. Combien de cahiers a-t-elle achetés en tout ? » Expliciter le problème et faire le lien avec le calcul. Utiliser les cubes si nécessaire. « Dans son jardin, papi a coupé 6 roses rouges et 5 roses jaunes. Combien de roses a-t-il coupées ? »

5 min **Calculs et problème.** 6 + 4 = … ; 4 + 5 = … ; 6 + 7 = … Dicter et écrire uniquement les quantités (en gras) : « Camille a colorié **6 cases** d'un quadrillage en bleu et **7 cases** en rouge. Combien de cases a-t-il coloriées ? » Correction.

JOUR 4 Rituel entrainement / fluence – Procédure

Voir le descriptif détaillé du jour 4 en début de partie.

5 min **QCM d'entrainement 6**

15 min **Correction**

5 min **Test de fluence P6 & correction**

Semaine 13

JOUR 1 Découverte – Ajouter, soustraire 1, 2 (résultats inférieurs à 20)

• **Objectif d'apprentissage :** utiliser la numération pour ajouter ou soustraire 1 ou 2, acquérir de la flexibilité mentale pour passer de l'addition à la soustraction

• **Nombres utilisés :** nombres inférieurs à 20

• **Calcul type :** 15 – 2 = … / 15 + 2 = …

• **Matériel :** la bande numérique jusqu'à 20

10 min *Aujourd'hui, nous allons calculer successivement des additions et des soustractions.* Demander 15 + 2. Recueillir les réponses des élèves et vérifier sur la bande numérique en situant le 15 de départ et la réponse 17, puis conclure. *Pour ajouter 2, on avance de 2 cases.* Faire de même avec la soustraction 15 – 2 et conclure. *Pour soustraire 2, on recule de 2 cases.* Proposer ensuite de faire de même avec 13 + 1 et 13 – 1. Conclure : *Ajouter 1, c'est avancer d'une case donc dire le nombre suivant, et soustraire 1, c'est reculer d'une case et dire le nombre précédent.*

5 min **Calculs.** 14 + 2 = … ; 16 – 2 = … ; 17 + 2 = … ; 18 – 1 = …

JOUR 2 Révision – Calculer avec les presque doubles

15 min Colorie les deux additions correctes.

JOUR 3 Découverte – Ajouter, soustraire 1, 2 (résultats inférieurs à 20)

5 min **Rappel du jour 1.** *Comment avons-nous fait pour ajouter 2 ? soustraire 2 ? ajouter 1 ? soustraire 1 ?* Montrer à nouveau les bonds sur la bande numérique. Dicter les calculs suivants, puis montrer la correction sur la bande numérique : 12 + 2 = … ; 13 – 1 = … ; 14 + 1 = … ; 16 – 1 = …

5 min **Problèmes.** Écrire au tableau (ou projeter) et lire pour tous : « Le pâtissier a préparé 15 éclairs au chocolat. Il en a vendu 2 ce matin. Combien d'éclairs reste-t-il ? » Expliciter le problème et faire le lien avec le calcul. Utiliser la bande numérique si nécessaire. « Hakim avait 18 billes. Il en a perdu 2 pendant la récréation. Combien de billes a-t-il maintenant ? »

5 min **Calculs et problème.** 16 + 2 = … ; 17 – 1 = … ; 19 – 2 = … Dicter et écrire uniquement les quantités (en gras) : « Dans la classe, il y a **18 élèves**. Mais aujourd'hui, **2 élèves** sont absents. Combien d'élèves sont présents aujourd'hui dans la classe ? » Correction.

JOUR 4 Rituel entrainement / fluence – Mémorisation

Voir le descriptif détaillé du jour 4 en début de partie.

5 min **Mémorisation 6**

5 min **Entrainement avec le cache**

5 min **Test de fluence M6 & correction**

Semaine 14

JOUR 1 Découverte – Connaitre les moitiés des nombres pairs de 2 à 20

- **Objectif d'apprentissage :** mémoriser les moitiés de 2 à 20
- **Nombres utilisés :** nombres jusqu'à 20
- **Calcul type :** 14 = ... + ..., la moitié de 14 c'est ...
- **Matériel :** 20 cubes emboitables

10 min Présenter une tour de 6 cubes et demander aux élèves de partager les cubes en 2 parts égales. Recueillir les propositions et séparer la tour en 2 tours de 3 cubes. Montrer qu'elles sont identiques, puis en saisir une en disant : *Voici la moitié.* Écrire au tableau : la moitié de 6, c'est 3. Puis recomposer les tours et écrire : 3 + 3 = 6. Recommencer avec 8 cubes et écrire au tableau : la moitié de 8, c'est 4. Recomposer la tour et écrire : 4 + 4 = 8. *La moitié, c'est quand on coupe en deux parts égales et qu'on prend une part.* Montrer la moitié de la tour. *La moitié de 8, c'est 4.* Entourer une part 4 dans l'égalité 4 + 4 = 8 et faire de même avec 3 + 3 = 6. Insister sur le fait que couper en deux parts égales, c'est avoir la même chose des deux côtés, puis faire ainsi le lien avec les doubles.

5 min **Calculs.** La moitié de 4, c'est... ; la moitié de 10, c'est... ; la moitié de 12, c'est... Illustrer avec les cubes pour la correction.

JOUR 2 Révision – Ajouter, soustraire 1, 2 jusqu'à 20

15 min Colorie les calculs dont le résultat est ...

JOUR 3 Découverte – Connaitre les moitiés des nombres pairs de 2 à 20

5 min **Rappel du jour 1.** *Comment avons-nous fait pour trouver la moitié de 6 ?* Montrer à nouveau les 6 cubes partagés en 2 parts égales et rappeler qu'on peut se servir de notre connaissance des doubles. Dicter les calculs suivants puis montrer la correction avec les cubes : la moitié de 14, c'est ... ; la moitié de 16, c'est... ; la moitié de 18, c'est... ; la moitié de 20, c'est...

5 min **Problèmes.** Écrire au tableau (ou projeter) et lire pour tous : « Papa a préparé 12 cookies. Maman en a mangé la moitié. Combien de cookies a-t-elle mangés ? » Expliciter le problème et faire le lien avec la phase de recherche des moitiés. Utiliser les cubes si nécessaire. « Clara avait 14 billes. Elle en a perdu et il ne lui reste que la moitié de ses billes. Combien de billes lui reste-t-il ? »

5 min **Calculs et problème.** La moitié de 6, c'est... ; la moitié de 10, c'est... ; la moitié de 8, c'est... Dicter et écrire uniquement les quantités (en gras) : « Mamie a préparé **16 crêpes** pour l'anniversaire de Loïse. Loïse garde **la moitié des crêpes** pour ses amis. Combien de crêpes reste-t-il pour sa famille ? » Correction.

JOUR 4 Rituel entrainement / fluence – Procédure

Voir le descriptif détaillé du jour 4 en début de partie.

5 min **QCM d'entrainement 7**

5 min **Correction**

5 min **Test de fluence P7 & correction**

PÉRIODE 3

Semaine 15

JOUR 1 Découverte – Connaitre les tables d'addition +4 et +5 (forme addition)

- **Objectif :** mémoriser les tables d'addition +4 et +5 sous leur forme additive
- **Nombres utilisés :** nombres jusqu'à 15
- **Calcul type :** 5 + 4 = …
- **Matériel :** matériel de base 10 (barres-dizaines, cubes-unités)

10 min Prévoir 2 côtés sur le tableau : à gauche, les éléments 1 à 10 ; à droite, 4 unités. Selon le calcul, privilégier de déplacer les éléments de la gauche vers la droite (ajouter 1 à 4, type 4 + 1) ou inversement (ajouter 4 à 5, type 5 + 4). *Nous allons ajouter 4 à tous les nombres de 1 à 10.* Montrer 1 en base 10. *Pour calculer 1 + 4, je peux me dire qu'il est plus facile de calculer 4 + 1, cela donne le même résultat.* Déplacer l'unité de gauche pour former 5 en base 10 (privilégier la disposition en constellation de dé) : *1 + 4 égale 4 + 1 égale 5.* Écrire au tableau : 1 + 4 = 5. Conserver cette technique jusque 3 + 4. Pour 4 + 4, ne pas manipuler mais rappeler aux élèves que le résultat est déjà mémorisé (laisser visuellement 4 à gauche et 4 à droite). À partir de 5 + 4, déplacer les 4 unités de la droite vers la gauche pour former le résultat. Pour 6 + 4, montrer que les deux nombres forment une dizaine et rappeler que les nombres sont des compléments à 10. Terminer jusqu'à 10 + 4 en montrant bien la formation d'une dizaine.

Faire de même pour la table +5. Insister sur la mémorisation préalable de 5 + 5 (double et complément à 10 à la fois).

5 min *Pour trouver les résultats, vous pouvez imaginer qu'on déplace les unités. N'oubliez pas aussi que certains résultats sont déjà mémorisés.* Écrire chaque calcul au tableau. Valider les résultats en manipulant le matériel : 3 + 4 = … ; 6 + 5 = … ; 8 + 4 = … ; 5 + 5 = …

JOUR 2 Entrainement – Connaitre les moitiés des nombres pairs de 2 à 20

15 min Colorie la réponse correcte.

JOUR 3 Découverte – Connaitre les tables d'addition +4 et +5 (forme addition)

5 min **Rappel du jour 1.** Montrer le matériel comme en jour 1. *Souvenez-vous, nous avons ajouté soit 4, soit 5. Pour calculer, vous pouvez imaginer qu'on déplace les unités.* Écrire chaque calcul au tableau. Valider les résultats en manipulant le matériel. 7 + 4 = … ; 3 + 5 = … ; 10 + 5 = … ; 9 + 4 = …

5 min **Problèmes.** Écrire au tableau (ou projeter) et lire pour tous : « Yves a déjà donné 6 cartes d'invitation pour son anniversaire. Il doit encore donner 4 cartes. Combien de copains a-t-il invités à son anniversaire ? » Expliciter le problème et faire le lien avec le calcul. « Pour venir à l'école, Julia met 8 minutes pour aller à l'arrêt de bus, puis le trajet en bus dure 5 minutes. Combien de temps Julia met-elle pour aller à l'école ? »

5 min **Calculs et problème.** 7 + 5 = … ; 3 + 4 = … ; 9 + 5 = … Dicter et écrire uniquement les quantités (en gras) : « La maitresse tient **5 cahiers** dans sa main droite et **4 cahiers** dans sa main gauche. Combien de cahiers porte-t-elle ? » Correction.

JOUR 4 Rituel entrainement / fluence – Procédure

Voir le descriptif détaillé du jour 4 en début de partie.

5 min **QCM d'entrainement 8**

5 min **Correction**

5 min **Test de fluence P8 & correction**

Semaine 16

JOUR 1 Découverte – Connaitre les tables d'addition +4 et +5 (forme addition à trou)

- **Objectif :** mémoriser les tables d'addition +4 et +5 sous leur forme additive à trou
- **Nombres utilisés :** nombres jusqu'à 15
- **Calcul type :** 5 + … = 9
- **Matériel :** bande numérique de 1 à 20

10 min Montrer le 4 sur la bande numérique. *Combien faut-il ajouter pour aller sur la case 9 ? Souvenez-vous, il s'agit d'une addition à trou.* Écrire 4 + … = 9 et donner la double désignation. *On peut dire « 4 plus "hum hum" égale 9 » ou « 4 pour aller à 9 ».* La réponse 5 émerge. Insister sur le surcomptage à l'aide de la bande numérique et compléter le résultat. Mettre en avant le fait qu'on retrouve le calcul de la table d'addition (semaine 15) : 4 + 5 = 9. Réaliser ainsi les autres calculs de 4 + … = 5 à 4 + … = 10. Insister sur ce dernier résultat (6 est le complément à 10). *Pour les calculs suivants, qui sont plus difficiles, on utilisera 6 comme première étape de calcul.* Écrire au tableau 4 + … = 11 et montrer que le calcul peut se faire en deux étapes : *4 pour aller à 11 : c'est 6 pour aller à 10 et encore 1 pour aller à 11.* Faire de même jusqu'à 4 + 9. Pour 4 + 10, expliquer que le résultat est déjà connu par la numération. Faire de même pour la table + 5.

5 min *Vous pourrez vous aider de la bande numérique ou des calculs que vous avez retenus la semaine dernière. Commencez par écrire l'addition à trou avant de calculer.* Écrire et corriger au fur et à mesure : 4 + … = 8 ; 5 + … = 8 ; 4 + … = 12 ; 5 + … = 10.

JOUR 2 Entrainement – Connaitre les tables d'addition +4 et +5 (forme addition)

15 min Colorie les additions dont le résultat est …

JOUR 3 Découverte – Connaitre les tables d'addition +4 et +5 (forme addition à trou)

5 min **Rappel du jour 1.** Montrer la bande numérique comme en jour 1. Rappeler la procédure de surcomptage pour trouver le résultat avec l'exemple : 4 + … = 7. Rappeler qu'au-delà de 10, le surcomptage est couteux et qu'il vaut mieux utiliser le complément à 10 (rappeler 4 + 6 = 10 et 5 + 5 = 10). Écrire et corriger au fur et à mesure : 4 + … = 11 ; 4 + … = 9 ; 5 + … = 8 ; 5 + … = 14.

5 min **Problèmes.** Écrire au tableau (ou projeter) et lire pour tous : « 4 élèves ont déjà rendu leur livre de bibliothèque, mais 12 livres avaient été prêtés. Combien d'élèves n'ont pas rendu leur livre ? » Expliciter le problème et faire le lien avec le calcul. Utiliser la bande numérique si nécessaire. « Elliott veut acheter un ballon à 11 €, mais il n'a qu'un billet de 5 €. Combien d'argent lui manque-t-il ? »

5 min **Calculs et problème.** 5 + … = 7 ; 4 + … = 12 ; 5 + … = 13. Dicter et écrire uniquement les quantités (en gras) : « La pâtissière a vendu **5 galettes** des rois le matin. Elle avait préparé **14 galettes** en tout. Combien de galettes peut-elle encore vendre l'après-midi ? » Correction.

JOUR 4 Rituel entrainement / fluence – Mémorisation

Voir le descriptif détaillé du jour 4 en début de partie.

5 min **Mémorisation 7**

5 min **Entrainement avec le cache**

5 min **Test de fluence M7 & correction**

Semaine 17

JOUR 1 Découverte – Connaitre les tables d'addition +4 et +5 (forme soustraction)

- **Objectif :** mémoriser les tables d'addition +4 et +5 sous leur forme soustractive
- **Nombres utilisés :** nombres jusqu'à 15
- **Calcul type :** 9 – 5 = …
- **Matériel :** bande numérique de 1 à 20, 2 bandelettes papier de longueurs 4 et 5 cases (plier chaque bandelette en accordéon pour qu'elle fasse la taille d'une case de la bande numérique une fois pliée).

10 min Afficher la bande numérique au tableau. Montrer la bandelette de 4 cases dépliée et expliquer. *Je vais choisir un nombre de la bande numérique et lui enlever 4 en posant ma bandelette de 4.* Écrire le calcul au tableau, entourer la case 9 sur la bande numérique, poser la bandelette dépliée sur les cases 6 à 9 et constater que la bande numérique « s'arrête » sur 5. *Mais si la bandelette me donne directement le résultat, cela ne nous aide pas pour compter. Nous allons donc enlever 4 en comptant à l'envers, 1 par 1.* Recommencer, mais au lieu de poser la bande dépliée, la poser pliée sur la case 9 et la déplier 1 par 1 tout en verbalisant : *8, 7, 6 et 5. Le résultat est 5.* Insister sur le fait que les doigts permettent d'être sûr qu'on a retiré 4 et pas un autre nombre. Recommencer le comptage à rebours pour tous les calculs de la table de 4, dans le désordre. Faire de même pour la table de 5.

5 min *Pour trouver les résultats, vous pouvez compter à l'envers en utilisant vos doigts.* Écrire les calculs au tableau au fur et à mesure. Valider le résultat à l'aide de la bande numérique. 7 – 4 = … ; 10 – 5 = … ; 6 – 4 = … ; 12 – 5 = …

JOUR 2 Entrainement – Connaitre les tables d'addition +4 et +5 (forme addition à trou)

15 min Barre le nombre qui ne convient pas.

JOUR 3 Découverte – Connaitre les tables d'addition +4 et +5 (forme soustraction)

5 min **Rappel du jour 1.** Projeter la bande numérique. *Souvenez-vous, nous avons retiré soit 4, soit 5 en utilisant la bande numérique (et nos doigts).* Écrire chaque calcul au tableau. Après chaque calcul, valider le résultat à l'oral. 10 – 4 = … ; 14 – 5 = … ; 11 – 5 = … ; 13 – 4 = …

5 min **Problèmes.** Écrire au tableau (ou projeter) et lire pour tous : « 12 élèves jouent à la balle au prisonnier. 5 élèves ont été fait prisonniers. Combien d'élèves ne sont pas prisonniers ? » Expliciter le problème et faire le lien avec le calcul. « Le bucheron doit couper 9 arbres ce matin. Il en a déjà coupé 4. Combien d'arbres lui reste-t-il à couper ? »

5 min **Calculs et problème.** 10 – 4 = … ; 8 – 5 = … ; 12 – 4 = … Dicter et écrire uniquement les quantités (en gras) : « Basile avait **9 billes** au début de la récréation, mais il perd **4 billes**. Combien de billes lui reste-t-il ? » Correction.

JOUR 4 Rituel entrainement / fluence – Procédure

Voir le descriptif détaillé du jour 4 en début de partie.

5 min **QCM d'entrainement 9**

5 min **Correction**

5 min **Test de fluence P9 & correction**

Semaine 18

JOUR 1 Découverte – Ajouter 10 à un nombre

- **Objectif :** utiliser la numération pour ajouter 10 à un nombre
- **Nombres utilisés :** nombres inférieurs à 40, résultat inférieur à 50
- **Calcul type :** 34 + 10 = …
- **Matériel :** matériel de base 10 (barres-dizaines et cubes-unités)

10 min Montrer le nombre 34 en base 10 et dénombrer collectivement. Indiquer que l'on va ajouter un nombre. *C'est le nombre 34, car il y a 3 dizaines et 4 unités. Comptez combien je vais ajouter.* Montrer progressivement un cube-unité, puis un deuxième… jusqu'à 10. Constater que 10 unités sont à ajouter et surcompter progressivement : *34 + 1 = 35, 35 + 1 = 36… Cela va être long, non ? Peut-on calculer plus rapidement ?* Collecter rapidement les stratégies évoquées et donner celle qui consiste à remplacer 10 unités par 1 dizaine. Dénombrer le résultat collectivement : *Il y a maintenant 4 dizaines et 4 unités* et conclure : *Ajouter 10, c'est ajouter 1 dizaine, c'est ajouter 1 au chiffre des dizaines.* Pour illustrer, tracer un tableau de numération dizaines/unités, y écrire 34 et changer uniquement le chiffre des dizaines. Faire la même manipulation avec 29 + 10 et 30 + 10.

5 min 15 + 10 = … ; 20 + 10 = … ; 26 + 10 = … ; 33 + 10 = … ; 39 + 10 = …
Corriger au tableau avec le tableau de numération.

JOUR 2 Entrainement – Connaitre les tables d'addition +4 et +5 (forme soustraction)

15 min Colorie la réponse correcte.

JOUR 3 Découverte – Ajouter 10 à un nombre

5 min **Rappel du jour 1.** Montrer le matériel de base 10 et tracer au tableau le tableau de numération. *Souvenez-vous, nous avons vu que, pour ajouter 10 à un nombre (faire au tableau l'addition … + 10), il suffit d'ajouter 1 dizaine, c'est-à-dire 1 au chiffre des dizaines.* Écrire et corriger au fur et à mesure : 17 + 10 = … ; 40 + 10 = … ; 28 + 10 = …

5 min **Problèmes.** Écrire au tableau (ou projeter) et lire pour tous : « 24 élèves sont assis dans le bus et 10 élèves montent ensuite. Combien d'élèves y a-t-il dans le bus ? » Expliciter le problème et faire le lien avec le calcul. Utiliser le matériel si besoin. « Les élèves ont ramassé 32 cerceaux au gymnase et le maitre a ramassé 10 cerceaux. Combien de cerceaux y a-t-il en tout ? »

15 min **Calculs et problème.** 20 + 10 = … ; 31 + 10 = … ; 35 + 10 = … Dicter et écrire uniquement les quantités (en gras) : « Au marché, Zoé a gagné **26 €** en vendant des crêpes et **10 €** en vendant des cookies. Combien d'argent a-t-elle gagné ? » Correction.

JOUR 4 Rituel entrainement / fluence – Mémorisation

Voir le descriptif détaillé du jour 4 en début de partie.

5 min **Mémorisation 8**

5 min **Entrainement avec le cache**

5 min **Test de fluence M8 & correction**

Semaine 19

JOUR 1 Découverte – Soustraire 10 à un nombre (résultats < 50)

- **Objectif :** utiliser la numération pour ajouter 10 à un nombre
- **Nombres utilisés :** nombres jusqu'à 49
- **Calcul type :** 44 – 10 = …
- **Matériel :** matériel de base 10 (barres-dizaines et cubes-unités)

10 min Montrer le nombre 44 en base 10 au tableau et demander quel est le nombre représenté. Annoncer l'objectif de la séance : soustraire 10. *Que dois-je faire pour soustraire/enlever 10 au nombre 44 ?* Recueillir les avis, puis enlever une dizaine au tableau et demander le résultat. Recueillir les propositions et écrire la soustraction au tableau : 44 – 10 = 34. Recommencer la manipulation avec les nombres 27 et 35, puis demander aux élèves d'observer les résultats *Que s'est-il passé ? Qu'est-ce qui a changé ? Qu'est-ce qui n'a pas changé ? Peut-on prévoir ce qui se passe à chaque fois qu'on soustrait 10 ?* Faire émerger l'idée que seul le chiffre des dizaines change quand on enlève 10.

5 min *Désormais, vous allez écrire les calculs et les résultats sur votre ardoise. Pour trouver les résultats, vous pouvez imaginer qu'on enlève une barre-dizaine.* Fournir du matériel aux élèves en difficulté. Écrire chaque calcul au tableau. Valider les résultats en manipulant le matériel : 42 – 10 = … ; 33 – 10 =… ; 28 – 10 = … ; 30 – 10 = …

JOUR 2 Entrainement – Ajouter 10 à un nombre (résultats < à 50)

15 min Colorie le chemin du +10.

JOUR 3 Découverte – Soustraire 10 à un nombre (résultats < 50)

5 min **Rappel du jour 1.** Montrer le matériel de base 10 comme en jour 1. *Souvenez-vous, nous avons soustrait 10 à un nombre et constaté que seul le chiffre des dizaines change.* Faire repérer le chiffre des dizaines dans quelques nombres. *Pour calculer, vous pouvez imaginer qu'on enlève une barre-dizaine.* Écrire chaque calcul au tableau. Valider les résultats en manipulant le matériel. 49 – 10 = … ; 37 – 10 = … ; 24 – 10 = … ; 40 – 10 = …

5 min **Problèmes.** Écrire au tableau ou projeter et lire pour tous : « Pour son anniversaire Jim avait gonflé 30 ballons. 10 ballons ont éclaté. Combien de ballons reste-t-il ? » Expliciter le problème et faire le lien avec le calcul. « Le pomiculteur a récolté 43 kg de pommes. 10 kg de pommes ont pourri. Combien de kilos de pommes reste-t-il ? »

15 min **Calculs et problème.** 22 – 10 = … ; 31 – 10 = … ; 48 – 10 = … Dicter et écrire uniquement les quantités (en gras) : « La couturière a acheté **25 mètres** de ruban. Elle en utilise **10 mètres** pour coudre une robe. Quelle longueur de ruban lui reste-t-il ? » Correction.

JOUR 4 Rituel entrainement / fluence – Procédure

Voir le descriptif détaillé du jour 4 en début de partie.

15 min **QCM d'entrainement 10**

15 min **Correction**

5 min **Test de fluence P10 & correction**

Semaine 20

JOUR 1 Découverte – Connaitre les compléments à 20

- **Objectif :** mémoriser les compléments à 20
- **Nombres utilisés :** nombres jusqu'à 20
- **Calcul type :** 17 + ... = 20
- **Matériel :** cartes à points grand format de 1 à 10

10 min Rappeler le travail effectué sur les compléments à 10 (semaine 4 période 1). Montrer la carte 1 et demander combien il manque pour aller à 10. Procéder ainsi rapidement jusqu'à la carte 9. Annoncer que l'on va se servir de ces compléments pour connaitre les compléments à 20. *D'abord, comment représente-t-on 20 avec les cartes à points ?* Recueillir les réponses et montrer la réponse avec deux cartes à points 10. *Maintenant nous allons chercher le complément de 17 pour aller à 20.* Écrire au tableau 17 + ... = 20 en prenant la carte à points 7, afficher juste avant la carte à points 10 pleine. *Voici 17 points, combien en faut-il pour en avoir 20 ?* Recueillir les réponses et compter ce qu'il manque sur la carte. Faire le lien avec le complément de 7 à 10 déjà connu. *De 7 à 10 il manque 3, de 17 à 20 il manque 3.*

Procéder ainsi avec 12 + ... = 20 et 19 + ... = 20 pour faire constater aux élèves que lorsqu'on connait les compléments à 10, on ajoute une dizaine pour avoir le complément à 20.

5 min *Pour trouver les résultats, servez-vous des compléments à 10.* Afficher les cartes à points. Fournir du matériel aux élèves en difficulté. Écrire chaque calcul. Valider les résultats en manipulant le matériel : 11 + ... = 20 : *11 pour aller à 20* ; 14 + ... = 20 : *14 pour aller à 20* ; 16 + ... = 20 : *16 pour aller à 20* ; 10 + ... = 20 : *10 pour aller à 20*.

JOUR 2 Entrainement – Soustraire 10 à un nombre (résultats < 50)

15 min Colorie le chemin du –10.

JOUR 3 Découverte – Connaitre les compléments à 20

5 min **Rappel du jour 1.** Montrer les cartes à points comme en jour 1. *Souvenez-vous, nous avons calculé les compléments à 20 et constaté qu'on utilise les compléments à 10.* Refaire un exemple : de 15 pour aller à 20. *Pour calculer, vous pouvez imaginer les points sur les cartes.* Écrire chaque calcul au tableau en utilisant la formulation « ... pour aller à ... ». Valider les résultats avec les cartes à points. 13 + ... = 20 ; 15 + ... = 20 ; 12 + ... = 20 ; 18 + ... = 20.

5 min **Problèmes.** Écrire au tableau (ou projeter) et lire pour tous : « Emma a déjà cueilli 11 prunes. Elle doit cueillir 20 prunes pour faire une tarte. Combien de prunes lui manque-t-il ? » Expliciter le problème et faire le lien avec les compléments à 20. « Tom a 13 euros dans sa tirelire. Combien d'euros lui manque-t-il pour acheter un jeu à 20 euros ? »

5 min **Calculs et problème.** 16 + ... = 20 ; 14 + ... = 20 ; 19 + ... = 20. Dicter et écrire uniquement les quantités (en gras) : « **15 enfants** sont assis dans le bus. Dans ce bus il y a de la place pour **20 enfants**. Combien d'enfants peuvent encore monter ? » Correction.

JOUR 4 Rituel entrainement / fluence – Mémorisation

Voir le descriptif détaillé du jour 4 en début de partie.

5 min **Mémorisation 9**

5 min **Entrainement avec le cache**

5 min **Test de fluence M9 & correction**

Semaine 21

JOUR 1 Découverte – Ajouter des dizaines entières

- **Objectif d'apprentissage :** apprendre à ajouter des dizaines entières
- **Nombres utilisés :** nombres jusqu'à 70
- **Calcul type :** 40 + 20 = …
- **Matériel :** matériel de base 10

10 min Sortir les dizaines une à une et faire compter les élèves de 10 en 10. Écrire les nombres (10, 20, 30…) au tableau et préciser que ces nombres sont des dizaines entières. Annoncer l'objectif de la séance. Montrer 4 dizaines et demander : *Combien il y a de dizaines ? Quel nombre est représenté ?* Montrer 2 dizaines et faire de même. Annoncer que l'on va ajouter ces nombres et écrire au tableau le calcul : 40 + 20 = … Recueillir les réponses et vérifier en montrant avec les dizaines. *40 c'est 4 dizaines, 20 c'est 2 dizaines.* Entourer les dizaines. *4 dizaines + 2 dizaines ça fait 6 dizaines.* Réunir les dizaines affichées. *6 dizaines, c'est le nombre 60. 40 + 20 = 60.* Faire la même manipulation avec l'addition 30 + 20. Constater qu'ajouter ces nombres, c'est ajouter les dizaines entre elles.

5 min *Désormais, vous allez écrire les calculs et les résultats sur votre ardoise. Pour trouver les résultats, vous pouvez dessiner ou imaginer les dizaines.* Écrire chaque calcul au tableau. Valider les résultats avec les dizaines affichées au tableau : 20 + 20 = … ; 30 + 20 = … ; 40 + 30 = … ; 50 + 20 = … ; 20 + 50 = … Faire constater la commutativité.

JOUR 2 Entrainement – Connaitre les compléments à 20

15 min Entoure et relie les nombres qui font 20.

JOUR 3 Découverte – Ajouter des dizaines entières

5 min **Rappel du jour 1.** Rappeler le travail effectué en jour 1 pour additionner des dizaines entières (refaire compter de 10 en 10 si nécessaire). Valider les résultats en manipulant le matériel de base 10 : 20 + 30 ; 20 + 40 ; 60 + 20 ; 60 + 30.

5 min **Problèmes.** Écrire au tableau (ou projeter) et lire pour tous : « Il y a 40 livres dans la bibliothèque de la classe. La maitresse en ajoute 10. Combien de livres y a-t-il maintenant ? » Expliciter le problème et faire le lien avec le calcul. « Marcel a un billet de 50 euros dans sa tirelire et un billet de 20 euros dans son portemonnaie. Combien d'euros a-t-il en tout ? »

5 min **Calculs et problème.** 40 + 40 =… ; 30 + 50 = … ; 70 + 20 = … Dicter et écrire uniquement les quantités (en gras) : « Les enfants ont regardé un dessin animé de **20 minutes**, puis un film de **40 minutes**. Combien de temps ont-ils passé devant l'écran ? » Correction.

JOUR 4 Rituel entrainement / fluence – Procédure

Voir le descriptif détaillé du jour 4 en début de partie.

5 min **QCM d'entrainement 11**

5 min **Correction**

5 min **Test de fluence P11 & correction**

PÉRIODE 4

Semaine 22

JOUR 1 Découverte – Connaitre les tables d'addition +6 et +7 (forme addition)

- **Objectif d'apprentissage :** mémoriser les tables d'addition +6 et +7 sous leur forme additive
- **Nombres utilisés :** nombres jusqu'à 17
- **Calcul type :** 7 + 6 = …
- **Matériel :** matériel de base 10 grand format, 1 affiche

10 min *Aujourd'hui, nous allons trouver les résultats de la table d'addition +6, c'est-à-dire ajouter 6 à tous les nombres de 1 à 10, et commencer à mémoriser ces résultats. Commençons par faire la liste des calculs.* Écrire sur une affiche (ou au tableau), sous la dictée des élèves, la liste des calculs de la table (1 + 6 = … ; 2 + 6 = … jusqu'à 10 +6 = …). Faire constater aux élèves que beaucoup de ces calculs sont déjà connus : +1, +2, +3, +4, +5, +10 (tables précédentes), doubles… et ainsi compléter les résultats de ces additions déjà connues en interrogeant rapidement les élèves. Montrer qu'il ne reste finalement que 3 nouveaux résultats à apprendre : 7 + 6 ; 8 + 6 ; 9 + 6. Pour trouver les résultats de ces calculs, utiliser le matériel de base 10, au tableau, en insistant sur la construction de la dizaine.

Procéder de même pour la table +7 : dresser la liste des calculs sur une affiche (ou tableau), noter les résultats déjà connus et construire les résultats des nouveaux calculs à l'aide du matériel.

5 min *Désormais, vous allez écrire les calculs et les résultats sur votre ardoise. Pour trouver les résultats, vous pouvez imaginer qu'on déplace les unités. N'oubliez pas aussi que certains résultats sont déjà mémorisés.* Écrire chaque calcul au tableau. Valider les résultats, après les réponses des élèves, avec le matériel : 7 + 6 = … ; 8 + 7 = … ; 9 + 6 = … ; 9 + 7 = … ; 8 + 6 = …

JOUR 2 Entrainement – Ajouter des dizaines entières

15 min Colorie les 3 additions correctes.

JOUR 3 Découverte – Connaitre les tables d'addition +6 et +7 (forme addition)

5 min **Rappel du jour 1.** Montrer le matériel de base 10 comme en jour 1. *Souvenez-vous, nous avons ajouté soit 6, soit 7. Pour calculer, vous pouvez imaginer qu'on déplace les unités. Souvenez-vous aussi que vous avez déjà en mémoire certains résultats : les compléments, les doubles…* Écrire chaque calcul au tableau. Valider les résultats en utilisant le matériel : 8 + 6 = … ; 6 + 7 = … ; 10 + 6 = … ; 9 + 7 = …

5 min **Problèmes.** Écrire au tableau (ou projeter) et lire pour tous : « Charlie veut offrir un bracelet à toutes ses copines. Elle en a déjà fabriqué 6. Elle doit encore en faire 7. Combien de bracelets doit-elle fabriquer en tout ? » Expliciter le problème et faire le lien avec le calcul. « Dany veut s'acheter un ballon de foot. Il a déjà 7 euros. Il doit ajouter 8 euros. Combien coute le ballon de foot ? »

5 min **Calculs et problème.** 8 + 6 = … ; 9 + 7 = … ; 6 + 7 = … Dicter et écrire uniquement les quantités (en gras) : « Dans la caisse de sport, il y a **9 balles** roses et **6 balles** bleues. Combien de balles y a-t-il dans la caisse ? » Correction.

JOUR 4 Rituel entrainement / fluence – Procédure

Voir le descriptif détaillé du jour 4 en début de partie.

5 min **QCM d'entrainement 12**

5 min **Correction**

5 min **Test de fluence P12 & correction**

Semaine 23

JOUR 1 Découverte – Connaitre les tables d'addition +6 et +7 (forme addition à trou)

- **Objectif d'apprentissage :** mémoriser les tables d'addition +6 et +7 sous leur forme additive à trou
- **Nombres utilisés :** nombres jusqu'à 17
- **Calcul type :** 6 + ... = 13
- **Matériel :** bande numérique de 1 à 20

10 min *Nous allons calculer l'addition à trou suivante.* Écrire au tableau : 6 + ... = 10. Attendre les réactions et constater, à l'aide de la bande numérique : *Nous n'avons pas besoin de calculer ce résultat, car nous le connaissons déjà : « 6 pour aller à 10, il faut 4, car 6 et 4 sont compléments à 10. Ainsi, pour calculer toutes les additions à trou dont le résultat est au-dessus de 10, on calculera en deux étapes : ajouter 4 pour aller à 10.* Faire une flèche au-dessous et écrire « 4 ». *Puis ajouter le nombre, de 10 au résultat.* Faire une flèche vers 11.

Au fur et à mesure de leur calcul, écrire au tableau, au-dessous de 6 + 4 = 10, les calculs 6 + ... = 11, etc. et verbaliser : *6 pour aller à 11 : il faut 4 pour aller à 10, puis 1 à partir de 10 pour aller à 11, cela fait 5.*

Après la résolution de 6 + ... = 16, constater que les trois premiers calculs n'ont pas été faits (6 + ... = 7 à 6 + ... = 9). Les écrire au tableau et valider les calculs par la méthode la plus simple, le surcomptage.

Faire de même avec 7, à partir de 7 + ... = 10.

5 min Écrire et corriger au fur et à mesure : 6 + ... = 8 ; 6 + ... = 15 ; 7 + ... = 11 ; 7 + ... = 17.

JOUR 2 Révision – Connaitre les tables d'addition +6 et +7 (forme addition)

15 min Colorie les additions dont le résultat est...

JOUR 3 Découverte – Connaitre les tables d'addition +6 et +7 (forme addition à trou)

5 min **Rappel du jour 1.** Projeter ou afficher la bande numérique comme en jour 1. Rappeler la procédure par deux étapes successives en passant par 10 pour trouver les résultats supérieurs à 10 : 6 + ... = 12 et 7 + ... = 14. Écrire et corriger au fur et à mesure : 6 + ... = 9 ; 7 + ... = 13 ; 6 + ... = 10 ; 7 + ... = 15.

5 min **Problèmes.** Écrire au tableau (ou projeter) et lire pour tous : « Les élèves de CE2 ont déjà fait 6 séances de natation. Ils doivent faire 11 séances en tout. Combien de séances leur reste-t-il à faire ? » Expliciter le problème et faire le lien avec le calcul. Utiliser la bande numérique si nécessaire. « À la fin du cours de tennis, Louis a rapporté 7 balles dans le court, mais il y en avait 15 au départ. Combien de balles doit-il encore rapporter ? »

5 min **Calculs et problème.** 6 + ... = 12 ; 7 + ... = 12 ; 6 + ... = 15. Dicter et écrire uniquement les quantités (en gras) : « **7 livres** de bibliothèque ont été rapportés alors que nous avions emprunté **15 livres** pour la classe. Combien de livres de bibliothèque manque-t-il ? » Correction.

JOUR 4 Rituel entrainement / fluence – Mémorisation

Voir le descriptif détaillé du jour 4 en début de partie.

5 min **Mémorisation 10**

5 min **Entrainement avec le cache**

5 min **Test de fluence M10 & correction**

Semaine 24

JOUR 1 Découverte – Connaitre les tables d'addition +6 et +7, forme soustraction

- **Objectif d'apprentissage :** mémoriser les tables d'addition +6 et +7 sous leur forme soustractive
- **Nombres utilisés :** nombres jusqu'à 17
- **Calcul type :** 13 – 6 = …
- **Matériel :** 1 bande numérique de 1 à 20, 2 bandelettes papier de longueurs 6 et 7 cases (pliées en accordéon pour qu'elles fassent la taille d'une case de la bande numérique une fois pliées)

10 min Afficher la bande numérique au tableau. Montrer la bande papier dépliée (longueur 6 cases) et expliquer. *Je vais choisir un nombre de la bande numérique et lui enlever 6 en posant ma bandelette de 6, par exemple pour calculer 13 – 6 = …* Écrire le calcul au tableau, entourer la case 13, poser la bandelette dépliée sur les cases 8 à 13 et constater que la bande numérique « s'arrête » sur 7. *Mais si la bandelette me donne directement le résultat, cela ne nous aide pas pour compter. Nous allons donc enlever 6 en comptant à l'envers, 1 par 1.* Refaire la manipulation, mais au lieu de poser la bande dépliée, la poser pliée sur 13 (la bandelette pliée faisant la taille de la case 13) et dire *12*, puis la déplier case par case tout en verbalisant : *11, 10, 9, 8 et 7. Le résultat est 7.* Insister sur le fait que les doigts permettent d'être sûr qu'on a retiré 6 et pas un autre nombre. Faire la même manipulation en faisant verbaliser les élèves lors du comptage à rebours pour tous les calculs de la table de 6, dans le désordre. Les calculs et les résultats sont écrits au tableau au fur et à mesure.

Faire de même pour la table de 7.

5 min Écrire les calculs au tableau au fur et à mesure. Valider le résultat à l'aide de la bande numérique : 10 – 6 = … ; 9 – 7 = … ; 16 – 6 = … ; 12 – 7 = …

JOUR 2 Révision – Connaitre les tables d'addition +6 et +7 (forme addition à trou)

15 min Barre le nombre qui ne convient pas.

JOUR 3 Découverte – Connaitre les tables d'addition +6 et +7 (forme soustraction)

5 min **Rappel du jour 1.** Projeter la bande numérique et montrer les deux bandelettes utilisées en jour 1. *Souvenez-vous, nous avons retiré soit 6, soit 7 en utilisant la bande numérique (et nos doigts).* Écrire chaque calcul au tableau. Après chaque calcul, valider le résultat à l'oral : 11 – 7 = … ; 14 – 6 = … ; 10 – 7 = … ; 12 – 6 = …

5 min **Problèmes.** Écrire au tableau (ou projeter) et lire pour tous : « Il y a d'habitude 17 élèves dans la classe de CP, mais 7 élèves sont malades aujourd'hui. Combien d'élèves sont présents aujourd'hui ? » Expliciter le problème et faire le lien avec le calcul. « 13 élèves voulaient traverser le terrain à l'épervier, mais 6 élèves ont déjà été touchés. Combien d'élèves peuvent encore traverser le terrain ? »

5 min **Calculs et problème.** 9 – 6 = … ; 11 – 7 = … ; 14 – 7 = … Dicter et écrire uniquement les quantités (en gras) : « Ma trousse de crayons de couleurs contient **12 crayons**, mais j'ai prêté **6 crayons** à mon voisin pour son coloriage. Combien de crayons reste-t-il dans ma trousse ? » Correction.

JOUR 4 Rituel entrainement / fluence – Procédure

Voir le descriptif détaillé du jour 4 en début de partie.

5 min **QCM d'entrainement 13**

5 min **Correction**

5 min **Test de fluence P13 & correction**

Semaine 25

JOUR 1 Découverte – Calculer les doubles des dizaines entières

- **Objectif d'apprentissage :** mémoriser les doubles des dizaines entières de 10 à 50
- **Nombres utilisés :** nombres jusqu'à 100
- **Calcul type :** 30 + 30 = …
- **Matériel :** matériel de base 10 (barres-dizaines uniquement)

10 min Afficher au tableau deux groupes de 3 barres-dizaines et faire réagir les élèves. *Ce qui est affiché correspond au calcul 30 + 30. Le résultat est … ?* Écrire le résultat 60 au tableau et proposer (ou faire proposer par les élèves collectivement) deux techniques : l'énumération de 10 en 10 des 6 dizaines (10, 20, 30, …, 60) et le surcomptage de 10 en 10 (30, 40, 50, 60). *Nous allons voir qu'il est possible de retrouver ce résultat plus rapidement encore.* Écrire « 3 » sous le premier groupe et « 3 » sous le second groupe et faire réagir les élèves. *3, ce n'est pas le nombre, mais le nombre de dizaines. 3 et 3, c'est le double de 3, c'est 6, vous connaissez les doubles par cœur. Pour calculer 30 + 30, il suffit de connaitre le double de 3 dizaines : 3 dizaines et 3 dizaines, ce sont 6 dizaines, c'est-à-dire 60.* Faire répéter collectivement les doubles de 1 à 5, puis expliciter les résultats de 10 + 10 à 40 + 40 en écrivant les résultats. Prendre le temps, pour 50 + 50, d'expliciter que 10 dizaines, c'est 100.

5 min 30 + 30 = … ; 20 + 20 = … ; 10 + 10 = … ; 50 + 50 = … ; 40 + 40 = … Corriger au tableau.

JOUR 2 Révision – Connaitre les tables d'addition +6 et +7 (forme soustraction)

15 min Colorie les 2 soustractions correctes.

JOUR 3 Découverte – Calculer les doubles des dizaines entières

5 min **Rappel du jour 1.** Montrer le matériel de base 10 : *Souvenez-vous, puisque vous avez mémorisé les doubles de 1 à 5, vous pouvez facilement trouver les doubles des dizaines, du double de 10 au double de 50.* Interroger les élèves en proposant quelques calculs de doubles : le double de 20, 40 + 40, le double de 10. Corriger en manipulant le matériel.

5 min **Problèmes.** Écrire au tableau ou projeter et lire pour tous : « Deux classes de 30 élèves chacune sont arrivées dans la salle de cinéma. Combien d'élèves sont arrivés dans la salle de cinéma ? » Expliciter le problème et faire le lien avec le calcul. Utiliser le matériel si besoin. « Au supermarché, maman a payé avec deux billets de 20 €. Combien a-t-elle payé ? »

5 min **Calculs et problème.** 20 + 20 = … ; 50 + 50 = … ; 30 + 30 = … Dicter et écrire uniquement les quantités (en gras) : « Pour la course de relais, chaque élève doit courir la ligne droite de **40 mètres** et revenir par la même ligne droite. Quelle distance chaque élève doit-il courir ? » Correction.

JOUR 4 Rituel entrainement / fluence – Mémorisation

Voir le descriptif détaillé du jour 4 en début de partie.

5 min **Mémorisation 11**

5 min **Entrainement avec le cache**

5 min **Test de fluence M11 & correction**

Semaine 26

JOUR 1 Découverte – Trouver le complément à la dizaine supérieure

- **Objectif d'apprentissage :** utiliser la numération pour trouver le complément à la dizaine supérieure
- **Nombres utilisés :** nombres jusqu'à 100
- **Calcul type :** 45 + … = 50
- **Matériel :** tableau des nombres de 0 à 99

10 min Faire observer le tableau des nombres et rappeler son fonctionnement (lignes ↔ unités et colonnes ↔ dizaines). *Je vais modifier ce tableau, mais il donnera toujours la suite des nombres.* Barrer la colonne 0 à 90 et la réécrire à droite du tableau (10 après 9 jusqu'à 100 après 99). Faire constater que le fonctionnement du tableau est inchangé. Écrire 5 + … = 10 et entourer 5 et 10 dans le tableau. *Combien y a-t-il de 5 pour aller à 10 ?* Mettre en commun : la réponse peut être mémorisée (compléments à 10) ou constatée sur le tableau, en comptant sur le long de la ligne du tableau des nombres. Écrire ensuite : 25 + … = 30 et entourer 25 et 30 dans le tableau. *Combien y a-t-il de 25 pour aller à 30 ?* Faire constater que le résultat est identique à 5 + … = 10. Faire de même pour 45 + … = 50, avant d'expliciter la règle. *Pour connaitre le complément d'un nombre à la dizaine supérieure, il suffit de connaitre le complément à 10 du chiffre des unités.*

Faire de même avec 7 + … = 10 puis 37 + … = 40 et 2 + … = 10 puis 62 + … = 70.

5 min Écrire chaque calcul au tableau. Valider les résultats, après réponse des élèves, avec le tableau des nombres : 33 + … = 40 ; 46 + … = 50 ; 51 + … = 60 ; 76 + … = 80.

JOUR 2 Entrainement – Calculer les doubles des dizaines entières

15 min Colorie la réponse correcte.

JOUR 3 Découverte – Trouver le complément à la dizaine supérieure

5 min **Rappel du jour 1.** Montrer le tableau des nombres et rappeler la procédure, en réécrivant les dizaines à droite. *Souvenez-vous, pour connaitre le complément à la dizaine supérieure, il faut connaitre le complément à 10 du chiffre des unités.* Donner un exemple avec 55 + … = 60. Dicter et écrire au tableau : 22 + … = 30 ; 46 + … = 50 ; 53 + … = 60 ; 72 + … = 80.

5 min **Problèmes.** Écrire au tableau (ou projeter) et lire pour tous : « De jeunes cyclistes font une course de 50 km. Ils ont déjà parcouru 41 km. Quelle distance leur reste-t-il à parcourir ? » Expliciter le problème et faire le lien avec le calcul. « L'objectif d'une l'école est de planter 70 arbres dans le parc qui borde l'école. Les élèves ont déjà planté 66 arbres. Combien d'arbres leur reste-t-il à planter ? »

5 min **Calculs et problème.** 62 + … = 70 ; 26 + … = 30 ; 44 + … = 50. Dicter et écrire uniquement les quantités (en gras) : « Le maçon doit poser une clôture de **60 mètres** autour d'un jardin. Il a déjà posé **55 mètres** de clôture. Combien de mètres de clôture lui reste-t-il à poser ? » Correction.

JOUR 4 Rituel entrainement / fluence – Procédure

Voir le descriptif détaillé du jour 4 en début de partie.

5 min **QCM d'entrainement 14**

5 min **Correction**

5 min **Test de fluence P14 & correction**

Semaine 27

JOUR 1 Découverte – Ajouter un nombre inférieur à 10 à un nombre

- **Objectif d'apprentissage :** savoir se servir des tables d'additions pour ajouter un petit nombre à un nombre plus grand.
- **Nombres utilisés :** nombres jusqu'à 79
- **Calcul type :** 45 + 7 = …
- **Matériel :** matériel de base 10

10 min Afficher 45 en base 10 au tableau et demander quel nombre est représenté. Annoncer l'objectif. *On va apprendre à ajouter des petits nombres à des nombres plus grands.* Ajouter 7 cubes-unités au tableau à côté de 45 et écrire l'addition 45 + 7 = … Faire constater qu'on ne peut pas « lire » le résultat tel quel, qu'il faut rassembler les unités. Faire constater qu'assembler les unités, c'est faire 5 + 7, résultat connu, mémorisé dans les tables de 5 et de 7. Demander rapidement le résultat de 5 + 7 et vérifier avec le matériel affiché en montrant bien la constitution d'une nouvelle dizaine. Demander : *Quel nombre est maintenant représenté ?* Écrire 45 + 7 = 52. Procéder de la même façon avec 38 + 6 et bien faire le lien avec la table de 6 (8 + 6 est un résultat connu).

5 min *Désormais, vous allez écrire les calculs et les résultats sur votre ardoise. Pour trouver les résultats, vous pouvez imaginer/dessiner si besoin les barres-dizaines et les cubes-unités. N'oubliez pas aussi que certains résultats sont déjà mémorisés.* Écrire chaque calcul au tableau. Valider les résultats, après les réponses des élèves, en manipulant le matériel : 27 + 9 = … ; 46 + 6 = … ; 55 + 8 = …

JOUR 2 Entrainement – Trouver le complément d'un nombre à la dizaine supérieure

15 min Colorie les 3 additions correctes.

JOUR 3 Découverte – Ajouter un nombre inférieur à 10 à un nombre

5 min **Rappel du jour 1.** Montrer 45 et 7 en base 10 comme au jour 1 et rappeler la procédure utilisée pour ajouter un petit nombre à un nombre plus grand en passant par les tables d'additions. *Pour calculer, servez-vous des tables d'additions et si besoin dessinez le matériel.* Écrire chaque calcul au tableau, puis valider les résultats en manipulant le matériel : 37 + 8 = … ; 49 + 9 = … ; 56 + 8 = …

5 min **Problèmes.** Écrire au tableau (ou projeter) et lire pour tous : « Grand-père a 68 ans, Tom a 6 ans. Quel âge ont-ils à eux deux ? » Expliciter le problème et faire le lien avec le calcul. « Papa est parti faire une balade à vélo. Il a déjà parcouru 49 kilomètres, il lui reste 6 kilomètres pour rentrer. Quelle est la longueur de la balade de papa ? »

5 min **Calculs et problème.** 55 + 7 = … ; 47 + 6 = … ; 65 + 9 = … Dicter et écrire uniquement les quantités (en gras) : « Paul a **38 billes** dans sa collection. Sa mamie lui offre **6** nouvelles **billes**. Combien de billes a-t-il maintenant ? » Correction.

JOUR 4 Rituel entrainement / fluence – Mémorisation

Voir le descriptif détaillé du jour 4 en début de partie.

5 min **Mémorisation 12**

10 min **Entrainement avec le cache**

5 min **Test de fluence M12 & correction**

Semaine 28

JOUR 1 Découverte – Calculer les moitiés des dizaines entières

- **Objectif d'apprentissage :** mémoriser les moitiés des dizaines entières de 20 à 100
- **Nombres utilisés :** nombres jusqu'à 100
- **Calcul type :** la moitié de 60, c'est …
- **Matériel :** matériel de base 10 (barres-dizaines uniquement)

10 min Afficher au tableau 6 barres-dizaines et faire réagir les élèves. *Peut-on partager 60 en deux parts égales, c'est-à-dire calculer la moitié de 60 ?* Mettre en avant la manipulation de partage équitable en deux groupes de 30 et constater que le résultat est 30. Écrire : La moitié de 60, c'est 30. *Nous allons voir qu'il est possible de retrouver ce résultat sans avoir à manipuler les dizaines.* Rassembler les 6 dizaines et écrire « 6 » au-dessous. *6, ce n'est pas le nombre, mais le nombre de dizaines : 60, c'est 6 dizaines. Vous connaissez les moitiés par cœur : la moitié de 6, c'est 3. La moitié de 6 dizaines, c'est 3 dizaines, c'est-à-dire 30.* Faire répéter collectivement les moitiés de 2 à 10, puis expliciter les résultats de la moitié de 20 à la moitié de 100. Faire la manipulation avec les barres-dizaines pour illustrer les résultats.

5 min La moitié de 80, c'est … ; la moitié de 100, c'est … ; la moitié de 20, c'est … ; la moitié de 60, c'est … Corriger au tableau.

JOUR 2 Révision – Ajouter un nombre inférieur à 10

15 min Colorie le chemin du +7 et du +8.

JOUR 3 Découverte – Calculer les moitiés des dizaines entières

5 min **Rappel du jour 1.** Montrer le matériel de base 10 et rappeler la séance 1 : *Souvenez-vous, puisque vous avez mémorisé les moitiés de 2 à 10, vous pouvez facilement trouver les moitiés des dizaines, de la moitié de 20 à la moitié de 100.*

Dicter : la moitié de 20, c'est … ; la moitié de 60, c'est … ; la moitié de 80, c'est …

5 min **Problèmes.** Écrire au tableau (ou projeter) et lire pour tous : « Lors de la séance de cinéma, il y a 80 personnes. La moitié sont des enfants et la moitié sont des adultes. Combien d'adultes sont au cinéma ? » Expliciter le problème et faire le lien avec le calcul. Utiliser le matériel si besoin. « La carte au trésor indique que le trésor se trouve à la moitié du chemin entre un rocher et la plage. Ce chemin mesure 100 m. À combien de mètres du rocher se trouve le trésor ? »

5 min **Calculs et problème.** La moitié de 60, c'est … ; la moitié de 40, c'est … ; la moitié de 100, c'est … Dicter et écrire uniquement les quantités (en gras) : « Le grand-frère de Charlie a acheté une chemise en promotion à moitié-prix. Le prix avant la promotion était de **20 €**. Quel prix, le grand frère de Charlie a-t-il payé sa chemise ? » Correction.

JOUR 4 Rituel entrainement / fluence – Procédure

Voir le descriptif détaillé du jour 4 en début de partie.

5 min **QCM d'entrainement 15**

5 min **Correction**

5 min **Test de fluence P15 & correction**

PÉRIODE 5

Semaine 29

JOUR 1 Découverte – Connaitre les tables d'addition +8 et +9 (forme addition)

- **Objectif d'apprentissage :** mémoriser les tables d'addition +8 et +9 sous leur forme additive
- **Nombres utilisés :** nombres jusqu'à 19
- **Calcul type :** 9 + 6 = …
- **Matériel :** bande numérique jusqu'à 20

10 min Projeter ou écrire au tableau l'ensemble des calculs de la table +8 (1 + 8 = … ; 2 + 8 = …), les uns sous les autres, sans les résultats. *Quels résultats connaissez-vous déjà parmi ces additions ? Rappelez-vous qu'on peut inverser l'ordre des nombres de l'addition.* Noter les résultats connus (en suivant les réponses des élèves) et justifier si besoin : les résultats de 1 + 8 à 7 + 8 ont été étudiés dans les tables précédentes, 8 + 8 est un double connu, et 8 + 10 est l'ajout d'une dizaine. Il reste 8 + 9 = 17, qu'on peut trouver par plusieurs procédures : presque double (8 + 8 + 1), procédure « + 10 – 1 ». Rappeler les résultats collectivement, dans l'ordre.

Faire de même pour la table +9, dont tous les résultats sont déjà connus.

Expliciter le fait que les résultats non encore mémorisés peuvent être retrouvés « en passant par 10 » : utiliser la bande numérique et montrer, indistinctement pour la table de 8 ou de 9, que le passage par 10 est une solution efficace, avec l'exemple 5 + 8 = 8 + 5 = 8 + 2 + 3 = 10 + 3 = 13.

5 min **Calculs.** Écrire chaque calcul au tableau : 4 + 8 = … ; 3 + 9 = … ; 10 + 8 = … ; 7 + 9 = … ; 8 + 8 = …

Valider les résultats, après les réponses des élèves, en utilisant la bande numérique.

JOUR 2 Entrainement – Calculer les moitiés des dizaines entières

15 min Colorie la réponse.

JOUR 3 Découverte – Connaitre les tables d'addition +8 et +9 (forme addition)

5 min **Rappel du jour 1.** Rappeler les différentes stratégies pour trouver les résultats des tables +8 et +9 : résultats mémorisés, compléments à 10, doubles et presque doubles, passage par 10. Proposer les calculs : 5 + 9 = … ; 2 + 8 = … ; 8 + 9 = … ; 5 + 8 = … Valider les résultats, après les réponses des élèves, en utilisant la bande numérique.

5 min **Problèmes.** Écrire au tableau (ou projeter) et lire pour tous : « La maitresse doit corriger les deux piles de fichiers sur son bureau : 8 fichiers à gauche et 5 fichiers à droite. Combien de fichiers doit-elle corriger ? » Expliciter le problème et faire le lien avec le calcul. « Léon achète un roman à 6 € et une bande dessinée à 9 €. Combien Léon doit-il payer ? »

5 min **Calculs et problème.** 3 + 8 = … ; 4 + 9 = … ; 9 + 8 = … Dicter et écrire uniquement les quantités (en gras) : « Le marchand de fruits a apporté 6 **cagettes** de cerises et 8 **cagettes** de pommes. Combien de cagettes a-t-il apportées en tout ? » Correction.

JOUR 4 Rituel entrainement / fluence – Procédure

Voir le descriptif détaillé du jour 4 en début de partie.

5 min **QCM d'entrainement 16**

5 min **Correction**

5 min **Test de fluence P16 & correction**

Semaine 30

JOUR 1 Découverte – Connaitre les tables d'addition +8 et +9 (forme addition à trou)

- **Objectif d'apprentissage :** mémoriser les tables d'addition +8 et +9 sous leur forme additive à trou
- **Nombres utilisés :** nombres jusqu'à 19
- **Calcul type :** 8 + … = 15
- **Matériel :** bande numérique de 1 à 20

10 min *Nous allons retrouver les résultats des additions à trou de la table de 8. Pour cela, la stratégie la plus simple est le passage par la dizaine. Combien faut-il de 8 pour aller à 10 ?* Afficher (ou projeter) la bande numérique au tableau. Entourer 8 et 10, faire une flèche et constater avec les élèves qu'il faut 2. Écrire 8 + … = 10 et compléter par 2. *À partir de ce calcul, nous pouvons trouver les autres résultats. Combien y a-t-il de 8 pour aller à 15 ?* Écrire 8 + … = 15 et constater avec les élèves qu'il faut 5 pour aller de 10 à 15, donc, par étapes, 2 + 5 = 7 pour aller de 8 à 15. Faire de même avec les autres résultats, dans le désordre, et compléter avec 8 + … = 9. Reprendre l'ensemble des calculs collectivement.

Faire de même avec la table de 9.

5 min **Calculs.** Écrire au tableau et corriger au fur et à mesure : 8 + … = 12 ; 9 + … = 14 ; 8 + … = 16 ; 9 + … = 12.

JOUR 2 Entrainement – Connaitre les tables d'addition +8 et +9 (forme addition)

15 min Colorie les additions dont le résultat est …

JOUR 3 Découverte – Connaitre les tables d'addition +8 et +9 (forme addition à trou)

5 min **Rappel du jour 1.** Projeter ou afficher la bande numérique comme en jour 1. Rappeler la procédure par deux étapes successives en passant par 10 pour trouver les résultats. Écrire et corriger au fur et à mesure : 8 + … = 10 ; 9 + … = 16 ; 8 + … = 18 ; 9 + … = 15.

5 min **Problèmes.** Écrire au tableau (ou projeter) et lire pour tous : « 8 élèves se sont proposés pour aider le maitre à ranger le matériel de gymnastique. Le maitre a besoin de 12 élèves. Combien d'élèves manque-t-il pour aider le maitre ? » Expliciter le problème et faire le lien avec le calcul. Utiliser la bande numérique si nécessaire. « Pour un repas de famille, Camille a disposé 9 assiettes pour les adultes. Il lui reste à mettre les assiettes des enfants. En tout, il y aura 15 personnes. Combien d'assiettes doit-elle disposer pour les enfants ? »

5 min **Calculs et problème.** 8 + … = 13 ; 9 + … = 11 ; 9 + … = 18. Dicter et écrire uniquement les quantités (en gras) : « Matéo a déjà cassé **8 œufs** pour cuisiner son gâteau. Sa recette indique **12 œufs**. Combien d'œufs lui reste-t-il à casser ? » Correction.

JOUR 4 Rituel entrainement / fluence – Mémorisation

Voir le descriptif détaillé du jour 4 en début de partie.

5 min **Mémorisation 13**

5 min **Entrainement avec le cache**

5 min **Test de fluence M13 & correction**

Semaine 31

JOUR 1 Découverte – Connaitre les tables d'addition +8 et +9 (forme soustraction)

- **Objectif d'apprentissage :** mémoriser les tables d'addition +8 et +9 sous leur forme soustractive
- **Nombres utilisés :** nombres jusqu'à 19
- **Calcul type :** 15 – 8 = …
- **Matériel à prévoir :** bande numérique de 1 à 20

10 min *Nous allons trouver les résultats de la table de 8 sous la forme de soustractions, par exemple 15 moins 8.* Écrire au tableau 15 – 8 = … *Jusque-là, pour les soustractions, nous avons compté à l'envers, en utilisant nos doigts.* Commencer à compter à rebours : *14, 13, 12… C'est toujours possible, mais cela devient long pour – 8. Nous allons utiliser une autre technique : nous allons utiliser les résultats des additions à trou trouvés la semaine dernière.* Compléter au tableau, à côté de l'opération : 8 + … = 15. *Ces deux calculs donnent le même résultat : retirer 8 à 15, cela revient à calculer 8 pour aller à 15. Vous souvenez-vous de la technique que nous avions utilisée ?* Rappeler, à l'aide de la bande numérique et en dessinant deux flèches successives au tableau : aller de 8 à 10 puis de 10 à 15 et conclure sur le résultat : 7. Faire de même pour chaque calcul de la table, en écrivant l'addition à trou équivalente à côté.

Faire de même pour la table de 9.

5 min **Calculs.** Écrire les calculs au tableau au fur et à mesure : 12 – 8 = … ; 14 – 9 = … ; 10 – 8 = … ; 18 – 9 = …

Valider le résultat à l'aide de l'addition à trou équivalente et, si besoin, de la bande numérique.

JOUR 2 Entrainement – Connaitre les tables d'addition +8 et +9 (forme addition à trou)

15 min Barre le nombre qui ne convient pas.

JOUR 3 Découverte – Connaitre les tables d'addition +8 et +9 (forme soustraction)

5 min **Rappel du jour 1.** Rappeler l'équivalence soustraction/addition à trou avec l'exemple 15 – 8 = … / 8 + … = 15 et le passage par 10. Après chaque calcul, valider le résultat à l'oral : 12 – 9 = … ; 16 – 8 = … ; 10 – 9 = … ; 13 – 8 = …

5 min **Problèmes.** Écrire au tableau (ou projeter) et lire pour tous : « Le loueur de vélo a 16 vélos en tout. Il en a déjà loué 9 ce matin. Combien de vélos lui reste-t-il à louer ? » Expliciter le problème et faire le lien avec le calcul. « La maitresse nous lit un livre qui fait 12 chapitres. Elle a déjà lu 8 chapitres. Combien de chapitres reste-t-il à lire ? »

5 min **Calculs et problème.** 11 – 8 = … ; 19 – 9 = … ; 13 – 9 = … Dicter et écrire uniquement les quantités (en gras) : « Le grand frère de Mila a **16 ans**. Mila a **9 ans**. Quelle est la différence d'âge entre Mila et son frère ? » Correction.

JOUR 4 Rituel entrainement / fluence – Procédure

Voir le descriptif détaillé du jour 4 en début de partie.

5 min **QCM d'entrainement 17**

5 min **Correction**

5 min **Test de fluence P17 & correction**

Semaine 32

JOUR 1 Découverte – Ajouter 9 à un nombre

- **Objectif d'apprentissage :** connaitre une procédure pour ajouter 9
- **Nombres utilisés :** nombres jusqu'à 100
- **Calcul type :** 45 + 9 = ...
- **Matériel :** matériel de base 10

10 min *Aujourd'hui, nous allons trouver le résultat de n'importe quel nombre, auquel on ajoute 9.* Tracer trois colonnes au tableau, sans écrire de titre ni indiquer ce qui sera écrit. *Proposez une addition « ... + 9 » que j'écrirai au tableau. Votre premier nombre doit être inférieur à 90.* Trier les propositions en trois colonnes : ① type 20/30... + 9 / ② type 21/31... + 9 / ③ Autres chiffres des unités. Faire réagir les élèves pour mettre en avant le critère de classement. Expliquer : *A-t-on besoin d'une technique particulière pour calculer 20 + 9, 30 + 9... ?* Mettre en avant la connaissance de la numération qui permet de répondre aisément. *A-t-on besoin d'une technique particulière pour calculer 21 + 9, 31 + 9... ?* Il se peut que la procédure par complément à la dizaine supérieure, précédemment étudiée, ne soit pas systématiquement avancée : la rappeler. *Ainsi, nous allons voir la procédure simple qui permet de trouver le résultat de tous les autres calculs.* Effacer et écrire : 45 + 9 = ... En parallèle, montrer au tableau 4 dizaines et 5 unités. *Ajouter 9, c'est ajouter 10 et retirer 1, c'est ajouter 1 dizaine et retirer 1 unité. J'ajoute une dizaine.* Ajouter une barre-dizaine. *Le chiffre des dizaines devient 5. Je retire une unité.* Retirer un cube-unité. *Le chiffre des unités devient 4.* Écrire 54 en résultat et répéter la stratégie.

Faire de même avec 72 + 9 = ...

Enfin, rappeler que les calculs de type 20 + 9 et 21 + 9 peuvent se trouver plus vite encore, comme expliqué plus tôt.

5 min **Calculs.** 40 + 9 = ... ; 63 + 9 = ... ; 31 + 9 = ... ; 47 + 9 = ... Corriger au tableau.

JOUR 2 Entrainement – Connaitre les tables d'addition +8 et +9 (forme soustraction)

15 min Colorie les 2 soustractions correctes.

JOUR 3 Découverte – Calculer les doubles des dizaines entières

5 min **Rappel du jour 1.** Montrer le matériel de base 10 et rappeler la séance du jour 1 : *Souvenez-vous que pour ajouter 9, il est possible d'ajouter 10 (une dizaine) et de retirer 1 (une unité).*

5 min **Problèmes.** Écrire au tableau (ou projeter) et lire pour tous : « Léo achète un ballon de volley à 23 € et des balles de tennis à 9 €. Combien doit-il payer ? » Expliciter le problème et faire le lien avec le calcul. Utiliser le matériel si besoin. « Le boulanger a déjà cuit 54 baguettes. Il lui reste 9 baguettes à cuire. Combien de baguettes va-t-il cuire en tout ? »

5 min **Calculs et problème.** 61 + 9 = ... ; 44 + 9 = ... ; 39 + 9 = ... Dicter et écrire uniquement les quantités (en gras) : « Mia en est à la **page 37** de son livre. Il lui reste **9 pages** à lire. Combien de pages y a-t-il dans le livre de Mia ? » Correction.

JOUR 4 Rituel entrainement / fluence – Mémorisation

Voir le descriptif détaillé du jour 4 en début de partie.

5 min **Mémorisation 14**

5 min **Entrainement avec le cache**

5 min **Test de fluence M14 & correction**

Semaine 33

JOUR 1 Découverte – Ajouter des dizaines entières à un nombre

- **Objectif d'apprentissage :** savoir ajouter des dizaines entières à un nombre
- **Nombres utilisés :** nombres < 100
- **Calcul type :** 46 + 30 = …
- **Matériel à prévoir :** matériel de base 10

10 min Montrer le nombre 46 à l'aide du matériel et dénombrer collectivement. *C'est le nombre 46, car il y a 4 dizaines et 6 unités.* Indiquer que l'on va ajouter un nombre, montrer 3 dizaines et demander : *Comptez combien je vais ajouter.* Compter de 10 en 10 en montrant les barres-dizaines une à une jusqu'à 30. *Nous connaissons la stratégie pour ajouter une dizaine : pouvez-vous rappeler comment on fait ?* Faire ressortir la stratégie d'ajout d'une dizaine entière (semaine 18, période 3) et rappeler que seul le nombre de dizaines change. *Pour ajouter plusieurs dizaines (ici 3 dizaines), c'est la même stratégie.* Déplacer une à une les dizaines du 30 pour les rassembler avec les 4 dizaines de 46. Tracer un tableau de numération (une colonne dizaines, une colonne unités) et y inscrire 46. *Combien de dizaines a-t-on maintenant ?* Inscrire dans le tableau 76. Faire constater qu'ajouter 30 c'est ajouter 3 dizaines, donc ajouter 3 au chiffre des dizaines. Faire de même avec 22 + 40.

5 min **Calculs.** Écrire au tableau et corriger au fur et à mesure avec le matériel : 57 + 20 = … ; 28 + 50 = … ; 43 + 30 = … ; 39 + 40 = …

JOUR 2 Entrainement – Ajouter 9 à un nombre (résultat < 100)

15 min Trace le chemin pour faire + 9 en deux étapes.

JOUR 3 Découverte – Ajouter des dizaines entières à un nombre

5 min **Rappel du jour 1.** Rappeler la stratégie de calcul du jour 1 : *Rappelez-vous, nous avons ajouté des dizaines entières et constaté que seul le chiffre des dizaines change. Pour calculer, vous pouvez imaginer qu'on ajoute des barres-dizaines.* Écrire chaque calcul au tableau : 31 + 50 = … ; 24 + 60 = … ; 31 + 50 = … ; 63 + 30 = …

Valider les résultats, après les réponses des élèves, en utilisant le matériel.

5 min **Problèmes.** Écrire au tableau (ou projeter) et lire pour tous : « La cantinière prépare de la purée. Elle a déjà épluché 34 pommes de terre. Elle doit encore en éplucher 40. Combien de pommes de terre va-t-elle éplucher en tout ? » Expliciter le problème et faire le lien avec le calcul. Utiliser le matériel de base 10 si nécessaire. « L'an dernier Papi a planté un arbre de 27 centimètres. Cette année il a poussé et grandi de 30 centimètres. Quelle est la taille de l'arbre maintenant ? »

5 min **Calculs et problème.** 29 + 40 = … ; 56 + 30 = … ; 44 + 30 = … Dicter et écrire uniquement les quantités (en gras) : « Dans la classe, il reste **24 feutres**. La maitresse rachète **30 feutres**. Combien de feutres y a-t-il maintenant ? » Correction.

JOUR 4 Rituel entrainement / fluence – Procédure

Voir le descriptif détaillé du jour 4 en début de partie.

5 min **QCM d'entrainement 18**

5 min **Correction**

5 min **Test de fluence P18 & correction**

Semaine 34

JOUR 1 Découverte – Soustraire un nombre inférieur à 10 à une dizaine entière

- **Objectif d'apprentissage :** savoir retirer un petit nombre à une dizaine entière
- **Nombres utilisés :** nombres < 100
- **Calcul type :** 50 – 6 = …
- **Matériel :** matériel de base 10

10 min Montrer le nombre 50 en base 10 au tableau et demander quel est le nombre représenté. Annoncer l'objectif de la séance : soustraire un petit nombre à une dizaine entière. Demander : *Que dois-je faire pour soustraire/enlever 6 au nombre 50 ?* Recueillir les propositions, puis remplacer une barre-dizaine par 10 cubes-unités. *Pour enlever 6, il faut casser une dizaine. On ne touche pas aux autres dizaines. En utilisant les compléments à 10, je sais que 10 c'est 6 + 4. Si je retire 6, il restera 4 unités.* Illustrer en retirant 6 cubes-unités. Demander aux élèves le résultat final puis écrire la soustraction 50 – 6 = 44 . Recommencer la manipulation avec la soustraction 40 – 5 en respectant les étapes de « cassage » de la dizaine, puis faire le lien avec les compléments à 10.

5 min **Calculs.** Écrire et corriger au fur et à mesure avec le matériel de base 10 : 30 – 8 = … ; 40 – 9 = … ; 60 – 7 = …

JOUR 2 Entrainement – Ajouter des dizaines entières à un nombre

15 min Colorie les 3 additions correctes.

JOUR 3 Découverte – Soustraire un nombre inférieur à 10 à une dizaine entière

5 min **Rappel du jour 1.** Rappeler la stratégie de calcul du jour 1 : *Rappelez-vous, nous avons retiré un petit nombre à une dizaine entière. Il faut casser la dizaine, puis se servir des compléments à 10. Pour calculer, vous pouvez imaginer/dessiner les barres-dizaines et les cubes-unités.* Écrire chaque calcul au tableau : 50 – 8 = … ; 70 – 4 = … ; 60 – 6 = … ; 80 – 9 = … Valider les résultats, après les réponses des élèves, en utilisant le matériel.

5 min **Problèmes.** Écrire au tableau (ou projeter) et lire pour tous : « Il y avait 70 verres à la cantine. Les élèves en ont cassé 8 cette année. Combien de verres reste-t-il à la cantine ? » Expliciter le problème et faire le lien avec le calcul. Utiliser le matériel de base 10 si nécessaire. « Martin a reçu un billet de 50 euros à son anniversaire. Il a dépensé 9 euros pour acheter un livre. Quelle somme lui reste-t-il ? »

5 min **Calculs et problème.** 80 – 5 = … ; 30 – 9 = … ; 70 – 7 = … Dicter et écrire uniquement les quantités (en gras) : « **80 passagers** sont dans le train. **8 passagers** descendent en gare. Combien de passagers reste-t-il dans le train ? » Correction.

JOUR 4 Rituel entrainement / fluence – Mémorisation

Voir le descriptif détaillé du jour 4 en début de partie.

5 min **Mémorisation 15**

5 min **Entrainement avec le cache**

5 min **Test de fluence M15 & correction**

Semaine 35

JOUR 1 Découverte – Soustraire deux dizaines entières

- **Objectif d'apprentissage :** savoir soustraire deux dizaines entières
- **Nombres utilisés :** nombres < 100
- **Calcul type :** 70 – 30 = …
- **Matériel :** matériel de base 10 (barres-dizaines)

10 min Afficher 7 dizaines et demander quel nombre est représenté. Annoncer l'objectif de la séance : apprendre à retirer des dizaines entières. Écrire la soustraction 70 – 30 au tableau et annoncer que l'on va retirer 30. *Combien de dizaines faut-il retirer pour retirer 30 ?* Recueillir les propositions et dire : *Retirer 30 c'est retirer 3 dizaines. Dans 70 il y a 7 dizaines, donc 7 dizaines moins 3 dizaines font 4 dizaines.* Illustrer en retirant les dizaines au tableau puis demander le résultat final de la soustraction et écrire 70 – 30 = 40. Faire la même manipulation avec 50 – 20 et faire constater que soustraire ces nombres, c'est soustraire les dizaines entre elles.

5 min **Calculs.** Écrire chaque calcul au tableau : 80 – 40 = … ; 90 – 30 = … ; 60 – 20 = … ; 70 – 40 = … ; 50 – 30 = …

Valider les résultats, après les réponses des élèves, avec le matériel affiché au tableau.

JOUR 2 Entrainement – Soustraire un nombre < 10 à une dizaine entière

15 min Colorie la réponse.

JOUR 3 Découverte – Soustraire deux dizaines entières

5 min **Rappel du jour 1.** Rappeler la stratégie de calcul du jour 1. Écrire chaque calcul au tableau : 70 – 20 = … ; 90 – 50 = … ; 60 – 40 = … ; 80 – 50 = … Valider les résultats, après les réponses des élèves, en utilisant le matériel.

5 min **Problèmes.** Écrire au tableau (ou projeter) et lire pour tous : « Un garagiste avait 60 pneus en stock. Il en vend 20 dans la journée. Combien de pneus lui reste-t-il ? » Expliciter le problème et faire le lien avec le calcul. Utiliser le matériel si nécessaire. « Il y avait 80 livres sur une étagère. Le bibliothécaire en enlève 40 pour les ranger ailleurs. Combien de livres restent sur l'étagère ? »

5 min **Calculs et problème.** 90 – 40 = … ; 60 – 30 = … ; 80 – 30 =… Dicter et écrire uniquement les quantités (en gras) : « Il y avait **70 enfants** qui jouaient à la fête de l'école. Après le déjeuner, **30 enfants** rentrent chez eux. Combien d'enfants restent à la fête ? » Correction.

JOUR 4 Rituel entrainement / fluence – Procédure

Voir le descriptif détaillé du jour 4 en début de partie.

5 min **QCM d'entrainement 19**

5 min **Correction**

5 min **Test de fluence P19 & correction**

PARTIE 3

A Les Maths en vie

- Avant d'accéder à la **dimension abstraite** des mathématiques, il est nécessaire de donner du sens aux concepts en s'appuyant sur le **réel**. Chaque séance de « Maths en vie » propose aux élèves d'entrer dans une notion par un **questionnement simple** à partir de **photographies** en prise avec leur quotidien.

Ces séances de 30 minutes ont lieu en classe entière **deux fois par période,** en semaine 1 puis en semaine 4.

▶ PÉRIODE 1

Semaine 1 Nombres entiers

DURÉE

30 minutes

MATÉRIEL

- **Collectif : fournitures scolaires à manipuler par les élèves**
- Diaporama **Maths en vie_nombres_1**

• Les fournitures scolaires

Les élèves sont amenés à se questionner sur la forme des nombres qui désignent une quantité. Ils repèrent qu'une quantité peut être identifiée de différentes manières : écriture chiffrée, subitizing (reconnaissance immédiate de la quantité), calcul (pour les gommes : 2 + 2 + 2 + 2 ; pour les enveloppes vertes : 10 + 1), dénombrement. Ils vont ensuite comparer ces nombres à leur réalité de classe (nombre d'élèves).

Les élèves travaillent à partir des photographies du diaporama ou de photographies prises par l'enseignant.e. **Il est possible de réaliser cette séance avec les fournitures réelles de la classe**.

À la fin de la séance, les élèves sont invités à ouvrir le placard de leur classe pour observer, trier, récolter les quantités de fournitures présentes dans leur classe. On demande aux élèves de vérifier s'il faut refaire une commande.

Semaine 4 Espace et géométrie

DURÉE

30 minutes

MATÉRIEL

- **Collectif :** un foulard ou bandeau de sommeil si besoin
- Diaporama Maths en vie_geometrie_1

• **Le jeu de colin-maillard**

Dans cette séance, on amène les élèves à comprendre la nécessité d'avoir un langage pour se repérer dans l'espace qui soit précis et partagé par tous. À l'issue de la maternelle, beaucoup d'enfants se repèrent encore en montrant un endroit avec leur doigt ou en disant « là ! ».

À partir du jeu de colin-maillard, qui fait partie de l'univers enfantin, on cherche à montrer qu'il est utile d'avoir un lexique commun de repérage. Avec l'absence de la vue, les élèves vont **devoir utiliser des mots précis** pour se faire comprendre, pour orienter, guider, etc.

On cherche ainsi à faire un état des lieux des connaissances des élèves : connaissent-ils le vocabulaire adapté (à droite, à gauche, sur, sous, avancer, tourner, pivoter, etc.) ?

En vivant la situation avec leur corps, les élèves vont **acquérir un langage** de communication avec ses trois composantes (la forme, le contenu et l'usage).

▶ PÉRIODE 2

Semaine 1 Nombres entiers

DURÉE

30 minutes

MATÉRIEL

- **Collectif :** Fiche « Numéro des jours »
- Diaporama Maths en vie_nombres_2

• **Mets de l'ordre dans les nombres !**

Ordonner, ranger, intercaler sont les compétences sollicitées dans cette séance. Après avoir travaillé sur la forme que prennent les quantités dans le monde réel en période 1, les élèves sont conduits à utiliser l'aspect ordinal des nombres dans différents contextes, du plus proche au plus éloigné de leur réalité (calendrier, patères, maillots des joueuses de football). Ils ordonnent, rangent et intercalent les nombres pour vérifier les numéros manquants dans chaque situation.

On propose enfin aux élèves de partir à la chasse aux nombres ordonnés dans l'école (balade mathématique). On peut aussi imaginer faire participer les familles en leur demandant d'envoyer des photographies. À cette occasion, les élèves peuvent apprendre à trier les nombres selon s'ils désignent des quantités ou un ordre.

Semaine 4 Grandeurs et Mesures

DURÉE
30 minutes

MATÉRIEL
▸ Diaporama Maths en vie_GM_1

• Au magasin de vêtements

Au cours de cette séance, les élèves vont activer ou réactiver quelques mots de vocabulaire liés à l'utilisation de la monnaie dans la vie courante. Beaucoup d'entre eux ont joué, par exemple, au jeu de la marchande en maternelle : il s'agit ici de (re)créer une image mentale autour de ce type de situations.

À partir d'une première photo où apparaissent des prix « ronds » de vêtements (seuls les prix en euros entiers sont au programme de CP), les élèves peuvent évoquer la monnaie dans laquelle les achats sont effectués. On attend simplement des élèves qu'ils identifient les prix et débattent éventuellement sur le symbole € ou les différences de prix entre les tee-shirts à la vente.

Puis, les élèves sont amenés à décrire des situations impliquant l'usage de la monnaie. Ils peuvent ainsi évoquer des situations où l'article choisi est trop cher, où l'argent en leur possession est insuffisant ou encore des situations où l'on doit leur rendre de l'argent. L'enseignant.e pourra conclure en annonçant les apprentissages à venir : *Nous allons apprendre à manipuler des sommes en euros et à travailler sur les situations que nous venons de décrire.*

▸ PÉRIODE 3

Semaine 1 Nombres entiers

DURÉE
30 minutes

MATÉRIEL
▸ Diaporama Maths en vie_nombres_3

• Le gouter d'anniversaire

Dans cette séance, les élèves vont utiliser les nombres dans un contexte proche de leur réalité : la préparation d'un gouter d'anniversaire. Les nombres désignent des quantités concrètes qui ont un lien entre elles : nombre d'invités, de gobelets, de gâteaux, d'assiettes, de pailles… Les élèves apprennent à repérer les données mathématiques sur les paquets puis à les traiter pour les confronter à la situation.

On peut imaginer faire vivre cette situation concrètement aux élèves à l'occasion d'un gouter pour la classe (sortie sportive, évènement spécial à l'école, anniversaire d'un élève…). Il faudra veiller à utiliser des quantités adaptées à leurs connaissances.

Semaine 4 Espace et géométrie

DURÉE

30 minutes

MATÉRIEL

- **Collectif :** jeux de construction et cartes de contour des pièces si besoin
- Diaporama Maths en vie_geometrie_2

• Le jeu de construction

Les élèves vont se questionner sur la différence entre solides et formes planes au cours de cette séance. À l'entrée au CP, beaucoup d'entre eux confondent encore ces deux concepts alors que chacun possède son propre lexique. Grâce à la manipulation, les élèves vont **associer les solides à des images mentales d'objets palpables** (en 3D) au contraire des **formes planes** (en 2D) qu'ils pourront montrer mais pas prendre en main.

À partir d'un jeu qui fait partie de l'univers des élèves depuis la maternelle, on cherche à faire un état des lieux des connaissances : est-ce que les élèves connaissent le vocabulaire adapté (boule, cube, pavé, pyramide, etc.) ?

En manipulant, les élèves vont **catégoriser les solides** comme des formes palpables et les formes planes comme des dessins ou des tracés (des formes que l'on peut seulement montrer).

▶ PÉRIODE 4

Semaine 1 Nombres entiers

DURÉE

30 minutes

MATÉRIEL

- **Collectif :** cartons de loto si possible
- Diaporama Maths en vie_nombres_4

• Les cartons de loto

À partir d'une situation de jeu du loto, les élèves découvrent qu'on peut utiliser la numération décimale comme repère de rangement des nombres dans la vie réelle et pas seulement dans le tableau des nombres. **Il est possible de proposer cette séance avec de vrais cartons de loto** si l'école en possède : les élèves pourront observer plus facilement les cartons et les comparer entre eux.

Si les élèves ne connaissent pas ce jeu, il peut être intéressant de les faire jouer au loto « pour de vrai » après ces observations. Ils pourront ainsi mettre en œuvre leurs compréhensions.

Semaine 4 Espace et géométrie

DURÉE

30 minutes

MATÉRIEL

- **Collectif :** des emballages cartonnés, des ciseaux
- Diaporama Maths en vie_geometrie_3

• Le tri des emballages cartonnés

Au cours de cette séance, on amène les élèves à comprendre le passage du solide vers la forme plane. Grâce à la manipulation, les élèves vont **associer les formes planes à des choses sans épaisseur, que l'on ne peut pas prendre en main mais que l'on peut observer**.

Dans le cadre d'une activité liée à l'Éducation au développement durable (EDD) et qui fait partie de l'univers quotidien des élèves, on récupère les emballages à recycler de la classe ou de la maison, puis on les transforme pour qu'ils puissent rentrer dans la poubelle de recyclage.

En manipulant, les élèves vont **transformer des solides en formes planes.**

▶ PÉRIODE 5

Semaine 1 Nombres entiers

DURÉE

30 minutes

MATÉRIEL

- Diaporama Maths en vie_nombres_5

• L'art du décor

Dans cette séance, les élèves apprennent à repérer les suites organisées autour d'eux. Appelés algorithmes à la maternelle, ces successions organisées ou thèmes répétés font partie de l'environnement proche des élèves depuis qu'ils sont petits (les comptines en sont un bon exemple). Ici c'est l'occasion de se rendre compte que ces suites organisent de nombreux éléments dans le réel, par exemple dans la nature. À partir de photographies, les élèves décrivent et repèrent les suites puis ils sont invités à les représenter de manière plus abstraite avec leurs crayons de couleur.

L'enseignant.e peut prévoir une balade mathématique pour partir à la chasse aux algorithmes. Inclure les familles dans cette recherche peut être enrichissant.

Semaine 4 Grandeurs et Mesures

DURÉE

30 minutes

MATÉRIEL

- Diaporama Maths en vie_GM_2

• Le temps d'une BD

Les élèves vont se questionner sur une situation de la vie quotidienne où interviennent les grandeurs liées au temps : l'horaire et la durée. Si la durée n'est pas au programme du CP, on attend tout de même des élèves qu'ils « ressentent » cette différence. On y aborde également la lecture de l'heure et le repérage dans la journée.

À partir d'une planche de bande dessinée, on identifie les informations qui permettent de se repérer dans le temps. Les élèves sont ensuite amenés à réfléchir à un problème associant horaire et durée. On n'attend pas des élèves qu'ils résolvent ce problème (qui n'est pas du ressort du CP), mais qu'ils exploitent les informations présentes sur les vignettes et notamment qu'ils anticipent l'apprentissage de la lecture de l'heure sur une horloge à aiguilles ou qu'ils s'appuient sur un horaire qui se situerait dans l'après-midi.

NOMBRES ENTIERS

module

Utiliser les nombres connus

MISSIONS

Sur votre espace numérique

Retrouvez sur l'espace numérique **tous les diaporamas** et les **ressources complémentaires** : matériel, leçons et évaluations modifiables, etc.

Objectifs d'apprentissage

- Connaître la suite écrite et orale des nombres.
- Connaître et utiliser diverses représentations d'un nombre et passer de l'une à l'autre.
- Construire des collections de cardinal donné.
- Comparer et dénombrer des collections en les organisant.
- Connaître la valeur des chiffres en fonction de leur position (unités, dizaines).
- Comparer des nombres entiers en utilisant les symboles < et >.
- Ordonner des nombres dans l'ordre croissant ou décroissant.
- Savoir placer des nombres sur une demi-droite graduée de un en un.

Lexique

- **Comptage** : action de dénombrer une collection en énonçant un à un les éléments qui la composent.
- **Énumération :** compétence qui permet de s'organiser en ne pointant qu'une seule fois chaque élément. Les élèves l'ont travaillée en maternelle et poursuivent ce travail en réalisant des paquets de 10 objets.
- **Dénombrement :** fait de déterminer le nombre d'éléments d'un ensemble en les organisant. Le dénombrement est donc différent du comptage.
- **Comparaison :** relation d'ordre entre deux collections, basée sur le dénombrement de leur cardinal. Par extension, relation d'ordre quantitative entre deux nombres.
- **Nombre :** au cycle 2, désignation du cardinal d'une collection d'objets, de représentation d'objets ou de symboles. Cette désignation peut être orale, symbolique ou chiffrée.
- **Chiffre :** élément graphique permettant une représentation des nombres. Notre système utilise 10 chiffres (0, 1, 2, 3, 4, 5, 6, 7, 8, 9) permettant d'écrire l'ensemble des nombres entiers.
- **Bande numérique :** représentation de la suite des nombres, sous forme de cases accolées, commençant généralement par 1, et dans laquelle l'ensemble des nombres entiers sont indiqués.

- **Droite graduée :** représentation de la suite des nombres, sous forme de demi-droite dont l'origine est 0 et sur laquelle on a choisi une unité de longueur reportée régulièrement.
- **Unité de numération :** désignation d'éléments fondamentaux permettant de décomposer un nombre et de structurer son écriture. « Unité » et « dizaine » sont des unités de numération de la numération décimale.

Apports didactiques

- Le **nommage des nombres** est fondamental pour faciliter le passage à l'écrit. Il doit être réalisé le plus souvent possible en ce début d'année et dans des configurations différentes :
  - nommage du dernier nombre obtenu lors d'un dénombrement ;
  - nommage des nombres à partir de leur écriture chiffrée ;
  - nommage des suites de nombres, « en avançant » ou « en reculant », à partir d'un nombre de départ (*cf.* rituels).
- **Maitriser les différentes représentations des nombres jusqu'à 10** (dés, mains, cartes à points, écriture chiffrée) est essentiel pour construire la numération. Les élèves doivent pouvoir passer d'une représentation à une autre.
- Maitriser les **compositions/recompositions** des nombres inférieurs à 10 est indispensable à la compréhension des liens entre les nombres pour aborder le calcul. C'est pourquoi les représentations telles que les mains, les constellations du dé ou les cartes à points, sont fortement utilisées.
- La **comparaison des collections** est vue dans ce module comme une comparaison terme à terme ou visuelle pour des petites quantités (la manipulation des dizaines et des unités sera étudiée à partir du module 3 avec la comparaison par unité de numération).
- La **notion d'échange** de **10 unités contre 1 dizaine** est fondamentale dans la compréhension de la numération décimale. Elle est associée à la maitrise des termes **« unité »** et **« dizaine »** et à la représentation en **base 10**. Les élèves continuent de construire une tour de 10 cubes assez longtemps pour ancrer l'image de 10 unités/1 dizaine.

Difficultés rencontrées par les élèves

1 Maitriser les différentes représentations des nombres de 0 à 10 : les élèves doivent automatiser la reconnaissance des différentes représentations (missions 1a et 2).

2 Maitriser la comptine orale. La comptine doit être fixée. Elle est entrainée lors des rituels.

3 Utiliser les termes de comparaison : *plus que / moins que / autant / de plus / de moins* (mission 3). Cette compétence issue de la maternelle est abordée en résolution de problèmes dès la période 1.

4 Maitriser l'écriture chiffrée de 0 à 9 en respectant le sens d'écriture.

MISSION 1 Construire des collections jusqu'à 10

MATÉRIEL

- **Mission 1a, par binôme :** 11 barquettes contenant de 0 à 10 objets, les cartes de 0 à 10 des représentations avec doigts, dés et écriture chiffrée (matériel détachable)
- **Mission 1b, par binôme :** 1 barquette contenant 10 objets, les cartes de 0 à 10 (matériel détachable)
- **Collectif :** diaporamas M1a et M1b

TEMPS 1	**MISSION 1a** ▶ Diaporama	30 min	En collectif
TEMPS 2	**MISSION 1b** ▶ Diaporama	20 min	En collectif
	Pratique guidée ▶ Fichier p. 6	10 min	En collectif
TEMPS 3	**Pratique autonome** ▶ Fichier p. 7	15 min	En individuel
	Boite d'autonomie	15 min	

PRINCIPE DES MISSIONS

Dans la **mission 1a**, les élèves **verbalisent les différentes façons de dénombrer une collection inférieure à 10**. C'est aussi le moment de revoir les représentations des petits nombres vues en maternelle.

Dans la **mission 1b**, les élèves **dénombrent pour constituer une collection jusqu'à 10**. Cette compétence sera nécessaire à la constitution de la dizaine et à l'avancée dans la numération.

Ces premières missions permettent également d'entrer progressivement dans le fonctionnement des temps d'apprentissages de la méthode. Elles incitent les élèves à passer de la manipulation à une représentation plus abstraite de la quantité.

TEMPS 1

MISSIONS 1a Dénombrer et représenter des collections jusqu'à 10 (30 min)

- Cette mission est la première de la numération. Elle repose sur des compétences acquises en maternelle. Par binôme, les élèves dénombrent les collections des différentes barquettes et annoncent combien d'objets elles contiennent. L'enseignant·e observe les procédures des élèves et identifie les stratégies de chacun.
- Puis, l'enseignant·e met en exergue trois stratégies de dénombrement des petites quantités : la reconnaissance globale, le dénombrement par accumulation et la composition de plusieurs quantités. Les élèves doivent pouvoir savoir quelle stratégie ils ont utilisé.
- Dans un 2e temps, les élèves doivent associer aux quantités de chaque barquette différentes représentations : constellation de dés, représentation des mains ou écriture chiffrée.
- Enfin, les élèves s'entrainent à reconnaitre des représentations en utilisant la barquette de 10 objets : un élève choisit une représentation et son camarade doit constituer la collection correspondante. Cette activité est reprise lors des rituels pour être automatisée.

BILAN ET MINIQUIZ

TEMPS 2

MISSIONS 1b Construire des collections jusqu'à 10 (20 min)

- Par binôme, les élèves doivent atteindre le nombre demandé à partir de collections déjà constituées, selon deux procédures : soit en complétant la collection, soit en discriminant le bon nombre d'objets. Cette activité permet aux élèves de se rendre compte que réaliser une collection revient à retenir le dernier nombre énoncé dans le comptage. Contrairement à la mission 1a, les quantités demandées sont exclusivement en écriture chiffrée, dans le but de stabiliser la reconnaissance de cette écriture.

BILAN ET MINIQUIZ

PRATIQUE GUIDÉE ▶ fichier p. 6 (10 min)

▶ **Ex. 1 :** Cet exercice reprend des situations à compléter pour obtenir une quantité donnée. Les élèves peuvent avoir encore besoin de manipuler pour vérifier avant de passer à l'écrit.

▶ **Ex. 2 :** On aborde ici l'identification de la quantité totale. L'enseignant·e peut aider les élèves à s'organiser pour entourer le bon nombre d'objets lorsqu'il s'agit de plus grandes quantités (comme 6 ou 8).

TEMPS 3

PRATIQUE AUTONOME ▶ fichier p. 7 (15 min)

▶ **Ex. 5 :** L'exercice comporte plusieurs consignes : colorier une collection d'un objet déterminé et d'une couleur associée.

Pour différencier

Fichier à photocopier : fiches * et **, *Construire des collections jusqu'à 10*

BOITE D'AUTONOMIE ▶ Activités au choix de l'enseignant·e (voir la programmation p. 27) (15 min)

MISSION 2 Décomposer, recomposer les nombres jusqu'à 10

MATÉRIEL

- **Mission 2a, par binôme :** 10 objets (cubes, petites pièces de Lego, etc.)
- **Mission 2b, par élève :** 10 jetons, 1 gobelet et une ardoise
- **Mission 2c, par binôme :** 10 cubes et les cartes à points organisées en double (matériel détachable)
- **Collectif :** diaporamas M2a, M2b et M2c

TEMPS 1	MISSION 2a ▶ Diaporama	30 min	En collectif
TEMPS 2	MISSION 2b ▶ Diaporama	20 min	En collectif
	Pratique guidée ▶ Fichier p. 8	10 min	En collectif
TEMPS 3	Pratique autonome ▶ Fichier p. 9	15 min	En individuel
	Boite d'autonomie	15 min	
TEMPS 4	MISSION 2c ▶ Diaporama	30 min	En collectif

PRINCIPE DES MISSIONS

Dans ces missions, les élèves **décomposent des nombres** afin de comprendre les **relations arithmétiques** entre eux. Cette notion est d'abord vue en **numération** avant d'être abordée en **calcul**.

Dans la **mission 2a**, les élèves manipulent pour **comprendre le concept de décomposition** d'un nombre en autant de termes qu'ils souhaitent. Ils comprennent que l'ordre ne compte pas (commutativité).

La **mission 2b** aborde la **décomposition des nombres 6, 7, 8, 9 et 10 en deux termes**. Le référent constitué sera un support pour le calcul.

Dans la **mission 2c**, les élèves **décomposent en deux parties égales** et approchent la notion de nombres **pairs** et **impairs**, par l'introduction des cartes à points organisées en double.

TEMPS 1

MISSIONS 2a Décomposer, recomposer les nombres jusqu'à 10 (1) 30 min

- Cette mission a pour objectif de **montrer aux élèves qu'un nombre peut se décomposer de plusieurs façons**. L'enseignant·e n'impose pas de décompositions en deux parties. Toutes les décompositions ne seront pas forcément abordées, seules les propositions des élèves seront vérifiées. En effet, il s'agit d'entrainer les élèves à manipuler pour qu'ils puissent ensuite réaliser cette opération mentalement. Lors de la vérification, on abordera le fait que l'ordre des termes n'importe pas.

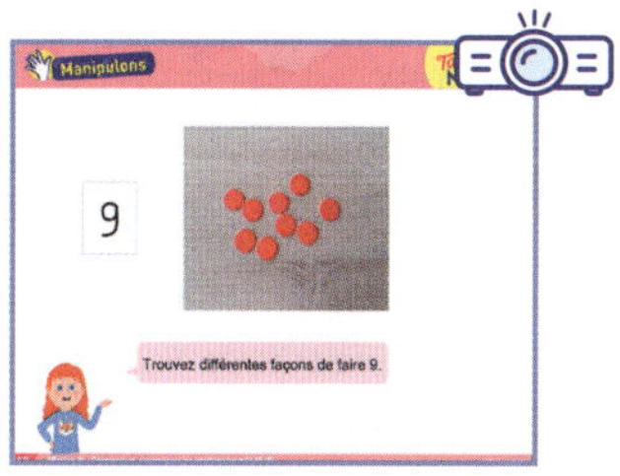

BILAN ET MINIQUIZ

TEMPS 2

MISSIONS 2b Décomposer, recomposer les nombres jusqu'à 10 (2) 20 min

- Cette mission propose le **jeu du gobelet** : l'objectif est de découvrir le nombre de jetons cachés sous le gobelet, à partir du nombre cible et du nombre de jetons visibles. Les élèves ont manipulé les décompositions jusqu'à 10 en maternelle. L'enseignant·e crée un référent sous forme d'affiche pour mémoriser les décompositions de 6 à 10.

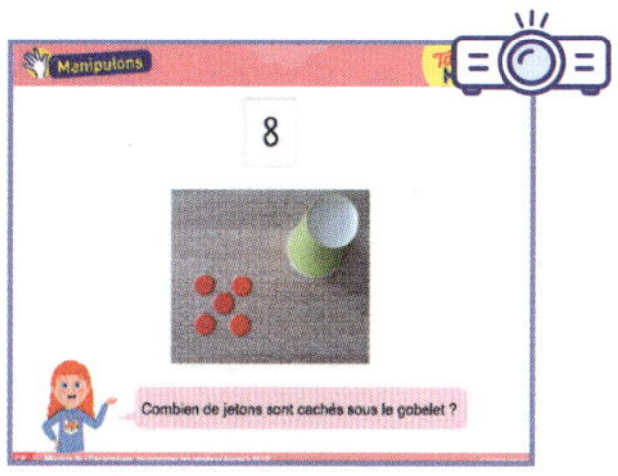

Point de vigilance

Il ne nous est pas paru nécessaire de reprendre les décompositions de 3, 4 et 5 qui sont acquises de la maternelle, mais elles peuvent être ajoutées si nécessaire.

- Chaque binôme travaille d'abord sur la décomposition de 8 : les élèves cherchent la quantité cachée sous le gobelet pour former 8 (avec 5 jetons visibles, puis 2, puis 4, etc.).
- Les élèves doivent ensuite trouver toutes les décompositions en deux parties des quantités 6, 7, 9 ou 10. Ces manipulations permettent de créer des images mentales qui serviront à reconstruire ces décompositions avant que les élèves ne les automatisent. C'est la raison pour laquelle, même si le référent est présent, il est important de laisser les élèves qui en on besoin continuer à manipuler encore un temps.

En pratique

Les élèves peuvent travailler plusieurs nombres à décomposer si le temps le permet.

BILAN ET MINIQUIZ

PRATIQUE GUIDÉE ▸ fichier p. 8 10 min

▸ **Ex. 1 :** Cet exercice reprend la composition de nombres. 4 n'a pas été décomposé lors de la mission mais a été abordé en maternelle.

▸ **Ex. 2 :** Cet exercice est plus abstrait dans sa représentation en constellations.

▸ **Ex. 3 :** La décomposition de 5 n'a pas été vue lors de la mission. Les élèves doivent comprendre qu'ils doivent entourer deux nombres l'un à côté de l'autre.

TEMPS 3

PRATIQUE AUTONOME ▶ **fichier** p. 9 — 15 min

- **Ex. 4 :** Le principal obstacle rencontré peut être la représentation des jetons et des gobelets sans manipulation. Cet obstacle a été rencontré auparavant lors du miniquiz et de l'exercice 1 où les élèves ont été amenés à effectuer cette tâche sous le contrôle de l'enseignant·e.
- **Ex. 5 :** Les élèves peuvent également entourer deux nombres l'un au-dessus de l'autre.

BOITE D'AUTONOMIE ▶ Activités au choix de l'enseignant·e (voir la programmation p. 27) — 15 min

TEMPS 4

MISSIONS 2c **Décomposer des collections inférieures à 10 en deux parties égales**

- Cette mission est la troisième qui aborde les décompositions des petits nombres. Les élèves décomposent un nombre en deux parties égales en construisant des tours de cubes de même hauteur. L'enseignant·e peut introduire le terme de « nombre pair » en le définissant comme « un nombre qui se partage en deux parties égales », puis de « nombre impair » comme « un nombre qui ne se partage pas en deux parties égales ».
- L'enseignant·e introduit les cartes à points en double comme représentation des décompositions. Ces cartes seront ensuite utilisées en calcul.

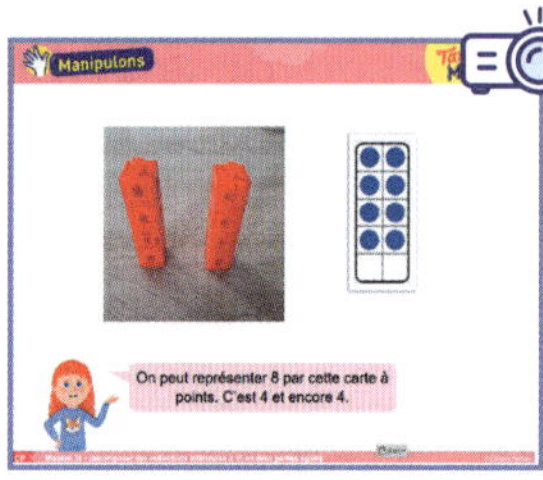

BILAN ET MINIQUIZ

Trace écrite Leçon 1 : *Représenter les nombres jusqu'à 10*

Pour différencier
Fichier à photocopier : fiches * et **, *Décomposer, recomposer les nombres jusqu'à 10*

MISSION 3 Comparer des collections

MATÉRIEL
- **Par groupe de 4 :** 2 boites contenant respectivement 30 cubes emboitables rouges et 30 cubes emboitables bleus (ou deux autres couleurs)
- **Collectif :** diaporama M3

TEMPS 1	**MISSION 3** ▶ Diaporama	20 min	En collectif
	Pratique guidée ▶ Fichier p. 10	10 min	En collectif
TEMPS 2	**Pratique autonome** ▶ Fichier p. 11	15 min	En individuel
	Boite d'autonomie	15 min	

PRINCIPE DE LA MISSION

Dans cette mission, les élèves manipulent des quantités élevées de cubes, l'objectif étant de **comparer des quantités sans les dénombrer**. Différentes stratégies de comparaison sont abordées. Cette mission est aussi l'occasion de fixer le vocabulaire nécessaire à la comparaison : « plus que », « moins que », « autant que », « de plus », « de moins ». L'enseignant·e amène les élèves à utiliser précisément ce lexique en veillant à multiplier les formulations.
Cette situation peut être vécue en EPS en amont de l'activité de numération pour faire du lien avec la mission comme proposé en début de diaporama. Vivre la situation permettra de donner du sens aux apprentissages mathématiques.

TEMPS 1

MISSION 3 Comparer des collections 20 min

- Cette mission débute par la reprise d'une situation vécue en EPS si elle a été réalisée avant : la classe, répartie en deux groupes, doit rapporter le maximum d'objets dans une caisse ; les quantités sont ensuite comparées. Si la situation n'a pas été réalisée, les élèves peuvent décrire les photos présentées.
- Par groupe de 4 élèves, l'enseignant·e propose de comparer sans dénombrer plusieurs collections de cubes. Il·elle veille à faire verbaliser les différentes stratégies. Si les quantités sont très différentes, la comparaison visuelle suffit.
  Si les quantités sont proches :
  – on compare terme à terme en regroupant les cubes par 2 ;
  – on compare la taille des 2 tours.
- L'enseignant·e permet aux élèves de commenter les comparaisons en utilisant un vocabulaire précis et en formulant de toutes les manières possibles : *Il y a 2 cubes bleus de plus que de cubes rouges. Il y a 2 cubes rouges de moins que de cubes bleus.*

BILAN ET MINIQUIZ

PRATIQUE GUIDÉE ▸ fichier p. 10 10 min

▸ **Ex. 1 :** Les élèves comparent des collections. Le troisième item peut être plus compliqué puisque les objets ne sont pas de même taille. L'enseignant·e peut conseiller aux élèves de relier les objets deux par deux comme ils ont pu le vivre lors de la manipulation.

▸ **Ex. 2 :** L'enseignant·e peut également conseiller aux élèves de relier les objets deux à deux. Cette fois, les élèves entourent la plus petite collection.

▸ **Ex. 3 :** Les quantités sont visuellement comparables. L'enseignant·e veille à la compréhension du terme « autant » par les élèves.

TEMPS 2

PRATIQUE AUTONOME ▸ fichier p. 11 15 min

▸ **Ex. 4 :** Les élèves doivent entourer la plus **petite** collection, contrairement à l'exercice 1.

▸ **Ex. 5 :** Les élèves doivent entourer la plus **grande** collection, contrairement à l'exercice 2.

BOITE D'AUTONOMIE ▸ Activités au choix de l'enseignant·e (voir la programmation p. 27) 15 min

MISSION 4 Ordonner les nombres jusqu'à 10

MATÉRIEL

- **Par binôme :** les cartes « écriture chiffrée » de 0 à 10 (matériel détachable)
- **Collectif :** une fiche *Cartons de 0 à 10*, de la pâte à fixer ou des aimants, diaporamas M4

TEMPS 1	MISSION 4 ▶ Diaporama	20 min	En collectif
	Pratique guidée ▶ Fichier p. 12	10 min	En collectif
TEMPS 2	Pratique autonome ▶ Fichier p. 13	15 min	En individuel
	Boite d'autonomie	15 min	

PRINCIPE DE LA MISSION

Dans un 1er temps, les élèves **construisent la bande numérique en s'orientant les uns par rapport aux autres**. Le passage par le corps dans l'espace permet d'appréhender la position relative des nombres entre eux. Les élèves se positionnent de manière absolue (ils sont dans la situation).

Dans un 2e temps, les élèves manipulent les cartes « écriture chiffrée » par le **jeu de la réussite**. Ils codent le déplacement des nombres de manière relative et passent du réel au plan. Cette compétence sera nécessaire au calcul ensuite (lorsque les élèves auront à « avancer » ou « reculer » sur la demi-droite graduée pour additionner ou soustraire). On peut rapprocher ces apprentissages de ceux réalisés en géométrie (décrire des déplacements en utilisant différents types de repères).

Les élèves **travaillent avec la bande numérique**. Une ligne sous la bande a été ajoutée dans le but d'introduire ensuite la demi-droite graduée. Les élèves doivent comprendre que des nombres peuvent s'écrire entre chaque nombre entier. Cette compétence sera nécessaire à la compréhension des fractions et nombres décimaux plus tard.

TEMPS 1

MISSION 4 Ordonner les nombres jusqu'à 10 (20 min)

- La mission se vit en collectif avec un groupe d'élève qui construit la bande numérique et un groupe qui valide l'activité des élèves debout. La situation ne devrait pas poser de difficulté particulière. L'enseignant·e fait verbaliser et justifier par les élèves la position relative de chaque nombre : *Je sais que le 7 est à droite de 6 parce que 7 est plus grand que 6. Je sais que 5 est placé 2 cases après 3 parce qu'après 3, c'est 4 puis 5.*
- L'enseignant·e aborde l'origine de la bande (d'où part la bande) et le sens de la bande (le sens de l'ordre croissant).
- Les élèves s'entrainent ensuite avec le jeu de la réussite pour stabiliser la suite écrite et se décentrer. Ce jeu peut être utilisé à d'autres moments.

BILAN ET MINIQUIZ

PRATIQUE GUIDÉE ▶ fichier p. 12 (10 min)

- ▶ **Ex. 1 :** Les élèves doivent barrer seulement les erreurs. L'enseignant·e peut aussi demander aux élèves de corriger.
- ▶ **Ex. 3 :** Les élèves complètent seulement les cases blanches.
- ▶ **Ex. 4 :** Les élèves complètent les cases uniquement avec les nombres proposés.

TEMPS 2

PRATIQUE AUTONOME ▶ fichier p. 13 — 15 min

▶ **Ex. 6 :** Les bandes numériques sont orientées de différentes façons. Les élèves doivent être vigilants à l'origine et au sens de chaque bande.

BOITE D'AUTONOMIE ▶ Activités au choix de l'enseignant·e (voir la programmation p. 27) — 15 min

Pour différencier Fiches * et **, *Ordonner les nombres jusqu'à 10*

MISSION 5 Grouper par 10 pour comparer des collections

MATÉRIEL

- **Mission 5a, par groupe de 4 ou 5 :** une boite de 42 cubes emboitables et une boite de 61 cubes emboitables, 1 feuille A4
- **Mission 5b, par binôme :** une fiche *Groupements par 10*
- **Collectif :** diaporama **M5a** et **M5b**

TEMPS 1	MISSION 5a ▶ Diaporama	30 min	En collectif
TEMPS 2	MISSION 5b ▶ Diaporama	20 min	En collectif
	Pratique guidée ▶ Fichier p. 14	10 min	En collectif
TEMPS 3	Pratique autonome ▶ Fichier p. 15	15 min	En individuel
	Boite d'autonomie	15 min	

PRINCIPE DES MISSIONS

Dans ces missions, les élèves **découvrent le groupement par 10 et nomment la dizaine**.
Dans **la mission 5a**, ils **manipulent une collection d'objets déplaçables** et prennent conscience qu'il est plus efficace de dénombrer une grande collection en opérant des paquets de 10.
Dans la **mission 5b**, ils apprennent à réaliser des dizaines à partir de collections fixes.
C'est par le besoin de comparer deux collections que les situations sont introduites pour chaque diaporama.
Les élèves utilisent pour la première fois les termes « dizaine » et « unité ». L'enseignant·e veillera à associer ces termes à la quantité pendant plusieurs séances afin de garder le sens de ces mots.
À aucun moment les élèves n'ont besoin de nommer les quantités pour comparer les collections.

TEMPS 1

MISSION 5a Comparer des collections déplaçables en réalisant des groupements par 10 — 30 min

- Par groupe de 4, les élèves vont devoir comparer des grandes quantités sans les dénombrer. Cette fois, les quantités sont plus importantes et les stratégies vues en dans la mission 3 ne sont plus efficaces. L'enseignant·e oriente donc les élèves vers le groupement par 10.
- Les élèves manipulent les cubes pour rassembler 10 cubes en tour, puis dessinent leur collection organisée en tours et cubes seuls. L'enseignant·e fera vérifier que les manipulations correspondent bien aux représentations.

- L'enseignant·e propose enfin de comparer les tours de 10 cubes des deux collections pour déterminer l'enfant (et les groupes) qui a le plus de cubes.
- Une deuxième situation est proposée aux élèves. L'enseignant·e vérifie si la stratégie de groupement par 10 est bien comprise par les élèves.

BILAN ET MINIQUIZ

TEMPS 2

MISSION 5b Grouper par 10 pour comparer des collections 30 min

- Comme pour la mission 5a, cette mission propose de **comparer deux grandes collections**, mais cette fois-ci **sans pouvoir déplacer les cubes** (quantités représentées). L'enseignant·e laisse les binômes effectuer des groupements par 10 sur leur fiche, puis reprend une méthodologie pour mieux s'organiser dans la tâche : **barrer 10 cubes proches puis les entourer**. Les élèves peuvent ensuite comparer les collections.
- Une deuxième situation est proposée pour entrainer les élèves au groupement par 10 et à la comparaison.
- L'enseignant·e aborde les termes « dizaine » et « unité » lors de la troisième situation. La dizaine est assimilée au « paquet de 10 » ou de « la tour de 10 cubes » et l'unité aux objets seuls.

BILAN ET MINIQUIZ

PRATIQUE GUIDÉE ▶ fichier p. 14 10 min

▶ **Ex. 1 :** l'enseignant·e fait verbaliser les comparaisons pour fixer le sens.

▶ **Ex. 2 :** les élèves doivent barrer les pièces proches pour ensuite entourer les paquets de 10.

TEMPS 3

PRATIQUE AUTONOME ▶ fichier p. 15 15 min

▶ **Ex. 3 :** Le principal obstacle rencontré peut être la prise en compte de deux cerises par dessin dans l'item 3. Il faut donc entourer 5 dessins de 2 cerises pour réaliser un paquet de 10.

BOITE D'AUTONOMIE ▶ Activités au choix de l'enseignant·e (voir la programmation p. 27) 15 min

Pour différencier Fiches * et **, *Grouper par 10 pour comparer des collections*

MISSION 6 Dénombrer en utilisant le groupement par 10

MATÉRIEL

- **Par groupe de 4/5 élèves :** 53 cubes emboitables, le matériel de base 10 (matériel détachable ou vrai matériel)
- **Collectif :** diaporama M6

TEMPS 1	MISSION 6 ▶ Diaporama	20 min	En collectif
	Pratique guidée ▶ Fichier p. 16	10 min	En collectif
TEMPS 2	Pratique autonome ▶ Fichier p. 17	15 min	En individuel
	Boite d'autonomie	15 min	

PRINCIPE DE LA MISSION

Dans cette mission, les élèves **découvrent le matériel base 10 comme représentation des dizaines et unités**. Le matériel remplace petit à petit les tours et les cubes seuls. Les élèves nomment indifféremment les nombres, en commençant par les dizaines ou les unités, afin de relier ces mots à la quantité de cubes et de leur donner du sens.
Certaines situations nécessitent d'échanger 10 unités contre 1 dizaine.
La maitrise du lexique et de la représentation en base 10 enrichit la compréhension de la numération décimale : 10 objets / 10 unités/ 1 dizaine.

TEMPS 1

MISSION 6 Dénombrer en utilisant le groupement par 10 (20 min)

- Les élèves commencent par **manipuler une collection de cubes**. Ils réalisent des tours de 10 cubes et annoncent le nombre de dizaines et d'unités présentes. L'enseignant·e présente le matériel de base 10 et remplace progressivement chaque tour de 10 cubes par une barre rouge de 10 unités et les cubes seuls par les cubes-unités bleus.
- Les élèves manipulent le matériel de base 10 pour faire le lien avec la dénomination d'une quantité en dizaines et unités.
- La deuxième situation est l'occasion d'aborder la constitution d'une nouvelle dizaine à partir de 10 unités. C'est la règle de l'échange.

Point de vigilance

Le matériel doit être introduit progressivement pour que les élèves assimilent la correspondance d'une tour de 10 cubes avec la barre-dizaine. La dénomination doit toujours être accompagnée de la correspondance avec 10 cubes pour éviter les confusions ultérieures entre les unités et les dizaines.

BILAN ET MINIQUIZ

PRATIQUE GUIDÉE ▶ fichier p. 16 (10 min)

- ▶ **Ex. 1 :** on passe des tours de cubes au matériel base 10.
- ▶ **Ex. 2 :** l'obstacle rencontré peut être dans la confusion des mots « dizaine » et « unité » pour le premier item et dans l'inversion des représentations : dizaine à droite pour le deuxième item.

TEMPS 2

PRATIQUE AUTONOME ▶ fichier p. 17 15 min

▶ **Ex. 5 :** il peut y avoir confusion dans l'inversion des 4 dizaines et 3 unités et 4 unités et 5 dizaines.

BOITE D'AUTONOMIE ▶ Activités au choix de l'enseignant·e (voir la programmation p. 27) 15 min

Pour évaluer Évaluation *Nombres 1*

Trace écrite Leçon 2 : *Grouper par 10*

Pour différencier Fiches * et **, *Dénombrer en utilisant le groupement par 10*

NOMBRES ENTIERS

module

Connaitre les nombres jusqu'à 59

MISSIONS

Sur votre espace numérique

Retrouvez sur l'espace numérique **tous les diaporamas** et les **ressources complémentaires** : matériel, leçons et évaluations modifiables, etc.

Objectifs d'apprentissage

- Connaître la valeur des chiffres en fonction de leur position (unités, dizaines).
- Connaître la suite écrite et la suite orale des nombres.
- Connaître et utiliser diverses représentations d'un nombre et passer de l'une à l'autre.
- Comparer les nombres jusqu'à 59 en utilisant les symboles <, >.
- Ordonner les nombres dans l'ordre croissant ou décroissant.
- Connaître et utiliser les nombres ordinaux.
- Repérer un rang ou une position dans une file orientée ou dans une liste d'objets ou de personnes.
- Faire le lien entre le rang d'un objet dans une liste et le nombre d'éléments qui le précèdent.

Lexique

- **Aspect décimal** : le système de numération est construit selon les unités de numération que sont les unités, dizaines, centaines.
- **Aspect positionnel** : selon sa position dans le nombre, chaque chiffre désigne une unité de numération.
- **Numération orale** : désigne le nom des nombres.
- **Numération écrite chiffrée** : elle utilise les chiffres de 0 à 9 et se structure sur un système positionnel de base 10.
- **Nombre ordinal** : il exprime un rang, un classement ou une position.
- **Numéro** : il est composé de chiffres et ne désigne pas une quantité. Parfois, il peut désigner un ordre pour constituer un repère (ex. : numéro de rue).
- **Petite comptine** : comptine que l'on entend lorsqu'on récite les neuf premiers nombres.
- **Grande comptine** : comptine que l'on entend lorsqu'on récite les dix-neuf premiers nombres. Elle se retrouve de 1 à 19, de 61 à 79 et de 81 à 99.

Apports didactiques

- **Les élèves travaillent avec des quantités allant jusqu'à 59** dans ce module. L'utilisation des **groupements par 10** devient une habitude pour représenter les nombres plus grands et éviter le dénombrement de 1 en 1. On représente de différentes manières les nombres en utilisant le matériel pour passer progressivement de cette représentation à l'écriture plus abstraite des nombres.
Par ailleurs, **on consolide l'écriture des nombres** en s'appuyant sur l'observation de la numération écrite et les différentes représentations des nombres : cartes-nombres, base 10, cartes à points, écriture additive. La **correspondance orale de la grande comptine avec l'écriture chiffrée** de ses nombres (notamment de 11 à 16) est également consolidée. Enfin, les élèves sont amenés à observer la **régularité écrite et orale de la comptine** jusqu'à 59.
- À ce stade, **la comparaison des nombres** s'effectue avec la bande numérique. Ainsi, les élèves ordonnent les nombres avec le même outil.
- **La connaissance des nombres ordinaux** pour exprimer un ordre, un rang, un classement est réalisée en appui sur des repères spatiaux et temporels. On observe l'irrégularité orale des deux premiers mots (« premier » et « deuxième ») et la dénomination par rapport au nombre d'objets placés devant le repère.

Difficultés rencontrées par les élèves

1 Certains élèves vont avoir besoin de **temps pour associer les nombres de 11 à 16 à leur désignation orale** (mission 7). Ils maitrisent la comptine orale de la maternelle mais ne peuvent plus s'appuyer sur cet acquis en raison de l'irrégularité de ces nombres. L'apprentissage de la grande comptine sera nécessaire pour les nombres de 60 à 99.

2 Les élèves doivent **comprendre la valeur positionnelle des chiffres**. Le groupement par 10 permet l'écriture chiffrée des nombres. La position de chaque chiffre a donc son importance (mission 8).

3 Difficulté à **désigner les dizaines entières 40 et 50** car non vues en maternelle (mission 8).

4 Risque de **confusion entre les signes < et >** (missions 9 et 10).

5 Difficulté à trouver les mots « premier » et « deuxième » par rapport au nom des autres nombres ordinaux.

MISSION 7 Représenter les nombres jusqu'à 19

MATÉRIEL

- **Mission 7a, par élève :** une fiche *Morceaux de bande numérique*
- **Mission 7b, par élève :** 17 cubes, les cartes à points et les cartes-nombres (matériel détachable), une ardoise
- **Collectif :** diaporamas M7a et M7b

TEMPS 1	MISSION 7a ▶ Diaporama	30 min	En collectif
TEMPS 2	MISSION 7b ▶ Diaporama	20 min	En collectif
	Pratique guidée ▶ Fichier p. 18	10 min	En collectif
TEMPS 3	Pratique autonome ▶ Fichier p. 19	15 min	En individuel
	Boite d'autonomie	15 min	

PRINCIPE DES MISSIONS

Dans la **mission 7a**, les élèves vont **observer la régularité écrite des nombres** : le chiffre des unités augmente régulièrement jusqu'à 9, puis à chaque nouvelle dizaine, reprend de 0 à 9. Ils construisent les unités de numération et relient cette régularité à la notion de dizaine et d'unité vue auparavant. Même si on nomme les nombres, **l'attention est portée à l'écriture des nombres en chiffres** (la numération orale des nombres jusqu'à 19 est entrainée lors des rituels).

Dans la **mission 7b**, les élèves vont s'appuyer sur cette régularité pour **décomposer et représenter de différentes façons les nombres jusqu'à 19**. Ils utilisent les **cartes à points**, les **cartes-nombres** et décomposent le nombre sous la forme additive.

TEMPS 1

MISSION 7a Repérer la régularité écrite des nombres (30 min)

- Les élèves découpent les morceaux de bande de leur fiche. Ils doivent ensuite remettre les morceaux dans l'ordre de la suite numérique. Les élèves s'appuient sur leurs connaissances de l'écriture chiffrée de 0 à 10 acquises à la maternelle. L'enseignant·e demande de justifier le choix des morceaux de bandes et fait remarquer l'itération de l'unité. La bande numérique est construite jusqu'à 29 pour pouvoir observer assez longtemps l'augmentation des unités jusqu'au changement de dizaine.
- L'enseignant·e demande ensuite de colorier le chiffre des unités en bleu et le chiffre des dizaines en rouge. Cela permet :
  - de verbaliser qu'à chaque dizaine, on ajoute les unités toujours dans le même ordre ;
  - d'associer l'écriture du nombre au matériel base 10 (vu en mission 6) ;
  - de préparer l'introduction des cartes-nombres (7b).
- L'activité s'achève avec l'écriture du nombre après 29 pour vérifier leur compréhension du système écrit. On attend qu'ils justifient : *C'est 30 parce que lorsqu'on arrive à 29, on passe à la dizaine supérieure, donc 3 dizaines et on reprend à 0 unité.*

BILAN ET MINIQUIZ

TEMPS 2

MISSION 7b Représenter les nombres jusqu'à 19 30 min

- Les élèves utilisent les compétences acquises aux missions 6 et 7a pour construire les nombres jusqu'à 19. Un nouveau matériel de représentation est introduit : les cartes-nombres. Les cartes à points, les cartes-nombres, la décomposition additive et la dénomination en dizaine et unités permet de représenter de différentes manières un même nombre. Cette activité sera régulièrement reprise dans les missions suivantes au fur et à mesure de la construction de la numération.

- À partir de 17 cubes, les élèves doivent former une tour de 10 cubes comme ils l'ont appris précédemment pour aider à une visualisation rapide de la quantité : *17, c'est une tour de 10 cubes et 7 cubes.*
  Les élèves choisissent ensuite la représentation en cartes à points qui correspond aux cubes.
- L'enseignant·e fait ensuite retourner la carte à points pleine pour indiquer 10 et verbalise : *17, c'est 10 et 7*. Grâce à cette mise en mots, l'enseignant·e peut maintenant écrire la décomposition « 10 + 7 ».
- Enfin, les élèves choisissent les cartes-nombres qui correspondent aux cubes, aux cartes à points et à la décomposition additive. L'enseignant·e montre la manipulation des cartes-nombres pour reconstituer le nombre 17. Il place la carte 7 au-dessus de la carte 10. La carte 7 cache donc le chiffre 0 du 10.
- Le travail est repris avec le nombre 13. Après un temps de manipulation, l'enseignant·e met en commun les différentes représentations vues et fait verbaliser en utilisant les mots « dizaine » et « unité ».

BILAN ET MINIQUIZ

PRATIQUE GUIDÉE ▸ fichier p. 18 10 min

▸ **Ex. 1 :** On travaille, dans cet exercice, la manipulation des cartes-nombres. Les élèves peuvent utiliser les cartes-nombres de leur matériel avant de passer à l'écrit pour chaque item. L'enseignant·e veille à expliquer le sens des flèches.

▸ **Ex. 2 :** L'enseignant·e lit les items pour les élèves qui associent à la représentation en cartes-nombres. Les items 2 et 6 ont été écrits dans un sens non habituel pour ne pas enfermer les élèves dans une seule dénomination.

TEMPS 3

PRATIQUE AUTONOME ▸ fichier p. 19 15 min

▸ **Ex. 3 :** Le principal obstacle peut être la multiplicité des représentations. Les élèves peuvent manipuler le matériel avant d'écrire sur le fichier.

▸ **Ex. 4 :** Une représentation de chaque type doit être associée au nombre.

BOITE D'AUTONOMIE ▸ Activités au choix de l'enseignant·e (voir la programmation p. 27) 15 min

Pour différencier

Fichier à photocopier : fiches * et **, *Représenter les nombres jusqu'à 19*

MISSION 8 Représenter les nombres jusqu'à 59

MATÉRIEL

- **Mission 8a, par binômes :** 30 cubes, la bande numérique jusqu'à 59 et les carte mots-nombres (matériel détachable)
- **Mission 8b, pour 3 élèves :** les cartes à points, les cartes-nombres, le matériel de base 10 et la bande numérique jusqu'à 59 (matériel détachable)
- **Collectif :** diaporamas M8a et M8b

TEMPS 1	MISSION 8a ▸ Diaporama	30 min	En collectif
TEMPS 2	MISSION 8b ▸ Diaporama	20 min	En collectif
	Pratique guidée ▸ Fichier p. 20	10 min	En collectif
TEMPS 3	Pratique autonome ▸ Fichier p. 21	15 min	En individuel
	Boite d'autonomie	15 min	

PRINCIPE DES MISSIONS

Dans la **mission 8a**, les élèves vont observer et identifier la **régularité orale de la numération de 20 à 59**. Ils devront mémoriser le nom des familles de nombres (vingt, trente, quarante, cinquante).

Puis, dans la **mission 8b**, les élèves vont **décomposer les nombres jusqu'à 59** en utilisant les représentations vues précédemment et en associant le nom du nombre à sa représentation.

Grâce au travail réalisé à la mission 8a, ils pourront **s'appuyer sur la numération orale pour comprendre que la notion de « dizaine » est centrale pour décomposer une quantité**.

Par exemple : *J'entends « vingt » dans 28 donc je sais qu'il y a 2 dizaines* (soit 2 cartes à points 10 ou la carte 20 du matériel du fichier ou 2 barres-dizaines). *Et j'entends « huit » dans 28 donc je sais qu'il y a 8 unités* (soit 1 carte à points incomplète de 8 points ou la carte 8 du matériel du fichier ou 8 cubes-unités).

TEMPS 1

MISSION 8a Connaitre la suite des nombres jusqu'à 59 (30 min)

- Cette mission est la première où l'on aborde la **régularité orale de la numération**, les élèves ayant déjà pu repérer la régularité écrite des nombres (mission 7a). Elle est centrée sur l'observation de cette régularité à partir de la construction de collections et de la comparaison avec la numération écrite sur le support de la bande numérique.
- Les élèves manipulent une tour de 10 cubes et de 9 cubes seuls (*C'est dix-neuf*), puis deux tours de 10 cubes (*C'est vingt*). Enfin, on augmente les cubes de 1 en 1 en nommant les nombres. On introduit ainsi le mot « vingt » qui se répètera jusqu'à 29.
- En continuant à manipuler, les élèves construisent une nouvelle dizaine et un nouveau mot-nombre apparait : d'abord « trente », puis « quarante », puis « cinquante ». Ce temps de manipulation peut paraitre long, mais c'est l'occasion de faire prendre conscience aux élèves de la régularité orale qui libèrera leur mémoire de travail et leur permettra d'automatiser le nom des nombres de 20 à 59.
- La construction des nombres de 30 à 59 peut être faite de manière plus rapide. Selon la compréhension des élèves, on peut construire la dizaine de 30 à 39 en une seule fois en montrant que la comptine utilise le mot « trente » jusqu'à « trente-neuf ». Pour les élèves le plus en difficulté, il est conseillé de prendre le temps de construire de 1 en 1 en manipulant les barres de dizaines et les cubes-unités.

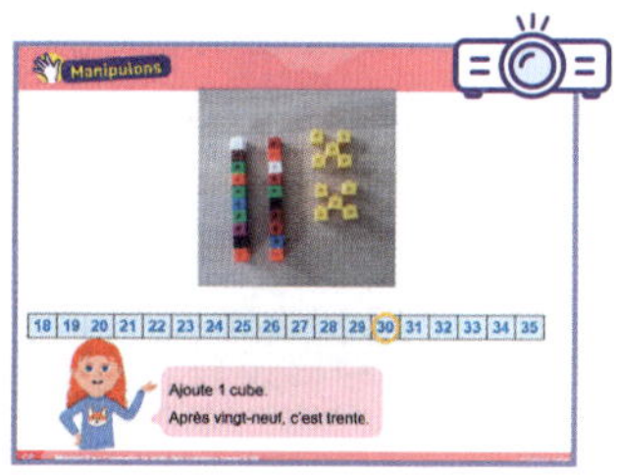

- À la fin de l'activité, l'enseignant·e met l'accent sur les mots-nombres « vingt », « trente », « quarante » et « cinquante » qu'il est nécessaire de maitriser pour construire les nombres des « petites comptines » de 20 à 59.

BILAN ET MINIQUIZ

TEMPS 2

MISSION 8b Représenter les nombres jusqu'à 59 (30 min)

- Cette mission commence par un rappel de la mission 8a (numération orale) et des compétences construites sur la représentation des décompositions.
- L'activité consiste à préparer du matériel pour aider une classe à créer un mandala géant.
  L'enseignant·e annonce oralement une quantité d'objets (28 noisettes) : chaque groupe de trois élèves doit représenter cette quantité avec le matériel de son choix (cartes à points, matériel de base 10, cartes-nombres). Les élèves peuvent aussi s'aider de leur bande numérique.
  L'enseignant·e circule entre les groupes pour étayer ou faire verbaliser les élèves afin de vérifier leur compréhension de la représentation.
- L'activité est répétée avec les nombres 32, 46 et 54. Les décompositions de chaque quantité sont verbalisées après que les élèves ont travaillé ensemble.

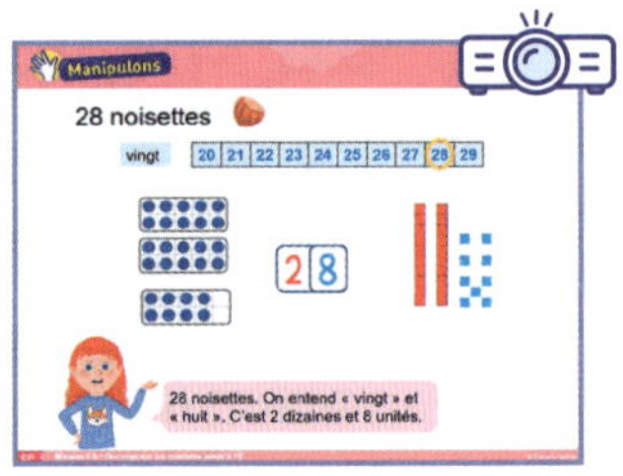

BILAN ET MINIQUIZ

PRATIQUE GUIDÉE ▸ fichier p. 20 (10 min)

▸ **Ex. 1 :** Les élèves travaillent sur la décomposition en dizaines et en unités puis sur la représentation avec les cartes-nombres à partir de photos d'objets réels. On peut les laisser utiliser le matériel détachable et les faire verbaliser : *Je vois 2 boites de 10 œufs et 5 œufs seuls, c'est 2 dizaines et 5 unités donc je place la carte 5 sur la carte 20.*

▸ **Ex. 2 :** On passe à une représentation plus abstraite : à partir des cartes-nombres, les élèves décomposent les nombres avec les cartes à points et dessinent les points. Dans un premier temps, ils peuvent utiliser les cartes à points de leur matériel pour décomposer avant de dessiner les points.

TEMPS 3

PRATIQUE AUTONOME ▸ fichier p. 21 (15 min)

▸ **Ex. 3 :** Les élèves peuvent utiliser les cartes-nombres de leur matériel pour mettre en correspondance le nombre de carte à points pleines (dizaines) et la carte incomplète (unités).

▸ **Ex. 4 :** Le principal obstacle rencontré peut être l'inversion des dizaines et des unités au deuxième item ou la procédure de recomptage de 1 en 1. Comme précédemment, les élèves peuvent utiliser le matériel pour manipuler avant de passer à l'écrit.

▸ **Ex. 5 :** Les cartes-nombres ont été choisies pour prendre en compte les confusions possibles entre chiffre des dizaines/chiffre des unités et nombre de dizaines/nombre d'unités.

Pour différencier

Fichier à photocopier : fiches * et **, *Représenter les nombres jusqu'à 59*

BOITE D'AUTONOMIE ▸ Activités au choix de l'enseignant·e (voir la programmation p. 27) (15 min)

Trace écrite Leçon 3 : ***Représenter les nombres jusqu'à 59***

MISSION 9 Comparer les nombres jusqu'à 59

MATÉRIEL

- **Par élève :** une bande numérique (matériel détachable), quelques jetons
- **Collectif :** une fiche *Cartes de jeu de 0 à 99* (répartir les cartes de 0 à 59 entre les élèves), diaporama M9

TEMPS 1	MISSION 9 ▶ Diaporama	20 min	En collectif
	Pratique guidée ▶ Fichier p. 22	10 min	En collectif
TEMPS 2	Pratique autonome ▶ Fichier p. 23	15 min	En individuel
	Boite d'autonomie	15 min	

En pratique

Les cartes de jeu seront utilisées pour plusieurs missions.
Vous pouvez en imprimer un exemplaire pour toute l'année et le plastifier.

PRINCIPE DE LA MISSION

En période 1, les élèves ont abordé la comparaison terme à terme de paquets de 10 et d'objets seuls. Cette fois, les élèves **comparent des nombres grâce à la référence ordinale** : ils s'appuient sur la **bande numérique**. Les signes < et > sont introduits, accompagnés de la verbalisation « plus petit que » et « plus grand que ».

TEMPS 1

MISSION 9 Comparer les nombres jusqu'à 59 (20 min)

- La mission commence par le jeu « Gagne ton maitre ou ta maitresse » : un nombre est affiché sur le diaporama. Les élèves vont devoir retourner la première carte de leur tas et lever le doigt si la carte est plus grande que celle affichée. Ils viennent la placer et comparer au tableau en justifiant. Pour cela, ils identifient la position de leur nombre sur la bande numérique présente sur le diaporama. L'enseignant·e veille à expliquer les flèches : celle qui indique le nombre de l'enseignant·e et la flèche tournée vers la droite qui montre les nombres plus grands. Ils gagnent un jeton si leur carte est plus grande que celle de l'enseignant·e.
- Après avoir positionné les nombres à comparer, l'enseignant·e présente le signe < en l'associant à la verbalisation « est plus petit que ». L'inverse est systématiquement réalisé et mis en mots avec le signe > « est plus grand que ».

Point de vigilance

Les élèves doivent repérer les positions des nombres à comparer sur leur bande numérique.
Ils peuvent les repérer en positionnant des jetons, si nécessaire.

BILAN ET MINIQUIZ

PRATIQUE GUIDÉE ▶ fichier p. 22 (10 min)

- **Ex. 1 :** On identifie le nombre plus grand en entourant. Les élèves utilisent leur bande numérique pour positionner les nombres à comparer.
- **Ex. 2 :** Cette fois, les élèves doivent entourer le plus petit nombre et s'écarter du principe du jeu.
- **Ex. 3 :** Cet exercice est plus abstrait et demande aux élèves de maitriser le codage < et >. L'enseignant·e fait verbaliser la relation entre les deux nombres pour aider au choix du signe.

TEMPS 2

PRATIQUE AUTONOME ▶ **fichier** p. 23 15 min

▶ **Ex. 6 :** Les élèves doivent comparer les masses de différents animaux pour identifier le moins lourd et le plus lourd. Ils connaissent l'unité kilogramme par leur expérience personnelle (ex. : *Je pèse 21 kg.*).

Pour différencier

Fichier à photocopier : fiches * et **, *Comparer les nombres jusqu'à 59*

BOITE D'AUTONOMIE ▶ Activités au choix de l'enseignant·e (voir la programmation p. 27) 15 min

MISSION 10 Ordonner les nombres jusqu'à 59

MATÉRIEL

- **Par élève :** bande numérique (matériel détachable)
- **Collectif :** une fiche *Cartes de jeu de 0 à 9* (répartir les cartes jusqu'à 59 en excluant les nombres 17, 24, 31, 38, 45), diaporama M10

TEMPS 1	MISSION 10 ▶ Diaporama	20 min	En collectif
	Pratique guidée ▶ Fichier p. 24	10 min	En collectif
TEMPS 2	Pratique autonome ▶ Fichier p. 25	15 min	En individuel
	Boite d'autonomie	15 min	

PRINCIPE DE LA MISSION

Cette mission favorise une **structuration spatiale de la numération** car elle permet aux élèves de se construire une **image mentale de la place des nombres les uns par rapport aux autres**. Jusqu'à présent, les élèves ont travaillé en manipulant la bande numérique. La représentation des élèves concernant la suite des nombres évolue dans cette mission car on demande aux élèves d'insérer des nombres entre ceux déjà indiqués sur la demi-droite graduée. Les élèves doivent ordonner des nombres en les comparant deux à deux et les placer sur la demi-droite graduée. Enfin, ils écrivent la suite des nombres dans l'ordre croissant et décroissant et utilisent les signes < et > abordés en mission 9.

TEMPS 1

MISSION 10 **Ordonner les nombres jusqu'à 59** 20 min

- La mission commence par la présentation de la demi-droite graduée. L'enseignant·e fait décrire cette nouvelle représentation de la suite des nombres. Cette demi-droite est orientée par une flèche et possède une origine que les élèves placent : 0. Ils repèrent qu'un espace est visible entre les nombres placés : d'autres nombres peuvent être ajoutés.
- Les binômes reçoivent deux ou trois cartes sur lesquelles sont inscrits les nombres de 0 à 59 et viennent placer leurs cartes au fur et à mesure de la construction de la demi-droite.
- L'enseignant·e veille à la verbalisation des justifications des élèves : *Le nombre… est plus petit que…, il est donc placé à gauche de…*, etc.

Point de vigilance

Les élèves peuvent utiliser la bande numérique pour vérifier et justifier, mais pas pour répondre : la suite des nombres doit être de plus en plus mentalisée.

- Lorsque les élèves auront placé leur carte, l'enseignant·e fait écrire la suite des nombres dans l'ordre croissant en utilisant le codage <, puis dans l'ordre décroissant en utilisant le codage >.

BILAN ET MINIQUIZ

PRATIQUE GUIDÉE ▸ fichier p. 24 — 10 min

▸ **Ex. 1 :** Le positionnement précis entre les nombres n'est pas attendu, mais il importe de placer 42 plus près de 40 et 48 plus près de 50. L'enseignant·e fait observer les nombres proposés avant de faire relier. La construction de la demi-droite graduée permet ensuite la comparaison des nombres.

▸ **Ex. 2 :** L'enseignant·e aide à la lecture des phrases. Les élèves peuvent utiliser leur bande numérique et placer leurs doigts sur les nombres à comparer pour vérifier leur réponse.

▸ **Ex. 3 :** Cet exercice est plus abstrait et demande aux élèves de maitriser le codage < et >.

TEMPS 2

PRATIQUE AUTONOME ▸ fichier p. 25 — 15 min

▸ **Ex. 5 :** Les élèves doivent identifier le nombre le plus grand comme départ du chemin à tracer.

▸ **Ex. 6 :** Les élèves doivent ordonner des longueurs de différents arbres. Ils connaissent l'unité mètre écrit m par leur expérience personnelle (ex. : *Je mesure 1 m 10*).

BOITE D'AUTONOMIE ▸ Activités au choix de l'enseignant·e (voir la programmation p. 27) — 15 min

Pour différencier

Fiches * et **, *Ordonner les nombres jusqu'à 59*

Trace écrite

Leçon 4 : *Comparer les nombres jusqu'à 59*

MISSION 11 Connaitre et utiliser les nombres ordinaux

MATÉRIEL

▸ **Collectif :** une fiche *Cartes des nombres ordinaux*, diaporama **M11**

TEMPS 1	MISSION 11 ▸ Diaporama	20 min	En collectif
	Pratique guidée ▸ Fichier p. 26	10 min	En collectif
TEMPS 2	Pratique autonome ▸ Fichier p. 27	15 min	En individuel
	Boite d'autonomie	15 min	

PRINCIPE DE LA **MISSION**

Cette mission aborde **l'aspect ordinal de la numération**. Les élèves ont appris à comparer, puis à ordonner les nombres. Ils vont utiliser ces compétences pour comprendre les nombres ordinaux.

Pour **définir la position d'un objet**, il est nécessaire de **donner un repère dans l'espace ou dans le temps**. Le repérage et l'acquisition des notions de position *(devant, derrière, dessous, dessus, entre, avant, après, gauche, droite)* peuvent passer par des situations concrètes à faire vivre avec le corps en motricité (à partir de mimes et de schémas de positions relatives d'objets les uns par rapport aux autres). Le repérage dans le temps d'une position nécessite de décrire la position à un instant précis et de comprendre que, la situation étant dynamique, la position peut changer.

TEMPS 1

MISSION 11 Connaitre et utiliser les nombres ordinaux — 20 min

- Cette mission aborde **les notions d'espace.** Douze élèves ont chacun une carte sur laquelle est inscrit un nombre ordinal. Ils doivent se placer dans le bon ordre, devant la diapositive qui représente l'entrée de la cantine. Il s'agit d'une situation facilement compréhensible pour les élèves de CP. Ils connaissent les premiers nombres ordinaux par les jeux dans la vie courante. Les élèves vont d'abord repérer l'irrégularité des deux premiers mots : « premier » et « deuxième » puis l'écriture des mots : on ajoute le « ^{e} » ou le « ^{er} » à chaque nombre pour indiquer sa position. La manipulation des cartes permet de fixer l'écriture des nombres ordinaux.
- Le second apprentissage de cette mission est de **repérer que le nombre d'objets situés avant la position dépend de la position de l'objet** : *Si la perle rouge est la 4e, je sais qu'il y a 3 perles avant.*

  L'enseignant·e est attentif à relier ces deux apprentissages (position de l'objet et nombre d'objets qui précèdent) par la verbalisation à chaque exercice.

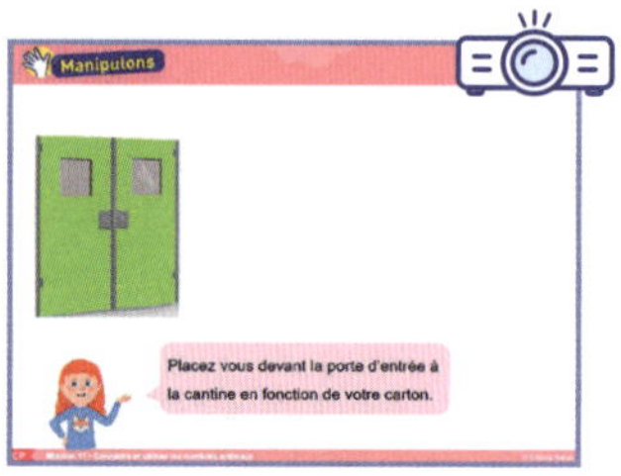

En pratique

Les situations vécues et interrogées à chaque moment de la vie de la classe pourra permettre d'ancrer ces apprentissages.

BILAN ET MINIQUIZ

PRATIQUE GUIDÉE ▶ fichier p. 26 — 10 min

- ▶ **Ex. 1 :** Le sens des élèves est différent de celui de la mission.
- ▶ **Ex. 2 :** Les élèves peuvent poser un jeton au-dessus de chaque animal nommé pour ensuite déterminer la position de celui-ci.
- ▶ **Ex. 3 :** Il faut identifier l'origine et le sens de la file de gobelets.

TEMPS 2

PRATIQUE AUTONOME ▶ fichier p. 27 — 15 min

- ▶ **Ex. 4 :** Le nœud et l'étiquette permettent de déterminer le sens de la suite de perles.
- ▶ **Ex. 5 :** Les élèves doivent « lire » le codage sous l'exercice pour comprendre la place du premier personnage.
- ▶ **Ex. 6 :** Les élèves ne doivent pas prendre en compte la case départ mais bien commencer à la lettre « a » comme première case.

BOITE D'AUTONOMIE ▶ Activités au choix de l'enseignant·e (voir la programmation p. 27) — 15 min

Pour différencier

Fiches * et **, *Connaitre et utiliser les nombres ordinaux*

MISSION 12 Maitriser les nombres jusqu'à 59

MATÉRIEL

- **Par binôme :** 15 jetons, le matériel de manipulation (cartes à points, représentations des nombres, matériel de base 10, cartes-nombres)
- **Collectif :** une fiche *Cartes question*, un dé ou une application d'un lancer de dé en ligne, diaporama M12

TEMPS 1	MISSION 12 ▶ Diaporama	20 min	En collectif
	Pratique guidée ▶ Fichier p. 28	10 min	En collectif
TEMPS 2	Pratique autonome ▶ Fichier p. 29	15 min	En individuel
	Boite d'autonomie	15 min	

PRINCIPE DE LA MISSION

Cette mission permet de **rebrasser les notions vues en numération**. Les élèves doivent maitriser ces apprentissages pour pouvoir avancer dans la numération. La mission se compose d'un **jeu de l'oie** dans lequel les élèves devront répondre aux questions en binômes. La discussion des binômes doit être source de discussion et donc de justification. Selon le type de question, l'enseignant·e fait utiliser le matériel adéquat.

TEMPS 1

MISSION 12 Maitriser les nombres jusqu'à 59 (20 min)

- Dans cette mission, les élèves participent à un jeu de l'oie collectif : celui-ci doit donner lieu à des discussions entre élèves pour justifier leur réponse. Ces discussions permettent à l'enseignant·e de vérifier la compréhension des concepts par les élèves.
- Un élève, l'enseignant·e ou l'application lance le dé pour faire avancer le pion de la classe. L'enseignant·e ou un.e élève pioche une carte de la même couleur que la case du dé. Une couleur détermine une compétence de numération. L'enseignant·e peut donc préciser à chaque compétence en jeu le matériel ou la procédure efficiente. Par exemple : *Pour comparer deux grandes collections, je fais des paquets de 10.*
- Par binôme, les élèves doivent discuter de la réponse à donner et la présenter à la classe. Si certains élèves ne sont pas d'accord, la classe doit discuter et justifier afin de trouver la solution. En cas de réponse erronée, le binôme garde ses jetons ; si la réponse est juste, le binôme donne un jeton à l'enseignant·e. Le but du jeu est d'arriver en ayant donné tous ses jetons.
- L'enseignant·e laisse les élèves s'exprimer pour observer les verbalisations des différentes procédures. Ce moment lui permet d'observer et d'évaluer le niveau de compréhension des différentes notions.

En pratique

Ce jeu coopératif peut être repris en petits groupes pour cibler des élèves en particulier ou en autonomie.

PRATIQUE GUIDÉE ▶ fichier p. 28 (10 min)

- ▶ **Ex. 1 :** L'enseignant·e peut préciser la compétence travaillée ici (la comparaison de 2 nombres) et le matériel utilisé pour vérifier (la bande numérique).
- ▶ **Ex. 3 :** l'enseignant·e doit lire les devinettes et étayer le raisonnement des élèves.

TEMPS 2

PRATIQUE AUTONOME ▶ **fichier** p. 29 20 min

BOITE D'AUTONOMIE ▶ Activités au choix de l'enseignant·e (voir la programmation p. 27) 15 min

Pour évaluer Évaluation *Nombres 2*

NOMBRES ENTIERS

module

Connaitre les nombres jusqu'à 100 (1)

MISSIONS

Sur votre espace numérique

Retrouvez sur l'espace numérique **tous les diaporamas** et les **ressources complémentaires** : matériel, leçons et évaluations modifiables, etc.

Objectifs d'apprentissage

- Connaitre la valeur des chiffres en fonction de leur position (unités, dizaines).
- Comparer et dénombrer des collections en les organisant.
- Connaître et utiliser diverses représentations d'un nombre et passer de l'une à l'autre.
- Connaître la suite écrite et la suite orale des nombres jusqu'à 79.
- Comparer et intercaler des nombres entiers jusqu'à 79 en utilisant les symboles < et >.

Lexique

- **Encadrer** : c'est indiquer un nombre plus petit et un nombre plus grand que le nombre donné. On cherche généralement un encadrement précis (à l'unité au CP).
- **Tableau des nombres** : outil de représentation des nombres permettant de visualiser le système décimal de la numération.
- **Les autres mots du lexique reprennent ceux du module 2** : aspect décimal, aspect positionnel, numération orale, numération écrite chiffrée, petite comptine et grande comptine.

Apports didactiques

- En ce qui concerne la numération de position, les élèves travaillent avec des **nombres allant jusqu'à 100** sans pour autant qu'on leur demande de la nommer. Ils représentent régulièrement les nombres, utilisent différents matériels (base 10, cartes-nombres) et s'habituent à écrire les nombres en chiffres.
- Les élèves **poursuivent leurs connaissances des nombres jusqu'à 79**. Ils s'appuient sur :
  - la **numération orale** et constatent que le mot « soixante » se répète. Par analogie, ils se rendent compte qu'ils peuvent s'appuyer sur la grande comptine.
  - la **numération écrite et la régularité du système décimal** et constatent qu'il y a 6 dizaines de 60 à 69 et 7 dizaines de 70 à 79.
- Le **nommage des nombres** est fondamental pour faciliter le passage à l'écrit. Il doit être réalisé le plus souvent possible dans des configurations différentes :
  - **nommage du dernier nombre obtenu** lors d'un dénombrement ;
  - le **nommage** à partir de **l'écriture chiffrée ou en lettres** ;
  - **nommage dans le cadre de suites de nombres**, « en avançant » ou « en reculant », à partir d'un nombre de départ.
- Le tableau des nombres est un nouvel outil utilisé pour consolider le système décimal de la numération. Il sera ensuite utilisé en calcul.
- La **comparaison des nombres** se réalise par l'utilisation de la bande numérique (nombres jusqu'à 19) et la comparaison du nombre de quantités de dizaines et d'unités (nombres jusqu'à 100).

Difficultés rencontrées par les élèves

1 Certains élèves peuvent confondre et **inverser les notions de dizaine et unité** (missions 13 et 15). Cela peut être dû à un trop rapide passage à l'abstraction : les élèves « oublient » le concept de quantité.

2 Dans le cadre des missions 16 et 17, il peut y avoir des **confusions dans l'écriture des nombres de 60 à 79**. Par exemple : 64 et 74 sont confondus ou la retranscription phonétique est erronée (70 > 6010).

3 La **mémorisation de la suite orale** des nombres (mission 16) peut être difficile, en particulier la stabilisation du passage à la dizaine supérieure ou inférieure.

4 Les élèves peuvent rencontrer des **difficultés à décomposer les nombres de 60 à 79** sous forme additive de plusieurs façons. Par exemple : 72 = 70 + 2 ou 60 + 12 (mission 17).

MISSION 13 Écrire les nombres jusqu'à 100

MATÉRIEL

- **Par binôme :** une fiche *Quantités à dénombrer*, le matériel de base 10, les cartes-nombres (matériel détachable)
- **Collectif :** diaporama M13

TEMPS 1	MISSION 13 ▶ Diaporama	20 min	En collectif
	Pratique guidée ▶ Fichier p. 30	10 min	En collectif
TEMPS 2	Pratique autonome ▶ Fichier p. 31	15 min	En individuel
	Boite d'autonomie	15 min	

PRINCIPE DE LA MISSION

Dans cette mission, les élèves **écrivent et représentent les nombres jusqu'à 100**, en reprenant les apprentissages abordés précédemment. Ainsi, ils consolident les procédures de groupements par 10 tout en associant les représentations pour aboutir à l'écriture en chiffres de la quantité.
Il n'est pas nécessaire de nommer les nombres pour pouvoir travailler avec des quantités jusqu'à 100 et les représenter. L'objectif est ici de comprendre les liens entre les quantités et la numération écrite.

TEMPS 1

MISSION 13 Écrire les nombres jusqu'à 100 (20 min)

- Par binôme, les élèves ont une première collection à dénombrer, présente sur la fiche. La quantité de pions est bien visible : il est important que les élèves voient la quantité réelle à dénombrer afin de ne pas aller trop rapidement vers la représentation et dans le but de construire la notion de quantité. Celle-ci est désorganisée pour reprendre le principe de groupement par 10. Cette activité permet à l'enseignant·e de vérifier la procédure par étapes (barrer 10 pions, puis les entourer pour former un paquet de 10). Les termes « dizaine » et « unité » sont rappelés.
- Les élèves doivent également représenter la quantité avec la base 10 et les cartes-nombres.
- La deuxième collection est organisée en constellations. L'enseignant·e fait remarquer aux élèves que l'organisation en constellation est visuelle et permet de repérer rapidement les paquets de 10 étoiles. Les élèves doivent, cette fois, porter leur attention sur le nombre d'étoiles seules. Il reste 13 étoiles seules. Les élèves doivent annoncer un échange de 10 unités contre une dizaine. Si la proposition ne vient pas, ils ne pourront pas représenter les 13 unités en utilisant les cartes-nombres. L'enseignant·e peut laisser les élèves représenter et revenir sur la constitution d'une dizaine supplémentaire.

BILAN ET MINIQUIZ

PRATIQUE GUIDÉE ▶ fichier p. 30 (10 min)

▶ **Ex. 2 :** Dans le 1er item, les élèves doivent comprendre qu'un sachet contient 10 billes. Dans le 2e item, la représentation des œufs seuls est à gauche et les boites de 10, à droite.

TEMPS 2

PRATIQUE AUTONOME ▶ **fichier** p. 31 — 15 min

▶ **Ex. 3 :** Les élèves doivent comprendre qu'il y a deux représentations (sac de billes et base 10) à relier à chaque carte-nombre.

Pour différencier
Fichier à photocopier : fiches * et **, *Écrire les nombres jusqu'à 100*

BOITE D'AUTONOMIE ▶ Activités au choix de l'enseignant·e (voir la programmation p. 27) — 15 min

MISSION 14 Se repérer dans le tableau des nombres

MATÉRIEL
▶ **Collectif :** une fiche *Cartes pour compléter le tableau des nombres*, diaporama M14

TEMPS 1	MISSION 14 ▶ Diaporama	20 min	En collectif
	Pratique guidée ▶ Fichier p. 32	10 min	En collectif
TEMPS 2	Pratique autonome ▶ Fichier p. 33	15 min	En individuel
	Boite d'autonomie	15 min	

PRINCIPE DE LA MISSION

Les élèves vont **découvrir l'organisation des nombres jusqu'à 59 dans un tableau des nombres**. Cet outil **renforce la compréhension de la numération de position** et permet de **visualiser les nombres de manière globale.** Il permet également de comprendre **l'itération de l'unité** (lignes) et **le passage d'une famille à une autre** (colonnes) dans la numération décimale.
Ce tableau est abordé ici, du côté de la numération. Il sera utilisé ensuite en calcul pour automatiser les + 1, – 1 et + 10, – 10.

TEMPS 1

MISSION 14 Se repérer dans le tableau des nombres — 20 min

- Les élèves commencent par observer l'organisation des nombres sur une petite partie de tableau. L'objectif est qu'ils comprennent que les nombres sont rangés dans l'ordre croissant et que le retour à la ligne indique un changement de dizaine. Ils doivent ensuite justifier les nombres placés autour d'un nombre cible.
- Les élèves verbalisent le placement des nombres : *Dans la ligne, le nombre qui se trouve avant le nombre cible a une unité de moins, le nombre qui vient après a une unité de plus. Dans la colonne, le nombre placé au-dessus a une dizaine de moins, le nombre placé en-dessous a une dizaine en plus.*
  C'est par la verbalisation systématique du placement relatif des nombres que les élèves comprendront le fonctionnement du tableau.
- Les élèves complètent une ligne et une colonne pour conclure qu'on compte de 1 en 1 sur les lignes et de 10 en 10 sur les colonnes.

BILAN ET MINIQUIZ

PRATIQUE GUIDÉE ▶ **fichier** p. 32 — 10 min

▶ **Ex. 1 :** L'exercice est divisé en trois tâches : compléter le tableau, situer un nombre et compléter une description.

TEMPS 2

PRATIQUE AUTONOME ▶ **fichier** p. 33 — 15 min

▶ **Ex. 2 :** Les élèves situent les nombres par rapport aux nombres déjà placés. Ils ne doivent pas compléter le tableau en entier.

▶ **Ex. 3 :** Le tableau n'étant pas entier, les élèves peuvent s'aider du tableau des nombres présent à l'intérieur de la couverture.

BOITE D'AUTONOMIE ▶ Activités au choix de l'enseignant·e (voir la programmation p. 27) — 15 min

Pour différencier

Fichier à photocopier : fiches * et **,
Se repérer dans le tableau des nombres

MISSION 15 Comparer les nombres jusqu'à 100 (1)

MATÉRIEL

- **Par binôme :** une fiche *Quantités à comparer*, le matériel de base 10 et les cartes-nombres (matériel détachable)
- **Collectif :** diaporama M15

TEMPS 1	MISSION 15 ▶ Diaporama	20 min	En collectif
	Pratique guidée ▶ Fichier p. 34	10 min	En collectif
TEMPS 2	Pratique autonome ▶ Fichier p. 35	15 min	En individuel
	Boite d'autonomie	15 min	

PRINCIPE DE LA **MISSION**

Dans cette mission, les élèves **comparent les nombres jusqu'à 100 en s'appuyant sur la base 10**. Les élèves travaillent à partir de la représentation des nombres jusqu'à 100 grâce à la numération de position sur des quantités éloignées (la comparaison terme à terme de paquets n'est plus possible). Ils doivent d'abord communiquer la quantité en la représentant avant de comparer.

À cette période, les élèves comparent des quantités dont le nombre de dizaines est différent. Ils verront en période 4 une stratégie de comparaison en identifiant les dizaines et les unités.

TEMPS 1

MISSION 15 Comparer les nombres jusqu'à 100 (1) 20 min

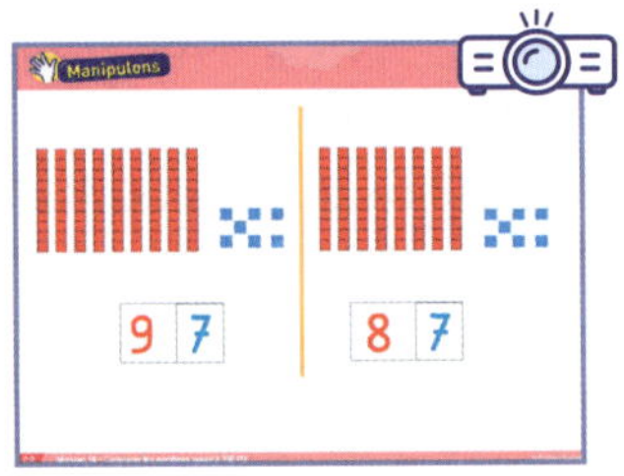

- Les élèves doivent comparer deux quantités de biscuits : des galettes et des gaufrettes.
  Les binômes doivent d'abord communiquer les quantités de galettes ou de gaufrettes. Ils réinvestissent les compétences acquises jusque-là en dénombrant les paquets de 10 et en les représentant avec le matériel base 10, puis l'écriture chiffrée.
- Les élèves comparent ensuite les nombres de dizaines représentées pour déterminer dans quelle boite il y a le plus de biscuits.
- D'autres situations de comparaisons, représentées par la base 10, sont proposées ensuite. L'enseignant·e peut ajouter d'autres nombres en fonction de la compréhension des élèves.

BILAN ET MINIQUIZ

PRATIQUE GUIDÉE ▸ fichier p. 34 10 min

▸ **Ex. 1 :** Les élèves doivent identifier que les objets sont organisés en colonnes de 10.

TEMPS 2

PRATIQUE AUTONOME ▸ fichier p. 35 15 min

▸ **Ex. 3 :** Le principal obstacle rencontré peut être l'utilisation des signes < et >.

▸ **Ex. 4 :** Cette fois les nombres ne sont pas représentés. Les élèves peuvent s'appuyer sur le matériel base 10 si besoin.

▸ **Ex. 5 :** Les élèves peuvent être déstabilisés par le fait d'imaginer un nombre qui correspond à la comparaison.

BOITE D'AUTONOMIE ▸ Activités au choix de l'enseignant·e (voir la programmation p. 27) 15 min

Pour différencier

Fichier à photocopier : fiches * et **,
Comparer les nombres jusqu'à 100 (1)

MISSION 16 Lire et écrire les nombres jusqu'à 79

MATÉRIEL

- **Mission 16 a, par élève :** la bande numérique (matériel détachable)
- **Mission 16b, par binôme :** une fiche *Étiquettes « soixante »*, les mots-nombres et la bande numérique (matériel détachable)
- **Collectif :** diaporamas M16a et M16b

TEMPS 1	**MISSION 16a** ▸ Diaporama	30 min	En collectif
TEMPS 2	**MISSION 16b** ▸ Diaporama	20 min	En collectif
	Pratique guidée ▸ Fichier p. 36	10 min	En collectif
TEMPS 3	**Pratique autonome** ▸ Fichier p. 37	15 min	En individuel
	Boite d'autonomie	15 min	

PRINCIPE DES MISSIONS

Dans la **mission 16a**, les élèves passent par **l'oralisation des nombres pour remarquer que les nombres de 60 à 79 se disent comme ceux de la grande comptine**. Une analogie est réalisée avec les nombres de 0 à 19. Jusqu'à présent, les élèves ont travaillé la régularité du système décimal et donc la reprise de la petite comptine.

Ensuite, la **mission 16b aborde l'écriture des nombres**. Cette fois, la régularité écrite du système décimal est observée avec 6 dizaines de 60 à 69 et 7 dizaines de 70 à 79. Les élèves s'appuient sur les noms des nombres et la répétition du mot « soixante » pour repérer que la famille des soixante fonctionne comme la grande comptine. C'est seulement dans un deuxième temps que les élèves écrivent les nombres. Cette construction de la numération permet aux élèves de comprendre la construction de la numération orale irrégulière.

TEMPS 1

MISSION 16a Nommer les nombres jusqu'à 79 (30 min)

- Cette mission commence par rappeler que les mots-nombres des familles de nombres servent à nommer les nombres et correspondent à chaque famille. Ainsi, on répète « vingt » de 20 à 29. Par le jeu du furet, les élèves observent que la famille des « soixante » est une famille plus longue et se dit comme les nombres de 0 à 19. C'est la première fois que l'enseignant·e parle de « grande comptine ».
- Jusque-là, les élèves étaient familiers de la numération de 0 à 19 sans avoir réalisé que cette comptine se reproduisait dans les familles des soixante et des quatre-vingt. Elle est visuellement différenciée par une bande turquoise sous les nombres.

BILAN ET MINIQUIZ

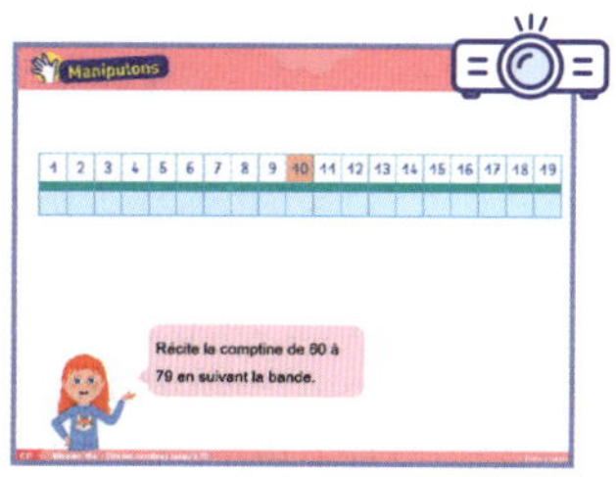

Point de vigilance

L'irrégularité orale et la régularité écrite des nombres de 60 à 79 est un apprentissage délicat pour les élèves de CP. C'est pourquoi, l'enseignant·e doit veiller à verbaliser ces apprentissages et porter une attention particulière à chaque fois que les élèves nomment ou écrivent ces nombres avant que cela soit automatisé.

TEMPS 2

MISSION 16b Lire et écrire les nombres jusqu'à 79 (20 min)

- Les élèves utilisent les étiquettes-mots pour reconstituer l'écriture en lettres des nombres de 60 à 79. Ils réinvestissent les apprentissages de la mission 16a.
- En plaçant les étiquettes sous la bande numérique, l'enseignant·e fait observer qu'à partir de 70, les nombres possèdent 7 dizaines. Il verbalise le fonctionnement identique de la grande comptine de 0 à 19.

BILAN ET MINIQUIZ

PRATIQUE GUIDÉE ▸ fichier p. 36 (10 min)

▸ **Ex. 1 :** Les élèves doivent utiliser deux fois l'étiquette « soixante ».

▸ **Ex. 2 :** Les nombres ont été choisis pour faire le lien entre les nombres à 6 dizaines et ceux à 7 dizaines (ex. : 75 et 65).

TEMPS 3

PRATIQUE AUTONOME ▸ fichier p. 37 (15 min)

▸ **Ex. 4 :** Tous les mots proposés ne doivent pas être utilisés.

BOITE D'AUTONOMIE ▸ Activités au choix de l'enseignant·e (voir la programmation p. 27) (15 min)

Pour différencier

Fichier à photocopier : fiches * et **, *Lire et écrire les nombres jusqu'à 79*

MISSION 17 Représenter les nombres jusqu'à 79

MATÉRIEL

- **Par élève :** le matériel de base 10, les cartes-nombres, la bande numérique (matériel détachable), une ardoise
- **Collectif :** diaporama M17

TEMPS 1	**MISSION 17** ▸ Diaporama	20 min	En collectif
	Pratique guidée ▸ Fichier p. 38	10 min	En collectif
TEMPS 2	**Pratique autonome** ▸ Fichier p. 39	15 min	En individuel
	Boite d'autonomie	15 min	

PRINCIPE DE LA MISSION

Les élèves ont maintenant l'habitude d'utiliser le matériel pour représenter les nombres. **Ils illustrent, par la manipulation, les connaissances vues lors de la mission 16 :** *de 60 à 69, on décompose les nombres avec 6 dizaines et de 70 à 79, on décompose les nombres avec 7 dizaines.*

Ces manipulations permettent à l'enseignant·e de verbaliser les liens entre les différentes représentations et les numérations orales et écrites de ces nombres : ainsi, on représente 74 objets comme 60 + 14 (appui sur la numération orale) et comme 70 + 4 (appui sur la numération écrite).

TEMPS 1

MISSION 17 Représenter les nombres jusqu'à 79 (20 min)

- À partir d'une situation concrète, les élèves représentent les nombres 67 et 74 avec le matériel de base 10, les cartes-nombres. Ils décomposent également ces nombres sous la forme additive. L'enseignant·e insiste sur cette décomposition qui peut se réaliser de deux façons pour les nombres de 70 à 79. En effet, on demande aux élèves de savoir écrire que 74 se décompose en 70 + 4 ou en 60 + 14. La première écriture fait le lien avec la numération écrite (7 dizaines et 4 unités) alors que la seconde écriture permet d'insister sur la numération orale : *On entend soixante-quatorze*. En outre, les décompositions se réalisent également par dizaines, c'est-à-dire 74 = 10 + 10 + 10 + 10 + 10 + 10 + 10 + 4 en appui sur la représentation en base 10.

BILAN ET MINIQUIZ

PRATIQUE GUIDÉE ▶ fichier p. 38 (10 min)

- **Ex. 1 :** Il n'y a pas d'obstacle majeur, les représentations sont partiellement complétées.
- **Ex. 2 :** La présentation en tableau demande à être accompagnée par l'enseignant·e dans sa lecture à partir de l'exemple.

TEMPS 2

PRATIQUE AUTONOME ▶ fichier p. 39 (15 min)

- **Ex. 3 :** Le principal obstacle rencontré peut être la confusion entre les dizaines et les unités.
- **Ex. 4 :** Le second item présente une décomposition additive qui peut perturber certains élèves (60 + 14).

BOITE D'AUTONOMIE ▶ Activités au choix de l'enseignant·e (voir la programmation p. 27) (15 min)

Pour différencier
Fichier à photocopier : fiches * et **, *Représenter les nombres jusqu'à 79*

Trace écrite
Leçon 5 : *Nommer, écrire et représenter les nombres jusqu'à 79*

MISSION 18 Encadrer et intercaler les nombres jusqu'à 79

MATÉRIEL
- **Par élève :** la bande numérique (matériel détachable)
- **Collectif :** une fiche *Cartes de jeu de 0 à 99* (répartir les nombres de 60 à 79 entre les élèves), diaporama M18

TEMPS 1	MISSION 18 ▶ Diaporama	20 min	En collectif
	Pratique guidée ▶ Fichier p. 40	10 min	En collectif
TEMPS 2	Pratique autonome ▶ Fichier p. 41	15 min	En individuel
	Boite d'autonomie	15 min	

PRINCIPE DE LA MISSION

Dans cette mission, **les élèves découvrent la notion d'encadrement à l'unité**. La situation permet de travailler particulièrement les nombres de 60 à 79 et de visualiser les positions relatives de chaque nombre. **Les élèves « vivent » l'encadrement** en se déplaçant, puis vérifient grâce à la demi-droite graduée. La verbalisation « est compris entre… et … » accompagne les signes mathématiques < et >.

TEMPS 1

MISSION 18 Encadrer et intercaler les nombres jusqu'à 79 (20 min)

- Les élèves ont déjà vécu cette situation lors de la mission 10 en comparant des nombres 2 à 2 pour former la demi-droite. Ici, les élèves encadrent un nombre cible en se plaçant de part et d'autre du nombre.
  L'enseignant·e fait justifier l'encadrement par les formules « c'est un de moins » et « c'est un de plus », puis présente l'écriture mathématique : <. La demi-droite est placée en vérification.
- Enfin, les élèves cherchent le nombre qui précède 67 puis le nombre qui le suit, ce qui aboutit à l'écriture de l'encadrement : 66 < 67 < 68. Le passage à l'écriture mathématique se réalise progressivement.

BILAN ET MINIQUIZ

PRATIQUE GUIDÉE ▸ fichier p. 40 (10 min)

▸ **Ex. 1 :** L'enseignant·e veille à ce que les élèves utilisent la verbalisation « est compris entre… et… ».

▸ **Ex. 4 :** Les élèves doivent intercaler des nombres qui n'encadrent pas systématiquement à l'unité.

TEMPS 2

PRATIQUE AUTONOME ▸ fichier p. 41 (15 min)

▸ **Ex. 5 :** Le principal obstacle rencontré peut être le passage de l'écriture sur la demi-droite graduée à la formulation mathématique.

▸ **Ex. 7 :** Les élèves doivent choisir un nombre possible à intercaler entre deux nombres.

BOITE D'AUTONOMIE ▸ Activités au choix de l'enseignant·e (voir la programmation p. 27) (15 min)

Pour différencier

Fichier à photocopier : fiches * et **,
Encadrer et intercaler les nombres jusqu'à 79

MISSION 19 Maitriser les nombres jusqu'à 79

MATÉRIEL

- **Par binôme :** 15 jetons, le matériel de manipulation usuel (cartes à points, représentations des nombres, matériel de base 10, cartes-nombres)
- **Collectif :** une fiche *Cartes question*, un dé ou l'application d'un lancer de dé en ligne, diaporama M19

TEMPS 1	MISSION 18 ▶ Diaporama	20 min	En collectif
	Pratique guidée ▶ Fichier p. 42	10 min	En collectif
TEMPS 2	Pratique autonome ▶ Fichier p. 43	15 min	En individuel
	Boite d'autonomie	15 min	

PRINCIPE DE LA MISSION

Cette mission permet de **retravailler les notions vues jusque-là en numération,** les élèves devant maitriser ces apprentissages pour pouvoir avancer dans la numération. Cette mission reprend le jeu de l'oie, déjà expérimenté en mission 12.

TEMPS 1

MISSION 19 Maitriser les nombres jusqu'à 79 (20 min)

Le déroulement de la mission est le même qu'en mission 12 (p. 115).

PRATIQUE GUIDÉE ▶ fichier p. 42 (10 min)

- **Ex. 1 :** L'enseignant·e peut préciser la compétence travaillée ici (la comparaison de 2 nombres) et le matériel utilisé pour vérifier (la bande numérique).
- **Ex. 2 :** l'enseignant·e doit lire les devinettes et étayer le raisonnement des élèves. Par exemple, pour la deuxième devinette : *Je sais que c'est 65 parce que le chiffre des unités est 5 et le nombre est compris entre 62 et 69 donc possède 6 dizaines. 65, c'est 6 dizaines et 5 unités.*

TEMPS 2

PRATIQUE AUTONOME ▶ fichier p. 43 (15 min)

- **Ex. 4 :** L'élève doit tracer un chemin d'une colonne à l'autre et ne choisir qu'un nombre par colonne.
- **Ex. 5 :** L'élève doit utiliser deux couleurs et ne pas entourer une représentation.

BOITE D'AUTONOMIE ▶ Activités au choix de l'enseignant·e (voir la programmation p. 27) (15 min)

Pour évaluer Évaluation *Nombres 3*

NOMBRES ENTIERS

module

Connaitre les nombres jusqu'à 100 (2)

MISSIONS

Sur votre espace numérique

Retrouvez sur l'espace numérique **tous les diaporamas** et les **ressources complémentaires** : matériel, leçons et évaluations modifiables, etc.

Objectifs d'apprentissage

- Connaître la valeur des chiffres en fonction de leur position (unités, dizaines).
- Comparer et dénombrer des collections en les organisant.
- Connaître et utiliser diverses représentations d'un nombre et passer de l'une à l'autre.
- Connaître la suite écrite et la suite orale des nombres.
- Comparer des nombres entiers en utilisant les symboles < et >.

Lexique

- **Les mots du lexique reprennent ceux des modules 2 et 3 :** encadrement, tableau des nombres, aspect décimal, aspect positionnel, numération orale, numération écrite chiffrée, petite comptine et grande comptine.

Apports didactiques

- Les élèves travaillent avec des nombres allant jusqu'à 100. Ils représentent régulièrement les nombres et utilisent différents matériels : base 10, cartes-nombres et s'habituent à écrire les nombres en chiffres.
- Les élèves consolident leurs connaissances des nombres jusqu'à 100. Ils s'appuient sur :
  - la **numération orale** pour constater que le mot « quatre-vingts » se répète. Par analogie, ils constatent qu'ils peuvent s'appuyer sur la grande comptine comme pour pour la famille « soixante ».
  - la **numération écrite et la régularité du système décimal** pour constater qu'il y a 8 dizaines pour les nombres de 80 à 89 et 9 dizaines pour les nombres de 90 à 99.
- Le **nommage des nombres** est fondamental pour faciliter le passage à l'écrit. Il doit être réalisé le plus souvent possible dans des configurations différentes :
  - le **nommage du dernier nombre obtenu** lors d'un dénombrement ;
  - le **nommage des nombres** à partir de leur **écriture chiffrée** ;

- **le nommage dans le cadre de suites de nombres**, « en avançant » ou « en reculant », à partir d'un nombre de départ.

- Le **tableau des nombres** est un outil utilisé pour consolider le système décimal de la numération. Il sera ensuite utilisé en calcul.

- La stratégie pour **comparer des nombres jusqu'à 100** devient experte en comparant des nombres par rapport à la valeur de chaque chiffre. Les nombres utilisés peuvent avoir le même nombre de dizaines ou d'unités.

Difficultés rencontrées par les élèves

1 Certains élèves peuvent **confondre et inverser les termes « unité » et « dizaine »** (missions 20 à 23).

2 Dans le cadre de la mission 21, il peut y avoir des **confusions dans l'écriture des nombres de 80 à 99**. Par exemple : 86 et 96 sont confondus ou la retranscription phonétique est erronée. Ex. 90 écrit 42010.

3 **Le mot « quatre-vingts »**, composé de deux mots déjà connus (mission 21), peut poser des difficultés.

4 **La mémorisation de la suite orale des nombres** peut être **difficile à stabiliser**, notamment au niveau des passages de dizaines (missions 20 à 23).

5 Les élèves peuvent rencontrer des difficultés à décomposer les nombres de 80 à 99 de plusieurs façons. Par exemple : 92 : 90 + 2 ou 80 + 12 (mission 22).

MISSION 20 Connaitre les différentes représentations d'un nombre

MATÉRIEL

- **Pour les 5 ateliers, en deux exemplaires :** une fiche *Droites graduées*, les cartes-nombres, le matériel de base 10, les mots-nombres (matériel détachable), une ardoise
- **Collectif :** diaporama M20

TEMPS 1	MISSION 20 ▶ Diaporama	20 min	En collectif
	Pratique guidée ▶ Fichier p. 44	10 min	En collectif
TEMPS 2	Pratique autonome ▶ Fichier p. 45	15 min	En individuel
	Boite d'autonomie	15 min	

PRINCIPE DE LA MISSION

Dans cette mission, les élèves vont **représenter de différentes manières les nombres jusqu'à 79** afin d'enrichir leur compréhension des nombres. Ainsi, ils s'entrainent à passer d'une représentation à une autre, circulant dans différents niveaux d'abstraction.

TEMPS 1

MISSION 20 Connaitre les différentes représentations d'un nombre (20 min)

- Cinq ateliers sont installés contenant deux exemplaires d'un même matériel :
  - atelier 1 : situer le nombre sur une droite graduée ;
  - atelier 2 : écrire le nombre avec les cartes-nombres ;
  - atelier 3 : représenter le nombre avec le matériel de base 10 ;
  - atelier 4 : écrire le nombre en lettres ;
  - atelier 5 : décomposer le nombre en écriture additive.
- Les élèves représentent 47, puis 72. Pour le 2nd nombre, les élèves changent d'atelier afin de manipuler une autre représentation. Le diaporama apporte toutes les représentations progressivement permettant d'obtenir, à la fin, une carte mentale du nombre cible. Chaque représentation est accompagnée d'une verbalisation précise.
- En fonction du temps disponible, l'enseignant.e peut choisir de recommencer la situation avec d'autres nombres de son choix.
  En limitant le matériel à disposition par atelier, les élèves vont être obligés de se mettre d'accord et ainsi de justifier leur réponse. Cette verbalisation est l'occasion pour l'enseignant.e d'évaluer les acquis des élèves et de réajuster les représentations erronées.

BILAN ET MINIQUIZ

PRATIQUE GUIDÉE ▶ fichier p. 44 (10 min)

▶ **Ex. 1 :** Les élèves associent différentes représentations d'un nombre : en chiffres, en lettres et avec le matériel de base 10.

▶ **Ex. 2 :** Les élèves placent les nombres sur une droite graduée de 1 en 1 de 20 à 45.

TEMPS 2

PRATIQUE AUTONOME ▶ fichier p. 45 (15 min)

- **Ex. 3** : Les élèves écrivent en chiffres des nombres représentés avec le matériel de base 10, puis écrits en lettres.
- **Ex. 4 et 5 :** On demande de compléter la carte des nombres 47 puis 64 en utilisant toutes les représentations manipulées lors de la mission. Des indications sont déjà inscrites pour faciliter la réalisation de l'exercice : mots-nombres, début de décomposition additive…

BOITE D'AUTONOMIE ▶ Activités au choix de l'enseignant·e (voir la programmation p. 27) (15 min)

Pour différencier

Fichier à photocopier : fiches * et **, *Connaitre les différentes représentations d'un nombre*

MISSION 21 Lire et écrire les nombres jusqu'à 99

MATÉRIEL

- **Mission 21a, par binôme :** étiquettes mot-nombre (matériel détachable), une fiche *Étiquettes « quatre-vingt(s)- »*
- **Mission 21b, par élève** : une bande numérique jusqu'à 100 (matériel détachable), une ardoise
- **Collectif :** diaporamas M21a et M21b

TEMPS 1	MISSION 21a ▶ Diaporama	30 min	En collectif
TEMPS 2	MISSION 21b ▶ Diaporama	20 min	En collectif
	Pratique guidée ▶ Fichier p. 46	10 min	En collectif
TEMPS 3	Pratique autonome ▶ Fichier p. 47	15 min	En individuel
	Boite d'autonomie	15 min	

PRINCIPE DES MISSIONS

Comme dans la mission 16, la **mission 21a s'appuie sur la numération orale pour travailler les nombres de 80 à 99**. Les élèves maitrisent la comptine orale jusqu'à 100 et savent nommer les nombres. La numération orale est un point d'appui pour observer que la famille des « quatre-vingts » fonctionne comme celle des « soixante » : elle utilise la grande comptine de 0 à 19. La particularité de cette famille est l'utilisation de deux mots déjà connus pour la nommer : « quatre » et « vingt ». Cela peut engendrer des confusions chez les élèves. L'enseignant.e reste vigilant.e et réajuste rapidement en cas d'erreurs.

Dans la **mission 21b**, les élèves apprennent à **écrire en chiffres les nombres de 80 à 99** en portant leur attention sur le choix du chiffre 8 ou 9 en fonction de la comptine. La bande numérique permet de vérifier l'écriture chiffrée en s'appuyant sur la comptine orale.

TEMPS 1

MISSION 21a Nommer et lire les nombres jusqu'à 99 30 min

- Avant de commencer ce nouvel apprentissage, les élèves réactivent leurs connaissances sur la construction des nombres : nom des familles, petite comptine, grande comptine pour la famille des « soixante ». L'enseignant.e s'appuie sur la diapositive 3 pour que ces notions puissent s'appuyer sur une représentation mentale.
- Dans un premier temps, les binômes recomposent les nombres de 1 à 19 à l'aide des étiquettes mot-nombre.
- En travaillant à partir de la comptine orale de 80 à 99, on fait apparaitre qu'il n'y a pas de nouveau mot pour désigner cette famille. Il faut donc utiliser les mots « quatre » et « vingt » regroupés dans la même étiquette.
- Les élèves sont ainsi prêts à écrire en lettres tous les nombres de la famille des 80. L'enseignant.e fait remarquer que l'on remplace l'étiquette « un » par « deux » et ainsi de suite jusqu'à 99. La grande comptine est donc l'objet de cette manipulation. L'analogie avec la famille des « soixante » est importante à faire verbaliser.

BILAN ET MINIQUIZ

TEMPS 2

MISSION 21b Lire et écrire les nombres jusqu'à 99 30 min

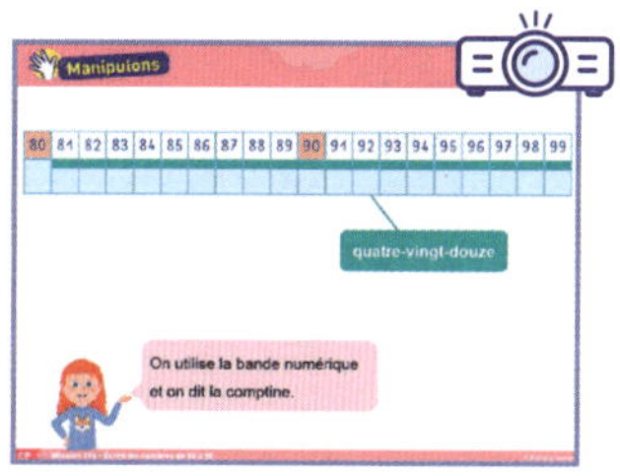

- L'enseignant.e dicte le nombre 86 à écrire sur l'ardoise. Il.elle relève les différentes propositions des élèves et écarte en le justifiant les réponses telles que 4206 (quatre/vingt/six), 426 (quatre/vingt-six).
- Après avoir utilisé la numération orale pour justifier *(J'entends six et non seize)*, on utilise la comptine écrite pour valider 86 : les élèves comptent à partir de 80 sur la bande numérique en pointant chaque nombre.
- Cette démarche est reprise avec les nombres 97, 92 et 83.
- À la fin de la mission, les élèves repèrent le lien entre le chiffre 8 (utilisé pour les dizaines) et la comptine de 1 à 9, puis le chiffre 9 (utilisé pour les dizaines) et la comptine de 10 à 19. L'analogie avec la famille des « soixante » consolide cette remarque.

BILAN ET MINIQUIZ

PRATIQUE GUIDÉE ▸ fichier p. 46 10 min

▸ **Ex. 1 :** Les élèves écrivent les nombres 81, 92, 96 en lettres à l'aide d'étiquettes mot-nombre. On propose aux élèves l'étiquette « six » qui oblige l'élève à choisir la bonne dénomination. Les nombres sont présentés sur la bande numérique, ce qui facilite la vérification à l'aide de la comptine orale. Cette bande peut être un outil pour la résolution des exercices de la double-page.

▸ **Ex. 2 :** Les élèves écrivent les nombres en chiffres. Ils sont présentés par paires conduisant les élèves à se questionner sur l'utilisation du chiffre 8 ou du chiffre 9. L'enseignant.e en profite pour demander aux élèves de justifier leurs réponses et évalue les stratégies et le degré de maitrise.

TEMPS 3

PRATIQUE AUTONOME ▶ **fichier** p. 47 15 min

▶ **Ex. 3 :** Les élèves associent les deux écritures, en chiffres et en lettres. Une confusion peut être présente entre 83 et 93. Il peut être judicieux de faire repérer cet élément aux élèves.

▶ **Ex. 4 :** Les élèves repèrent les mots utiles pour écrire les nombres en lettres. Une vigilance est à apporter à « quatre-vingt » qui est présenté sous forme de deux mots séparés.

BOITE D'AUTONOMIE ▶ Activités au choix de l'enseignant·e (voir la programmation p. 27) 15 min

Pour différencier

Fichier à photocopier : fiches * et **,
Lire et écrire les nombres jusqu'à 99

MISSION 22 Représenter les nombres jusqu'à 99

MATÉRIEL

▶ **Par élève :** le matériel de base 10 (matériel détachable), une ardoise
▶ **Collectif :** diaporama M22

TEMPS 1	MISSION 22 ▶ Diaporama	20 min	En collectif
	Pratique guidée ▶ Fichier p. 48	10 min	En collectif
TEMPS 2	Pratique autonome ▶ Fichier p. 49	15 min	En individuel
	Boite d'autonomie	15 min	

PRINCIPE DE LA MISSION

Les élèves **représentent des quantités d'objets tangibles à l'aide du matériel de base 10**. Les paquets de bulbes de fleurs sont des paquets de 20 afin de donner du sens au nom de la famille « quatre-vingts ». Ainsi, les élèves découvrent différentes décompositions additives : 92 = 10 + 10 + 10 + 10 + 10 + 10 + 10 + 10 + 10 + 2 = 20 + 20 + 20 + 20 + 12 ; 92 = 90 + 2 = 80 + 12.

TEMPS 1

MISSION 22 Représenter les nombres jusqu'à 99 20 min

- La présentation de la situation insiste sur le sens du lexique : « bulbe », « narcisses » et « tulipes ».
- Dans un premier temps, les élèves représentent les bulbes de tulipes à partir d'une photo de quatre paquets de 20 bulbes de tulipes et un paquet de 7 tulipes. On demande aux élèves d'écrire la décomposition additive correspondante : 87 = 10 + 10 + 10 + 10 + 10 + 10 + 10 + 10 + 7.

- Dans un deuxième temps, on montre aux élèves une nouvelle disposition des barres de 10, en lien avec les quantités dans chaque paquet : barres-dizaines regroupées par deux. Les élèves sont amenés à écrire une nouvelle décomposition additive : 87 = 20 + 20 + 20 + 20 + 7. L'enseignant.e fait le lien avec le nom du nombre : quatre-vingts.
- La démarche est reprise avec quatre paquets de 20 bulbes de narcisses et un paquet de 15 narcisses. Les élèves écrivent donc 95 = 10 + 10 + 10 + 10 + 10 + 10 + 10 + 10 + 10 + 5 = 20 + 20 + 20 + 20 + 15

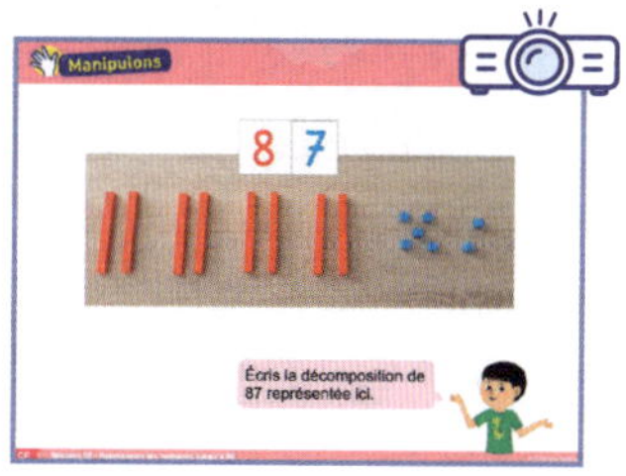

Point de vigilance

L'enseignant.e peut utiliser des paquets réels de bulbes en inscrivant cette mission dans un projet « jardin » ou « école dehors ». Il est possible d'utiliser d'autres objets tant que les quantités sont organisées par paquets de 20 (paquets de bonbons, paquets de vis, lots de serviettes en papier, lots de gobelets...).

BILAN ET MINIQUIZ

PRATIQUE GUIDÉE ▸ fichier p. 48 — 10 min

- **Ex. 1 :** Les élèves décomposent ou recomposent les nombres 85, 81 et 92 à l'aide de différentes représentations : la base 10, la monnaie.
- **Ex. 2 :** Cet exercice permet de mobiliser les différentes décompositions des nombres entre 80 et 99 : décompositions additives avec 10, décompositions additives avec 20, décomposition du type 90 + 5 et nombre de dizaines/nombre d'unités.

TEMPS 2

PRATIQUE AUTONOME ▸ fichier p. 49 — 15 min

- **Ex. 3 :** Les élèves associent le matériel de base 10, les décompositions additives avec 10, les décompositions additives avec 20, au nombre écrit en chiffres. Il y a des intrus.
- **Ex. 4 :** Les élèves représentent les nombres en dessinant les billets de 10 € ou de 20 € manquants.
- **Ex. 5 :** Les élèves doivent repérer l'erreur dans trois décompositions additives du nombre 94.

BOITE D'AUTONOMIE ▸ Activités au choix de l'enseignant·e (voir la programmation p. 27) — 15 min

Trace écrite

Leçon 6: *Nommer, écrire et représenter les nombres jusqu'à 99*

Pour différencier

Fichier à photocopier : fiches * et **, *Représenter les nombres jusqu'à 99*

MISSION 23 Comparer les nombres jusqu'à 100 (2)

MATÉRIEL
- **Pour la classe répartie en 4 groupes :** les 4 collections d'objets (65, 86, 74, 72 cubes, jetons ou autres), deux feuilles roses, deux feuilles blanches
- **Collectif :** diaporama M23

TEMPS 1	MISSION 23 ▸ Diaporama	20 min	En collectif
	Pratique guidée ▸ Fichier p. 50	10 min	En collectif
TEMPS 2	Pratique autonome ▸ Fichier p. 51	15 min	En individuel
	Boite d'autonomie	15 min	

PRINCIPE DE LA MISSION

Dans cette mission, les élèves **consolident leur capacité à comparer les nombres** et leur **maitrise des nombres entre 59 et 99**. Les élèves comparent des collections d'objets importantes afin de les pousser à s'organiser en utilisant le groupement par 10, comme lors de la mission 15 sur cette compétence. Cette fois, les élèves acquièrent une stratégie de comparaison lorsque le nombre de dizaines est identique. La durée de recherche du dénombrement de la collection est limitée pour empêcher le dénombrement un à un, long et source d'erreurs.

TEMPS 1

MISSION 23 Comparer les nombres jusqu'à 100 (2) 20 min

- La classe est répartie en quatre groupes : les groupes ayant la même couleur de feuille comparent leur quantité respective et déterminent laquelle est la plus grande. L'enseignant.e laisse un court temps et l'annonce aux élèves. L'objectif est d'inciter les élèves à utiliser le groupement par 10 et non pas le dénombrement un à un.
- L'enseignant.e effectue une mise en commun. Le nombre d'objets est alors représenté avec la base 10 et les cartes-nombres. Les élèves doivent s'appuyer, ici, sur l'écriture en chiffres pour confirmer la comparaison en appui sur le sens des chiffres. La comparaison des quantités 65 et 86 s'appuie sur la comparaison du nombre de dizaines tandis que celle de 72 et 74 s'appuie sur la comparaison du nombre d'unités.

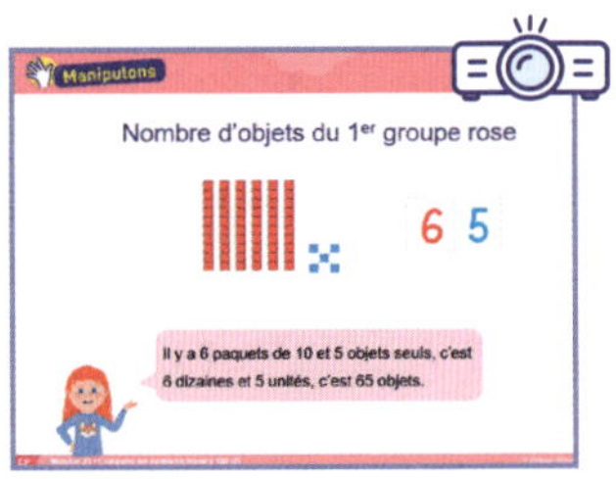

- Ensuite, on distribue aux élèves deux paires de nouveaux nombres : 97/91 et 54/83. L'enseignant.e peut proposer aux élèves de représenter les nombres avec le matériel de base 10 si besoin. Les élèves justifient leur réponse en s'appuyant sur la procédure de comparaison mise en mots au début de la mission : lorsque le nombre de dizaines est le même, on compare le nombre d'unités.
- Les signes < et > sont utilisés.

BILAN ET MINIQUIZ

PRATIQUE GUIDÉE ▸ fichier p. 50 10 min

▸ **Ex. 1 :** Les élèves comparent des quantités représentées avec des cubes emboitables et le matériel de base 10. On demande aux élèves d'utiliser les signes > et <. En faisant verbaliser les élèves, l'enseignant.e vérifie si le signe utilisé correspond à la justification de l'élève.

▶ **Ex. 2 :** On demande aux élèves de repérer le plus grand nombre. Les nombres sont écrits avec les cartes-nombres. Si besoin, les élèves peuvent utiliser leurs cartes-nombres ou le matériel de base 10.

TEMPS 2

PRATIQUE AUTONOME ▶ **fichier** p. 51 — 15 min

▶ **Ex. 3 :** Cet exercice est construit comme l'exercice 1 : les élèves comparent des quantités représentées avec le matériel de base 10 en utilisant les signes < et >.

▶ **Ex. 4 :** Les élèves comparent des nombres écrits en chiffres à l'aide des cartes-nombres en utilisant les signes < et >.

▶ **Ex. 5 :** Dans cet exercice, les élèves complètent les comparaisons par un nombre qui convient. Pour réussir, les élèves prennent des informations sur le sens du signe et sur le nombre : *Dois-je trouver un nombre plus grand ou plus petit ?*

▶ **Ex. 6** : Les deux quantités prennent un sens réel dans une situation problème. Les nombres sont écrits en chiffres dans l'énoncé.

Point de vigilance

Pour les exercices 1, 3 et 4, si l'utilisation des signes n'est pas maitrisée par les élèves, il est possible de leur demander d'entourer le plus grand nombre. Ainsi, l'enseignant.e vérifie réellement si l'élève sait comparer des nombres. L'utilisation des signes est une composante de cette compétence.

BOITE D'AUTONOMIE ▶ Activités au choix de l'enseignant·e (voir la programmation p. 27) — 15 min

Trace écrite Leçon 7 : *Comparer les nombres jusqu'à 100*

Pour différencier

Fichier à photocopier : fiches * et **, *Comparer les nombres jusqu'à 100 (2)*

MISSION 24 Le tableau des nombres jusqu'à 99

MATÉRIEL

- **Mission 24a, par élève :** une carte issue des *Cartes de jeu de 0 à 99* (sauf 4, 19, 46, 60, 74, 87, 91).
- **Mission 24b, par élève :** une fiche *Tableau des nombres* à plastifier ou à insérer dans une pochette plastique, un feutre effaçable
- **Collectif :** diaporamas M24a et M24b

TEMPS 1	MISSION 24a ▶ Diaporama	30 min	En collectif
TEMPS 2	MISSION 24b ▶ Diaporama	20 min	En collectif
	Pratique guidée ▶ Fichier p. 52	10 min	En collectif
TEMPS 3	Pratique autonome ▶ Fichier p. 53	15 min	En individuel
	Boite d'autonomie	15 min	

PRINCIPE DES MISSIONS

La construction du tableau des nombres a déjà été vue en mission 14. Ici il s'agit **de poursuivre sa compréhension en manipulant des nombres compris entre 0 et 99**.

Dans la **mission 24a**, les élèves reçoivent un nombre et se mettent d'accord sur son emplacement en se référant à leurs connaissances du fonctionnement du tableau des nombres. Ils comprennent que les lignes sont composées de nombres dont la dizaine est identique et les colonnes de nombres dont l'unité est identique.

Dans la **mission 24b**, les élèves découvrent le lien entre se déplacer vers le bas et le changement de dizaines ainsi que celui entre se déplacer vers la droite et le changement d'unités. Par analogie, les élèves comprennent les conséquences sur les nombres en cas de déplacement vers le haut et vers la gauche.

TEMPS 1

MISSION 24a Se repérer dans le tableau des nombres jusqu'à 99 (30 min)

- Pour commencer, le fonctionnement du tableau des nombres jusqu'à 59 est réactivé (l'enseignant.e choisira d'y passer plus ou moins de temps en fonction des acquisitions de la classe).
- L'activité se déroule ensuite à partir d'un tableau des nombres jusqu'à 99 incomplet. Les élèves cherchent l'emplacement du nombre qui leur a été distribué. C'est l'occasion de faire verbaliser les élèves, d'installer et de vérifier la maitrise du tableau des nombres. Les erreurs des élèves permettent d'installer les apprentissages.
- Ensuite, les élèves doivent compléter la ligne des 50. Certains nombres sont déjà placés. L'enseignant.e fait verbaliser la caractéristique de ces nombres : *Cette ligne représente tous les nombres qui ont 5 dizaines.*
- Pour finir, les élèves cherchent à compléter la colonne dont le chiffre des unités est 2. On verbalise ensuite la nouvelle caractéristique : *Cette colonne représente la colonne de 2 unités. Tous les nombres ont 2 unités.*
- L'observation du tableau des nombres complet clôture la mission. L'enseignant.e peut faire apparaitre les caractéristiques des nombres dans les colonnes ou sur les lignes.

BILAN ET MINIQUIZ

TEMPS 2

MISSION 24b Se déplacer dans le tableau des nombres jusqu'à 99 (20 min)

- Un dessin de grenouille est placé sur une case du tableau des nombres. L'enseignant.e donne des indications du type : la grenouille fait un bond vers la droite / la gauche, descend d'une case, etc. Les élèves doivent identifier le nombre sur la case d'arrivée en fonction du déplacement de la grenouille. Ils déplacent d'abord la grenouille mentalement, puis ils vérifient en traçant sur le tableau des nombres plastifié le déplacement. Ils sont amenés à justifier leur réponse : *On avance la grenouille d'une case vers la droite. On ajoute donc 1 unité*.
- Dans un second temps, des déplacements plus importants sont proposés : 4 cases vers la droite, 4 cases vers le bas. Les élèves observent les changements sur les nombres et les explicitent : *On ajoute 4 unités. / On ajoute 4 dizaines*.

PRATIQUE GUIDÉE ▶ **fichier** p. 52 (10 min)

▶ **Ex. 1 :** Les élèves complètent les cases ciblées d'un tableau des nombres partiellement rempli. Ils s'appuient sur les nombres autour de la case. L'enseignant.e fait verbaliser la procédure utilisée et réajuste en veillant à la justesse du lexique utilisé : *C'est la case au-dessus de 27, il y a 1 dizaine de moins. C'est le nombre avant*

49… Certaines cases sont éloignées d'un nombre déjà écrit. Cela pousse les élèves à utiliser leurs connaissances sur la construction du tableau des nombres : *Dans cette colonne, ce sont tous les nombres qui se terminent par 9*.

- **Ex. 2 :** On propose aux élèves d'imaginer la case d'arrivée après avoir ajouté ou retiré des unités ou des dizaines. Les élèves peuvent s'appuyer sur leur tableau des nombres plastifié.

TEMPS 3

PRATIQUE AUTONOME ▶ fichier p. 53 — 15 min

- **Ex. 3 :** Des extraits du tableau des nombres doivent être complétés. Le premier extrait sous forme d'étoile est complexe, mais il résume les caractéristiques des déplacements : + 1, − 1, + 10, − 10. Pour s'assurer d'une réelle compréhension du tableau des nombres, il est préférable que les élèves n'utilisent pas leur tableau personnel, dans un premier temps au moins.
- **Ex. 4 :** On demande aux élèves de trouver le déplacement de la grenouille entre un nombre de départ et un nombre d'arrivée. Pour réussir, les élèves doivent déterminer s'il s'agit d'une variation de dizaine ou d'unité. Cet exercice est proche du travail d'observation des nombres réalisé en calcul.
- **Ex. 5 :** On propose aux élèves une succession de déplacements à partir d'un nombre de départ. Ils doivent identifier le nombre d'arrivée. Les élèves peuvent tracer le chemin dans le tableau des nombres pour trouver ou vérifier sa réponse.

BOITE D'AUTONOMIE ▶ Activités au choix de l'enseignant·e (voir la programmation p. 27) — 15 min

Pour différencier

Fichier à photocopier : fiches * et **, *Le tableau des nombres jusqu'à 99*

MISSION 25 Maitriser les nombres jusqu'à 99

MATÉRIEL

- **Par binôme :** 15 jetons, le matériel de manipulation (cartes à points, représentations des nombres, matériel de base 10, cartes-nombres), une fiche *Demi-droites graduées*
- **Collectif :** 1 fiche *Cartes question*, un dé ou l'application d'un lancer de dé en ligne, diaporama M25

TEMPS 1	MISSION 25 ▶ Diaporama	20 min	En collectif
	Pratique guidée ▶ Fichier p. 54	10 min	En collectif
TEMPS 2	Pratique autonome ▶ Fichier p. 55	15 min	En individuel
	Boite d'autonomie	15 min	

PRINCIPE DE LA MISSION

Cette mission permet **la révision des différentes compétences travaillées sur les nombres jusqu'à 99** au cours de la période : décompositions additives, représentations, écriture en chiffres et en lettres... Elle reprend le jeu de l'oie déjà expérimenté en missions 12 et 19.

TEMPS 1

MISSION 25 Maitriser les nombres jusqu'à 99 20 min

Le déroulement de la mission est le même qu'en mission 12 (p. 115).

PRATIQUE GUIDÉE ▶ fichier p. 54 10 min

- **Ex. 1 :** Les élèves comparent des quantités sous différentes représentations : nombre en lettres, matériel de base 10, décomposition additive, monnaie. Attention, les élèves barrent la carte perdante, soit la quantité la plus petite, contrairement aux exercices de la mission 23.
- **Ex. 2 :** Quatre devinettes sont proposées aux élèves. Leur complexité réside dans la compréhension du vocabulaire et la mise en relation des informations : chiffre des dizaines et des unités, double, nombre en lettres, phrases négatives. L'utilisation d'outils comme le tableau des nombres ou les cartes-nombres et un accompagnement pas à pas peut s'avérer utile selon le profil des élèves.

TEMPS 2

PRATIQUE AUTONOME ▶ fichier p. 55 15 min

- **Ex. 3 :** Cet exercice reprend les compétences travaillées en mission 24. Pour réussir, les élèves utilisent s'ils le souhaitent le tableau des nombres afin de coder les déplacements proposés et identifier le nombre-cible.
- **Ex. 4 :** Les élèves identifient, dans chaque colonne, le nombre le plus petit pour tracer le chemin du plus grand nombre au plus petit. Chaque colonne est représentée par une couleur, il est cependant pertinent d'en vérifier la compréhension.
- **Ex. 5 :** Dans cet exercice, les élèves identifient les nombres identiques représentés sous différentes formes : décompositions additives avec 10 et avec 20, matériel de base 10, nombre en lettres, cartes-nombres. La complexité de cet exercice se trouve dans la quantité d'informations à traiter, ce qui pousse les élèves à s'organiser.

BOITE D'AUTONOMIE ▶ Activités au choix de l'enseignant·e (voir la programmation p. 27) 15 min

Pour évaluer Évaluation *Nombres 4*

NOMBRES ENTIERS

module

Manipuler les nombres

MISSIONS

Sur votre espace numérique

Retrouvez sur l'espace numérique **tous les diaporamas** et les **ressources complémentaires** : matériel, leçons et évaluations modifiables, etc.

Objectifs d'apprentissage

- Utiliser les nombres ordinaux dans le cadre de l'étude de suites de symboles, de formes, de lettres ou de nombres.
- Maîtriser l'écriture en lettres des nombres jusqu'à cinquante.
- Savoir placer des nombres sur une demi-droite graduée.
- Connaître la suite écrite et la suite orale des nombres jusqu'à cent.
- Connaître et utiliser diverses représentations d'un nombre et passer de l'une à l'autre.
- Connaître la valeur des chiffres en fonction de leur position (unités, dizaines).

Lexique

- **Motif organisé** : disposition ordonnée d'éléments qui se répète selon une certaine règle. Ces éléments peuvent être des objets, des formes géométriques en deux ou trois dimensions, des sons, des nombres… Deux motifs peuvent avoir une manifestation physique différente (par exemple une séquence de sons ou une série de blocs colorés).
- **Règle** : organisation des motifs. Par exemple l'alternance de deux éléments l'un après l'autre : ABABAB.
- **Mot-nombre :** les nombres en lettres s'écrivent en utilisant les mots-nombres. Ceux-ci sont en nombre limité et ils permettent d'écrire d'autres nombres en les combinant.

Apports didactiques

- L'étude de **motifs organisés** a été initiée à l'école maternelle. En CP, les élèves y ajoutent la connaissance des nombres ordinaux.
- L'élève sait **associer un nombre à un point sur une demi-droite graduée**, en faisant le lien avec la distance qui sépare ce point de l'origine du repère ; la construction et l'usage de règles graduées pour mesurer des longueurs, attendus dans le domaine grandeurs et mesures, sont des points d'appui pour apprendre à associer des points à des nombres sur une demi-droite graduée.
- **L'écriture des nombres en lettres** a déjà été abordée au fur et à mesure de l'année. La mission 28 permet de poursuivre cet apprentissage tout en observant que le nombre de chiffres ne correspond pas toujours au nombre de mots du nombre.

- **Une nouvelle unité de numération est abordée avec la centaine.** Les élèves décomposent de différentes manière le nombre 100. Cette compétence sera reprise en CE1.

Difficultés rencontrées par les élèves

1 Certains élèves peuvent avoir des **difficultés à identifier le motif** et oublier des éléments de celui-ci (mission 26).

2 **Faire le lien entre la règle sous forme de lettres et le motif** peut s'avérer difficile (missions 26 et 27) : par exemple, faire le lien entre ABC et Δ × O.

3 **Imaginer le prolongement du motif jusqu'à un nombre déterminé** peut être également une difficulté (mission 27).

4 Dans la mission 28, **différencier le nombre de mots du nombre et le nombre de chiffres** qui ne correspond pas toujours peut être difficile (ex. : 10 s'écrit « dix »).

5 Certains élèves peuvent **ne pas comprendre la nécessité d'une nouvelle unité de numération** et le lien entre 1 centaine/10 dizaines et 100 unités (mission 30).

MISSION 26 Les suites organisées

MATÉRIEL
- **Par élève :** des feuilles et des crayons de couleur
- **Collectif :** diaporama M26

TEMPS 1	MISSION 26 ▶ Diaporama	20 min	En collectif
	Pratique guidée ▶ Fichier p. 56	10 min	En collectif
TEMPS 2	Pratique autonome ▶ Fichier p. 57	15 min	En individuel
	Boite d'autonomie	15 min	

PRINCIPE DE LA MISSION

Les élèves ont déjà été confrontés à des suites organisées au cours de leur scolarité de maternelle. Cette notion n'est donc pas nouvelle. Au cycle 2, les suites organisées vont permettre aux élèves d'**affiner leurs aptitudes de logique et d'abstraction**. Ils consolident également leurs capacités à observer, à analyser, à déduire et à créer. Dans cette mission les élèves sont amenés à **reproduire une suite**, à en **compléter** une après en avoir déduit la régularité, à **identifier un intrus** dans une suite, à **inventer** un motif. Pour finir, les élèves apprennent à **transposer** un motif en utilisant des lettres : ils associent des motifs du type « rouge, bleu, bleu, vert » à des motifs exprimés par des lettres « ABBC ». Ce niveau d'abstraction est progressivement atteint à l'aide du diaporama qui propose des représentations de plus en plus abstraites.

TEMPS 1

MISSION 26 Les suites organisées 20 min

- Les élèves observent dans un premier temps du matériel réel : des billes qui sortent d'un tunnel. Ils doivent deviner quelle bille va en sortir en anticipant la couleur, en s'appuyant sur les compétences acquises au cycle 1 (copier, identifier, mémoriser, compléter, prolonger un motif).

- L'enseignant.e insiste sur la verbalisation : il.elle fait repérer de manière explicite le motif avant de le poursuivre et s'y réfère à chaque fois. Les élèves comprennent ainsi qu'il existe une procédure spécifique pour identifier le nouvel élément d'une suite. Ils ne doivent donc pas inventer la suite, mécanisme qui peut qui peut s'installer rapidement dans ce type de mission.
- Dans un deuxième temps, les élèves observent un motif réalisé avec des cubes dont une partie (la suite) est cachée dans un rouleau en carton.
- Dans un troisième temps, les élèves identifient l'intrus d'une suite de carrés de couleur. L'enseignant.e veille à rendre explicite les différentes étapes : repérer le motif, puis vérifier en le répétant jusqu'à l'intrus.

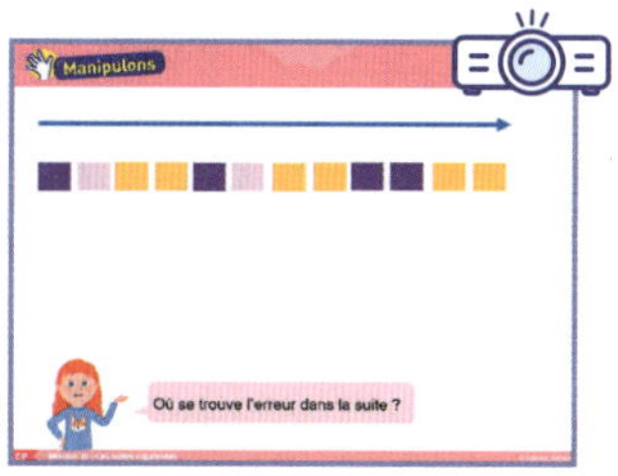

- Pour finir, les élèves explorent le lien entre une suite dont la règle est donnée par un motif exprimé par des lettres et une suite à motifs géométriques. Les élèves doivent repérer quelle suite correspond au motif proposé. L'enseignant.e laisse les élèves émettre des hypothèses, proposer des liens, puis structure une mise en œuvre en faisant correspondre les éléments de l'une et de l'autre.
- **Prolongement possible :** Il peut être intéressant de chercher dans le monde réel l'existence de suites en proposant une balade mathématique « à la recherche des suites organisées dans mon école, ma cour, ma rue, et/ou ma ville ». On trouvera par exemple les notes d'une partition, la régularité des nombres, les motifs décoratifs des plaques d'égout, les couches d'un millefeuille, les paroles d'une chanson.

On peut aussi faire vivre par le corps ces rythmes : identifier, reproduire, compléter, inventer les pas d'une danse, la répétition d'un rythme ou d'instruments lors d'une écoute ou une production musicale, les actions d'une pause active « lever les bras, lever les bras, sauter, sauter », écrire des phrases en respectant une structure répétitive ou lire des albums de ce type en faisant identifier le motif.

BILAN ET MINIQUIZ

PRATIQUE GUIDÉE ▶ **fichier** p. 56 — 10 min

- **Ex. 1 :** Les élèves repèrent le motif qui se répète. Une verbalisation à voix haute peut aider les élèves à identifier à quel moment le motif commence. L'enseignant.e peut lire à voix haute la première ligne s'il juge utile d'accompagner tout le groupe.
- **Ex. 2 :** Pour compléter les suites, on peut aider les élèves à identifier le motif avant de le reproduire ou verbaliser les deux étapes. Un point de vigilance est réalisé sur la deuxième suite qui met en œuvre des chiffres : certains élèves peuvent chercher un lien de calcul par exemple. Il est important d'éviter toute forme de confusion.
- **Ex. 3** : Les élèves détectent les erreurs. L'enseignant.e peut accompagner les élèves à identifier le motif (par un simple rappel de la procédure ou par une verbalisation du premier motif).

TEMPS 2

PRATIQUE AUTONOME ▶ **fichier** p. 57 — 15 min

- **Ex. 4 :** Les élèves poursuivent trois suites dont les éléments sont connus et communs de l'univers des élèves (couleurs, graphismes de soleil et de nuage).
- **Ex. 5 et 6 :** Les élèves sont confrontés à une écriture abstraite d'un motif (ABBC par exemple) qu'ils doivent relier à une représentation plus concrète (les formes géométriques). Il peut être nécessaire de prendre le temps de verbaliser le sens du motif exprimé par les lettres.

BOITE D'AUTONOMIE ▶ Activités au choix de l'enseignant·e (voir la programmation p. 27) — 15 min

MISSION 27 Utiliser les nombres ordinaux dans les suites

MATÉRIEL

- **Par élève :** une feuille de recherche et des crayons de couleur
- **Collectif :** diaporama M27

TEMPS 1	MISSION 27 ▶ Diaporama	20 min	En collectif
	Pratique guidée ▶ Fichier p. 58	10 min	En collectif
TEMPS 2	Pratique autonome ▶ Fichier p. 59	15 min	En individuel
	Boite d'autonomie	15 min	

PRINCIPE DE LA MISSION

Dans cette mission, les élèves utilisent les **compétences acquises sur les nombres ordinaux et sur les suites. L'aspect ordinal des nombres est convoqué pour pouvoir identifier ou anticiper l'élément d'une suite** ou la position d'un symbole, d'une forme, d'une lettre… de manière plus abstraite.

TEMPS 1

MISSION 27 Utiliser les nombres ordinaux dans les suites (20 min)

- Dans un premier temps, les élèves doivent repérer la couleur du 7e cube en s'appuyant sur une photo contenant les 4 premiers éléments d'un motif simple. L'enseignant.e repère et fait verbaliser les différentes stratégies. De nombreux élèves vont sans doute dessiner tous les cubes, puis identifier le 7e. Cette stratégie sera empêchée par la suite mais elle a toute sa place en début de mission et est utilisée pour réaliser la première validation.
- Ensuite, les élèves doivent repérer la couleur du 16e cube mais ils n'ont pas le droit de dessiner. Les élèves mettent ainsi en œuvre de nouvelles stratégies après avoir repéré la position de chaque cube. Lors de la validation, une nouvelle stratégie est identifiée : pointer les cubes sur le motif jusqu'au 16e. L'enseignant.e montre avec son doigt et compte à voix haute en même temps. Il.elle veille à utiliser le lexique approprié « premier, deuxième, troisième… ».
- Puis les élèves s'approprient la nouvelle stratégie sur un nouveau motif AHY-AHY… pour lequel ils doivent identifier la 15e lettre.

Point de vigilance

L'utilisation d'une verbalisation appropriée est source d'une meilleure compréhension : il est important de veiller à faire nommer correctement l'ordinal des nombres.

BILAN ET MINIQUIZ

PRATIQUE GUIDÉE ▶ fichier p. 58 (10 min)

- ▶ **Ex. 1 :** Les élèves colorient l'élément demandé exprimé sous sa forme ordinale. Certains élèves peuvent confondre colorier 8 jetons et colorier le 8e, l'enseignant.e veillera à ne pas laisser s'installer ce type d'erreur en accompagnant les élèves dans la mise en œuvre s'il le juge utile.
- ▶ **Ex. 2 :** Les élèves s'appliquent à identifier le symbole demandé à partir de différents motifs. Ils dessinent le bon motif dans la case.
- ▶ **Ex. 3 :** Cet exercice est plus complexe car on demande aux élèves d'inventer un motif selon une contrainte. L'enseignant.e peut faire identifier les étapes à réaliser pour réussir cet exercice : pointer le 8e symbole sur le motif vierge, le colorier de la couleur demandée, puis choisir une autre couleur pour les autres symboles.

TEMPS 2

PRATIQUE AUTONOME ▶ fichier p. 59 (15 min)

- ▶ **Ex. 4 :** Les élèves complètent une suite mais doivent s'arrêter au 10e, 11e ou 13e élément. Plusieurs étapes sont donc nécessaires. Il peut être pertinent de faire identifier ces étapes.
- ▶ **Ex. 5 et 6 :** Ces exercices reprennent les stratégies travaillées dans les exercices 2 et 3, l'enseignant.e le fera remarquer aux élèves.

BOITE D'AUTONOMIE ▶ Activités au choix de l'enseignant·e (voir la programmation p. 27) (15 min)

Trace écrite Leçon 8 : *Les suites*

Pour différencier

Fiches * et **, *Utiliser les nombres ordinaux dans les suites*

MISSION 28 Écrire les nombres en lettres jusqu'à 59

MATÉRIEL
- **Par élève :** les étiquettes mots-nombres (matériel détachable),
- **Collectif :** diaporama M28

TEMPS 1	MISSION 28 ▶ Diaporama	20 min	En collectif
	Pratique guidée ▶ Fichier p. 60	10 min	En collectif
TEMPS 2	Pratique autonome ▶ Fichier p. 61	15 min	En individuel
	Boite d'autonomie	15 min	

PRINCIPE DE LA MISSION

Les élèves connaissent les mots-nombres de 1 à 9 et les dizaines entières. Dans cette mission**, ils abordent les mots de « onze » à « seize » et écrivent les nombres en lettres jusqu'à 59**. En manipulant les étiquettes mots-nombres pour écrire les nombres, les élèves sont amenés à identifier qu'un nombre peut s'écrire avec un ou plusieurs mots indépendamment du nombre de chiffres dans le nombre.

TEMPS 1

MISSION 28 Écrire les nombres en lettres jusqu'à 59 (20 min)

- Dans un premier temps, les élèves composent les nombres 17 et 23 avec les étiquettes mots-nombres. Ils s'appuient sur la désignation orale qu'ils maitrisent et sur la lecture des mots. Les adaptations de lecture sont laissées à l'expertise de l'enseignant.e. Les élèves repèrent l'utilisation de deux étiquettes en opposition à une seule pour les nombres 6 et 20.
- Cette observation faite, les élèves cherchent à trier les nombres : ceux qui s'écrivent avec une étiquette et ceux qui s'écrivent avec deux ou trois étiquettes.
- La validation s'appuie sur le passage à voix haute et non sur le nom des chiffres. L'enseignant.e fait remarquer que la plupart des nombres à deux chiffres s'écrivent avec deux mots, sauf le nom des dizaines et les nombres de onze à seize. On observera la régularité à partir de vingt. On précisera aussi l'utilisation des tirets entre chaque nombre.

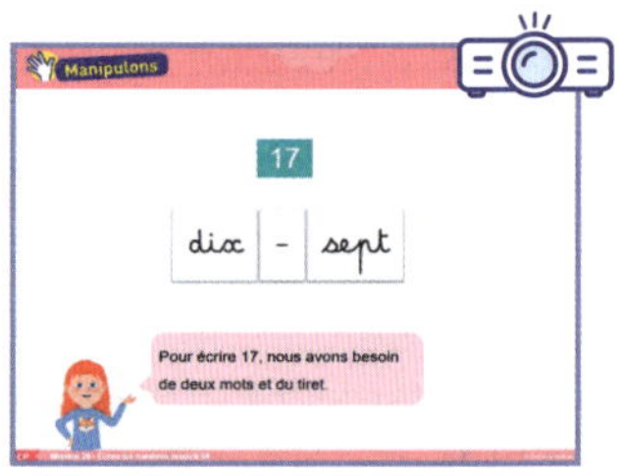

BILAN ET MINIQUIZ

PRATIQUE GUIDÉE ▶ fichier p. 60 (10 min)

▶ **Ex. 1 :** L'enseignant.e insistera sur la consigne afin que les élèves prennent bien en compte le nombre de mots. Il peut aider à la lecture des nombres si besoin ou faire utiliser les mots-étiquettes.

▶ **Ex. 2 :** Les élèves doivent organiser leur recherche pour écrire tous les nombres à deux chiffres possibles avec les mots : *vingt – dix – neuf – sept*. Les élèves s'appuient sur leurs connaissances de la construction du nombre.

▶ **Ex. 3 :** Les élèves écrivent en lettres six nombres : ils peuvent s'aider des étiquettes-mots du matériel détachable.

TEMPS 2

PRATIQUE AUTONOME ▶ fichier p. 61 — 15 min

- **Ex. 4 :** Les élèves associent les mots-nombres et les nombres écrits en chiffres. Il y a un intrus.
- **Ex. 5 :** Ici, les élèves écrivent les nombres en lettres grâce des étiquettes proposées. Une confusion peut être amenée par la présence du nom des chiffres (par exemple : pour écrire 14, on propose les mots « dix », « quatre » et « quatorze »).
- **Ex. 6 :** Cette devinette pousse les élèves à utiliser plusieurs compétences : identifier les nombres entre deux bornes et repérer le mot-nombre qui s'écrit avec un seul mot. L'enseignant.e aidera à la lecture de la devinette si besoin.

BOITE D'AUTONOMIE ▶ Activités au choix de l'enseignant·e (voir la programmation p. 27) — 15 min

Trace écrite Leçon 9 : *Écrire les nombres jusqu'à 59*

MISSION 29 Placer des nombres sur une droite graduée

MATÉRIEL
- **Par élève :** une fiche *Demi-droites graduées*
- **Collectif :** diaporama M29

TEMPS 1	MISSION 29 ▶ Diaporama	20 min	En collectif
	Pratique guidée ▶ Fichier p. 62	10 min	En collectif
TEMPS 2	Pratique autonome ▶ Fichier p. 63	15 min	En individuel
	Boite d'autonomie	15 min	

PRINCIPE DE LA MISSION

Dans cette mission, les élèves poursuivent leurs apprentissages sur **la représentation des nombres sur une droite graduée et sur la construction des nombres jusqu'à 100**. Les élèves apprennent à estimer la position d'un nombre sur une demi-droite graduée de 10 en 10. Un nombre est-il plus proche d'une dizaine que d'une autre ? Plus proche d'un nombre que d'un autre ?

Les **notions d'espace et de repérage dans l'espace** sont fortement sollicitées pour réussir cette mission. Les élèves consolident leur représentation mentale de la droite graduée.

TEMPS 1

MISSION 29 Placer des nombres sur une droite graduée 20 min

- Dans un premier temps, les élèves placent les nombres 82 puis 97 sur une droite graduée ayant les repères suivants : 80, 90 et 100. L'enseignant.e observe les stratégies des élèves, puis insiste sur une mise en œuvre plus efficace : *On commence par situer le nombre entre les deux dizaines, on estime si ce nombre est plus proche de l'une ou de l'autre dizaine puis on avance ou on recule.*
- Ensuite, les élèves s'entrainent progressivement à situer d'autres nombres en utilisant la stratégie proposée par l'enseignant.e. Celui.Celle-ci veille à faire explicitement correspondre le vocabulaire spatial et la représentation des nombres sur la demi-droite graduée *: 97 est proche de 100 ; 55 est à égale distance de 50 et de 60, il y a autant de nombres entre 50 et 55 qu'entre 55 et 60.*
- L'utilisation d'une droite graduée de 1 en 1 peut être utilisée pour valider une estimation afin d'accompagner les élèves dans cette abstraction. La graduation va permettre de conserver les distances.

Point de vigilance

L'observation des élèves permet à l'enseignant.e de se rendre compte des conceptions des élèves. Par exemple, certains élèves peuvent compter entre les graduations sans donner du sens à l'écart entre les nombres, ils pointent des nombres imaginaires qui prendront la place de leur doigt. L'enseignant.e veillera à ne pas laisser s'installer cette stratégie.

BILAN ET MINIQUIZ

PRATIQUE GUIDÉE ▸ fichier p. 62 10 min

▸ **Ex. 1 :** Les élèves identifient le nombre indiqué par une flèche. Les trois propositions sont très contrastées et devraient permettre aux élèves d'être en réussite.

▸ **Ex. 2 :** Cinq nombres à relier sur une demi-droite graduée avec 70, 80 et 90 sont proposés. Les élèves estiment si un nombre est plus proche d'une dizaine ou d'une autre.

TEMPS 2

PRATIQUE AUTONOME ▸ fichier p. 63 15 min

▸ **Ex. 3 :** On demande aux élèves d'identifier les dizaines qui encadrent chaque nombre. Ils s'appuient sur la droite graduée de 10 en 10 pour nommer ces encadrements. La présentation de l'exercice est connue (*cf.* mission 18).

▸ **Ex. 4 :** L'enseignant.e fait repérer aux élèves la présence de deux droites graduées et du lot de nombres associés pour éviter que les élèves essaient de relier les nombres du bas à la droite du haut.

▸ **Ex. 5 :** Pour réussir cet exercice, les élèves prennent des informations sur une affichette de zoo pour estimer ce que chacun va payer en fonction de son âge : c'est une mise en application de la notion travaillée dans le réel. L'enseignant.e peut accompagner les élèves à prendre conscience du principe sollicité dans cette situation.

BOITE D'AUTONOMIE ▸ Activités au choix de l'enseignant·e (voir la programmation p. 27) 15 min

MISSION 30 Le nombre 100

MATÉRIEL

- **Par binôme :** 100 cubes, une ardoise, le matériel de base 10 et les cartes-nombres (matériel détachable)
- **Collectif :** diaporama M30

TEMPS 1	MISSION 30 ▶ Diaporama	20 min	En collectif
	Pratique guidée ▶ Fichier p. 64	10 min	En collectif
TEMPS 2	Pratique autonome ▶ Fichier p. 65	15 min	En individuel
	Boite d'autonomie	15 min	

PRINCIPE DE LA MISSION

Dans cette mission, les élèves **découvrent la construction du nombre 100 et repèrent différentes décompositions du nombre**. La situation de départ s'inscrit dans le réel (la vente de tickets de tombola) dont la quantité sera représentée successivement par du matériel de plus en plus symbolique. Il est important que **les élèves manipulent 100 unités pour que cette quantité garde son sens** et ne soit pas trop vite considérée comme 10 dizaines, ce qui peut contribuer à des confusions dans la suite de la scolarité.

TEMPS 1

MISSION 30 Le nombre 100 (20 min)

- Les élèves cherchent à représenter les 9 carnets et les 10 tickets de tombola avec le matériel de leur choix : cubes, matériel de base 10, décomposition additive, nombres. On demandera aux élèves d'utiliser au moins les cubes et une autre représentation. Selon le temps disponible, il est possible de demander aux élèves de représenter les tickets avec toutes les possibilités. En circulant dans les rangs, l'enseignant.e fait verbaliser la quantité et questionne la présence des 10 unités seules. Il n'est pas opportun de nommer ou faire nommer le nombre dans cette phase.
- Au cours de la mise en commun, on met en œuvre l'échange entre les 10 unités et la formation de la nouvelle dizaine dans tous les niveaux d'abstraction.
- Le nombre 100 est d'abord présenté aux élèves dans le principe de régularité de la numération de position : 10 dizaines se regroupent en 1 centaine, c'est un nouveau nombre qui s'écrit avec 3 chiffres, le nombre 100.
- Les élèves cherchent ensuite à détacher tous les cubes afin de représenter 100 unités.
- Pour finir, on présente aux élèves deux décompositions du nombre 100 : 5 fois 20 et 2 fois 50. Ces décompositions seront sollicitées, en calcul notamment.

En pratique

La notion « un carnet » de tickets peut être concrètement vécue en mettant en œuvre une vente fictive avec des vrais tickets.

BILAN ET MINIQUIZ

PRATIQUE GUIDÉE ▶ fichier p. 64 (10 min)

▶ **Ex. 1 :** On invite les élèves à utiliser les paquets de 10 pour entourer 100 étoiles. Pour faciliter la mise en œuvre, les étoiles à entourer sont déjà regroupées par 10. Les élèves utilisent l'égalité : 10 dizaines = 1 centaine.

- **Ex. 2 :** Progressivement, les élèves représentent 100 avec des représentations de plus en plus abstraites. La quantité 10 est de plus en plus représentative : paquet de 10 billes identifiables, paquet de 10 gâteaux sans représentation des 10 gâteaux, matériel de base 10, puis décomposition additive.

TEMPS 2

PRATIQUE AUTONOME ▶ fichier p. 65 — 15 min

- **Ex. 3 :** L'enseignant.e peut rappeler les décompositions de 100 découvertes lors du diaporama. 10, 20 et 50 sont représentés à l'aide des billets.
- **Ex. 4 :** Différentes manières de représenter 100 sont proposées, les élèves sont invités à être vigilants aux mots employés. Ils distinguent le sens des mots « unité », « dizaine », « centaine ».
- **Ex. 5 :** Les élèves peuvent utiliser le matériel de base 10 ou la décomposition additive pour réaliser cet exercice. L'enseignant.e appelle à la vigilance des élèves concernant la quantité de fléchettes par cercle de couleur.

BOITE D'AUTONOMIE ▶ Activités au choix de l'enseignant·e (voir la programmation p. 27) — 15 min

Pour évaluer Évaluation *Numération 5*

Pour différencier Fiches * et **, *Le nombre 100*

Calcul

MISSIONS

Sur votre espace numérique

Retrouvez sur l'espace numérique **tous les diaporamas** et les **ressources complémentaires** : matériel, leçons et évaluations modifiables, etc.

Objectifs d'apprentissage

Période 1	Période 2	Période 3	Période 4	Période 5
Comprendre le sens de l'addition et de la soustraction Comprendre et utiliser les symboles « + », « − » et « = » Connaitre les relations des nombres avec 5 Ajouter ou soustraire 1 ou 2 à un nombre	Connaitre les relations des nombres avec 10 Utiliser les doubles pour calculer Connaitre dans les deux sens les tables d'addition	Comprendre le sens de la multiplication Ajouter ou soustraire 10 à un nombre Ajouter ou soustraire 20, 30, 40, 50, 60, 70, 80 ou 90 à un nombre Trouver le complément d'un nombre à la dizaine supérieure Ajouter 9 à un nombre	Ajouter un nombre inférieur à 9 à un nombre Ajouter deux nombres inférieurs à 100	Poser et effectuer des additions en colonnes Déterminer la moitié d'un nombre pair Soustraire un nombre inférieur à 10 à un nombre entier de dizaines
Identifier les relations entre les nombres : apprendre à observer				
		Choisir une stratégie pour calculer		

Enjeux didactiques par période

- À l'école maternelle, les élèves sont notamment confrontés à des problèmes additifs et soustractifs. Ils ont compris qu'il était possible de prévoir une quantité d'objets et de vérifier l'exactitude de leur prédiction grâce au comptage du matériel tangible. **En période 1, on vise le passage du comptage au calcul**. Le **jeu de la boite** est la situation de référence que nous avons retenue pour structurer les premiers apprentissages de calcul. Le travail de composition/décomposition des nombres réalisé en numération viendra soutenir les premières séances. Au cours des **deux premières périodes**, nous avons construit les missions de calcul dans **un double objectif** : **donner du sens aux signes +, -, =** et **construire les tables d'addition**. Nous reprenons la progression mise en avant dans le guide *Pour enseigner les nombres, le calcul et la résolution de problèmes au CP* qui s'appuie sur les travaux de Christophe Bolsius (*Fort en calcul mental ! Connaissances et stratégies pour réussir*, Scérén, 2011). En effet, les résultats de la table de Pythagore sont regroupés afin de permettre aux élèves de s'appuyer sur les relations entre les nombres. Chaque secteur correspond à **une connaissance ou une stratégie de calcul**.

> Dans cette méthode, nous avons pris le parti de **travailler en parallèle sur l'addition et la soustraction** afin de permettre aux élèves d'acquérir une certaine flexibilité dans les calculs.

- **En période 1**, les **calculs +/- 1 à +/- 4** s'appuient sur la connaissance de la comptine numérique et relèvent de la numération orale. Les **calculs en appui sur 5** se fondent sur la connaissance des représentations des nombres avec les constellations des doigts. Ils sont l'occasion de construire un nouvel outil : la carte à points. Les élèves expérimentent le **lien entre la soustraction et l'addition** et manipulent à l'oral comme à l'écrit le **principe de commutativité**.

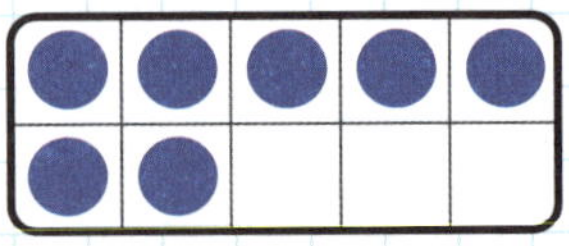

> **La carte à points** est construite dès la période 1 dans la mission 2. Elle est utile pour **ancrer la perception des quantités** et pour que les élèves se fabriquent des **images mentales**. Organisée en deux lignes de 5 cases, elle permet de « mieux voir » les compléments à 10 et de donner du sens aux décompositions des nombres pour faire 10. Elle est également utilisée en période 3 pour donner du sens à la droite non graduée ou pour trouver les compléments à une dizaine entière supérieure.

- **En période 2**, les missions s'appuient sur le **principe d'associativité** pour permettre aux élèves de manipuler les compléments à 10 et les presque-doubles (ex. : 6 + 7). Au cœur de nombreuses procédures, la **manipulation** des résultats grâce au matériel tangible, aux cartes à points et aux arbres à calcul contribuera à installer progressivement ces résultats dans la mémoire des élèves. Dans la mission 4, on s'appuie sur les **décompositions des nombres** pour observer le **lien entre les trois termes** d'un même calcul. Connaitre *4 + 5 = 9* c'est aussi savoir calculer *9 – 4 = …* ou encore *5 + …. = 9*.

> **Les arbres à calcul** rendent visibles les décompositions et les recompositions des nombres ainsi que les principes de commutativité et d'associativité. On les utilise **dès la période 2**, en complément des cartes à points, pour calculer les compléments à 10. On les retrouve associés au matériel de base 10 en **période 4** pour structurer les sommes de deux nombres inférieurs à 100 (mission 12), notamment lorsqu'il y a un franchissement de dizaines.

> **Le tableau des nombres** rend visibles les ajouts ou les retraits successifs de 1 ou de 10. Sa forme permet des **déplacements structurés et structurants** pour effectuer les calculs. Les élèves peuvent ainsi acquérir une autre représentation des nombres et des calculs.

- **En période 3**, les missions programmées s'appuient sur une **numération décimale** qui a eu le temps de s'installer. Elles contribuent à un renforcement mutuel entre les deux domaines. La manipulation du **matériel de base 10** et du **tableau des nombres** rendent visibles l'ajout et le retrait de 10 même si l'objectif est de pouvoir procéder par une **manipulation mentale**. En revanche, on vise la réalisation de l'**ajout de 9** grâce au matériel. Dans un second temps, on franchit un cap vers l'abstraction avec la mission 8 en proposant la **droite graduée** comme support de calcul. Les bonds de 10, l'ajout de 10 et le passage de dizaine en dizaine s'appuient sur une **bonne connaissance du système décimal** des nombres jusqu'à 70. La période se termine par une mission sans exercices dans le fichier (*Choisir une stratégie pour calculer*) qui vise à faire une pause dans les acquisitions et à proposer aux élèves de regrouper les calculs qui « se ressemblent ». En se confrontant à différents types de calcul, les élèves entrainent leur **flexibilité mentale**.

• **Le matériel de base 10** est un outil idéal pour les procédures s'appuyant sur le système décimal car il favorise la création d'images mentales. Les élèves peuvent **agir sur les unités et les dizaines** de manière indépendante. Ce matériel est proposé aux élèves en complément du tableau des nombres en **période 3.** Il joue un second rôle (essentiel en période 4) en permettant aux élèves de regrouper les unités et les dizaines entre elles, tout en rendant concrète **la formation d'une nouvelle dizaine**.

• **La demi-droite graduée de 10 en 10** est utilisée pour accompagner la recherche de compléments à une dizaine supérieure en mission 8 (période 3) car elle donne à voir et à comprendre les écarts et les déplacements numériques. Elle est construite en appui sur les cartes à points pour permettre aux élèves de rendre concrets les ajouts successifs de 10.

- **En période 4**, la réflexion est menée sur l'**anticipation des calculs dont la somme des unités dépasse 9** et ce qui forme une nouvelle dizaine. Si, tout au long des missions, on développe une posture réflexive par des questionnements et le métalangage, c'est au cours de cette période que cela prend davantage de sens. Les élèves apprennent à anticiper leur stratégie en se basant sur l'**observation des unités** *(leur somme dépasse-t-elle 9 ?)*, sur la **taille des nombres** *(nombres à deux chiffres ?)* et leur **nature** (*dizaines entières ? 9 ?).* Ils prennent conscience de la nécessité de se poser des questions avant d'engager une procédure de calcul.
Conformément aux programmes, les élèves découvrent **le sens de la multiplication** en résolution de problèmes pour lui donner un sens concret. En période 4, on travaille cette compétence en calcul en appui sur le **langage oral**. On dit que : *3 + 3 + 3 + 3, c'est 4 fois 3, c'est égal à 12*. Les élèves utilisent le mot « fois » en production comme en réception.
Pour finir la période, une deuxième mission *Choisir une stratégie pour calculer* prolonge la réflexion sur la posture à développer face aux calculs.

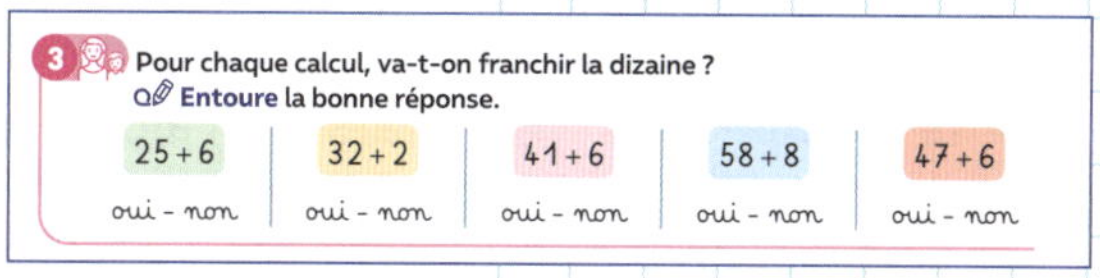
3 Pour chaque calcul, va-t-on franchir la dizaine ?
Entoure la bonne réponse.

25 + 6	32 + 2	41 + 6	58 + 8	47 + 6
oui - non	oui - non	oui - non	oui - non	oui - non

- **En période 5**, la découverte de la technique opératoire de l'addition posée relance à nouveau la réflexion sur la somme des unités. Nous avons choisi de proposer cette technique pour des **calculs avec retenue** et pour des **calculs à trois termes**, deux cas dans lesquels le calcul mental ou en ligne trouve ses limites. Les recherches s'accordent à penser qu'au CP, la quasi-totalité des calculs proposés sont réalisables en ligne. Le matériel de base 10 est utilisé pour permettre aux élèves de comprendre les enjeux de cet algorithme opératoire dans **un pas à pas explicite** étendu sur deux missions. Les élèves manipulent des objets concrets (jetons ou cubes sécables) pour comprendre le sens des calculs puis utilisent la **trace plus abstraite** proposée par les instructions officielles.
La dernière mission *Choisir une stratégie pour calculer* est construite comme les deux autres sur **l'observation des nombres** en jeu et la mise en avant des **indices donnés par les nombres**. Les élèves exercent ensuite leurs compétences dans une double-page du fichier (mission 16).

La droite non graduée est l'outil le plus abstrait de cette année de CP. Préconisée par les programmes, elle est un des outils proposés pour ajouter un nombre inférieur à 9 quand il y a franchissement de dizaines.

Lexique

- **Calcul en ligne :** modalité de calcul écrit qui s'appuie sur différentes procédures impliquant des principes tels que la commutativité et l'associativité, mais aussi la connaissance des nombres et de leur taille relative.
- **Calcul posé :** modalité de calcul écrit qui requiert l'application d'un algorithme opératoire. Au CP, la majorité des calculs peut s'effectuer en ligne. C'est pourquoi, il est intéressant que les élèves aient le choix dans l'utilisation de la stratégie. Toutefois la maitrise de la technique opératoire se révélera très utile les années suivantes.
- **Faits numériques :** résultats de calculs mémorisés ou de procédures automatisées qui sont immédiatement disponibles. Les périodes 1 et 2 sont consacrées à construire le répertoire additif.
- **Procédure de calcul :** ensemble d'actions qui fait appel à une manipulation des nombres et aux relations qui les unissent.
- **Tables d'addition :** ensemble de sommes inférieures à 20 dont la mémorisation est visée au CP. Elles peuvent être représentées sous la forme d'une table de Pythagore.
- **Commutativité :** propriété de calcul qui permet de modifier l'ordre des nombres d'une opération sans modifier le résultat. Autrement dit : $a + b = b + a$.
- **Associativité** : propriété de calcul qui permet de choisir les nombres à associer sans modifier le résultat. Elle est souvent utilisée pour faciliter les calculs. Par exemple : $(a + b) + c = a + (b + c)$.
- **Mémorisation déclarative :** mémoire à long terme permettant le rappel de faits. Dans le cadre du calcul, la mémoire déclarative est notamment mise en œuvre grâce aux relations entre les nombres.
- **Mémoire procédurale :** mémoire à long terme permettant le rappel de savoir-faire. Elle se travaille par une pratique répétée afin de créer des automatismes.
- **Mémoire de travail** : capacité à stocker et à manipuler des informations de manière temporaire afin d'accomplir des tâches. Elle est sollicitée dans les domaines de calcul liés aux procédures.
- **Flexibilité cognitive :** capacité à passer d'une tâche à une autre en s'adaptant au nouveau contexte. En calcul, les élèves doivent s'adapter aux nombres en jeu afin de pouvoir agir sur eux de manière pertinente.
- **Posture réflexive :** elle permet à l'élève non seulement d'être dans l'agir mais aussi de revenir sur cet agir pour en comprendre les finalités, les ratés et les apports. En calcul, l'objectif est de permettre aux élèves d'apprendre à observer les nombres en jeu avant de se lancer dans l'application d'une procédure non efficace.
- **Processus d'abstraction :** passage du réel à l'abstrait. Il est travaillé dès la maternelle par différentes étapes, de la manipulation d'objets concrets et manipulables à une représentation imagée pour aller vers une représentation abstraite (signes, chiffres écrits). L'utilisation des différents outils accompagne ce passage.

MISSION 1 Ajouter ou soustraire 1, 2, 3 ou 4

MATÉRIEL

- **Pour chaque élève :** la bande numérique jusqu'à 19 (matériel détachable), une boite et des jetons
- **Collectif :** diaporamas M1a et M1b

TEMPS 1	MISSION 1a ▶ Diaporama	30 min	En collectif
TEMPS 2	MISSION 1b ▶ Diaporama	20 min	En collectif
	Pratique guidée ▶ Fichier p. 66	10 min	En collectif
TEMPS 3	Pratique autonome ▶ Fichier p. 67	15 min	En individuel
	Boite d'autonomie	15 min	

PRINCIPE DES MISSIONS

Ces missions **mettent en place progressivement les stratégies et le sens donné à « ajouter » et « soustraire »**. Les élèves découvrent le lien entre « ajouter », « plus », « avancer sur la bande numérique », « compter » et entre « retirer », « moins », « reculer » et « compter à rebours ». L'ajout et le retrait sont travaillés au sein de chaque temps afin que les élèves en construisent le sens simultanément. Les élèves doivent s'appuyer sur la comptine numérique : aussi sa maitrise jusqu'à 20 en est le point d'appui principal.

Dans la **mission 1a**, les élèves sont amenés à découvrir une stratégie pour calculer +2 et –2 grâce au comptage. Dans la **mission 1b**, le jeu de la boite est le support privilégié pour ajouter ou soustraire 3 ou 4. Les élèves apprennent à organiser leur comptage à l'aide de leurs doigts.

L'automatisation de ces procédures sera travaillée en calcul mental.

TEMPS 1

MISSION 1a Ajouter ou soustraire 2 (30 min)

- Dans un premier temps, l'enseignant·e propose aux élèves d'ajouter 2 à partir de représentations des nombres avec les constellations (dés et doigts), puis à partir de leur écriture chiffrée. Les élèves réfléchissent à plusieurs stratégies efficaces : lever deux doigts, compter en avançant de deux nombres. Ils observent ensuite également le lien avec le fait d'avancer de deux cases sur la bande numérique.
- Ensuite, les élèves se questionnent sur les stratégies efficaces pour soustraire 2. Ils identifient que baisser deux doigts et compter à rebours sont utiles pour soustraire 2. Ils observent également le lien avec le fait de reculer de deux cases sur la bande numérique.
- Enfin, les élèves travaillent avec des nombres compris entre 10 et 20. Cette nouvelle contrainte pousse les élèves à utiliser le surcomptage pour calculer +2 puis –2. La bande numérique est présentée en tant qu'outil pour vérifier le résultat, davantage que comme un outil pour calculer.
- L'utilisation des doigts pour les ajouts est relativement aisée, pour les retraits cela le sera beaucoup moins. La capacité d'abstraction sera déterminante pour y accéder. L'enseignant·e veille à permettre aux élèves d'utiliser les objets tangibles (boite/jetons) tant que cela est nécessaire.

TEMPS 2

MISSION 1b Ajouter ou soustraire 3 ou 4 — 20 min

- Dans cette mission, les élèves expérimentent l'ajout et le retrait d'une petite quantité pour lesquels ils n'ont pas encore de stratégie explicite. Ils sont rapidement confrontés à des quantités plus grandes que 10 afin de les pousser à se détacher du dénombrement à partir de 1.
- Dans un premier temps, l'enseignant·e présente le jeu de la boite avec +/– 1 et +/– 2.
- Ensuite, les élèves doivent chercher à ajouter 3 à 6, puis à 12. Les élèves verbalisent leurs procédures et réfléchissent à un outil leur permettant de vérifier. Ils font le lien avec la mission 1a.
- Dans un troisième temps, la démarche est reprise pour soustraire 3 à 8, puis à 14.
- Pendant le travail de recherche, les élèves qui en auraient besoin peuvent utiliser une boite et des jetons.

> **En pratique**
> Dans une classe de 24 élèves, la verbalisation est parfois difficile à rendre efficace. Ne pas hésiter à réaliser des groupes de besoin selon ce qui aura été observé en mission 1a, pendant les rituels et en numération.

BILAN ET MINIQUIZ

PRATIQUE GUIDÉE ▸ fichier p. 66 — 10 min

Le jeu de la boite est repris dans toute la double page.

▸ **Ex. 1 :** Ici, les élèves sont poussés à surcompter grâce au nombre inscrit sur la boite. La représentation des jetons ajoutés est un soutien.

▸ **Ex. 2 :** Cet exercice vise à entrainer le retrait d'une petite quantité. Le principal obstacle est la représentation de la quantité retirée. Certains élèves seront tentés de les ajouter. Il sera nécessaire de prendre le temps de faire verbaliser les élèves, voire de leur faire utiliser la boite grâce à laquelle ils pourront compter à rebours progressivement. Il n'est pas utile d'utiliser la bande numérique de manière systématique.

> **En pratique**
> Inciter les élèves à compter à rebours en même temps qu'ils retirent les jetons 1 à 1.

TEMPS 3

PRATIQUE AUTONOME ▸ fichier p. 67 — 15 min

▸ **Ex. 3 :** Même exercice que le premier. Faire remarquer l'existence de l'intrus.

▸ **Ex. 4 :** L'utilisation de la boite reste envisageable. Plus les élèves joueront avec la boite et les jetons, plus ils seront capables d'abstraire. Veiller à faire remarquer aux élèves que deux des situations sont des ajouts.

▸ **Le bonus du jour :** À mi-chemin entre le comptage et le calcul, ce bonus du jour permet aux élèves d'exercer le lien entre ajouter 1 et avancer de 1 en 1.

> **Pour différencier**
> Fichier à photocopier : fiches * et **, *Ajouter ou soustraire 1, 2, 3 ou 4*

BOITE D'AUTONOMIE ▸ Activités au choix de l'enseignant·e (voir la programmation p. 27) — 15 min

Pour évaluer Évaluation *Calcul 1*

MISSION 2 S'appuyer sur 5 pour calculer

MATÉRIEL
- **Pour chaque élève :** 10 jetons ; 2 cartes à points vierges (matériel détachable) ; fiche *Cartes à points 5*
- **Collectif :** diaporama M2

TEMPS 1	MISSION 2 ▶ Diaporama	20 min	En collectif
	Pratique guidée ▶ Fichier p. 68	10 min	En collectif
TEMPS 2	Pratique autonome ▶ Fichier p. 69	15 min	En individuel
	Boite d'autonomie	15 min	

PRINCIPE DE LA MISSION

Dans cette mission, les élèves apprennent à calculer en s'appuyant sur 5. Ils mettent en relation deux représentations : les doigts et les cartes à points qui permettent de « voir » par décomposition/recomposition les quantités en s'appuyant sur 5. Ainsi, ils installent les premiers faits numériques en appui sur 5 : 5 + 1 ; 5 + 2 ; 5 + 3 ; 5 + 4 ; 5 + 5.

L'ajout, le retrait et le complément sont travaillés en parallèle par la manipulation à partir du jeu de la boite. À la fin de la mission, les élèves sont capables d'utiliser les cartes à points et utilisent les décompositions des nombres en appui sur 5.

TEMPS 1

MISSION 2 S'appuyer sur 5 pour calculer 20 min

La boite contiendra toujours 5 jetons non visibles.

- Dans un premier temps, les élèves cherchent les résultats de 5 + 4, 5 + 5 et 5 + 3. Ils sont amenés à observer la relation avec les constellations des doigts qui s'appuient sur 5. En passant dans les rangs, l'enseignant·e recueille les stratégies des élèves. La manipulation n'est pas possible afin de pousser les élèves à représenter les quantités.
- Après avoir structuré la première relation entre 5 + ... et les constellations des doigts, les élèves cherchent à la rendre visible sur les cartes à points 5 (fiche M2).
- Enfin, les élèves apprennent à utiliser les cartes à points pour chercher les compléments à 7, puis à 9.

PRATIQUE GUIDÉE ▶ fichier p. 68 10 min

Les exercices 1 et 2 permettent aux élèves d'utiliser les faits numériques tout en s'appropriant leur nouvel outil.

- **Ex. 1 :** Les élèves associent la verbalisation des sommes et les cartes à points.
- **Ex. 2 :** Les élèves associent les boites et les cartes à points. Il est possible d'accompagner les élèves à verbaliser ce qu'ils voient.
- **Ex. 3 :** Cet exercice est l'occasion de donner un sens à la mémorisation des faits numériques. On s'appuie sur 5 pour compléter les collections de bonbons. Les élèves pourront dessiner les bonbons en surcomptant sans utiliser les faits numériques. Pour faire apparaitre le lien, l'enseignant·e pourra veiller à faire verbaliser les résultats mémorisés aux élèves qui en auraient besoin.

TEMPS 2

PRATIQUE AUTONOME ▶ fichier p. 69 — 15 min

- **Ex. 4 :** Les élèves complètent les cartes à points.
- **Ex. 5 :** Les élèves associent les boites et les cartes à points. Attirer l'attention des élèves sur la présence d'un intrus.
- **Ex. 6 :** Les élèves s'appuient sur le paquet de 5 pour dessiner les feutres manquants.
- **Le bonus du jour :** Le format de ce bonus est le même que pour la mission 1 ; les élèves s'entraineront à ajouter 2 à partir de nombres impairs.

Pour différencier
Fichier à photocopier : fiches * et **, *S'appuyer sur 5 pour calculer*

BOITE D'AUTONOMIE ▶ Activités au choix de l'enseignant·e (voir la programmation p. 27) — 15 min

Trace écrite Leçon *Utiliser 5 pour calculer*

Pour évaluer Évaluation *Calcul 1*

MISSION 3 Utiliser les signes +, −, =

MATÉRIEL
- **Par binôme :** 1 boite ; 30 jetons ; la fiche *Signes + et −* ; la fiche *Égalités*
- **Collectif :** diaporamas M3a et M3b

TEMPS 1	MISSION 3a ▶ Diaporama	30 min	En collectif
TEMPS 2	MISSION 3b ▶ Diaporama	20 min	En collectif
	Pratique guidée ▶ Fichier p. 70	10 min	En collectif
TEMPS 3	Pratique autonome ▶ Fichier p. 71	15 min	En individuel
	Boite d'autonomie	15 min	

PRINCIPE DES MISSIONS

Les élèves sont amenés à comprendre le sens des signes +, − et = en s'appuyant sur la situation de la boite qui leur est désormais familière. Dans la **mission 3a**, il s'agit de traduire mathématiquement des situations que les élèves savent déjà décrire, comprendre et résoudre. La **mission 3b**, qui aura lieu le jour suivant, installe le sens du signe =. Afin de ne pas enfermer les élèves dans une seule utilisation du signe = (comme résultat d'une somme ou d'une différence), il est d'abord question d'utiliser ce signe pour coder l'égalité entre différentes représentations. À la fin de la mission, les élèves sont capables de lire, écrire et comprendre des calculs écrits sous la forme 5 + 2 = 7 ; 7 − 5 = 2 ou 7 = 5 + 2.

TEMPS 1

MISSION 3a Utiliser les signes + et – 30 min

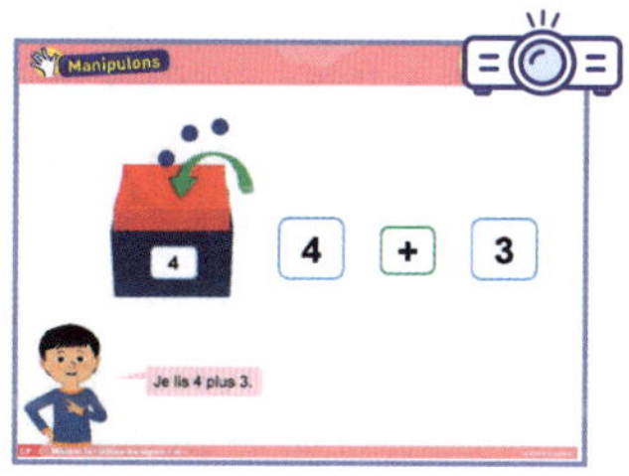

- Cette mission s'appuie essentiellement sur le travail de verbalisation effectué dans les missions précédentes. Elle est partagée en deux temps, un premier temps pour découvrir les signes et un second temps où les élèves jouent au jeu de la boite en binômes.
- Après avoir découvert le signe +, les élèves cherchent à écrire le calcul qui correspond à différentes situations de la boite proposées aux élèves.
- Ensuite, la même démarche est reprise pour le signe – .
- Puis, les élèves jouent au jeu de la boite en binômes. Ils apprennent à lire et à écrire les calculs. Il y a deux façons de jouer : soit l'élève A propose une situation que l'élève B réalise sur son ardoise et inversement ; soit l'élève A propose un calcul que l'élève B traduit avec les jetons et inversement. L'enseignant·e circule parmi les élèves et les fait verbaliser. Cette phase est déterminante pour permettre aux élèves de passer à l'abstraction.

TEMPS 2

MISSION 3b Utiliser le signe = 20 min

- Cette mission a la même structure que la mission 3a. Les élèves seront amenés à trouver les résultats. La fiche M3b contient 15 cartes : additions, soustractions, constellations de doigts, nombres écrits en chiffres et collections de points organisés, ainsi que 10 signes = que les élèves poseront entre les cartes de même valeur.
- Après avoir identifié les cartes de même valeur, les élèves découvrent le signe = qu'ils placent entre les cartes. Cela permet de faire apparaitre des relations telles que « 8 = 5 + 3 = constellation 8 avec les doigts » ou « 3 + 2 = 7 – 2 ou encore 4 – 1 = 3 ». Deux ou trois cartes peuvent être associées selon les cas.
- Ensuite, l'utilisation du signe = trouve son sens particulier dans l'écriture du résultat d'une addition ou d'une soustraction à partir de situations réalisées avec la boite.
- Pour finir, comme dans la mission 3a, un temps est prévu pour que les élèves jouent au jeu de la boite. Il y a deux façons de jouer : soit l'élève A propose une situation que l'élève B réalise sur son ardoise et inversement ; soit l'élève A propose un calcul que l'élève B traduit avec les jetons et inversement.

PRATIQUE GUIDÉE ▸ fichier p. 70 10 min

- ▸ **Ex. 1 :** Cet exercice reprend strictement ce qui a été fait dans la mission : écrire le calcul correspondant à la situation proposée. L'enseignant·e veille à distinguer les erreurs qui relèvent de la compréhension de la situation et celles qui relèvent de la capacité à calculer.
- ▸ **Ex. 2 :** Les élèves s'entrainent à calculer sommes et différences. En coloriant les cartes de même valeur, ils pratiquent la notion d'égalité.
- ▸ **Ex. 3 :** Cet exercice est plus complexe. Pour réussir, les élèves doivent identifier les relations entre les nombres en jeu et utiliser leurs premières connaissances des faits numériques. Cet exercice pousse les élèves à prendre le temps d'observer les nombres avant d'engager des actions. Il peut être intéressant de proposer une correction collective de cet exercice ou de réaliser le premier collectivement pour faire apparaitre les questions à se poser.

TEMPS 3

PRATIQUE AUTONOME ▶ **fichier** p. 71 — 15 min

- **Ex. 4 :** Exercice similaire à l'exercice 1. En cas d'erreur, évaluer sa source pour proposer une remédiation adaptée.
- **Ex. 5 :** Exercice similaire à l'exercice 2. Les nombres en jeu reprennent les faits numériques du type 5 + … et deux cartes à points sont proposées afin d'entretenir ces connaissances.
- **Ex. 6 :** Exercice similaire à l'exercice 3.
- **Ex. 7 :** Il s'agit d'appliquer les nouvelles connaissances à une situation concrète. La boite à œufs, proche de la boite utilisée lors de la mission, permet aux élèves de transférer plus facilement leurs connaissances. Les nombres 2, 4 et 6 sont en jeu dans les deux situations mais leurs rôles sont différents ce qui permet de donner du sens.
- **Le bonus du jour :** Une nouvelle fois, les élèves sont incités à observer les relations entre les nombres. Ils doivent déterminer s'il y eu un ajout ou un retrait en écrivant + ou – dans les bulles.

BOITE D'AUTONOMIE ▶ Activités au choix de l'enseignant·e (voir la programmation p. 27) — 15 min

Pour évaluer Évaluation *Calcul 1*

MISSION 4 Comprendre le lien entre addition et soustraction

MATÉRIEL
- **Pour chaque élève :** une boite, 8 jetons
- **Collectif :** diaporama M4

TEMPS 1	MISSION 4 ▶ Diaporama	20 min	En collectif
	Pratique guidée ▶ Fichier p. 72	10 min	En collectif
TEMPS 2	Pratique autonome ▶ Fichier p. 73	15 min	En individuel
	Boite d'autonomie	15 min	

PRINCIPE DE LA MISSION

Dans cette mission, les élèves vont construire et découvrir le lien entre les trois termes d'un même calcul. Par exemple, grâce à 5 + 3 = 8, on sait aussi que si on enlève 3 à 8, il restera 5 et que, si on enlève 5 à 8, il restera 3.
Le jeu de la boite est à nouveau utilisé pour favoriser la manipulation des quantités et voir le lien entre elles. La boite et les jetons sont utilisés par certains élèves pour vérifier les réponses proposées.

TEMPS 1

MISSION 4 Comprendre le lien entre addition et soustraction 20 min

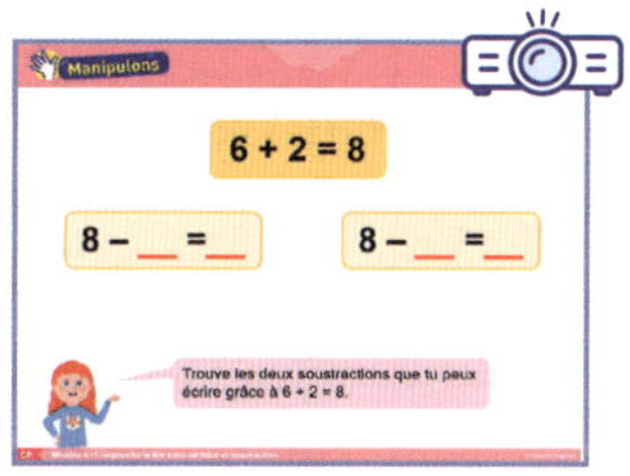

- Dans le diaporama, les élèves utilisent la boite et les jetons pour vérifier leur calcul. Mais il est possible que la manipulation vienne avant la vérification pour certains élèves. L'enseignant·e choisira l'organisation la plus pertinente pour ses élèves.
- Dans un premier temps, les élèves découvrent progressivement le lien entre les nombres 5, 3 et 8 grâce au jeu de la boite. Ils sont amenés à ajouter, puis soustraire les termes entre eux. Ils écrivent les calculs et observent le lien entre ces calculs.
- Après avoir cherché les décompositions de 8, les élèves sont encouragés à utiliser ces résultats pour résoudre les soustractions proposées. Les élèves peuvent également s'apercevoir du lien entre les nombres grâce à la manipulation des jetons et de la boite.
- Enfin, les élèves recherchent un complément. Cela contribue à affirmer la relation entre addition et addition à trou déjà pressentie et vécue par certains élèves de manière intuitive depuis le début de l'année.

BILAN ET MINIQUIZ

PRATIQUE GUIDÉE ▸ fichier p. 72 10 min

Dans chaque exercice, la table d'addition est donnée aux élèves pour qu'ils puissent s'appuyer dessus pour calculer.

- ▸ **Ex. 1 :** Les décompositions de 9. Les élèves écrivent les soustractions qui correspondent aux boites. Observer si les élèves utilisent leurs doigts ou les résultats donnés. Inciter les élèves à utiliser les faits numériques : c'est l'enjeu de cette mission.
- ▸ **Ex. 2 :** Les décompositions de 6. On demande aux élèves de compléter cinq soustractions à l'aide de la table de 6. Penser à observer les élèves et l'utilisation des doigts ; réajuster rapidement.
- ▸ **Ex. 3 :** Une situation plus concrète est proposée aux élèves. À partir de la photographie de 3 oiseaux, les élèves doivent identifier le nombre d'oiseaux manquants. Penser à faire identifier le calcul sur lequel on peut s'appuyer.

TEMPS 2

PRATIQUE AUTONOME ▸ fichier p. 73 15 min

- ▸ **Ex. 4 :** Les décompositions de 7. Les élèves écrivent les soustractions qui correspondent aux boites.
- ▸ **Ex. 5 :** Les décompositions de 8. On demande aux élèves de compléter cinq soustractions.
- ▸ **Ex. 6 :** Les décompositions de 6 sont mises en œuvre dans différentes situations avec une boite à œufs.
- ▸ **Ex. 7 :** Les élèves résolvent la situation en s'appuyant sur la photographie.
- ▸ **Le bonus du jour :** Les élèves ajoutent et retirent un nombre inférieur à 5.

Pour différencier

Fichier à photocopier : fiches * et **, *Comprendre le lien entre addition et soustraction*

BOITE D'AUTONOMIE ▸ Activités au choix de l'enseignant·e (voir la programmation p. 27) 15 min

Pour évaluer Évaluation *Calcul 2*

MISSION 5 Utiliser les compléments à 10 pour calculer

MATÉRIEL

- **Pour chaque élève :** les cartes-nombres (matériel détachable)
- **Pour chaque binôme :** les cartes à points (matériel détachable), les cartes doigts (matériel détachable), des cartes à jouer de 1 à 9, des jetons, fiche *Jeu des paires*
- **Collectif :** diaporamas M5a, M5b et M5c

TEMPS 1	MISSION 5a ▶ Diaporama	30 min	En collectif
TEMPS 2	MISSION 5b ▶ Diaporama	30 min	En collectif
TEMPS 3	MISSION 5c ▶ Diaporama	20 min	En collectif
	Pratique guidée ▶ Fichier p. 74	10 min	En collectif
TEMPS 4	Pratique autonome ▶ Fichier p. 75	15 min	En individuel
	Boite d'autonomie	15 min	

PRINCIPE DES MISSIONS

L'objectif est d'apprendre à manipuler le passage à la dizaine lors des calculs proposés. Nous avons choisi de proposer trois missions. Les élèves sont ainsi accompagnés progressivement pour découvrir **des principes calculatoires essentiels** : appui sur la **numération de base 10**, utilisation de **résultats connus**, mais également principe **d'associativité** et **décomposition des nombres**. Les élèves découvrent l'intérêt de manipuler les nombres pour faciliter les calculs. Ils apprennent également pour la première fois **à observer les nombres avant de calculer**. Il est essentiel de comprendre l'utilité de regrouper les nombres pour **simplifier et accélérer le calcul**. Pour laisser aux élèves le temps de s'approprier ces enjeux, les exercices d'application sont réalisés à la fin de la séquence d'apprentissage. Dans un premier temps, les élèves **construisent les compléments à 10** en utilisant les cartes à points. Ils mettent également en œuvre le principe de commutativité. Ils découvrent le **principe d'associativité dans la mission 5b**. Cette propriété est utilisée pour simplifier les calculs en regroupant les termes de **manière stratégique**. En identifiant les sommes égales à 10, les élèves peuvent résoudre leur calcul en utilisant leurs connaissances sur la numération. Dans **la mission 5c**, les élèves découvrent que l'on peut **décomposer un nombre** avant de calculer pour rendre le calcul plus facile. Ils sont ainsi encouragés à utiliser leurs connaissances sur les compléments à 10 et sur la construction des nombres pour effectuer des calculs plus rapidement. Cela leur permet de développer une certaine **autonomie** et **d'améliorer leur maitrise des calculs**.

TEMPS 1

MISSION 5a Connaitre les compléments à 10 (30 min)

- Cette mission est construite sur le jeu des paires. Les élèves manipulent différentes représentations des nombres pour chercher à faire 10. Le temps de structuration, lui, s'appuie sur les cartes à points.
- Dans un rapide premier temps, les élèves identifient le rôle des cartes à points en faisant le lien avec les constellations des doigts qui sont naturellement utilisées pour faire 10.
- Ensuite, les élèves jouent au jeu des paires en utilisant différentes représentations issues du matériel détachable. En circulant dans les rangs, l'enseignant·e fait verbaliser les paires trouvées afin que les élèves puissent formuler les sommes. Cette phase dure au plus 5 à 10 minutes.

En pratique

Les cartes à points permettent de mieux voir les compléments à 10. En un coup d'œil, les élèves identifient la quantité manquante pour compléter la carte.

- Dans un dernier temps, on propose différentes paires aux élèves et on leur demande de justifier leur exactitude. L'utilisation des cartes à points à ce moment permet de proposer une représentation mentale des quantités. La notion de complément est très mobilisée dans cette mission.

BILAN ET MINIQUIZ

TEMPS 2

MISSION 5b Associer les nombres pour calculer 30 min

Cette mission est réalisée un autre jour.

- Dans un premier temps, les élèves cherchent à calculer 5 + 2 + 5 puis 8 + 4 + 2 librement. En circulant dans les rangs, l'enseignant·e repère les questionnements et les remarques des élèves à partir desquels il/elle pourra rebondir.
- Ensuite, on demande aux élèves de chercher la manière la plus rapide de calculer. À ce moment, ils sont amenés à manipuler les cartes à points. L'objectif est de faire apparaitre la quantité 10 de manière évidente. En manipulant les cartes, les élèves changent les nombres de place. Ils expérimentent de manière concrète le principe d'associativité et de commutativité.
- Pendant le retour collectif, l'enseignant·e insiste sur les deux points importants de la mission : *Je m'aide des compléments à 10 pour trouver les deux nombres à ajouter dans un premier temps et je m'aide de mes connaissances sur la famille de 10 pour calculer la dernière étape.*
- Pour finir, les élèves mettent en œuvre la procédure avec un accompagnement de l'enseignant·e qui vérifie sa bonne compréhension en interrogeant régulièrement les élèves sur ce qui est ou a été réalisé. La correction donne l'occasion de proposer **une troisième étape plus abstraite** en utilisant **les cartes-nombres** à la place des cartes à points. Ce dernier temps prépare également la compréhension des arbres à calcul.

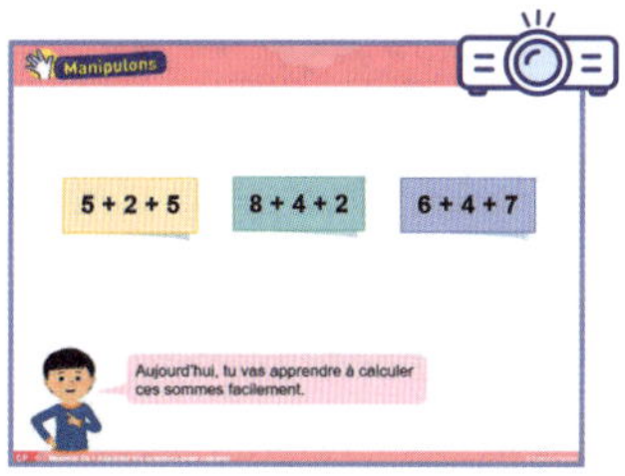

En pratique

Il est tout à fait envisageable de fournir une trace des compléments à 10 comme aide au moment où l'élève se sépare des cartes à points.

BILAN ET MINIQUIZ

TEMPS 3

MISSION 5c Utiliser les compléments à 10 pour calculer 20 min

Cette mission est réalisée un autre jour.

- Les élèves découvrent l'intérêt de décomposer un nombre pour faciliter le calcul grâce à la numération de base 10. Cette mission est construite sur le même modèle que la mission 5b.
- Dans un premier temps, quatre calculs sont présentés aux élèves. Il est important d'annoncer l'objectif et de faire remarquer aux élèves que les sommes égales à 10 ne sont pas visibles.
- Après avoir cherché librement à faire apparaitre une somme égale à 10 dans les deux premiers calculs, les élèves vont utiliser les jetons et les cartes à points pour les mettre en évidence. Les cartes à points permettent de voir la décomposition du nombre.
- Ensuite, on présente aux élèves l'utilisation de l'arbre à calcul en insistant sur le sens de cet outil grâce aux cartes à points.
- Pendant le travail de recherche, l'enseignant·e circule dans les rangs pour favoriser la prise de conscience des enjeux de calcul (décomposition, somme égale à 10) présents dans chaque situation.

Point de vigilance

Le passage de la manipulation des jetons aux arbres à calcul est délicat ; une verbalisation minutieuse permettra aux élèves de franchir le cap.

En pratique

La manipulation des jetons et des cartes à points en parallèle de l'arbre à calcul peut perdurer plus longtemps que prévu ici. L'enseignant·e saura évaluer le degré d'abstraction de ses élèves.

BILAN ET MINIQUIZ

PRATIQUE GUIDÉE ▸ fichier p. 74 — 10 min

- **Ex. 1 :** Le premier exercice repose sur la mission 5b. On demande aux élèves d'entourer les compléments à 10 avant de calculer. L'utilisation de l'arbre à calcul est très guidée, notamment par un exemple. Le code couleur des cartes-nombres permet une prise en main facilitée.
- **Ex. 2 :** Cet exercice fait travailler la décomposition des nombres pour faire 10 (mission 5c). Les cartes à points sont proposées en plus de l'arbre à calcul pour soutenir la procédure. Il peut être nécessaire de faire manipuler les cartes et les jetons pour les élèves qui n'ont pas encore accès à cette abstraction.

TEMPS 4

PRATIQUE AUTONOME ▸ fichier p. 75 — 15 min

- **Ex. 3 :** Dans cet exercice, les élèves repèrent uniquement les sommes qui font 10 afin d'entretenir la connaissance de ces faits.
- **Ex. 4 :** Même exercice que le premier exercice. Le faire remarquer aux élèves.
- **Ex. 5 :** Même exercice que le deuxième exercice. Le faire remarquer aux élèves.
- **Le bonus du jour :** Ce bonus vise à entrainer les élèves à ajouter ou soustraire un nombre inférieur à 5 comme vu en mission 2.

Pour différencier
Fichier à photocopier : fiches * et **, *Utiliser les compléments à 10 pour calculer*

BOITE D'AUTONOMIE ▸ Activités au choix de l'enseignant·e (voir la programmation p. 27) — 15 min

Trace écrite Leçon *Les compléments à 10*

Pour évaluer Évaluation *Calcul 2*

MISSION 6 Utiliser les doubles pour calculer

MATÉRIEL
- **Pour chaque élève :** des jetons
- **Collectif :** diaporama M6

TEMPS 1	MISSION 6 ▸ Diaporama	20 min	En collectif
	Pratique guidée ▸ Fichier p. 76	10 min	En collectif
TEMPS 2	Pratique autonome ▸ Fichier p. 77	15 min	En individuel
	Boite d'autonomie	15 min	

PRINCIPE DE LA MISSION

Quatre calculs sont au cœur de cette mission : 5 + 6 ; 6 + 7 ; 7 + 8 ; 8 + 9. Ils sont définis par leur relation avec un double proche. On parle souvent de presque doubles ou de doubles +1 pour les nommer. Ainsi, dans cette mission, les élèves découvrent l'intérêt d'utiliser les doubles pour calculer ces sommes. Ils utilisent à nouveau la décomposition des nombres pour faciliter les calculs. En effet, les élèves décomposent le calcul après avoir repéré le double du nombre le plus petit. Cette mission concourt également à aider les élèves à mémoriser ces résultats.

Les jetons permettent de « voir » la décomposition des nombres grâce aux doubles. L'arbre à calcul est proposé pour organiser la procédure.

Remarque : au CP, seuls les doubles +1 sont utilisés, c'est pourquoi les élèves choisiront de manière explicite le double du plus petit nombre.

TEMPS 1

MISSION 6 Utiliser les doubles pour calculer 20 min

- Pour la deuxième fois depuis le début de l'année, les élèves sont dans un premier temps invités à observer les nombres en jeu dans les calculs. C'est l'occasion de mettre en évidence les relations entre les nombres.
- Après avoir annoncé l'objectif, les élèves manipulent les jetons pour faire apparaitre les doubles dans les sommes proposées. Ils observent ainsi qu'il reste 1 jeton après avoir mis de côté le double. En parallèle, l'arbre à calcul permet d'expliciter la procédure. Les jetons viennent soutenir la compréhension.
- Enfin, les élèves mettent en œuvre la procédure dans une pratique guidée qui met en avant les différentes étapes. Ne pas hésiter à insister sur le travail d'observation préparatoire où les élèves identifient le double qui est en jeu dans la somme.

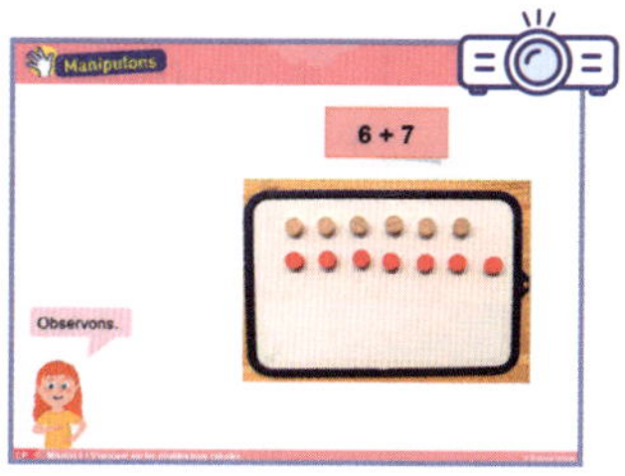

BILAN ET MINIQUIZ

PRATIQUE GUIDÉE ▶ fichier p. 76 10 min

- ▶ **Ex. 1 :** Les élèves décomposent 5 + 6 et 7 + 6 pour faire apparaitre les doubles +1. Une photographie des jetons permet aux élèves de repérer les doubles.
- ▶ **Ex. 2 :** Les élèves complètent les arbres à calcul pour calculer 7 + 8 et 9 + 8. Plusieurs doubles sont donnés pour soutenir les élèves, qui choisissent celui qui est approprié au calcul parmi plusieurs propositions.

TEMPS 2

PRATIQUE AUTONOME ▶ fichier p. 77 15 min

- ▶ **Ex. 3 :** Les élèves colorient le double qui sera utile pour calculer plus facilement.
- ▶ **Ex. 4 :** Même exercice que l'exercice 1. Grâce à la photographie des jetons, les élèves décomposent les calculs en double +1.
- ▶ **Ex. 5 :** Même exercice que l'exercice 2. Les arbres à calculs sont partiellement complétés.
- ▶ **Ex. 6 :** Les élèves colorient les calculs en fonction du résultat. Ils utilisent **la méthode de leur choix** ; il est nécessaire de le leur préciser. Encourager les élèves qui en ont besoin à utiliser **un des deux outils** : l'arbre à calcul ou les jetons.
- ▶ **Le bonus du jour :** On entretient la mémorisation des tables d'addition. Les élèves colorient les cases en fonction du code couleur proposé. Encourager les élèves à utiliser leur mémoire pour calculer.

Pour différencier

Fichier à photocopier : fiches * et **, *Utiliser les doubles pour calculer*

BOITE D'AUTONOMIE ▶ Activités au choix de l'enseignant·e (voir la programmation p. 27) 15 min

Trace écrite — Leçon *Utiliser les doubles pour calculer*

Pour évaluer — Évaluation *Calcul 2*

MISSION 7 Ajouter ou soustraire 10. Ajouter 9

MATÉRIEL
- **Pour chaque élève :** fiche *Tableau des nombres*, le matériel de base 10
- **Collectif :** diaporamas M7a et M7b

TEMPS 1	MISSION 7a ▶ Diaporama	30 min	En collectif
TEMPS 2	MISSION 7b ▶ Diaporama	20 min	En collectif
	Pratique guidée ▶ Fichier p. 78	10 min	En collectif
TEMPS 3	Pratique autonome ▶ Fichier p. 79	15 min	En individuel
	Boite d'autonomie	15 min	

PRINCIPE DES MISSIONS

Les **missions 7a et 7b** sollicitent de manière directe les savoirs et compétences acquis en numération. En effet, ajouter ou soustraire 10 est directement concerné par la **numération de position**. Les élèves vont utiliser, dans un premier temps, le tableau des nombres et le matériel de base 10 pour organiser leur calcul. Mais très vite certains élèves seront capables de s'en passer, ce qui est l'objectif à atteindre.

L'ajout de 9 est également traité avec le système décimal car 9 c'est 10 – 1, c'est l'ajout d'une dizaine puis le retrait d'une unité. Les élèves voient à nouveau l'intérêt de décomposer un nombre pour rendre le calcul plus facile. Ce sont des compétences déjà travaillées, néanmoins, l'ajout de 9 nécessite une manipulation mentale exigeante qui n'est pas à atteindre sans trace, ni matériel au CP. À la fin de la mission, les élèves seront capables d'ajouter 9 à l'aide du matériel. Ils apprennent à utiliser la trace prescrite par les programmes mais ne s'y réduisent pas.

Lorsque le chiffre des unités est soit 0, soit 1, cette procédure n'est pas la plus pertinente. Il convient de le faire remarquer aux élèves.

Si certains élèves ne s'approprient pas la trace prescrite, ce n'est pas grave à ce stade. Nous avons choisi de travailler cette compétence en calcul mental plus tard dans l'année afin de permettre aux élèves d'être plus à l'aise dans la maitrise de la numération, de la mémoire de travail et de l'abstraction.

TEMPS 1

MISSION 7a Ajouter ou soustraire 10 (30 min)

- À partir de la 3e période, les élèves observent les calculs qui seront en jeu dans la mission pour en percevoir les caractéristiques. Cette phase leur permet de se projeter et de prendre du recul. Nous souhaitons pouvoir **habituer les élèves à se questionner** avant de « foncer » sur le calcul.
La mission « Choisir une stratégie (1) » sera totalement consacrée à cette posture réflexive.
- Dans un rapide premier temps, les élèves observent quatre calculs. Ils repèrent les ressemblances entre ces calculs. En remarquant la présence de 10, les élèves formulent explicitement le **lien avec la numération décimale**. La question des outils est également soulevée. Les élèves, en binômes, doivent se mettre d'accord sur l'utilité de chaque outil proposé : les doigts, le matériel de base 10 et le tableau des nombres. Pour le premier calcul, les élèves sont mis en recherche avec le matériel de leur choix. Ensuite, ils sont incités, par le contexte, à utiliser les outils proposés. Si malgré les échanges certains élèves utilisent leurs doigts, il peut être intéressant de questionner leur rapport à la construction du nombre. Le temps de verbalisation est principal dans cette mission, l'enseignant·e circule parmi les élèves lors de la phase de recherche en les invitant à décrire ce qu'ils voient, font et découvrent.
- Ensuite, la démarche est la même pour la paire d'addition et la paire de soustraction : recherche libre sur le premier calcul, structuration avec le matériel de base 10, structuration avec le tableau des nombres, puis pratique accompagnée. L'utilisation des deux outils issus du matériel de numération consolide la relation entre les connaissances sur les nombres et le calcul. Le diaporama présente la manipulation pas à pas.

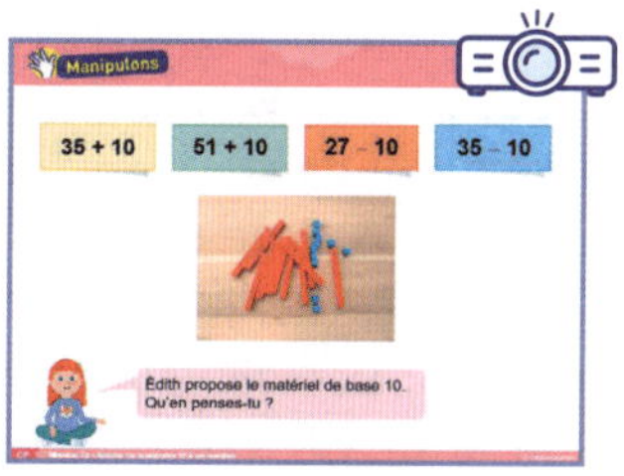

En pratique

Il est nécessaire d'indiquer explicitement comment utiliser le matériel. Avec le tableau des nombres, on dit « descendre » et « monter » selon si on ajoute ou on soustrait.

En pratique

La réussite de cette mission réside aussi dans le fait de faire observer aux élèves que seul le chiffre des dizaines change.

BILAN ET MINIQUIZ

Trace écrite Leçon *Ajouter ou soustraire 10*

TEMPS 2

MISSION 7b Ajouter 9 (20 min)

Cette mission est réalisée un autre jour, mais le lien avec la mission 7a est très présent.

- Dans un rapide premier temps, les élèves observent quatre calculs. Ils repèrent les ressemblances entre les calculs et échangent sur l'intérêt de trouver une stratégie pour ajouter 9. Les échanges conduisent les élèves à observer que 9, c'est presque 10.
- Les quatre calculs sont traités par paire. Les deux premiers sont réalisés grâce au matériel de base 10 : *J'ajoute une dizaine et je retire une unité.* Les deux autres présentent une procédure avec le tableau des nombres : *Je descends d'une ligne pour ajouter 10, puis je recule d'une case pour retirer 1.*
- Après avoir cherché à résoudre librement 34 + 9, une structuration avec le matériel de base 10 est présentée de manière explicite et progressive. Le diaporama présente la manipulation pas à pas. Les élèves manipulent en même temps puis s'entrainent sous le regard attentif de l'enseignant·e.
De la même manière, les élèves s'approprient la procédure qui se réalise avec le tableau des nombres.

En pratique

Les élèves ont besoin de manipulation concrète et d'une verbalisation précise pour donner du sens à la procédure.

En pratique

Les *feedbacks* sont constructifs et concourent à un apprentissage de qualité. Ne pas hésiter à ajuster la manipulation des élèves pour éviter de les laisser dans une construction erronée.

BILAN ET MINIQUIZ

PRATIQUE GUIDÉE ▶ **fichier** p. 78 — 10 min

- **Ex. 1 :** Le premier exercice entraine la capacité à observer les nombres. Il fait écho au miniquiz de la mission 7a. Les élèves doivent identifier si un ajout ou un retrait a été réalisé et compléter avec le bon signe.
- **Ex. 2 :** Cet exercice focalise l'attention sur l'ajout de 9 avec le matériel de base 10. Les élèves sont encouragés à dessiner les dizaines et les unités. Par convention, l'unité retirée sera barrée. Il est tout à fait possible de laisser le matériel concret aux élèves qui n'auraient pas encore atteint le niveau d'abstraction.
- **Ex. 3 :** Les élèves s'entrainent à utiliser le tableau des nombres pour ajouter 9 et ajouter 10.

Trace écrite Leçon *Ajouter 9*

TEMPS 3

PRATIQUE AUTONOME ▶ **fichier** p. 79 — 15 min

- **Ex. 4 :** Cet exercice permet aux élèves d'ajouter puis de soustraire 10 à l'aide du matériel de base 10. Il sera nécessaire de faire observer aux élèves que la première ligne est consacrée à l'ajout de 10 tandis que la seconde est consacrée au retrait de 10.
- **Ex. 5 :** Cet exercice est le plus complexe puisqu'il demande aux élèves de changer de procédure à chaque calcul. Les trois types y sont proposés.
- **Ex. 6 :** Cet exercice est identique à l'exercice 2 pour entrainer l'ajout de 9.
- **Le bonus du jour :** Ce bonus permet de mobiliser le répertoire additif. On demande aux élèves, en outre, de faire preuve d'initiatives en inventant des calculs qui correspondent aux résultats indiqués.

Pour différencier
Fichier à photocopier : fiches * et **, *Ajouter ou soustraire 10, ajouter 9*

BOITE D'AUTONOMIE ▶ Activités au choix de l'enseignant·e (voir la programmation p. 27) — 15 min

Pour évaluer Évaluation *Calcul 3*

MISSION 8 Trouver les compléments à des dizaines entières

MATÉRIEL

- **Pour chaque élève :** les cartes à points, les jetons, une droite graduée de 10 en 10, fiche *Droites graduées*
- **Collectif :** diaporamas M8a et M8b

TEMPS 1	MISSION 8a ▶ Diaporama	30 min	En collectif
TEMPS 2	MISSION 8b ▶ Diaporama	20 min	En collectif
	Pratique guidée ▶ Fichier p. 80	10 min	En collectif
TEMPS 3	Pratique autonome ▶ Fichier p. 81	15 min	En individuel
	Boite d'autonomie	15 min	

PRINCIPE DES MISSIONS

Les élèves sont amenés à s'appuyer sur la numération décimale pour comprendre l'enjeu lié à ces compétences.
Dans la **mission 8a**, le lien entre complément à 10 et complément à la dizaine supérieure est mis en valeur à l'aide des cartes à points. Cet outil permet à la fois de soutenir les élèves qui n'auraient pas encore mémorisé les compléments à 10 et d'avoir une représentation mentale de la situation afin de mettre du sens sur une stratégie qui s'installe naturellement.
La répétition des situations laissera apparaitre aux élèves les invariants de ce type de calcul. Ils déduiront peu à peu le lien pour l'automatiser en calcul mental.
Il s'agira de le faire au moment où cette procédure sera plus fluide.
Dans la **mission 8b**, les élèves découvrent un nouvel outil qui soutiendra les étapes de la procédure de calcul : la droite graduée de 10 en 10. Outil de numération pour situer les nombres les uns par rapport aux autres, ici, la droite graduée permet d'organiser les bonds de 10 en 10 et les déplacements inhérents. Les cartes à points donnent à voir les quantités dans un premier temps, mais les élèves s'en dispensent au cours de la mission. Nous visons l'utilisation de la droite graduée à la fin de la séance, le calcul mental permettra aux élèves de pouvoir s'en passer peu à peu.
Pour finir, il s'agit de faire prendre conscience aux élèves qu'il y a plusieurs étapes dans ce type de calcul.

TEMPS 1

MISSION 8a Trouver le complément à la dizaine supérieure (30 min)

- Dans un premier temps, les élèves observent les nombres. Ils identifient les trois caractéristiques essentielles de ces calculs : calcul de complément, dizaine entière et **nombres très proches**. Il est possible de les situer sur la droite graduée ou la bande numérique collective pour identifier la dizaine entière.
- Puis les élèves cherchent à calculer 36 + ... = 40. En circulant dans les rangs, l'enseignant·e repère les stratégies des élèves et les interroge pour faire apparaitre les premières stratégies. L'enseignant·e peut mener une mise en commun des différentes stratégies s'il le souhaite avant de montrer la procédure aux élèves.
- La procédure est présentée aux élèves de manière progressive et explicite. Il appartient à l'enseignant·e de choisir si les élèves manipulent en même temps.
- Deux autres calculs sont proposés aux élèves pour qu'ils s'approprient la procédure. Chaque calcul est présenté dans le diaporama.
- Avant de réaliser le bilan, un **dernier temps d'observation** est proposé aux élèves. On fait remarquer aux élèves que **calculer le complément à la dizaine supérieure revient à calculer le complément 10**. Les élèves s'aperçoivent qu'ils sont donc déjà capables d'être rapides pour ce type de calcul.

En pratique

On vise une mise en œuvre plus rapide que les doigts grâce à l'utilisation des compléments à 10. Les élèves seront donc contraints de ne pas surcompter et d'utiliser les cartes à points dès le début de la mission.

En pratique

Les cartes à points permettent de voir le complément et de faire le lien avec la mission 5.

BILAN ET MINIQUIZ

Trace écrite Leçon *Trouver le complément à des dizaines entières (1)*

TEMPS 2

MISSION 8b Trouver les compléments à des dizaines entières (20 min)

Cette mission est réalisée un autre jour, mais le lien avec la mission précédente est très présent.

- Dans un premier temps, les élèves observent les nombres. Ils remarquent la différence principale entre les deux missions : les dizaines entières sont plus éloignées, ce qui induit un raisonnement par étapes.
- Comme dans la mission précédente, on impose l'outil pour leur recherche. L'enseignant·e circule dans les rangs pour observer les stratégies des élèves et leur faire verbaliser leurs premières procédures.

- Ensuite, la procédure est présentée aux élèves dans un pas à pas détaillé et explicite. La première étape de la recherche du complément à la dizaine supérieure est encore détaillée dans le diaporama mais l'enseignant·e pourra aller plus vite et passer ces diapositives selon les besoins de ses élèves.
  À l'issue du premier calcul, grâce aux cartes à points, les élèves prennent conscience qu'avancer de 10 en 10 facilite le calcul.
- Dans le deuxième temps, on demande aux élèves de chercher comment utiliser la droite graduée de 10 en 10. Il est nécessaire de l'avoir décrite avant d'engager la recherche afin de mettre en avant le type de graduation. La procédure est ensuite présentée aux élèves de manière explicite.
- Dans la dernière partie de la mission, les élèves s'approprient la procédure sous l'accompagnement explicite de l'enseignant.

Point de vigilance

Penser à bien verbaliser les étapes du calcul.
Il est important que les élèves identifient les étapes de la démarche de manière concrète.

BILAN ET MINIQUIZ

Trace écrite Leçon *Trouver le complément à des dizaines entières (2)*

PRATIQUE GUIDÉE ▸ fichier p. 80 — 10 min

▸ **Ex. 1 :** Dans cet exercice, les élèves identifient le complément en ajoutant les valeurs des bonds indiquées sur le visuel. L'enseignant·e montre précisément aux élèves où écrire et précise explicitement ce qui est attendu d'eux.

▸ **Ex. 2 :** Ici, les élèves complètent les valeurs des bonds. L'enseignant·e aide les élèves à repérer les cases vides.

▸ **Ex. 3 :** Dans cet exercice, les élèves doivent mettre en œuvre les différentes étapes de manière autonome. L'enseignant·e encourage les élèves à réaliser les bonds avant d'écrire le complément.

Point de vigilance

Une attention particulière doit être portée sur ce qui est attendu des élèves et sur la manière dont doit être complété chaque exercice.

TEMPS 3

PRATIQUE AUTONOME ▸ fichier p. 81 — 15 min

▸ **Ex. 4 :** Exercice similaire à l'exercice 1.

▸ **Ex. 5 :** Exercice similaire à l'exercice 2.

▸ **Ex. 6 et 7 :** Les valeurs des bonds sont représentées par des sacs de billes. La droite graduée est donnée en cas de besoin, mais les élèves peuvent avancer de 10 en 10 en s'appuyant sur les sacs de 10 billes.

▸ **Le bonus du jour :** Les élèves mobilisent leurs connaissances sur la numération de position : ajouter 1 ou ajouter 10 revient à changer le chiffre des unités ou celui des dizaines.

BOITE D'AUTONOMIE ▸ Activités au choix de l'enseignant·e (voir la programmation p. 27) — 15 min

Pour évaluer Évaluation *Calcul 3*

MISSION ★

Choisir une stratégie pour calculer (1)

MATÉRIEL
- **Pour chaque binôme :** Fiche *Choisir une stratégie (1)*
- **Collectif :** diaporama choisir_une_strategie_1

	MISSION ★ ▸ Diaporama	30 min	En collectif

PRINCIPE DE LA MISSION

Le constat est assez unanime, les élèves semblent avoir deux stratégies pour calculer : le surcomptage à l'aide des doigts et le calcul posé. Or, il apparait évident que ces stratégies sont peu efficientes et ne garantissent pas une autonomie réelle des élèves face aux calculs. Ainsi, cette mission et deux autres accompagnent les élèves à **prendre du recul sur leur manière de calculer**. Ils prennent conscience que leur stratégie pour calculer est dépendante des nombres en jeu. L'objectif n'est pas d'imposer une stratégie mais de prendre des indices sur les nombres pour choisir une stratégie adaptée au contexte. Les élèves **prennent conscience de l'intérêt de regarder les nombres avant de calculer** et des caractéristiques communes de chaque calcul. Ajouter 9, ajouter/soustraire 10, compléter à une dizaine entière proche ou éloignée sont les procédures mises en avant spécifiquement dans cette mission.

Pour finir, cette mission est l'occasion de se confronter à différents types de calculs. Ainsi, les élèves **développent leur flexibilité mentale, fondamentale en calcul**.

MISSION ★ Choisir une stratégie pour calculer (1) 30 min

Cette mission poursuit et institutionnalise les remarques réalisées à chaque début de mission depuis le début de la période 3.

- Les élèves reçoivent par binôme les calculs de la fiche *Choisir une stratégie (1)*. Ils repèrent les calculs qui peuvent être regroupés. L'enseignant·e pousse les élèves à regarder les nombres en jeu, et non à résoudre les calculs. Il/elle permet une oralisation des calculs pour aider les élèves à repérer les similitudes. Les critères de regroupement « + 9 » et « +/– 10 » sont identifiables en regardant les nombres. La forme des calculs de compléments à une dizaine proche ou supérieure est un nouvel indice identifiable.
- L'enseignant·e organise une mise en commun des classements des élèves pour faire apparaitre les critères cités précédemment. Il/elle choisit de s'appuyer sur les réponses des élèves ou sur le diaporama.
- C'est également l'occasion de réfléchir aux procédures apprises et aux outils disponibles et pertinents pour résoudre ces calculs.

En pratique

La résolution des calculs n'est pas le cœur de la mission, s'il/elle le souhaite l'enseignant·e peut demander aux élèves de résoudre les calculs. Dans ce cas, il/elle veille au temps alloué à cette étape afin de laisser de la place à la réflexivité des élèves.

MISSION 9 Ajouter ou soustraire un nombre inférieur à 10

MATÉRIEL

- **Pour chaque élève :** le matériel de base 10, fiche *Ligne numérique*
- **Collectif :** diaporamas M9a et M9b

TEMPS 1	MISSION 9a ▶ Diaporama	30 min	En collectif
TEMPS 2	MISSION 9b ▶ Diaporama	20 min	En collectif
	Pratique guidée ▶ Fichier p. 82	10 min	En collectif
TEMPS 3	Pratique autonome ▶ Fichier p. 83	15 min	En individuel
	Boite d'autonomie	15 min	

PRINCIPE DES MISSIONS

Les instructions officielles précisent : « Pour ajouter un nombre inférieur à 9, l'élève **sait utiliser une procédure adaptée aux nombres en jeu**. Si l'ajout des nouvelles unités ne conduit pas à la formation d'une nouvelle dizaine, il sait qu'il suffit d'agir sur le chiffre des unités du nombre initial [**mission 9a**]. Si l'ajout des nouvelles unités conduit à changer le nombre de dizaines, l'élève cherche d'abord à compléter à la dizaine supérieure puis poursuit en cherchant à additionner ce qu'il reste » [**mission 9b**].

Dans la **mission 9a**, on cherche progressivement à faire quitter le surcomptage qui est repris au début de la mission. La manipulation du matériel de base 10 permet de mettre en évidence que seules les unités changent au cours du calcul. Les élèves apprennent à **décomposer les nombres** pour agir sur les unités. Cette verbalisation nécessaire s'appuie sur le matériel de base 10 mais pourra s'automatiser rapidement. À ce moment de l'année, les élèves en sont capables. Il faudra en revanche rester vigilant sur les raccourcis qui videraient de sens la procédure.

Pour la **mission 9b**, l'utilisation d'une droite non graduée permet d'identifier le passage par la dizaine supérieure comme les instructions officielles l'indiquent. Le recours aux cartes à points permet de donner du sens à cette procédure. Elles rappelleront la mission sur les compléments à la dizaine supérieure qui est la première étape de cette procédure. La connaissance des résultats inférieurs à 10 permettra aux élèves d'être plus à l'aise dans cette mission. C'est pourquoi les jetons sont utilisés pour que les élèves puissent décomposer le petit nombre par la manipulation. Il est possible de laisser les élèves manipuler cartes à points et jetons si le passage à la droite non graduée reste complexe.

Au cours de ces deux missions, les élèves apprennent à identifier si une nouvelle dizaine se formera au cours du calcul. Cela leur permettra de déterminer la stratégie à adopter. Cela sera repris dans la **mission « Choisir une stratégie pour calculer (2) »**.

TEMPS 1

MISSION 9a Ajouter ou soustraire un petit nombre (sans franchissement de dizaine) 30 min

- Dans un premier temps, les élèves observent quatre calculs. Ils repèrent les ressemblances entre les calculs. Ils remarquent la présence d'un grand nombre et d'un petit nombre.
- Ensuite, on demande aux élèves d'effectuer les deux additions. L'utilisation du surcomptage et de la droite graduée de 1 en 1 permettent d'identifier les résultats rapidement. La commutativité est repérée pour rappeler l'intérêt de partir du plus grand nombre.

- Pour la troisième addition, on impose l'utilisation du matériel de base 10. La verbalisation de la procédure permet de mettre en évidence que le chiffre des dizaines n'a pas changé. Puis, un rapide retour sur les deux additions précédentes permet de faire remarquer que la situation est identique.
- Afin de ne laisser aucun doute, les observations réalisées sont confirmées par la résolution des deux premières additions avec le matériel de base 10.
- Pour finir, on propose aux élèves d'effectuer les soustractions à l'aide du matériel de base 10. La verbalisation de la procédure permet de faire remarquer, qu'à nouveau, seules les unités changent.

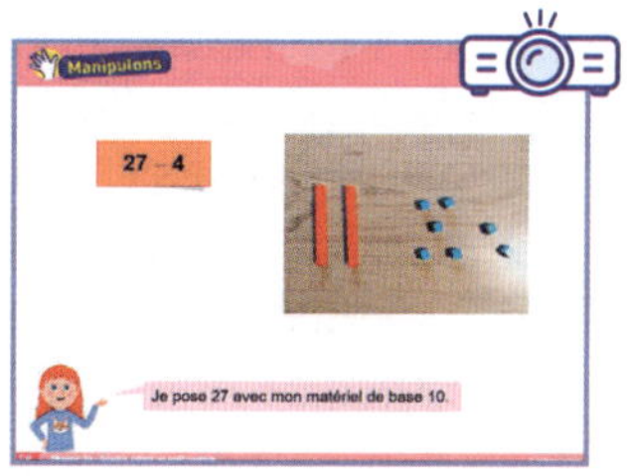

BILAN ET MINIQUIZ

Trace écrite Leçon *Ajouter ou soustraire un nombre inférieur à 10 (1)*

TEMPS 2

MISSION 9b Ajouter un petit nombre (avec franchissement de dizaine) 20 min

Cette mission est réalisée un autre jour, mais le lien entre les deux missions est très présent.

- Dans un rapide premier temps, les élèves observent trois calculs. Ils repèrent les ressemblances entre les calculs et identifient une relation très forte avec la mission précédente. Les soustractions de ce type ne sont, quant à elles, pas au programme du CP.
- Après avoir cherché à résoudre librement 25 + 7, les élèves repèrent qu'une nouvelle dizaine se forme. Elle est mise en évidence par l'enseignant·e lors du temps de recherche avec le matériel choisi par l'élève.
- En ajoutant les unités avant de réaliser le calcul, les élèves repèrent que la somme des unités dépasse 9. Une nouvelle procédure est donc à mettre en place.
- On demande aux élèves de réaliser à nouveau 25 + 7 avec les cartes à points afin qu'ils manipulent pour identifier l'intérêt de prendre 5 à 7, pour créer une nouvelle dizaine. En circulant parmi les élèves, l'enseignant·e fait apparaitre cette caractéristique en aidant les élèves à verbaliser leurs actions.
- La procédure est donnée à voir aux élèves dans quelques diapositives progressives. La verbalisation de l'enseignant·e est fondamentale.
- Dans un troisième temps, les élèves décrivent la droite non graduée (fiche M9b), puis apprennent à l'utiliser à partir du calcul 25 + 7 dont les étapes sont déjà connues. Il est possible de reprendre les cartes à points pour donner du sens si besoin, mais nous avons choisi de ne pas les présenter dans le diaporama afin de pouvoir se focaliser sur la procédure.

Point de vigilance

L'identification de la dizaine supérieure peut parfois être difficile pour certains élèves. Il est possible d'accompagner les élèves pour cette étape.

En pratique

La décomposition du petit nombre s'appuie sur la connaissance des tables d'additions inférieures à 10 et sur les compléments à 10. Il est possible de soulager les élèves à l'aide des tables d'addition ou des jetons.

BILAN ET MINIQUIZ

PRATIQUE GUIDÉE ▸ fichier p. 82 10 min

▸ **Ex. 1 :** Le premier exercice entraine les compétences de la mission 9a. En s'appuyant sur le matériel de base 10 représenté, les élèves effectuent les calculs. En circulant dans les rangs, l'enseignant·e repère les élèves qui utilisent leurs doigts. Il sera pertinent de les accompagner à s'appuyer sur les unités comme cela a été découvert lors de la mission.

▶ **Ex. 2 :** Les élèves complètent la droite non graduée. Ils décomposent le petit nombre et identifient le résultat qu'ils reportent. L'enseignant·e aide les élèves à repérer les cases à compléter et ce à quoi elles correspondent.

▶ **Ex. 3 :** Les élèves entrainent leur capacité à observer les nombres pour identifier si un franchissement de dizaine sera nécessaire.

Trace écrite Leçon *Ajouter ou soustraire un nombre inférieur à 10 (2)*

En pratique
Lors de la présentation de l'exercice 3, l'enseignant·e peut rappeler comment faire pour vérifier si une dizaine sera franchie.

TEMPS 3

PRATIQUE AUTONOME ▶ **fichier** p. 83 15 min

▶ **Ex. 4 :** Les élèves effectuent les calculs en ligne du type de ceux de la mission 9a. Il est possible de faire entourer le chiffre des unités pour chaque calcul pour aider les élèves à repérer les unités.

▶ **Ex. 5 :** Les élèves effectuent des calculs avec franchissement de dizaine. Les schémas sont à compléter de manière progressive. L'enseignant·e fait repérer la progressivité aux élèves.

▶ **Ex. 6 :** Cet exercice est plus complexe. Les deux types de calcul sont mélangés, un cadre permet aux élèves de dessiner : soit la droite non graduée, soit le matériel de base 10.

▶ **Le bonus du jour :** Les élèves mobilisent leurs connaissances sur la numération de position : ajouter 1 ou ajouter 10 revient à changer le chiffre des unités ou celui des dizaines.

En pratique
Il est tout à fait possible de plastifier les droites non graduées de la ressource M9b pour que les élèves puissent les utiliser aussi dans leur fichier et en calcul mental.

BOITE D'AUTONOMIE ▶ Activités au choix de l'enseignant·e (voir la programmation p. 27) 15 min

Pour évaluer Évaluation *Calcul 4*

Pour différencier Fichier à photocopier : fiches * et **, *Ajouter ou soustraire un nombre inférieur à 10*

MISSION 10 Ajouter ou soustraire des dizaines entières

MATÉRIEL
▶ Pour chaque élève : le tableau des nombres, le matériel de base 10
▶ Collectif : diaporama M10

TEMPS 1	MISSION 10 ▶ Diaporama	20 min	En collectif
	Pratique guidée ▶ Fichier p. 84	10 min	En collectif
TEMPS 2	Pratique autonome ▶ Fichier p. 85	15 min	En individuel
	Boite d'autonomie	15 min	

PRINCIPE DE LA MISSION

Les élèves s'appuient sur leurs connaissances antérieures : la procédure pour ajouter ou soustraire 10 et la numération décimale pour savoir que 50 c'est 10 + 10 + 10 + 10 + 10.
Ils utilisent à nouveau le matériel de base 10 pour donner du sens aux calculs et le tableau des nombres pour permettre une représentation mentale différente. Nous avons également choisi de proposer aux élèves une trace sur leurs ardoises qui s'appuient sur le tableau des nombres.

TEMPS 1

MISSION 10 Ajouter ou soustraire des dizaines entières 20 min

- Dans un premier temps, les élèves observent les nombres. Ils identifient que l'un des deux termes est formé de dizaines entières et font l'analogie avec la **mission 7**.
- Ensuite les élèves cherchent en utilisant le matériel de leur choix. L'enseignant·e circule dans les rangs pour faire verbaliser les élèves et repérer que seules les dizaines changent au cours du calcul.
- La procédure est présentée aux élèves de manière progressive et explicite. D'abord avec le matériel de base 10, puis avec le tableau des nombres. Il appartient à l'enseignant·e de choisir si les élèves manipulent en même temps. On présente aussi l'utilisation de l'ardoise seule qui s'appuie sur la procédure du tableau des nombres.
- Le déroulé est identique pour les deux soustractions. On repère que l'on a besoin de connaitre le nombre de dizaines dans chaque nombre, ce qui agit sur les dizaines à soustraire ou le nombre de lignes à remonter dans le tableau.

BILAN ET MINIQUIZ

PRATIQUE GUIDÉE ▸ fichier p. 84 10 min

▸ **Ex. 1 :** On invite les élèves à utiliser le matériel de base 10 pour calculer. Aucune trace n'est demandée mais les élèves peuvent également utiliser leur ardoise pour représenter les quantités.

▸ **Ex. 2 :** Ici, il s'agit de viser l'entrainement de la procédure avec le tableau des nombres. Il est intéressant d'inviter les élèves à utiliser une trace comme celle proposée dans le diaporama.

▸ **Ex. 3 :** Dans cet exercice, les élèves doivent identifier le calcul en observant les traces de procédure dans le tableau des nombres, puis avec le matériel de base 10.

TEMPS 2

PRATIQUE AUTONOME ▸ fichier p. 85 15 min

▸ **Ex. 4 :** Cet exercice est similaire à l'exercice 1 ; il est facilité par la présence du matériel de base 10.

▸ **Ex. 5 :** Huit calculs, alternant additions et soustractions, sont proposés aux élèves. Ils utilisent la méthode de leur choix.

▸ **Ex. 6 :** Cet exercice est similaire à l'exercice 3 : il est important qu'il soit réalisé par tous les élèves car il permet de travailler la compétence sous un autre angle, en appui sur la trace d'une manipulation. Il est ainsi possible de réduire le nombre de calculs de l'exercice 5 pour certains élèves.

▸ **Le bonus du jour :** L'utilisation de la pyramide de calcul nécessite une présentation un peu plus longue pour cette première fois.

Pour différencier

Fichier à photocopier : fiches * et **, *Ajouter ou soustraire des dizaines entières*

BOITE D'AUTONOMIE ▶ Activités au choix de l'enseignant·e (voir la programmation p. 27) 15 min

Pour évaluer Évaluation *Calcul 4*

Trace écrite Leçon *Ajouter ou soustraire des dizaines*

MISSION 11 Comprendre le sens de la multiplication

MATÉRIEL
- Pour chaque élève : une vingtaine de cubes pour le miniquiz
- Collectif : diaporama M11

TEMPS 1	MISSION 11 ▶ Diaporama	20 min	En collectif
	Pratique guidée ▶ Fichier p. 86	10 min	En collectif
TEMPS 2	Pratique autonome ▶ Fichier p. 87	15 min	En individuel
	Boite d'autonomie	15 min	

PRINCIPE DE LA MISSION

Cette mission **s'appuie prioritairement sur le langage**. La mise en mots des situations fera **apparaitre le lien entre l'addition itérée et la multiplication**. Les élèves apprennent à calculer le résultat d'une multiplication par additions répétitives. Ils identifient également le lien entre situation concrète, forme avec « fois » et addition itérée.

TEMPS 1

MISSION 11 Comprendre le sens de la multiplication 20 min

- Les élèves commencent par observer des situations concrètes et repèrent qu'une même quantité est reproduite plusieurs fois.
- Chaque situation est ensuite reprise selon le même déroulé.
- Les élèves doivent d'abord écrire le calcul qui correspond à ce qu'ils voient. Puis la verbalisation fait apparaitre que l'on voit la quantité *a*, *x* fois. On voit *a* fois *x*.
- La présentation du signe n'est pas exigée au CP, aussi nous avons choisi d'écrire le mot *fois* dans des expressions avec des nombres. Cela traduit la langue parlée, point d'appui pour comprendre les situations multiplicatives.

BILAN ET MINIQUIZ

PRATIQUE GUIDÉE ▶ fichier p. 86 10 min

▶ **Ex. 1 :** Les élèves identifient les trois formes d'une même situation : forme imagée, forme additive, forme multiplicative.

- **Ex. 2 :** On demande aux élèves d'écrire l'addition itérée et la forme avec *fois* en fonction d'une situation représentée. Pour le muguet, il s'agit de compter 3 bouquets de 4 brins de muguet. Pour les barquettes de fraisiers, on voit 6 pots par barquette.

Maths dehors

Dans la mise en œuvre de semis, il est possible de faire compléter les pots selon des indications formulées avec le mot *fois*. Il s'agira de faire anticiper le nombre de graines ou de plants à acheter ou prendre avant de mettre en terre.

TEMPS 2

PRATIQUE AUTONOME ▶ fichier p. 87 (15 min)

- **Ex. 3 :** Les élèves dessinent les situations et écrivent l'addition qui correspond.
- **Ex. 4 :** Les élèves écrivent l'addition qui correspond à la formulation avec *fois*. Ils calculent le résultat.
- **Ex. 5 :** Les élèves complètent les formulations avec *fois* en s'appuyant sur l'addition. Ils calculent le résultat.
- **Ex. 6 :** Les élèves résolvent un problème multiplicatif : le nombre de cartes de footballeuses que détient Lou. La représentation permet de comprendre la situation.
- **Le bonus du jour :** Il peut être judicieux d'indiquer aux élèves qu'ils ne sont pas obligés de compléter la pyramide en commençant par le bas car la plupart des calculs à effectuer sont des compléments.

Pour différencier

Fichier à photocopier : fiches * et **, *Comprendre le sens de la multiplication*

BOITE D'AUTONOMIE ▶ Activités au choix de l'enseignant·e (voir la programmation p. 27) (15 min)

Pour évaluer Évaluation *Calcul 4*

MISSION 12 Ajouter ou soustraire des nombres inférieurs à 100

MATÉRIEL

- Pour chaque élève : le matériel de base 10, fiche *Arbre à calcul*
- Collectif : diaporamas M12a et M12b

TEMPS 1	MISSION 12a ▶ Diaporama	30 min	En collectif
TEMPS 2	MISSION 12b ▶ Diaporama	20 min	En collectif
	Pratique guidée ▶ Fichier p. 88	10 min	En collectif
TEMPS 3	Pratique autonome ▶ Fichier p. 89	15 min	En individuel
	Boite d'autonomie	15 min	

PRINCIPE DES MISSIONS

Dans ces missions, les élèves vont apprendre à **calculer des sommes et des différences sans recours à l'addition posée**. Nous avons choisi de commencer par valoriser le calcul en ligne pour ces types de calculs car ils nécessitent une **plus grande capacité d'abstraction** et impliquent de **s'adapter aux nombres en jeu**. Les élèves ont donc besoin de temps pour le maitriser. D'autre part, beaucoup trop d'élèves s'enferment dans le calcul posé et l'utilisent comme seule procédure pour calculer des sommes ou des différences. Ainsi cette technique perd de son intérêt et vide de sens toute réflexion calculatoire.

Pour les deux missions, les démarches sont similaires : décomposer les nombres en dizaines entières et unités, additionner les dizaines entières entre elles puis les unités entre elles, additionner les deux nombres trouvés. Elles s'appuient sur la numération décimale, c'est pourquoi les élèves commencent par manipuler le matériel de base 10. En revanche, les outils utilisés sont différents.

Dans la **mission 12a**, les calculs proposés ne produisent pas de franchissement de dizaines. Les élèves sont rapidement autonomes dans leur mise en œuvre et certains élèves seront capables de passer à une résolution mentale rapidement. C'est pourquoi, nous privilégions une écriture en ligne des différentes étapes. Pour effectuer les sommes avec franchissement de dizaines dans la **mission 12b**, nous avons choisi d'utiliser l'arbre à calcul qui permet de structurer les étapes et de réduire l'impact de la formation de la nouvelle dizaine dans la mémoire de travail. Il sera plus difficile pour des élèves de CP de passer à une résolution mentale de ce type de calcul.

TEMPS 1

MISSION 12a Ajouter ou soustraire deux nombres inférieurs à 100 (sans franchissement de dizaine)

30 min

- Dans un premier temps, les élèves observent quatre calculs. Ils repèrent en particulier que les deux nombres sont grands. Il est possible que les élèves commencent à identifier le passage à une nouvelle dizaine comme un facteur important et le relèvent. Ce sera l'enjeu de la première manipulation.
- Ensuite, on demande aux élèves d'effectuer la première addition : 32 + 21 en utilisant la méthode et les outils de leur choix. Cette étape est suivie d'un temps d'échange qui pourra mettre en valeur les tâtonnements autour de la décomposition des nombres et la nécessité de regrouper dizaines entières et unités.
- Le matériel de base 10 est ensuite manipulé pour montrer et donner du sens aux regroupements des dizaines puis des unités. L'enseignant·e choisira si il/elle souhaite faire manipuler les élèves en même temps ou en amont de chaque diapositive.
- Dans la suite de la mission, les élèves sont incités à regrouper les dizaines et les unités et à utiliser le matériel de base 10 pour effectuer la deuxième somme : 13 + 45. Le diaporama reprend la démarche et propose cette fois une formulation plus abstraite des calculs qui passe par l'écriture des étapes.
- Puis on demande aux élèves d'effectuer la soustraction 57 – 25 en les invitant à transférer la procédure apprise sur les différences. À cette étape de la mission, dès la première soustraction, nous accompagnons la manipulation du matériel de base 10 de l'écriture en ligne des étapes du calcul.
- Pour finir, on propose aux élèves d'effectuer la dernière soustraction 69 – 31 en écrivant les étapes de leur calcul.

Point de vigilance

Nous avons choisi d'écrire 20 + 40 = 60 plutôt que 2d + 4d = 6d qui pourrait provoquer des confusions chez les élèves à ce stade de leur scolarité.

En pratique

Pour le calcul en ligne, nous commençons par réunir d'abord les dizaines puis les unités. Il est préférable de bien distinguer ces procédures de celle du calcul posé pour éviter que les élèves finissent par « poser le calcul » dans leur tête.

BILAN ET MINIQUIZ

Trace écrite Leçon *Ajouter ou soustraire deux nombres inférieurs à 100*

TEMPS 2

MISSION 12b Ajouter ou soustraire deux nombres inférieurs à 100 (sans franchissement de dizaine) 20 min

Cette mission est réalisée un autre jour.

- Dans un rapide premier temps, les élèves observent trois calculs. On leur demande d'identifier ce qui les diffère de la mission 12a. Ils remarquent à nouveau la présence de deux grands nombres, puis ils repèrent que la somme des unités forme une dizaine.
- Ensuite, on demande aux élèves d'effectuer la première addition : 38 + 18 en utilisant la méthode et les outils de leur choix. Cette étape est suivie d'un temps d'échange qui pourrait mettre en valeur les tâtonnements autour du regroupement des dizaines entières et des unités, mais surtout autour de la quantité d'unités qui aura sans doute été difficile à gérer.
- Une manipulation du matériel de base 10 est effectuée pour montrer et donner du sens aux regroupements des dizaines puis des unités. Les élèves réalisent l'échange des 10u contre 1d. L'enseignant·e choisira si il/elle souhaite faire manipuler les élèves en même temps ou en amont de chaque diapositive.
- On demande ensuite aux élèves de calculer 56 + 25 avec le matériel de base 10. Les élèves sont à nouveau confrontés à la gestion des unités. À cette étape de la mission, la fiche *Arbre à calcul* est distribuée aux élèves. Le diaporama conjugue une présentation de l'utilisation de l'arbre à calcul sous le regard du matériel de base 10 et une verbalisation des étapes de la procédure. Ce triptyque « manipulation, verbalisation, abstraction » donne du sens à la procédure.
- Pour finir, les élèves réalisent le calcul 27 + 67 à l'aide du gabarit de l'arbre à calcul. L'enseignant·e choisira si il/elle souhaite proposer une pratique accompagnée en s'appuyant sur le diaporama ou si il·elle laisse les élèves s'approprier l'outil. Dans les deux cas, la qualité de la verbalisation des étapes, de leur ordre et de leur sens est essentielle.

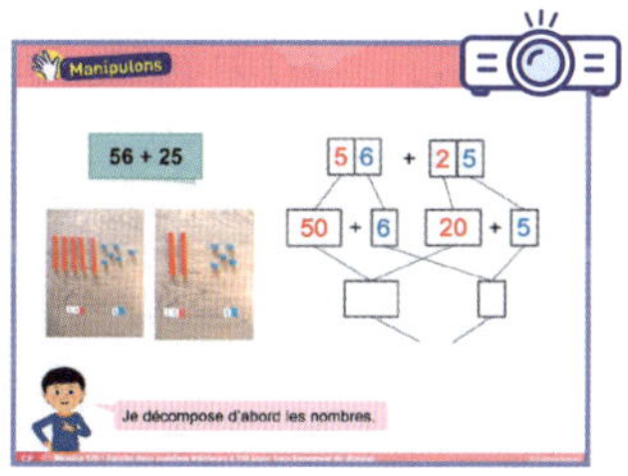

En pratique

Il est important que les élèves effectuent eux-mêmes l'échange entre 10u et 1d.

BILAN ET MINIQUIZ

Trace écrite Leçon *Ajouter ou soustraire deux nombres inférieurs à 100*

PRATIQUE GUIDÉE ▸ fichier p. 88 10 min

- ▸ **Ex. 1 :** Les élèves effectuent une addition et une soustraction. Les nombres sont représentés avec le matériel de base 10 et le gabarit du calcul est proposé pour guider les élèves dans l'addition des dizaines entières puis des unités.
- ▸ **Ex. 2 :** Les élèves complètent les arbres à calcul pour effectuer deux additions.

En pratique

En fonction de la réalité de la classe, l'enseignant·e peut proposer un exemple au tableau en verbalisant les étapes de calcul.

TEMPS 3

PRATIQUE AUTONOME ▸ fichier p. 89 15 min

- ▸ **Ex. 3 :** Quatre calculs du même type que l'exercice 1 sont proposés aux élèves, additions et soustractions sont mélangées. Il peut être pertinent de faire remarquer aux élèves qu'ils devront adopter leur procédure de calcul au signe + ou –.
- ▸ **Ex. 4 :** Cet exercice est similaire à l'exercice 2.
- ▸ **Le bonus du jour :** Les élèves observent les nombres en jeu pour définir si un ajout de 1 ou de 2 a été réalisé entre les nombres.

Pour différencier

Fichier à photocopier : fiches * et **, *Ajouter ou soustraire deux nombres inférieurs à 100*

BOITE D'AUTONOMIE ▸ Activités au choix de l'enseignant·e (voir la programmation p. 27) 15 min

Pour évaluer Évaluation *Calcul 4*

MISSION ★ Choisir une stratégie pour calculer (2)

MATÉRIEL
- Par binôme : fiche *Choisir une stratégie pour calculer (2)*
- Collectif : diaporama choisir_une_stratégie_2

	MISSION ★ ▶ Diaporama	30 min	En collectif

PRINCIPE DE LA MISSION

Dans cette mission, les élèves apprennent à **structurer leur observation des nombres**. Nous proposons de mettre l'accent sur la taille des nombres et sur la somme des unités (dépasse-t-elle 9 ?). Ces deux indicateurs vont avoir une influence sur la stratégie utilisée pour calculer. Depuis le début de la période 3, les élèves ont appris à observer ces critères, l'enjeu dans cette mission est d'institutionnaliser et d'entrainer cette compétence. Les élèves repèrent également qu'ils possèdent des outils pour les aider à organiser leurs calculs, notamment lorsque la somme des unités dépasse 9.

MISSION ★ Choisir une stratégie pour calculer (2) 30 min

- Les élèves reçoivent par binôme les cinq premiers calculs : 23 + 8 ; 63 + 6 ; 7 + 41 ; 7 + 37 ; 46 + 5 (fiche *Choisir une stratégie pour calculer (2)*). Le critère de la taille des nombres – un nombre à un chiffre et un nombre à deux chiffres – est identifié, puis les élèves sont invités à chercher un critère de ressemblance entre les calculs.
- Lors de la recherche, l'enseignant·e incite les élèves à se projeter mentalement dans la résolution du calcul. Il/elle fait remarquer les limites, les difficultés possibles. Il est également possible de faire référence aux missions réalisées au cours de la période.
- L'enseignant·e peut réaliser une mise en commun avec les réponses de sa classe ou utiliser le diaporama pour guider davantage les observations. Il s'agit de faire apparaitre la différence de stratégie liée à la somme des unités : dépasse-t-elle 9 ou non ?
- C'est ensuite l'occasion d'échanger sur les outils disponibles, de reformuler les procédures et d'identifier le rôle de la droite non graduée pour aider à organiser le calcul.
- Le déroulé est identique pour les calculs dont les deux nombres sont à deux chiffres : 57 + 15 ; 34 + 25 ; 42 + 16 ; 26 + 39.

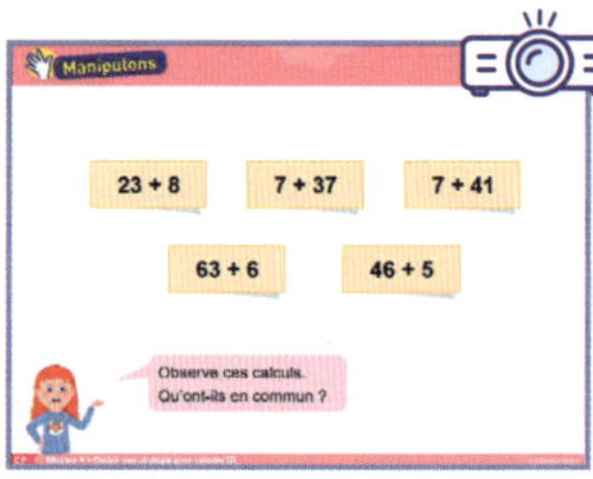

En pratique

Pour organiser les calculs du type 23 + 41, on peut utiliser le matériel de base 10 ou les cartes-nombres. Mais à la fin du CP, la majeure partie des élèves saura réaliser cette procédure mentalement, c'est pourquoi dans le bilan nous n'insistons pas sur ces outils.

MISSION 13 Calculer la moitié d'un nombre pair

MATÉRIEL
- **Pour chaque élève :** le matériel de base 10
- **Collectif :** diaporama M13

TEMPS 1	MISSION 13 ▶ Diaporama	20 min	En collectif
	Pratique guidée ▶ Fichier p. 90	10 min	En collectif
TEMPS 2	Pratique autonome ▶ Fichier p. 91	15 min	En individuel
	Boite d'autonomie	15 min	

PRINCIPE DE LA MISSION

Dans cette mission, les élèves s'appuient essentiellement sur leurs connaissances de la numération décimale et des moitiés travaillées en calcul mental.

Les instructions officielles préconisent de proposer des moitiés dont les dizaines sont des nombres pairs : aussi sont exclus les nombres de la famille des 30, 50, 70 et 90. Une trace y est aussi proposée pour effectuer ces calculs dont la compréhension nécessite manipulation et verbalisation. Nous avons choisi de faire manipuler le matériel de base 10 qui permet facilement la mise en œuvre d'un partage. Puis une trace est présentée aux élèves en **lien étroit avec la manipulation**.

Pour calculer une moitié, les élèves s'appuient sur une démarche connue : celle d'agir sur les dizaines, puis sur les unités, après avoir décomposé le nombre.

TEMPS 1

MISSION 13 Calculer la moitié d'un nombre pair (20 min)

- On demande aux élèves de réactiver leurs connaissances sur les moitiés. Il est question des moitiés des nombres jusqu'à 20 et des moitiés des dizaines entières : 20, 40, 60 et 80. En fonction de leur degré de maitrise, il est tout à fait possible de laisser ces résultats à disposition des élèves.
- Les élèves cherchent d'abord la moitié de 26 avec la méthode et les outils de leur choix. Cette étape est suivie d'un temps d'échange qui peut mettre en valeur l'intérêt d'un partage plus efficace que la distribution de 1 en 1, les tâtonnements autour de la décomposition des nombres et les premières intuitions sur l'utilisation des résultats connus.
- Le calcul de la moitié de 26 est présenté aux élèves à l'aide du matériel de base 10. L'enseignant·e choisit si il/elle souhaite faire manipuler les élèves en même temps ou en amont de chaque diapositive en fonction des échanges réalisés. La verbalisation des actions est essentielle.
- Ensuite les élèves cherchent la moitié de 48 à l'aide du matériel de base 10. Le diaporama reprend ensuite la procédure. L'enseignant·e veille à faire verbaliser les élèves.
- On questionne les élèves sur la trace qui pourrait être laissée sur une ardoise. Les échanges font émerger la question des nombres à écrire, du sens des additions et d'un signe pour nommer la moitié.

Point de vigilance

Attention à l'utilisation incorrecte du signe =. Il n'est pas permis d'écrire « 40 + 8 = 20 + 20 + 4 + 4 = 24 ».

- La procédure est reprise pas à pas et une présentation d'une trace conforme aux programmes est faite. On gardera la trace de la décomposition du nombre puis on notera la moitié de la dizaine entière (identifiée par connaissance ou par manipulation) et celle des unités. Enfin, la réunion des deux moitiés permettra d'écrire la moitié du nombre.
- Pour finir, on propose aux élèves de chercher la moitié de 64 et de laisser une trace sur l'ardoise. L'utilisation du matériel de base 10 est devenue secondaire mais cela peut être nécessaire pour certains élèves. Le diaporama reprend la mise en œuvre pas à pas sans utiliser le matériel de base 10. L'enseignant·e pourra l'utiliser selon le profil de sa classe pour continuer de « donner à voir » la manipulation.

En pratique

Tout au long de la mission, l'enseignant·e veillera à faire remarquer aux élèves leurs points d'appuis sur la connaissance des moitiés.

BILAN ET MINIQUIZ

PRATIQUE GUIDÉE ▸ fichier p. 90 — 10 min

- ▸ **Ex. 1 :** Les élèves cherchent les moitiés des dizaines entières qui seront nécessaires pour réaliser les exercices.
- ▸ **Ex. 2 :** Le calcul des moitiés de 88 et 42 prend appui sur le matériel de base 10, une trace sur l'ardoise est demandée aux élèves. Ce sera l'occasion de vérifier si les élèves mettent du sens derrière les signes utilisés. L'enseignant·e peut proposer en amont un exemple pour rappeler les étapes de la procédure.
- ▸ **Ex. 3 :** Les moitiés de 68, 22 et 44 sont demandées. Un cadre permet aux élèves d'utiliser la méthode de leur choix.

TEMPS 2

PRATIQUE AUTONOME ▸ fichier p. 91 — 15 min

- ▸ **Ex. 4 :** Cet exercice est similaire à l'exercice 2. Un modèle de l'utilisation du matériel de base 10 est proposé aux élèves comme appui mais n'est pas obligatoire.
- ▸ **Ex. 5 :** Comme pour l'exercice 2, des ardoises sont à compléter, mais sans l'appui sur le matériel de base 10.
- ▸ **Ex. 6 :** Les élèves utilisent la méthode de leur choix pour calculer la part d'œufs en chocolat qu'a chaque enfant.
- ▸ **Le bonus du jour :** Les élèves repèrent la régularité de l'algorithme de calcul, puis poursuivent la suite.

Pour différencier

Fichier à photocopier : fiches * et **, *Calculer la moitié d'un nombre pair*

BOITE D'AUTONOMIE ▸ Activités au choix de l'enseignant·e (voir la programmation p. 27) — 15 min

Trace écrite Leçon ***Calculer la moitié d'un nombre pair***

Pour évaluer Évaluation ***Calcul 5***

MISSION 14 Poser et effectuer une addition en colonnes

MATÉRIEL

- Pour chaque élève : le matériel de base 10, fiche *Gabarit addition* (qui peut être plastifiée)
- Collectif : diaporamas M14a et M14b

TEMPS 1	MISSION 14a ▶ Diaporama	30 min	En collectif
TEMPS 2	MISSION 14b ▶ Diaporama	20 min	En collectif
	Pratique guidée ▶ Fichier p. 92	10 min	En collectif
TEMPS 3	Pratique autonome ▶ Fichier p. 93	15 min	En individuel
	Boite d'autonomie	15 min	

PRINCIPE DES MISSIONS

Les élèves découvrent la technique opératoire de l'addition posée.
Dans la **mission 14a**, les élèves sont amenés à manipuler la formation de la retenue avec le matériel de base 10 pour donner du sens à la technique opératoire. Seules des additions avec retenues sont proposées pour cette mission car c'est dans ce contexte que la technique opératoire prend tout son sens. Dans la **mission 14b**, les élèves apprennent à distinguer les additions avec retenue et les additions sans retenue. Pour ces dernières, la technique opératoire n'est pas la plus efficiente, nous encourageons les élèves à utiliser le calcul en ligne.

TEMPS 1

MISSION 14a Poser une addition en colonnes (1) 30 min

- Dans un premier temps, les élèves observent deux calculs. Ils repèrent que les nombres en jeu nécessitent l'utilisation de l'arbre à calcul car les unités dépassent 9.
- Les élèves effectuent rapidement les calculs que l'enseignant·e vérifie et valide. Cette étape permet juste de pouvoir comparer les résultats obtenus.
- Ensuite, les élèves manipulent de manière progressive et accompagnée le matériel de base 10 pour calculer 29 + 34. En parallèle, l'enseignant·e présente la technique opératoire. On donne ainsi du sens à chaque étape.
- Dans un deuxième temps, les élèves sont accompagnés pour mettre en œuvre l'algorithme opératoire dans une pratique guidée. Chaque étape est indiquée aux élèves qui l'effectuent, elle est verbalisée de manière explicite. Pour permettre aux élèves de se concentrer uniquement sur l'algorithme, le matériel de base 10 est mis de côté pour cette deuxième partie, mais l'enseignant·e est libre de continuer à l'utiliser en parallèle de la démarche.

En pratique

Pour donner du sens à la retenue, il est important que les élèves effectuent eux-mêmes l'échange entre les 10u et la dizaine.

En pratique

Le gabarit permet aux élèves d'être déchargés de l'organisation spatiale sous-jacente de cette procédure. Il est conseillé de le conserver autant de temps que nécessaire.

BILAN ET MINIQUIZ

Trace écrite Leçon *Poser une addition en colonnes (1)*

TEMPS 2

MISSION 14b Poser une addition en colonnes (2) 20 min

Cette mission est réalisée un autre jour.

- Le début de la mission permet de réactiver les connaissances déjà présentes concernant les deux enjeux de cette mission : l'identification de la formation d'une nouvelle dizaine avant le calcul et la technique opératoire avec retenue. Ainsi, les élèves identifient lequel des deux calculs forme une retenue et effectuent le calcul. La correction est rapide.
- Dans un deuxième temps, la réflexion se porte sur ce qui pourrait se passer si on posait la deuxième addition. On attend des élèves qu'ils identifient qu'il n'existera pas de retenue.
- Puis, les élèves posent l'addition dans un pas à pas progressif. L'enseignant·e choisira s'il/elle souhaite proposer le diaporama en même temps que la mise en œuvre de l'algorithme selon le profil de sa classe.
- À l'issue de cette étape, les élèves remarquent que la technique est la même quel que soit le type d'addition. L'enseignant·e fait également conclure aux élèves que le calcul en ligne est plus efficient que l'addition posée dans le cas où il n'y a pas de retenue.
- Ensuite, les élèves sont confrontés à une somme contenant trois termes. Ils identifient que dans ce cas la technique opératoire est pertinente pour organiser le calcul.
- Pour finir, les élèves apprennent à identifier à l'avance si une retenue sera présente lors du calcul ce qui déterminera la méthode à appliquer pour calculer.

En pratique

L'enjeu principal de cette mission est de lutter contre la stratégie unique de certains élèves qui consiste à appliquer l'algorithme opératoire dans tous les cas. Ici, les élèves s'arment de processus réflexifs à mettre en œuvre lorsqu'ils sont confrontés à un calcul, pour que cette attitude devienne un réflexe…

BILAN ET MINIQUIZ

PRATIQUE GUIDÉE ▶ fichier p. 92 10 min

- ▶ **Ex. 1 :** Les élèves colorient les calculs qui forment une retenue. L'enseignant·e circule parmi des élèves pour leur permettre de se justifier.
- ▶ **Ex. 2 :** Les élèves complètent les calculs. Le dernier calcul ne nécessite pas de retenue mais est composé de trois termes. Pour les calculs, l'alignement est accompagné par la présence des cartes-nombres vierges à compléter.

TEMPS 3

PRATIQUE AUTONOME ▶ fichier p. 93 15 min

- ▶ **Ex. 3 :** La consigne est double et inversée par rapport à l'exercice 1. L'enseignant·e veillera à faire identifier aux élèves les deux contraintes. Les élèves sont incités par la présentation à calculer les additions sans retenue en ligne. L'enseignant·e peut porter à voix haute les questions qu'il faut se poser.
- ▶ **Ex. 4 et 5 :** Les élèves posent les calculs de manière progressive dans des gabarits de moins en moins complétés. Pour les derniers calculs, l'autonomie est totale : les élèves posent l'addition sur des lignes seyès.
- ▶ **Le bonus du jour :** Les élèves complètent une suite proposée avec le matériel de base 10. Le nombre grossit par l'ajout d'une dizaine dans chaque case.

Pour différencier

Fichier à photocopier : fiches * et **, *Poser une addition en colonnes*

BOITE D'AUTONOMIE ▶ Activités au choix de l'enseignant·e (voir la programmation p. 27) 15 min

Trace écrite Leçon *Poser une addition en colonnes (1)*

Pour évaluer Évaluation *Calcul 5*

MISSION 15 Soustraire un petit nombre à un nombre entier de dizaines

MATÉRIEL

- Par binôme : des cubes emboitables (préparer 9 barres de 10 cubes emboités et 9 cubes libres)
- Collectif : diaporama M15

TEMPS 1	MISSION 15 ▶ Diaporama	20 min	En collectif
	Pratique guidée ▶ Fichier p. 94	10 min	En collectif
TEMPS 2	Pratique autonome ▶ Fichier p. 95	15 min	En individuel
	Boite d'autonomie	15 min	

PRINCIPE DE LA MISSION

Dans cette mission, les élèves découvrent **le cassage de la dizaine pour pouvoir effectuer une soustraction**. Ils manipulent des cubes emboitables pour que la mise en œuvre du cassage soit concrète. À nouveau, l'utilisation des compléments à 10 est mise en avant pour faciliter le calcul. Les élèves identifient leur rôle.

La trace proposée par les programmes est présentée aux élèves dans **un pas à pas progressif et explicite, dont le sens est donné à voir avec le matériel en parallèle**.

Attention, en utilisant le matériel de base 10 non sécable, les élèves devront échanger 1d et 10u ce qui ajoute un degré d'abstraction pour comprendre. Il n'est donc pas souhaitable d'utiliser ce matériel dans cette mission.

TEMPS 1

MISSION 15 Soustraire un petit nombre à un nombre entier de dizaines — 20 min

- Les élèves observent les trois soustractions, repèrent que les dizaines sont entières et que la quantité retirée est un petit nombre.
- D'abord, on demande aux élèves d'effectuer la première soustraction : 30 – 4 en utilisant la méthode et les outils de leur choix. Cette étape est suivie d'un temps d'échanges qui permet de mettre en valeur la (les) stratégie(s) utilisée(s). Il est très probable que les élèves comptent à rebours. Leur faire remarquer que la deuxième soustraction 20 – 8 sera difficile à mener avec cette stratégie.
- On propose aux élèves d'utiliser les cubes pour effectuer à nouveau ce calcul dans le but de découvrir une nouvelle stratégie. Les élèves manipulent en même temps que le diaporama afin qu'ils cassent concrètement les barres de 10 cubes. Les élèves sont ainsi amenés à identifier le rôle des compléments à 10 qui facilitent le calcul.
- Dans un deuxième temps, les élèves cherchent à calculer 20 – 8 sans recourir à leurs doigts ou au comptage à rebours. On les incite à utiliser les cubes et les compléments à 10.
- Une réflexion est ensuite menée sur la trace à laisser sur l'ardoise. Il s'agit de mettre en valeur les points de tension : comment montrer que l'on casse une dizaine et que l'on utilise les compléments à 10 ? La mise en œuvre de la trace est présentée aux élèves sur le même calcul.
- Pour finir, les élèves s'entrainent à mettre en œuvre la manipulation et la trace sur l'ardoise de manière progressive.

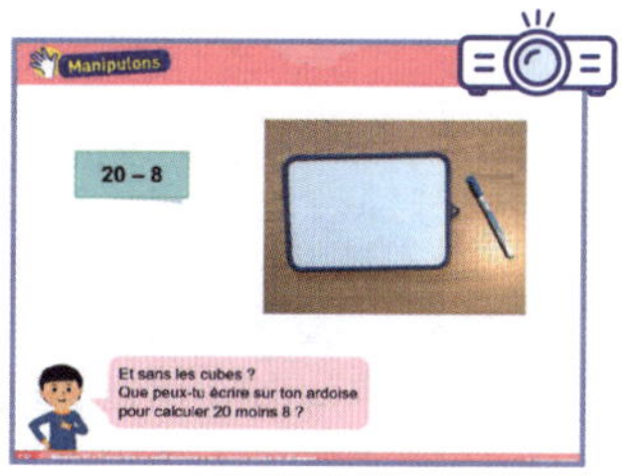

BILAN ET MINIQUIZ

PRATIQUE GUIDÉE ▸ **fichier** p. 94 10 min

- **Ex. 1 :** Les élèves soustraient un petit nombre à 10 afin de se remémorer les compléments à 10. L'enseignant·e est clair·e sur l'objectif de cet exercice, il/elle permet aux élèves de bien repérer que les compléments à 10 sont à utiliser dans ce type de calculs.
- **Ex. 2 :** On propose aux élèves trois calculs, les élèves s'appuient sur la photo des cubes pour effectuer leur calcul.
- **Ex. 3 :** Les élèves s'entrainent à utiliser la trace du calcul conforme aux programmes. La présence des cadres accompagne les élèves dans leur mise en œuvre.

En pratique

En fonction des capacités d'abstraction des élèves, l'enseignant·e propose l'utilisation du matériel en préparant en amont les barres-dizaines.

TEMPS 2

PRATIQUE AUTONOME ▸ **fichier** p. 95 15 min

- **Ex. 4 :** Cet exercice est similaire à l'exercice 2.
- **Ex. 5 :** Cet exercice est similaire à l'exercice 3. Un modèle permet aux élèves d'effectuer l'exercice en autonomie.
- **Ex. 6 :** Les élèves calculent le nombre d'œufs restants sans soutien particulier.
- **Le bonus du jour :** Les élèves mettent en place une procédure pour identifier la valeur de chaque symbole. Ils s'appuient sur leur connaissance des tables d'addition. On pourra donner aux élèves une table d'addition.

BOITE D'AUTONOMIE ▸ Activités au choix de l'enseignant·e (voir la programmation p. 27) 15 min

Pour évaluer Évaluation *Calcul 5*

MISSION 16 ★ Choisir une stratégie pour calculer (3)

MATÉRIEL

- Par binôme : la fiche *Choisir une stratégie pour calculer (3)*
- Collectif : diaporama M16

TEMPS 1	MISSION 16 ▸ Diaporama	20 min	En collectif
	Pratique guidée ▸ Fichier p. 96	10 min	En collectif
TEMPS 2	Pratique autonome ▸ Fichier p. 97	15 min	En individuel
	Boite d'autonomie	15 min	

PRINCIPE DE LA MISSION

Comme les deux missions précédentes concernant cette compétence, les élèves cherchent des ressemblances entre les calculs. Ils apprennent à **prendre du recul sur les nombres**.
Ils ont déjà eu l'occasion d'identifier des critères importants : taille des nombres, somme des unités et impact sur le choix des outils. Dans cette mission, nous rebrassons ces critères et nous avons ajouté les calculs du type : 50 + 23 qui sont distincts des calculs de nombres à deux chiffres.

TEMPS 1

MISSION 16 ★ Choisir une stratégie pour calculer (3) 20 min

- Le diaporama est conçu dans une progression lente, répétant de nombreux aspects des missions précédentes. L'enseignant·e adaptera la durée des phases à la réalité de sa classe.
- Les élèves reçoivent par binôme les dix calculs de la fiche M16. Ils repèrent les calculs qui peuvent être regroupés. L'enseignant·e pousse les élèves à regarder les nombres en jeu, et non à effectuer les calculs.
Faire référence aux missions précédentes est pertinent pour aider les élèves à faire des liens entre leurs apprentissages : ici, il est important que les élèves repèrent la formation d'une nouvelle dizaine, la taille des nombres et un chiffre des unités égal à 0.
- L'enseignant·e organise une mise en commun des classements des élèves pour faire apparaitre les critères cités précédemment. Il/elle choisit de s'appuyer sur les réponses des élèves ou sur le diaporama.
- Il s'agit de mettre en avant d'abord la taille des nombres, puis les calculs uniquement sur les dizaines (chiffre des unités égal à 0) et enfin la somme des unités pour vérifier la formation de la nouvelle dizaine.
- Il est également important de réfléchir aux procédures apprises et aux outils disponibles et pertinents pour résoudre ces calculs.

En pratique

À la fin de l'année, les élèves possèdent la technique opératoire comme outil supplémentaire mais il est important qu'elle reste au même niveau de pertinence que les autres outils en CP.

PRATIQUE GUIDÉE ▸ fichier p. 96 10 min

- **Ex. 1 :** Les élèves repèrent les dizaines entières dans les calculs puis résolvent tous les calculs. L'enseignant·e aide les élèves à utiliser la caractéristique repérée pour calculer plus rapidement et faire évoluer les stratégies. Il s'agit d'éviter que les élèves se disent : 67 plus 20, c'est 6 plus 2 et 7 plus 0, stratégie usitée par les élèves les moins à l'aise en calcul, ralentissant le travail mental.
- **Ex. 2 :** Les élèves calculent avec la méthode de leur choix.
C'est l'occasion pour l'enseignant·e d'identifier où se situent les élèves dans leur flexibilité et le sens qu'ils donnent aux nombres en jeu. Il/elle peut questionner les élèves pour les amener à prendre conscience des différences entre les calculs et ce que ça induit pour le calcul.
- **Ex. 3 :** Dans cet exercice, les élèves utilisent entre leur connaissance du répertoire additif pour inventer des calculs dont la somme des unités est supérieure à 9. Il peut être nécessaire d'expliciter ce que signifie « pour que le chiffre des dizaines change » en s'appuyant sur l'exemple.
Faire repérer aux élèves que plusieurs solutions sont possibles, ne pas hésiter à proposer des exemples qui ne fonctionnent pas pour bien faire comprendre les limites de la consigne.

Point de vigilance

Dans cette double-page, les élèves exercent différentes procédures qu'ils adaptent à leur observation des nombres en jeu. La difficulté principale se révèle dans la flexibilité qui est demandée aux élèves qui doivent s'adapter au contexte.

TEMPS 2

PRATIQUE AUTONOME ▶ fichier p. 97 15 min

- **Ex. 4 :** Bien expliciter ce que signifie « sans retenue » et faire repérer la double consigne qui demande de ne réaliser que les calculs sans retenue.
- **Ex. 5 :** Les élèves calculent avec la méthode de leur choix. Les trois calculs sont complétement différents (+9, +30 et 34 + 47), l'enseignant·e identifiera si les élèves se sont adaptés au contexte.
- **Ex. 6 :** Dans cette situation problème, les élèves utilisent la méthode de leur choix pour ajouter 23 à 24. L'utilisation de la technique opératoire n'est pas nécessaire au vu des nombres en jeu.
- **Le bonus du jour :** Les élèves mettent en place une procédure pour identifier la valeur de chaque symbole. Ils s'appuient sur leur connaissance des doubles et des moitiés. On pourra donner aux élèves l'accès à leur mémo.

BOITE D'AUTONOMIE ▶ Activités au choix de l'enseignant·e (voir la programmation p. 27) 15 min

RÉSOLUTION DE PROBLÈMES

module

Problèmes de comparaison

- La résolution de problèmes fait l'objet d'un **apprentissage explicite et structuré**. La **manipulation** et la **verbalisation** tiennent une place centrale dans cet enseignement qui s'articule autour de trois axes forts :
  - la **compréhension** et l'**identification** des problèmes ;
  - l'utilisation réfléchie d'une **schématisation** pour chaque type de situation ;
  - un **entrainement** conséquent.
- Chaque période comporte **4 séances d'une heure** : une phase de recherche de 30 minutes en appui sur le diaporama, suivie d'une phase d'entrainement de 30 minutes sur le fichier.
- En complément, nous proposons un **rituel de problèmes** sous la forme d'un diaporama.

SÉANCES

Sur votre espace numérique

Retrouvez sur l'espace numérique **tous les diaporamas** et les **ressources complémentaires** : matériel, leçons et évaluations modifiables, etc.

Objectifs d'apprentissage

- Comprendre et utiliser les expressions : *égal à*, *autant que*, *plus que*, *plus grand que*, *moins que*, *plus petit que*.
- Comprendre des problèmes de structure additive de type « comparaison d'états » pour développer l'aptitude des élèves à les résoudre de manière autonome.
- Comparer et dénombrer des collections en les organisant.

Lexique

- **Autant** : même quantité que.
- **Écart** : différence entre deux grandeurs ou deux valeurs.
- **Plus petite quantité** : quantité la plus petite en comparaison (par rapport) à l'autre.
- **Plus grande quantité** : quantité la plus grande en comparaison (par rapport) à l'autre.
- **En plus, de plus** : le mot « plus » renvoie à une addition (+) en calcul mais peut se traduire par une opération inverse (–) en fonction de la formulation dans un énoncé de problème additif avec comparaison.
- **En moins, de moins** : le mot « moins » renvoie à une soustraction (–) en calcul mais peut se traduire par une opération inverse (+) en fonction de la formulation dans un énoncé de problème additif avec comparaison.

Apports didactiques

- La **comparaison des quantités de deux collections** peut être réalisée en faisant correspondre terme à terme chacune des unités composant la collection : soit les objets sont déplaçables, soit les objets sont non déplaçables et visibles et on peut donc les relier terme à terme. La comparaison de collections, dont les cardinaux sont exprimés par un nombre oral ou écrit, suppose que la compréhension des nombres soit bien acquise.
- L'énoncé, ou la question du problème, peut inclure du vocabulaire à maîtriser pour comprendre la situation et se la représenter **: l'écart – autant que – de plus, en plus – de moins, en moins.**
- Les problèmes de comparaison sont des problèmes de **structures additives ou soustractives** qui sont inclus dans les problèmes de parties-tout mais qui relèvent d'une formulation particulière. Le calcul peut être réalisé en s'appuyant, soit sur une addition, soit sur une soustraction (ou une addition à trou), selon la manière dont on s'approprie le problème.
- Dans les **problèmes de comparaison**, on trouve deux états distincts observés en même temps et une différence entre ces deux états. Par ex. : *Ana a 10 cartes. Lulu en a 3 de moins. Combien Lulu a-t-il de cartes ?* L'écart entre les deux est de 3.
  La comparaison peut -être exprimée de deux façons :
  – Ana a 3 cartes de plus que Lulu ;
  – Lulu a 3 cartes de moins qu'Ana.
  Lors de la comparaison entre les deux quantités en jeu, l'écart est en plus pour la grande quantité et en moins pour la petite.
- Lors de la **phase de compréhension de l'énoncé** il est important d'identifier la plus grande quantité et la plus petite, et de travailler ces formulations qui peuvent être complexes à intégrer.

Difficultés rencontrées par les élèves

1 Difficulté de compréhension : passer de l'énoncé du problème au modèle mathématique, c'est-à-dire comprendre la situation pour pouvoir la représenter par un schéma.

2 Les difficultés de compréhension peuvent être liées à une méconnaissance précise du vocabulaire spécifique.

3 Difficulté liée à des formulations contre-intuitives. Parfois, la formulation « de plus » dans l'énoncé correspond à une résolution par une soustraction (ex. : Marc a 28 ans, c'est 14 ans de plus que son fils. Quel âge a son fil ?). La même difficulté peut se rencontrer pour « de moins ».

4 L'écart est une quantité « virtuelle » qui n'est pas manipulable, donc plus difficile à appréhender pour les élèves.

SÉANCE 1 Vocabulaire : écart, autant que

MATÉRIEL

- **Pour chaque élève :** un cahier de recherche.
- **Collectif :** un paquet de cartes pour « jouer la situation », le matériel mathématique de manipulation (cubes emboitables par exemple). Diaporama Comparaison 1

TEMPS 1	Recherche et pratique guidée ▶ Diaporama	30 min	En collectif
TEMPS 2	Pratique autonome ▶ Fichier p. 98	20 min	En individuel
	Boite d'autonomie	10 min	

PRINCIPE DE LA SÉANCE

Dans cette séance, les élèves découvrent des situations de **comparaison de quantités** et le **vocabulaire associé**. Ils vivent la situation représentée en manipulant le matériel réel et/ou symbolique afin de pouvoir l'associer au vocabulaire précis et spécifique (autant que – écart). L'objectif est que les élèves comprennent que, si un des enfants a plus d'objets, alors l'autre en a moins et qu'il existe une quantité virtuelle qui définit **l'écart entre les deux**. Ils peuvent également avoir « autant » de cartes.

TEMPS 1

MISSION 1 Vocabulaire : écart, autant que (30 min)

Cette séance est la première d'une série de quatre. C'est la seule qui ne fera pas intervenir de calculs. En résolution de problèmes, la compréhension de l'énoncé, dont dépend la représentation de la situation que l'élève s'en fait, est primordiale. Le vocabulaire mathématique spécifique utilisé doit être maitrisé. Aussi, ce premier module présente des situations de comparaisons pour mettre l'accent sur la phase d'analyse et de compréhension de « l'histoire » mathématique. Il ancre le vocabulaire dédié à ce type de situations.

- La phase de modelage (diapositives 1 à 8) peut donner lieu à une manipulation réelle des cartes. L'estimation « visuelle » des quantités doit être confirmée par une validation argumentée à travers un schéma organisé des objets. La démarche de la correspondance terme à terme est mise en œuvre. Cette phase permet de poser le vocabulaire : **grande quantité – petite quantité et écart**. Une situation similaire permet d'aborder le cas où les enfants ont le même nombre de cartes. Ils ont « **autant** » de cartes.
- Dans la phase guidée (diapositive 9 à 15), deux nouvelles situations sont proposées. L'identification de la plus petite et de la plus grande quantité de cartes précède la résolution selon la même démarche, soutenue par le réemploi du vocabulaire à intégrer. Un temps raisonnable est donné aux élèves pour réaliser la situation sur leur cahier. L'enseignant·e passe auprès d'eux pour guider ceux qui auraient besoin d'un étayage et conforter les élèves qui adoptent une bonne démarche. La deuxième situation est présentée. Les élèves sont invités à réaliser leur schéma et à répondre. La correction se fait en utilisant le vocabulaire ciblé : *L'écart entre le nombre de cartes d'Ana et le nombre de cartes de Lulu est de 3 cartes.*
- Dans la phase de conclusion, l'enseignant·e reformule ce qui doit être retenu : *Dans certaines situations, on compare des quantités. Ces quantités peuvent être différentes ou identiques (pareilles). Si elles sont pareilles, on dit qu'il y a autant… Lulu peut avoir autant de cartes qu'Ana. Ils ont le même nombre, la même quantité. Si Lulu et Ana n'ont pas la même quantité, il y a une grande quantité et une petite quantité et un écart entre les deux.*

L'enseignant·e précise également que, dans des situations de comparaison, on peut chercher l'écart, la grande ou la petite quantité. Pour terminer la séance, il/elle invite les élèves à inventer oralement des situations similaires à partir de différents inducteurs (des perles, des billes...).

TEMPS 2

PRATIQUE AUTONOME ▶ fichier p. 98 15 min

- **Ex. 1 :** Le principal obstacle rencontré peut être la lecture des consignes. L'enseignant·e se charge de les lire, ainsi que les questions. Il fait également repérer les mots clés (plus petite quantité – plus grande quantité – écart).
- **Ex. 2 :** Idem. Mots clés dans les consignes : autant – dessine.

Pour différencier

Fichier à photocopier : fiches * et **, *Problèmes de comparaison (1)*

BOITE D'AUTONOMIE ▶ Activités au choix de l'enseignant·e (voir la programmation p. 27) 15 min

SÉANCE 2 Vocabulaire : écart, de moins

MATÉRIEL

- **Pour chaque élève :** un cahier de recherche.
- **Collectif :** Un paquet de cartes pour « jouer la situation », le matériel mathématique de manipulation (cubes emboitables par exemple). Diaporama **Comparaison 2**

TEMPS 1	**Recherche et pratique guidée** ▶ Diaporama	30 min	En collectif
TEMPS 2	**Pratique autonome** ▶ Fichier p. 99	20 min	En individuel
	Boite d'autonomie	10 min	

PRINCIPE DE LA SÉANCE

Dans cette séance, les élèves poursuivent leur découverte de situations de comparaison et rencontrent à nouveau le vocabulaire « écart, grande quantité, petite quantité ». On s'attache plus spécifiquement, par la manipulation de matériel (réel ou symbolique) et par un travail sur la représentation de situations, à travailler sur la compréhension des formulations « de moins, en moins ».

TEMPS 1

MISSION 2 Vocabulaire : écart, de moins 30 min

L'ouverture de la séance se fait par la réactivation de ce qui a été vu lors de la séance précédente : *Dans certaines situations, on compare des quantités. Ces quantités peuvent être différentes ou identiques (pareilles). Si elles sont pareilles, on dit qu'il y en a « autant ». Si elles sont différentes, il y a une grande quantité, une petite quantité et un écart entre les deux.*

- La phase de modelage présente une situation de comparaison avec une seule collection de 10 cartes : celles de Lulu. L'élève doit se représenter la collection d'Ana à partir des informations données. Il doit donc comprendre correctement ce qui

est dit. Grâce aux questions suivantes, sa pensée est guidée : *Qui a le plus grand nombre de cartes ? Qui a le plus petit nombre de cartes ?* L'enseignant·e oralise en s'appuyant sur le matériel. La vérification se fait par une manipulation réelle des cartes.
Dans la phase d'oralisation, l'enseignant·e peut faire participer les élèves à sa réflexion.

- Dans la phase guidée, une situation similaire est donnée. Un temps raisonnable est donné aux élèves pour réaliser la situation sur leur cahier. L'enseignant·e passe auprès d'eux pour guider ceux qui auraient besoin d'un étayage et conforter les élèves qui adoptent une bonne démarche. Une mise en commun est réalisée, qui permet de réemployer le vocabulaire et la procédure ciblés.
- Dans la phase de conclusion, l'enseignant·e reformule ce qui doit être retenu avec l'aide des élèves : *Dans les situations de comparaison, on compare deux quantités. Si on connait la petite quantité et l'écart, on peut trouver la grande quantité.*

TEMPS 2

PRATIQUE AUTONOME ▶ **fichier** p. 99 15 min

▶ **Ex. 3 :** Le principal obstacle rencontré peut être la lecture des consignes. L'enseignant·e se charge de les lire, ainsi que les questions. Il fait également repérer les mots clés (plus petite quantité – écart). La correspondance terme à terme peut être réalisée sur le fichier.

▶ **Ex. 4 :** Idem. Les collections cette fois-ci sont organisées, ce qui est facilite la tâche.

Pour différencier
Fichier à photocopier : fiches * et **, *Problèmes de comparaison (2)*

BOITE D'AUTONOMIE ▶ Activités au choix de l'enseignant·e (voir la programmation p. 27) 15 min

SÉANCE 3 Vocabulaire : écart, de plus

MATÉRIEL
- **Pour chaque élève :** un cahier de recherche.
- **Collectif :** Un paquet de cartes pour « jouer la situation », le matériel mathématique de manipulation (cubes emboitables par exemple). Diaporama Comparaison 3

TEMPS 1	Recherche et pratique guidée ▶ Diaporama	30 min	En collectif
TEMPS 2	Pratique autonome ▶ Fichier p. 100	20 min	En individuel
	Boite d'autonomie	10 min	

PRINCIPE DE LA SÉANCE

Dans cette séance, les élèves poursuivent leur découverte de situations de comparaison et rencontrent à nouveau le vocabulaire « écart, grande quantité, petite quantité, de moins, en moins ». On s'attache plus spécifiquement, par la manipulation de matériel (réel ou symbolique) et par un travail sur la représentation de situations, à travailler sur la compréhension des formulations « de plus, en plus ».

TEMPS 1

MISSION 3 Vocabulaire : écart, de plus 30 min

- L'ouverture de la séance se fait par l'annonce de son objectif qui est de rencontrer des situations dans lesquelles on compare deux quantités, une petite et une grande avec un écart « en moins ». *On va apprendre à se représenter une situation décrite avec les mots « de plus ».*
  On commence par réactiver ce qui a été vu lors de la séance précédente. L'enseignant·e s'appuie sur la manipulation des cartes réelles et rappelle : *Dans certaines situations, on compare deux quantités, une petite et une grande. Il y a un écart en moins.*
- La phase de modelage présente une situation de comparaison avec une seule collection de 14 cartes : celles d'Ana. L'élève doit se représenter la collection de Lulu à partir des informations données. Il doit donc comprendre correctement ce qui est dit. Grâce aux questions suivantes, sa pensée est guidée : *Qui a le plus grand nombre de cartes ? Qui a le plus petit nombre de cartes ?* L'enseignant·e oralise en s'appuyant sur le matériel. La vérification se fait par une manipulation réelle des cartes.
  Dans la phase d'oralisation, l'enseignant·e peut faire participer les élèves à sa réflexion.
- Dans la phase guidée, une situation similaire est donnée. Un temps raisonnable est donné aux élèves pour réaliser la situation sur leur cahier. L'enseignant·e passe auprès d'eux pour guider ceux qui auraient besoin d'un étayage et conforter les élèves qui adoptent une bonne démarche. Une mise en commun est réalisée qui permet de réemployer le vocabulaire et la procédure ciblés.
- Dans la phase de clôture, l'enseignant·e reformule ce qui doit être retenu avec l'aide des élèves : *Dans les situations de comparaison, on compare deux quantités. Si on connait la grande quantité et l'écart, on peut trouver la petite quantité.*

TEMPS 2

PRATIQUE AUTONOME ▶ fichier p. 100 15 min

▶ **Ex. 5 :** Le principal obstacle rencontré peut être la lecture des consignes. L'enseignant·e doit les lire et expliquer le principe des exercices avec « vrai ou faux ». Il fait repérer les mots ou formulations clés (de plus – grande quantité – écart). La correspondance terme à terme peut être réalisée sur le fichier.

▶ **Ex. 6 :** Idem. L'enseignant·e fait remarquer aux élèves que Lulu et Ana ont « autant » de cartes. C'est la consigne qui donne les informations. Des cartes doivent être barrées ou dessinées pour que la situation corresponde au schéma.

Pour différencier

Fichier à photocopier : fiches * et **, *Problèmes de comparaison (3)*

BOITE D'AUTONOMIE ▶ Activités au choix de l'enseignant·e (voir la programmation p. 27) 15 min

SÉANCE 4 Vocabulaire : écart, de plus, de moins

MATÉRIEL

- **Pour chaque élève :** un cahier de recherche.
- **Collectif :** Un paquet de cartes pour « jouer la situation », le matériel mathématique de manipulation (cubes emboitables par exemple). Diaporama Comparaison 4

TEMPS 1	Recherche et pratique guidée ▶ Diaporama	30 min	En collectif
TEMPS 2	Pratique autonome ▶ Fichier p. 101	20 min	En individuel
	Boite d'autonomie	10 min	

PRINCIPE DE LA SÉANCE

Dans cette séance, l'objectif est de **revoir les différentes situations et formulations rencontrées** afin qu'elles deviennent familières : « écart, grande quantité, petite quantité, de moins, en moins, de plus, en plus ». La séance se termine par un bilan qui fait échos à celui présent dans le fichier.

TEMPS 1

MISSION 4 Vocabulaire : écart, de plus, de moins 30 min

- L'ouverture de la séance se fait par l'annonce de l'objectif qui est de revoir les situations de comparaisons et de se rappeler le vocabulaire et les formulations sur lesquels il faut réfléchir.
- L'enseignant·e engage ensuite les élèves à réactiver oralement ces situations et le vocabulaire.
- La première situation présente deux collections différentes associées aux personnages d'Ana et de Lulu. Les élèves sont invités à trouver la question qu'on peut se poser. La question doit porter sur l'écart. Grâce à la manipulation de cartes réelles ou du matériel mathématique de la classe, la situation peut être « jouée ». L'écart est retrouvé en organisant les cartes et en comparant les cartes terme à terme.
- Puis une nouvelle situation présente les 11 cartes d'Ana dessinées et une information concernant Lulu : il a 6 cartes de moins qu'Ana. Les élèves sont invités à trouver la question que l'on peut se poser. Elle porte sur le nombre de cartes de Lulu. La réflexion sur la situation permet de déterminer la grande et la petite quantité : c'est Ana qui a la grande quantité de cartes. Grâce à la manipulation de cartes réelles ou du matériel mathématique de la classe, la situation peut être « jouée ». Les 11 cartes d'Ana sont alignées. On donne autant de cartes à Lulu et on enlève les 6 cartes en moins. On donne le résultat : Lulu a 5 cartes. L'enseignant·e interroge les élèves pour vérifier si le résultat trouvé correspond bien aux informations : *Lulu a -t-il bien 6 cartes de moins qu'Ana ? C'est vrai.*
- La dernière situation présente les 5 cartes de Lulu dessinées et une information concernant Ana : elle a 6 cartes de plus qu'Ana. Les élèves sont invités à trouver la question qu'on peut se poser. Elle porte sur le nombre de cartes d'Ana. La réflexion sur la situation permet de déterminer la grande et la petite quantité : c'est Ana qui a la grande quantité de cartes. Grâce à la manipulation de cartes réelles ou du matériel mathématique de la classe, la situation peut être « jouée ». Les 5 cartes de Lulu sont alignées. On donne autant de cartes à Lulu et on ajoute les 6 cartes en plus. On donne le résultat : Ana a 11 cartes. L'enseignant·e interroge les élèves pour vérifier si le résultat trouvé correspond bien aux informations : *Ana a -t-elle bien 6 cartes de plus que Lulu ? C'est vrai.*

- Dans la phase de conclusion, l'enseignant·e reformule ce qui doit être retenu avec l'aide des élèves : *Dans les situations de comparaison, on compare deux quantités. Si on connait les deux quantités, on peut trouver l'écart. Si on connait la grande quantité et l'écart, on peut trouver la petite quantité. Si on connait la petite et l'écart, on peut trouver la grande.*

TEMPS 2

PRATIQUE AUTONOME ▸ fichier p. 101 15 min

- **Bilan :** Le bilan du fichier reprend la conclusion de la séance. Il est conçu le plus simplement possible afin que les élèves construisent des repères sur les situations de comparaison de problèmes additifs. L'appropriation de ce bilan se fait avec l'enseignant·e, en réactivant ce qui a été appris dans le module.
- **Ex. 7 :** C'est la première fois que les élèves rencontrent un énoncé de problème complet, rédigé, à résoudre. L'enseignant·e devra attirer leur attention sur ce fait. La lecture de l'énoncé reste le principal obstacle (déchiffrage et compréhension). Cependant, les mots utilisés sont simples, ce qui facilite le déchiffrage. La formulation de l'énoncé est plus résistante. La représentation par un schéma devrait soutenir cette compréhension.
- **Ex. 8 :** Dans ces deux problèmes à résoudre, l'enseignant accompagne les élèves. Il met en exergue la procédure attendue : un aller-retour entre le schéma et l'énoncé pour vérifier une juste compréhension.

Pour différencier

Fichier à photocopier : fiches * et **, *Problèmes de comparaison (4)*

BOITE D'AUTONOMIE ▸ Activités au choix de l'enseignant·e (voir la programmation p. 27) 15 min

Pour évaluer

Évaluation sommative ***Problèmes de comparaison***
Évaluation formative : problèmes du fichier élève, p. 101

RÉSOLUTION DE PROBLÈMES

module

Problèmes de parties-tout

SÉANCES

Sur votre espace numérique

Retrouvez sur l'espace numérique **tous les diaporamas** et les **ressources complémentaires** : matériel, leçons et évaluations modifiables, etc.

Objectifs d'apprentissage

- Résoudre des problèmes additifs en une étape du type parties-tout.
- Renforcer le sens de l'addition-soustraction.

Lexique

- **Tout** : la réunion des parties.
- **Parties** : c'est ce qui compose le tout. Il y a deux parties (identiques ou non) a minima.

Apports didactiques

- Les problèmes de parties-tout sont des problèmes de composition de **structures additives ou soustractives**.
- Les **problèmes de parties-tout** permettent donc de renforcer le **sens de l'addition-soustraction** :
  L'addition est considérée comme une réunion de plusieurs collections d'objets. L'ajout des termes (les parties) d'une addition permet de trouver la somme (le tout).
  Une somme (le tout) auquel on retranche un des termes (une partie) permet de trouver la partie restante.
- La composition de deux grandeurs en donne une troisième. La composition de trois grandeurs, en donne une quatrième et ainsi de suite. La réunion de grandeurs continues ne peut se faire que dans la même unité (des centimètres avec des centimètres).
- Dans les **problèmes de composition**, la compréhension de l'énoncé est essentielle pour se représenter la situation. Le choix de l'opération en dépendra. Pour réunir des collections, il est nécessaire que ces collections puissent être de même nature (répondre à une dénomination commune). Par exemple, dans l'énoncé suivant : *« Dans son jardin, Lucas a 6 carottes et 5 roses. Combien a-t-il de fleurs ? »* il n'est pas possible de réunir les carottes et les roses car ces deux collections ne sont pas de même nature.
- Lors de la recherche d'une partie, la formulation de l'énoncé précisera une qualité particulière de l'une des collections de même nature par ailleurs. Par exemple, dans l'énoncé suivant : *« Dans l'arbre, il y a 20 oiseaux. 12 oiseaux sont bleus. Combien y a-t-il d'oiseaux gris ? »* ; les objets considérés de la collection « Les oiseaux » sont de même nature. Elle peut se scinder en deux sous-collections dont les objets de même nature (les oiseaux) auront des qualités différentes (bleus ou gris).

Difficultés rencontrées par les élèves

1 Difficulté de compréhension : passer du problème verbal de composition ou décomposition au modèle mathématique, c'est-à-dire comprendre la situation pour pouvoir la représenter à travers un schéma et associer l'opération adéquate.

2 Cette difficulté de compréhension peut être liée à une méconnaissance précise du vocabulaire ou des tournures employés dans l'énoncé. C'est pourquoi, au CP, on commence par des énoncés accessibles aux élèves (matériel réel connu, manipulable). La rencontre avec les structures prototypiques de ces énoncés devrait soutenir une reconnaissance dans des problèmes plus complexes, par analogie, pour la suite de la scolarité.

3 Dans les énoncés proposés, le lexique ne faisant pas obstacle, la résolution des problèmes avec recherche d'une partie est plus résistante que la résolution des problèmes de recherche du tout.

SÉANCE 1 Recherche du tout

MATÉRIEL

- **Pour chaque élève :** un cahier de recherche.
- **Collectif :** une boite de crayons de deux couleurs (rouge et jaune) pour « jouer la situation », le matériel mathématique de manipulation (cubes emboitables par exemple).
Diaporama Parties-tout 1

TEMPS 1	Recherche et pratique guidée ▶ Diaporama	30 min	En collectif
TEMPS 2	Pratique autonome ▶ Fichier p. 102	20 min	En individuel
	Boite d'autonomie	10 min	

PRINCIPE DE LA SÉANCE

Dans cette séance, les élèves découvrent des problèmes de parties-tout avec **recherche du tout**. L'objectif est qu'ils comprennent que, dans certains problèmes, si on a deux collections d'objets de même nature (les crayons) avec des qualités différentes (des rouges et des jaunes), alors on peut les réunir dans une **même collection**. Les quantités des deux collections sont alors ajoutées pour constituer **le tout**.

La **manipulation réelle** des objets, associée à des **représentations réelles ou symboliques** (grâce aux diaporamas), puis l'appui sur différentes procédures pour trouver le résultat (comptage, surcomptage, bande numérique...) donnent à voir et à comprendre les **raisonnements possibles** et les liens établis entre eux. Ils doivent mener à une résolution plus abstraite : les premiers calculs.

TEMPS 1

MISSION 1 Recherche du tout 30 min

Cette séance est la première d'une série de quatre, dans laquelle on s'attache à des problèmes de recherche du tout. Ces problèmes ne sont pas très résistants pour les élèves. Il s'agit de mettre l'accent sur la phase d'analyse et de compréhension de « l'histoire » mathématique et de proposer une procédure de représentation aidant à la résolution. Cette schématisation est proposée mais pas imposée aux élèves. Dans les phases de recherche en autonomie, il reviendra à l'enseignant·e, grâce à un échange personnalisé avec l'élève, de vérifier la représentation qu'il s'en fait. Il reviendra également à l'enseignant·e d'amener les élèves, progressivement, à utiliser des procédures plus expertes pour trouver le résultat au problème (le comptage ou le surcomptage ne devraient être utilisés que pour vérifier le résultat d'une opération).

- L'enseignant·e ouvre la séance en annonçant l'objectif : comprendre et résoudre des problèmes quand on recherche le tout. Il présente la situation avec le matériel réel (les crayons) ou/et le matériel mathématique (cubes emboitables ou autre...).
- Dans la phase de modelage, on identifie une situation de recherche de la quantité totale de crayons. L'enseignant·e résout le problème en oralisant son raisonnement. Cette phase peut donner lieu à une manipulation réelle des crayons. Le résultat, estimé ou donné, de la réunion des deux quantités doit être confirmé par un comptage des crayons. L'objectif à terme est d'amener les élèves à s'appuyer sur la connaissance des nombres et des faits numériques pour la phase de recherche du résultat.

En pratique

Différentes procédures, plus ou moins expertes, permettent de trouver le résultat :
- comptage de tous les crayons,
- surcomptage à partir du cardinal d'une des deux collections,
- utilisation de la frise numérique,
- stratégies de calcul.

- Dans la phase guidée, un problème du même type est à réaliser par les élèves sur leur cahier. L'enseignant·e passe auprès des élèves pour guider certains et conforter ceux qui s'engagent sur une procédure acceptable. Dans tous les cas, il s'agit de questionner les élèves pour recueillir leur raisonnement et les représentations qu'ils se font de la situation. La correction du problème se fait collectivement. Les différentes procédures vues ci-dessus peuvent être convoquées. Les stratégies à valoriser sont les stratégies de calcul les plus efficaces, en lien avec les enseignements du module « calcul ».
- Dans la phase de conclusion, l'enseignant·e invite les élèves à exprimer ce qu'ils ont appris dans la séance. Avec leur aide, il reformule ce qui doit être retenu : *Dans certains problèmes, il y a plusieurs parties, quand on les réunit, elles forment un tout.* La conclusion de la séance se fait en rappelant que dans les problèmes de parties-tout, on peut chercher le tout.
L'enseignant·e invite les élèves à inventer oralement des énoncés similaires dans lesquels on recherche le tout. Il peut s'appuyer sur les photos inductrices du diaporama.

TEMPS 2

PRATIQUE AUTONOME ▶ fichier p. 102 — 15 min

▶ **Ex. 1 :** L'objectif est d'associer deux quantités distinctes de bonbons à leur représentation. Les élèves ne doivent pas s'attacher aux couleurs (ce qui peut être difficile) mais s'appuyer sur les deux quantités en jeux (4 fraises et 6 crocodiles ; 6 fraises et 3 crocodiles).

▶ **Ex. 2 :** Ce problème peut servir d'évaluation formative.

Point de vigilance

Pour tous les temps de pratique autonome, l'enseignant·e adapte sa mise en œuvre en fonction du niveau de lecture de ses élèves. Il est conseillé de lire les énoncés avec les élèves. Certains problèmes peuvent être identifiés comme des problèmes permettant une évaluation formative.

BOITE D'AUTONOMIE ▶ Activités au choix de l'enseignant·e (voir la programmation p. 27) — 15 min

Pour différencier

Fichier à photocopier : fiches * et **, *Problèmes de parties-tout (1)*

SÉANCE 2 Recherche d'une partie (1)

MATÉRIEL

▶ **Pour chaque élève :** un cahier de recherche.

▶ **Collectif :** une boite de crayons de deux couleurs (vert et rose) pour « jouer la situation », le matériel mathématique de manipulation (cubes emboitables par exemple). Diaporama **Parties-tout 2**

TEMPS 1	Recherche et pratique guidée ▶ Diaporama	30 min	En collectif
TEMPS 2	Pratique autonome ▶ Fichier p. 103	20 min	En individuel
	Boite d'autonomie	10 min	

PRINCIPE DE LA SÉANCE

Dans cette séance, les élèves réactivent les problèmes de parties-tout avec recherche du tout vus en séance 1. Puis ils découvrent des énoncés du même type dans lesquels on connait le tout et on **cherche une partie**. Ils vivent la situation représentée en manipulant le matériel réel et/ou symbolique afin de s'en créer une représentation mentale. L'objectif est que les élèves rencontrent des situations dans lesquelles on connait la quantité d'une collection d'objets de même nature (les crayons) et la quantité d'objets d'une des deux sous-collections d'objets de qualités différentes (des crayons verts et des roses) qui la composent.

TEMPS 1

MISSION 2 Recherche d'une partie (1) 30 min

- L'enseignant·e ouvre la séance en annonçant l'objectif. Il s'agit de comprendre et résoudre des problèmes quand on connait le tout et une partie. On doit alors trouver l'autre partie.
- Dans la phase de modelage, l'enseignant·e s'appuie sur le problème posé dans le diaporama : il/elle va résoudre le problème en oralisant son raisonnement. Cette phase peut donner lieu à une manipulation réelle des crayons ou du matériel symbolique de mathématique : il/elle annonce que dans sa boite, il y a 16 crayons, des verts et des roses. Il/elle sort les 9 crayons verts de la boite pour les montrer et demande combien de crayons roses sont dans la boite. La validation du résultat se fait par le contrôle des crayons restés dans la boite.
- Dans la phase guidée, un problème du même type est à résoudre par les élèves sur leur cahier. L'enseignant·e passe auprès des élèves pour guider certains et conforter ceux qui s'engagent dans une procédure acceptable. Dans tous les cas, il s'agit de questionner les élèves pour recueillir leur raisonnement et les représentations qu'ils se font de la situation. La correction du problème se fait collectivement.
- Dans la phase de conclusion, l'enseignant·e invite les élèves à exprimer ce qu'ils ont appris dans la séance. Avec leur aide, il reformule ce qui doit être retenu : *Dans les problèmes de parties-tout, on peut chercher une partie si on connait le tout et une des parties.*

En pratique

Différentes procédures plus ou moins expertes permettent de trouver le résultat :
– surcomptage à partir des 9 crayons verts jusqu'à 16,
– utilisation de la frise numérique à partir de 9 pour aller jusqu'à 16,
– stratégies de calcul.

TEMPS 2

PRATIQUE AUTONOME ▶ fichier p. 103 15 min

▶ **Ex. 3 :** L'objectif est d'associer des photos de la réunion de deux collections d'objets de même nature (des couverts) à leurs désignations possibles (avec des cubes – sous forme de dessins – par désignation en lettres). Les élèves ne doivent pas seulement s'attacher aux dessins mais aux quantités de chaque sous-collection de qualité différente (les cuillères et les fourchettes).

▶ **Ex. 4 :** La lecture de l'énoncé du problème avec recherche d'une des parties reste le principal obstacle à la compréhension de la situation.

Pour différencier

Fichier à photocopier : fiches * et **, *Problèmes de parties-tout (2)*

BOITE D'AUTONOMIE ▶ Activités au choix de l'enseignant·e (voir la programmation p. 27) 15 min

SÉANCE 3 Recherche d'une partie (2)

MATÉRIEL

- **Pour chaque élève :** un cahier de recherche.
- **Collectif :** une boite avec des perles roses et des perles bleues pour « jouer la situation », le matériel mathématique de manipulation (cubes emboitables par exemple). Diaporama Parties-tout 3

TEMPS 1	Recherche et pratique guidée ▶ Diaporama	30 min	En collectif
TEMPS 2	Pratique autonome ▶ Fichier p. 104	20 min	En individuel
	Boite d'autonomie	10 min	

PRINCIPE DE LA **SÉANCE**

Dans cette séance, les élèves réactivent les problèmes de parties-tout avec **recherche d'une des parties**, vus en séance 2. Puis ils s'entrainent de nouveau sur des énoncés du même type dans lesquels on connait le tout et on cherche **une partie**. Ils vivent la situation représentée en manipulant le matériel réel et/ou symbolique afin de s'en créer une représentation mentale. L'objectif est que les élèves rencontrent des situations dans lesquelles on connait la quantité d'une collection d'objets de même nature (les bijoux) et la quantité d'objets d'une des deux sous-collections d'objets de qualités différentes (des perles bleues et des roses) qui la composent. Comme on connait la quantité d'une des deux sous-collection, on peut trouver la quantité de la deuxième sous-collection. **On connait le tout et une partie**, on peut alors trouver la **deuxième partie**.

TEMPS 1

MISSION 3 Recherche d'une partie (2) 30 min

- L'enseignant·e ouvre la séance en annonçant l'objectif. Il s'agit de comprendre et résoudre des problèmes quand on connait le tout et une partie. On doit alors trouver l'autre partie. Il réactive le problème de référence de la séance précédente avec les crayons.
- Dans la phase de modelage, l'enseignant·e s'appuie sur le problème posé dans le diaporama. Il/elle rédout le problème en oralisant son raisonnement. Cette phase peut donner lieu à une manipulation réelle des perles ou du matériel symbolique de mathématique : il/elle annonce que dans sa boite, il y a 18 perles, des bleues et des roses. Il/elle sort les 8 perles roses de la boite pour les montrer et demande combien de perles bleues sont dans la boite. La validation du résultat se fait par le comptage effectif des perles bleues.
- Dans la phase guidée, un problème du même type est à réaliser par les élèves sur leur cahier. L'enseignant·e passe auprès des élèves pour guider certains et conforter ceux qui s'engagent sur une procédure acceptable. Dans tous les cas, il s'agit de questionner les élèves pour recueillir leur raisonnement et les représentations qu'ils se font de la situation. La correction du problème se fait collectivement. Les stratégies à valoriser sont les stratégies de calcul les plus efficaces, en lien avec les enseignements portés lors du module « calcul ». Cependant, il est intéressant de mettre en lien les différentes représentations de la situation et les stratégies de calcul possibles. Le cassage d'une dizaine pour identifier les 7 perles roses pourrait être utilisé par certains élèves.
- Dans la phase de conclusion, l'enseignant·e invite les élèves à exprimer ce qu'ils ont appris dans la séance. Avec leur aide, il reformule ce qui doit être retenu : *Dans les problèmes de parties-tout, on peut chercher une partie si on connait le tout et une des parties.*

En pratique

Différentes procédures plus ou moins expertes permettent de trouver le résultat :
– surcomptage à partir des 8 perles roses jusqu'à 18,
– utilisation de la frise numérique à partir de 8 pour aller jusqu'à 18,
– stratégies de calcul (appui sur la décomposition de 18 en une dizaine et huit unités).

TEMPS 2

PRATIQUE AUTONOME ▶ **fichier** p. 104 15 min

▶ **Ex. 5 :** Cet exercice invite les élèves à inventer la question d'un énoncé de problème. Les données sont proposées sous forme de schéma. Le mot interrogatif permet d'amorcer la question. On attend : « Combien de carottes y a-t-il ? »

▶ **Ex. 6 :** La lecture de l'énoncé du problème avec recherche du tout reste le principal obstacle à la compréhension de la situation. Il est conseillé de lire l'énoncé avec les élèves pour cette recherche d'une partie (le nombre de balles jaunes). Un schéma explicatif est demandé aux élèves car la compréhension fine de la situation n'est pas assurée.

▶ **Ex. 7 :** Cet exercice invite les élèves à inventer un énoncé de problème de parties-tout, soit avec recherche du tout, soit avec recherche d'une partie. Une photo inductrice est donnée ainsi que deux mots clés « combien » et « en tout ». Il est prévisible que la majorité des élèves crée un énoncé avec recherche du tout.

Pour différencier

Fichier à photocopier : fiches * et **, *Problèmes de parties-tout (3)*

BOITE D'AUTONOMIE ▶ Activités au choix de l'enseignant·e (voir la programmation p. 27) 15 min

SÉANCE 4 Recherche d'une partie ou du tout

MATÉRIEL

- **Pour chaque élève :** un cahier de recherche.
- **Collectif :** des bonbons à la menthe et des bonbons au citron pour « jouer la situation », le matériel mathématique de manipulation (cubes emboitables par exemple). Diaporama Parties-tout 4

TEMPS 1	Recherche et pratique guidée ▶ Diaporama	30 min	En collectif
TEMPS 2	Pratique autonome ▶ Fichier p. 105	20 min	En individuel
	Boite d'autonomie	10 min	

PRINCIPE DE LA **SÉANCE**

Dans cette séance, les élèves se questionnent sur les énoncés de problème de **parties-tout**. L'objectif de cette séance est que les élèves comprennent qu'il faut prendre le temps de se représenter la situation décrite dans les problèmes simples avec trois données. Alors que très souvent les élèves utilisent les deux données connues pour les ajouter, par automatisme, on les invite ici à inhiber cette habitude pour raisonner avant de calculer. Ainsi, la question portera parfois sur la **recherche du tout** et parfois sur la **recherche d'une partie**. Les élèves ont déjà rencontré ce type de situation, mais il est nouveau de rencontrer un énoncé écrit qui décrit ce genre de problème. Cette séance met en exergue **le passage de l'énoncé écrit d'un problème** (avec des données chiffrées et une question) **à une résolution mathématique avec calcul**, en passant par **l'organisation des informations** et la **schématisation**. Elle permet également de mettre l'accent sur les qualités qui distinguent les deux sous-collections réunies dans une même collection d'objets de même nature.

TEMPS 1

MISSION 4 Recherche d'une partie ou du tout 30 min

Cette séance est la dernière d'une série de quatre. L'objectif est d'amener les élèves à raisonner sur une même situation pour laquelle on cherche, soit le tout, soit l'une des deux parties. On donne ainsi à voir aux élèves que, selon l'énoncé du problème, l'utilisation des données est différente : elle doit entrer en cohérence avec la situation décrite. Dans un premier temps, l'activité s'appuie sur des énoncés sans données et sans question, afin de centrer l'attention des élèves sur la compréhension de la situation. Viennent ensuite les énoncés avec des données. La compréhension de la situation permet d'organiser les données de manière à identifier plus facilement le tout et les deux parties. L'introduction de la question cible la donnée à rechercher.

- L'enseignant·e ouvre la séance en annonçant l'objectif. Il s'agit de raisonner et comprendre des énoncés de problèmes de parties-tout. Puis chercher les questions qu'on peut se poser à partir de certains énoncés.
- Dans la phase de modelage, l'enseignant·e s'appuie sur un énoncé sans donnée, écrit dans le diaporama. Il/elle va raisonner sur l'énoncé en oralisant sa pensée. Il/elle repère qu'il manque les données et la question dans l'énoncé. Il faudrait connaitre le nombre de bonbons en tout, à la menthe et au citron… Cette phase peut donner lieu à une manipulation réelle d'un sac de bonbons : on ne connait ni le nombre total de bonbons, ni le nombre de bonbons à la menthe, ni le nombre de bonbons au citron.
- Dans la phase guidée, le même énoncé de bonbons est proposé avec deux données, mais sans question. Il faut trouver la question, grâce aux informations de l'énoncé. Dans ce premier cas, la question doit porter sur le tout. Le résultat est trouvé mais ce n'est pas l'objectif premier. Dans le deuxième cas, la question doit porter sur le nombre de bonbons au citron. Et dans le troisième cas, la question doit porter sur le nombre de bonbons à la menthe.
- Dans la phase de conclusion, l'enseignant·e invite les élèves à exprimer ce qu'ils ont appris dans la séance. Avec leur aide, il reformule ce qui doit être retenu : *Dans les problèmes de parties-tout, la question indique ce que l'on cherche : soit le tout, soit une des deux parties.*

TEMPS 2

PRATIQUE AUTONOME ▶ fichier p. 105 15 min

- ▶ **Bilan :** Le bilan du fichier reprend la conclusion de la séance. Il est conçu le plus simplement possible pour que les élèves y retrouvent des repères sur les problèmes de parties-tout. L'appropriation de ce bilan se fait avec l'enseignant·e, en réactivant ce qui a été appris dans le module.
- ▶ **Ex. 8 :** C'est un énoncé de problème de parties-tout avec recherche d'une des parties. Un schéma explicatif est demandé aux élèves pour s'assurer de leur compréhension de la situation. Ce problème peut être identifié comme une évaluation formative du module.
- ▶ **Ex. 9 :** Exercice similaire au précédent mais, cette fois, avec recherche du tout.

Pour différencier

Fichier à photocopier : fiches * et **, *Problèmes de parties-tout (4)*

BOITE D'AUTONOMIE ▶ Activités au choix de l'enseignant·e (voir la programmation p. 27) 15 min

Pour évaluer

Évaluation sommative ***Problèmes de parties-tout***
Évaluation formative : problèmes du fichier élève, p. 105

RÉSOLUTION DE PROBLÈMES

module

Problèmes de parties-tout : transformations

SÉANCES

Sur votre espace numérique

Retrouvez sur l'espace numérique **tous les diaporamas** et les **ressources complémentaires** : matériel, leçons et évaluations modifiables, etc.

Objectifs d'apprentissage

- Résoudre des problèmes additifs en une étape du type parties-tout : transformation.
- Renforcer le sens de l'addition-soustraction.

Lexique

- **Avant :** plus tôt, au début de l'histoire mathématique.
- **En plus, de plus** : dans les situations de transformation, une quantité pourra être ajoutée à la quantité de départ : la quantité « en plus ».
- **En moins, de moins** : dans les situations de transformation, une quantité pourra être enlevée à la quantité de départ : la quantité « en moins ».
- **Après :** plus tard, à la fin de l'histoire mathématique.

Apports didactiques

- Les **problèmes de parties-tout avec transformation** d'états sont des problèmes dans lesquels on retrouve **un état initial, une transformation et un état final**. La transformation peut être positive (une quantité en plus) ou négative (une quantité en moins).
Au CP, ces problèmes seront traités mathématiquement comme des problèmes de parties-tout.
- Les **problèmes de parties-tout avec transformation** sont plus difficiles à conceptualiser à cause de la formulation des énoncés. En général, il est plus facile de trouver l'état final car c'est celui qui correspond au cheminement de la pensée.
- Dans les **problèmes de transformation**, la compréhension de l'énoncé est essentielle pour se représenter la situation. Cette compréhension s'appuie sur **la chronologie de l'histoire** du problème. Le passage par une réorganisation des informations de l'énoncé peut soutenir cette compréhension. C'est ce qui est proposé dans le module.
Pour transformer la collection d'avant, une quantité est ajoutée ou enlevée. Après, la collection aura augmenté ou diminué. C'est ce qui est interrogé lors de la phase de compréhension de l'énoncé à travers une **« ligne du temps »** qui permet d'organiser chronologiquement la transformation entre « avant » et « après ».

Difficultés rencontrées par les élèves

1 **Difficulté de compréhension** : passer du problème verbal de transformation au modèle mathématique, c'est-à-dire comprendre la situation pour pouvoir la représenter à travers un schéma et associer l'opération adéquate afin de calculer le résultat.

2 **Difficulté suivant le type de recherche** : la recherche de l'état initial (quantité avant) est plus complexe.

3 **Difficulté de compréhension** liée à la **chronologie de l'histoire** qui n'est pas tout de suite identifiable. Les notions de temps et les connecteurs associés ne sont pas encore stabilisés pour les élèves de CP. Le sens des mots « avant », « après » n'est pas forcément acquis. C'est pourquoi, au CP, on commence par des énoncés accessibles aux élèves (matériel réel connu, manipulable). On propose également une **réorganisation des informations à travers une « ligne du temps »** qui permet aux élèves d'accéder plus facilement à la compréhension de l'histoire.

SÉANCE 1 Recherche de l'état final

MATÉRIEL
- **Pour chaque élève :** un cahier de recherche.
- **Collectif :** une pile de cahiers pour « jouer la situation », le matériel mathématique de manipulation (cubes emboitables par exemple). Diaporama Parties-tout : transformations 1

TEMPS 1	Recherche et pratique guidée ▶ Diaporama	30 min	En collectif
TEMPS 2	Pratique autonome ▶ Fichier p. 106	20 min	En individuel
	Boite d'autonomie	10 min	

PRINCIPE DE LA SÉANCE

Dans cette séance, les élèves découvrent des problèmes de parties-tout avec transformation dans lesquels on recherche **l'état final**. Ils vivent la situation représentée en manipulant le matériel réel et/ou symbolique afin de pouvoir s'en créer une représentation mentale. L'objectif est que les élèves comprennent que dans certains problèmes, on a une quantité **AVANT** qui subit une **augmentation ou une diminution**. La quantité **APRÈS** rend compte de cette évolution. Ces problèmes sont traités mathématiquement comme des problèmes de parties-tout mais leurs formulations méritent d'être rencontrées.

TEMPS 1

MISSION 1 Recherche de l'état final 30 min

Dans cette séance, les problèmes ne sont pas très résistants pour les élèves car ils s'inscrivent dans un cheminement de pensée habituel : du début de l'histoire vers la recherche de la fin de l'histoire. Il s'agit de mettre l'accent sur la phase d'analyse et de compréhension de « l'histoire » mathématique et de proposer une procédure d'organisation des informations dans la « ligne du temps » aidant à la résolution. Cette schématisation est proposée, mais non imposée aux élèves. Cependant, cette réorganisation des données de manière chronologique sera très utile dans les séances suivantes, quand les énoncés deviendront plus complexes à se représenter. Contrairement aux autres modules, dans chaque séance, deux situations sont proposées pour la recherche de l'état final : d'abord après une transformation négative (diminuation), puis après une transformation positive (augmentation). Selon le cas, la quantité APRÈS sera plus petite ou plus grande que la quantité AVANT.

- L'enseignant·e ouvre la séance en annonçant son objectif : il s'agit de comprendre et résoudre des problèmes quand on a une collection d'objets AVANT qui diminue ou qui augmente. La collection d'objets APRÈS évolue. Il/elle présente la situation avec le matériel réel (les cahiers) ou/et le matériel mathématique (cubes emboitables ou autre…).

Recherche de l'état final avec diminution

- Dans cette première phase de modelage, on identifie une situation de recherche de la quantité APRÈS de cahiers. L'enseignant·e résout le problème en oralisant son raisonnement. Cette phase peut donner lieu à une manipulation réelle des cahiers. Le diaporama présente 20 cahiers dessinés, c'est la quantité AVANT. Grâce à cette représentation, l'enseignant·e peut illustrer de manière concrète la transformation négative pour trouver la quantité APRÈS.
- L'enseignant·e montre ensuite comment organiser les informations de l'énoncé sur la ligne du temps. À travers la réflexion sur l'énoncé, il/elle donne à voir les étapes

du raisonnement indispensables : identifier la quantité AVANT et la quantité APRÈS que l'on recherche (symbolisée par un point d'interrogation). L'évolution (le nombre de cahiers EN MOINS) permet d'estimer que la quantité APRÈS sera plus petite que la quantité AVANT.
Cette organisation des données est associée à une représentation symbolique des cahiers sous forme de ronds. (On aurait également pu dessiner des carrés en référence au matériel habituellement utilisé en classe, les cubes emboitables).

- Dans la phase guidée, un problème du même type est à résoudre par les élèves sur leur cahier. L'enseignant·e passe auprès des élèves pour guider certains et conforter ceux qui s'engagent sur une procédure acceptable. Dans tous les cas, il s'agit de questionner les élèves pour recueillir leur raisonnement et les représentations qu'ils se font de la situation. La correction du problème se fait collectivement.

Recherche de l'état final avec augmentation

- Même déroulé que pour la 1re phase de modelage.
  L'évolution (le nombre de cahiers EN PLUS) permet d'estimer que la quantité APRÈS sera plus grande que la quantité AVANT.
- Même déroulé que précédemment pour la phase guidée.
- Dans la phase de conclusion, l'enseignant·e invite les élèves à exprimer ce qu'ils ont appris dans la séance. Avec leur aide, il reformule ce qui doit être retenu : *Dans les problèmes de transformation, on peut chercher la quantité APRÈS : on a une quantité AVANT. Parfois elle diminue, il y a une quantité EN MOINS (elle est enlevée). La quantité APRÈS est donc plus PETITE. Parfois, elle augmente, il y a une quantité EN PLUS (elle est ajoutée). La quantité APRÈS est donc plus GRANDE. Cela dépend de l'histoire du problème. Il faut prendre le temps de comprendre l'histoire : pour cela, on peut organiser les informations de l'énoncé sur la ligne du temps.*
- L'enseignant·e invite les élèves à inventer oralement des énoncés similaires dans lesquels on cherche la quantité APRÈS. Il peut s'appuyer sur les photos inductrices du diaporama.

En pratique

Différentes procédures peuvent être convoquées :
– travail sur des dessins figuratifs de cahiers ;
– organisation des informations de l'énoncé sur la ligne du temps ;
– identification de la quantité AVANT et de l'évolution ;
– identification de la quantité APRÈS que l'on recherche ;
– représentation symbolique des cahiers sous forme de ronds ;
– manipulation réelle des cahiers pour validation du résultat.

TEMPS 2

PRATIQUE AUTONOME ▶ fichier p. 106 — 15 min

▶ **Ex. 1 :** L'objectif est d'observer l'énoncé d'un problème présenté sous forme d'une suite de trois photos, de comprendre l'histoire mathématique et de l'associer à la représentation qui correspond. Deux types de représentations sont proposées : l'une avec l'organisation des informations sur la ligne du temps, l'autre avec des carrés.

▶ **Ex. 2 :** La lecture de l'énoncé du problème reste le principal obstacle à la compréhension de la situation. Il s'agit d'une situation dans laquelle la quantité AVANT augmente. Cette situation n'est pas très résistante, elle se résout très aisément comme une situation de parties-tout.
La situation dans laquelle la quantité AVANT diminue n'est pas proposée dans le fichier mais dans le fichier à photocopier.

Point de vigilance

Pour tous les temps de pratique autonome, l'enseignant·e adapte sa mise en œuvre en fonction du niveau de lecture de ses élèves. Il est conseillé de lire les énoncés avec les élèves. Certains problèmes peuvent être identifiés comme des problèmes permettant une évaluation formative.

BOITE D'AUTONOMIE ▶ Activités au choix de l'enseignant·e (voir la programmation p. 27) 15 min

Pour différencier

Fichier à photocopier : fiches * et **,
Problèmes de parties-tout : transformations (1)

SÉANCE 2 Recherche de l'évolution

MATÉRIEL

- **Pour chaque élève :** un cahier de recherche.
- **Collectif :** une pile de cahiers pour « jouer la situation », le matériel mathématique de manipulation (cubes emboitables par exemple). Diaporama Parties-tout : transformations 2

TEMPS 1	Recherche et pratique guidée ▶ Diaporama	30 min	En collectif
TEMPS 2	Pratique autonome ▶ Fichier p. 107	20 min	En individuel
	Boite d'autonomie	10 min	

PRINCIPE DE LA **SÉANCE**

Dans cette séance, les élèves découvrent des problèmes de parties-tout avec transformation dans lesquels on recherche **l'évolution**. L'objectif est que les élèves comprennent que dans certains problèmes, on a une quantité AVANT et une quantité APRÈS. Entre les deux, une quantité est **enlevée ou ajoutée** : soit l'évolution est négative, soit elle est positive. La manipulation réelle des objets, articulée à des représentations réelles ou symboliques (grâce aux diaporamas), puis l'appui sur différentes procédures donnent à voir et à comprendre les raisonnements possibles et les liens entre eux. L'enseignant·e régule les réponses trouvées.

TEMPS 1

MISSION 2 Recherche de l'évolution 30 min

Comme dans la séance 1, deux situations sont rencontrées pour une même recherche. Recherche de l'évolution après une transformation positive (augmentation) puis recherche de l'évolution avec une transformation négative (diminution). La comparaison entre la quantité AVANT et la quantité APRÈS constitue un point d'appui important à souligner dans le processus de réflexion.

- L'enseignant·e ouvre la séance en annonçant son objectif : il s'agit de comprendre et résoudre des problèmes quand on connait la quantité AVANT et la quantité APRÈS. La collection d'objets APRÈS évolue. On cherche si la quantité a été enlevée (EN MOINS) ou ajoutée (EN PLUS). Il/elle présente la situation avec le matériel réel (les cahiers) ou/et le matériel mathématique (cubes emboitables ou autre...).

Recherche de l'évolution positive

- Dans cette première phase de modelage, on identifie une situation de recherche de l'évolution entre la quantité de cahiers AVANT et la quantité de cahiers APRÈS. L'enseignant·e résout le problème en oralisant son raisonnement. Cette phase peut donner lieu à une manipulation réelle des cahiers. Le diaporama présente 16 cahiers dessinés, c'est la quantité AVANT. Grâce à cette représentation, l'enseignant·e peut illustrer de manière concrète la transformation positive pour trouver la quantité APRÈS.
- L'enseignant·e montre comment organiser les informations de l'énoncé sur la ligne du temps. Il donne à voir les étapes du raisonnement indispensables : identifier la quantité AVANT et la quantité APRÈS que l'on connait. En les plaçant sur la ligne du temps, on peut déjà les comparer et conclure qu'une quantité EN PLUS a été ajoutée. L'évolution que l'on cherche est symbolisée par un point d'interrogation. Cette organisation des données est associée à une représentation symbolique des cahiers.

- Dans la phase guidée, un problème du même type est à résoudre par les élèves sur leur cahier. L'enseignant·e passe auprès des élèves pour guider certains et conforter ceux qui s'engagent sur une procédure acceptable. Dans tous les cas, il s'agit de questionner les élèves pour recueillir leur raisonnement et les représentations qu'ils se font de la situation. La correction du problème se fait collectivement. L'enseignant·e peut tirer au sort un élève pour qu'il vienne au tableau expliquer et présenter sa résolution. Il/elle reformule, précise et complète si besoin.

Recherche de l'évolution négative

- Même déroulé que pour la 1re phase de modelage.
  En plaçant les informations de l'énoncé sur la ligne du temps, on peut les comparer et conclure, cette fois, qu'une quantité EN MOINS a été enlevée. L'évolution que l'on cherche est symbolisée par un point d'interrogation. Cette organisation des données est associée à une représentation symbolique des cahiers. Au fil des diapositives, les opérations sur les représentations font le lien avec les calculs attendus. Le sens de la soustraction est conforté (20 – 15 = 5 ou 20 – 5 = 15). Vient alors la phase de régulation ou phase de vérification. L'enseignant·e peut avoir recours à la manipulation réelle des cahiers qui fera écho avec le réel. Il/elle interroge son résultat en replaçant le résultat trouvé dans l'énoncé : « 20 cahiers AVANT – la maitresse en donne 5. Est-ce qu'il y a bien 15 cahiers APRÈS ? » Si « oui », alors le résultat est validé.
- Phase guidée : même déroulé que pour la séance précédente.
- Dans la phase de conclusion, l'enseignant·e invite les élèves à exprimer ce qu'ils ont appris dans la séance. Avec leur aide, il reformule ce qui doit être retenu : *Dans les problèmes de transformation, parfois, on connait la quantité AVANT et la quantité APRÈS. On peut chercher la quantité EN PLUS ou EN MOINS entre les deux. On compare alors la quantité AVANT et la quantité APRÈS. Si la quantité APRÈS est plus grande, alors on a ajouté une quantité EN PLUS. Si la quantité APRÈS est plus petite, alors, on a enlevé une quantité EN MOINS.*

TEMPS 2

PRATIQUE AUTONOME ▶ fichier p. 107 15 min

- ▶ **Ex. 3 :** L'objectif est d'observer l'énoncé d'un problème présenté sur la ligne du temps, de comprendre l'histoire mathématique. Cette représentation permet à l'élève d'identifier si la quantité est EN PLUS ou EN MOINS. Il choisit en entourant ce qui correspond dans la case dédiée à l'évolution. Puis il détermine la quantité en jeu (en plus ou en moins) et l'écrit.
- ▶ **Ex. 4 :** Il s'agit d'une situation dans laquelle l'évolution est négative (4 motos sont données, c'est la quantité EN MOINS). La ligne du temps est proposée et partiellement renseignée pour guider l'élève.

Pour différencier

Fichier à photocopier : fiches * et **, *Problèmes de parties-tout : transformations (2)*

BOITE D'AUTONOMIE ▶ Activités au choix de l'enseignant·e (voir la programmation p. 27) 15 min

SÉANCE 3 Recherche de l'état initial

MATÉRIEL

- **Pour chaque élève :** un cahier de recherche.
- **Collectif :** une pile de cahiers pour « jouer la situation », le matériel mathématique de manipulation (cubes emboitables par exemple). Diaporama Parties-tout : transformations 3

TEMPS 1	Recherche et pratique guidée ▶ Diaporama	30 min	En collectif
TEMPS 2	Pratique autonome ▶ Fichier p. 108	20 min	En individuel
	Boite d'autonomie	10 min	

PRINCIPE DE LA SÉANCE

Dans cette séance, les élèves découvrent des problèmes de **parties-tout avec transformation** dans lesquels on recherche **l'état initial**. L'objectif est que les élèves comprennent que dans certains problèmes, on a une quantité APRÈS et on connait la quantité EN PLUS ou EN MOINS. Cela permet de trouver la quantité AVANT.
Deux situations seront travaillées :

- La première pour laquelle la quantité AVANT est plus grande (on enlève une quantité à celle d'AVANT) : la quantité APRÈS est donc plus petite.
- La deuxième pour laquelle la quantité AVANT est plus petite (on ajoute une quantité à celle d'AVANT) : la quantité APRÈS est donc plus grande.

TEMPS 1

MISSION 3 Recherche de l'état initial 30 min

Dans cette séance, on s'attache à des problèmes de transformation avec recherche de l'état initial qui sera appelée « la quantité AVANT ». Ces problèmes sont très résistants pour les élèves car ils s'inscrivent dans un cheminement de pensée inhabituel : on connait la fin et le milieu de l'histoire et il faut retrouver le début. Plus encore que pour les deux premières séances, l'organisation des informations sur la ligne du temps sera précieuse pour comprendre la situation.
Dans les phases de recherche en autonomie, il reviendra à l'enseignant·e, grâce à un échange personnalisé avec l'élève, de vérifier la représentation de l'énoncé qu'il se fait. Comme pour les deux séances précédentes, deux situations sont rencontrées. Selon le cas, la quantité AVANT sera plus petite ou plus grande.

- L'enseignant·e ouvre la séance en annonçant son objectif : il s'agit de comprendre et résoudre des problèmes quand on connait la quantité APRÈS et que l'on connait la quantité EN PLUS ou EN MOINS. On doit donc trouver la quantité AVANT. Il/elle présente alors la situation avec le matériel réel (les cahiers) ou/et le matériel mathématique (cubes emboitables ou autre…).
- Dans cette phase de réactivation, l'enseignant·e invite les élèves à se remémorer les différents types d'énoncés déjà rencontrés :
  – ceux de la séance 1, dans lesquels on connaissait la quantité AVANT et la quantité EN PLUS ou EN MOINS et où on cherchait la quantité APRÈS ;
  – ceux de la séance 2, dans lesquels on connaissait la quantité AVANT et la quantité APRÈS et où on cherchait la quantité EN PLUS ou EN MOINS.
  Avec l'aide des élèves il/elle, reformule les procédures aidantes pour soutenir le raisonnement : prendre le temps de comprendre l'histoire, organiser les informations sur la ligne du temps, trouver la plus grande quantité entre celle d'AVANT et celle d'APRÈS.

Recherche de l'état initial avec diminution

- Dans cette première phase de modelage, on identifie une situation de recherche de la quantité AVANT. La situation est d'abord énoncée sans question. Le questionnement permet de formuler la recherche qui porte sur *« le nombre de cahiers AVANT »*. L'enseignant·e résout le problème en oralisant son raisonnement. Cette phase peut donner lieu à une manipulation réelle des cahiers. Le diaporama présente 15 cahiers dessinés, c'est la quantité APRÈS. Grâce à cette représentation, l'enseignant·e peut illustrer de manière concrète la transformation pour trouver la quantité AVANT.
- L'enseignant·e montre comment organiser les informations de l'énoncé sur la ligne du temps. À travers la réflexion sur l'énoncé, il/elle donne à voir les étapes du raisonnement indispensables : identifier la quantité APRÈS et la quantité AVANT que l'on recherche (symbolisée par un point d'interrogation). L'évolution (le nombre de cahiers EN MOINS) permet d'estimer que la quantité APRÈS sera plus petite que la quantité AVANT.
Cette organisation des données est associée à une représentation symbolique des cahiers. Ainsi, les opérations sur les représentations font le lien avec les calculs attendus. Vient alors la phase de régulation ou phase de vérification. L'enseignant·e peut avoir recours à la manipulation réelle des cahiers qui fera échos avec le réel. Il interroge son résultat en replaçant le résultat trouvé dans l'énoncé : *22 cahiers AVANT – la maitresse en donne 7. Est-ce qu'il y a bien 15 cahiers APRÈS ?*
- Phase guidée : même déroulé que pour la séance précédente.

Recherche de l'état initial avec augmentation

- Même déroulé que pour la 1re phase de modelage.
L'évolution (le nombre de cahiers EN PLUS) permet d'estimer que la quantité AVANT est plus petite que la quantité APRÈS. L'organisation des données sur la ligne du temps est associée à une représentation symbolique des cahiers. Vient ensuite la phase de régulation ou phase de vérification. L'enseignant·e peut avoir recours à la manipulation des cahiers qui fera échos avec le réel. Il interroge son résultat en replaçant le résultat trouvé dans l'énoncé : « 13 cahiers AVANT ; la maitresse en ajoute 5. Est-ce qu'il y a bien 18 cahiers APRÈS ? ».
- Phase guidée : même déroulé que pour la séance précédente.
- Dans la phase de conclusion, l'enseignant·e invite les élèves à exprimer ce qu'ils ont appris dans la séance. Avec leur aide, il reformule ce qui doit être retenu : *Dans les problèmes de transformation, on peut chercher la quantité AVANT. On a une quantité APRÈS. Parfois elle est plus grande que la quantité AVANT, il y a une quantité EN PLUS qui a été ajoutée. La quantité AVANT est donc plus PETITE. Parfois elle est plus petite que la quantité AVANT, il y a une quantité EN MOINS qui a été enlevée. La quantité AVANT est donc plus GRANDE.*

TEMPS 2

PRATIQUE AUTONOME ▶ fichier p. 108 15 min

- **Ex. 5 :** L'objectif est d'observer l'énoncé d'un problème présenté sur la ligne du temps, de comprendre l'histoire mathématique et de l'associer à la question qui correspond.
- **Ex. 6 :** Il s'agit d'une situation dans laquelle il faut trouver la quantité AVANT qui augmente. Cette situation est assez résistante. Elle appelle à soustraire la quantité de pommes ramassées (5) à la quantité de pommes APRÈS (27) pour trouver la quantité de pommes AVANT (22). Contrairement aux autres séances, nous n'invitons pas à considérer ce problème comme une évaluation.
- **Ex. 7 :** Cet exercice invite les élèves à inventer un énoncé de problème de parties-tout avec transformation, soit avec recherche de la quantité AVANT, soit avec recherche de la quantité APRÈS, soit avec recherche de la quantité EN PLUS ou EN MOINS. Des photos inductrices sont données ainsi que des mots qui induisent à enlever ou à ajouter une quantité. Aucun type d'énoncé est particulièrement attendu. L'énoncé est validé s'il est réalisable et cohérent.

Pour différencier

Fichier à photocopier : fiches * et **, *Problèmes de parties-tout : transformations (3)*

BOITE D'AUTONOMIE ▶ Activités au choix de l'enseignant·e (voir la programmation p. 27) 15 min

SÉANCE 4 Recherche de l'état final, de l'évolution ou de l'état initial

MATÉRIEL

- **Pour chaque élève :** un cahier de recherche.
- **Collectif :** des œufs durs ou en plastique pour « jouer la situation », le matériel mathématique de manipulation (cubes emboitables par exemple). Diaporama Parties-tout : transformations 4

TEMPS 1	Recherche et pratique guidée ▶ Diaporama	30 min	En collectif
TEMPS 2	Pratique autonome ▶ Fichier p. 109	20 min	En individuel
	Boite d'autonomie	10 min	

PRINCIPE DE LA SÉANCE

Dans cette séance, les élèves se questionnent sur les énoncés de problème de **parties-tout avec transformations**. L'objectif de cette séance est que les élèves comprennent qu'il faut prendre le temps **d'organiser les informations des problèmes de transformations**. La question porte parfois sur la recherche de l'état final, parfois sur l'évolution positive ou négative et parfois sur la recherche de l'état initial. Les élèves peuvent traiter ce type de situations comme ils ont appris à traiter les problèmes de parties-tout plus simples avec recherche du tout ou d'une partie ; mais il est nouveau de rencontrer un énoncé qui est présenté sous cette forme : avec une évolution d'une quantité dans le temps. Cette séance met en exergue le passage de l'énoncé écrit d'un problème à une **résolution mathématique avec calcul**, en passant par l'organisation des informations et la schématisation. Elle permet également de mettre l'accent sur les qualités qui distinguent les différentes quantités en jeu : la quantité avant – la quantité en plus ou la quantité en moins – et la quantité après.

TEMPS 1

MISSION 4 Recherche de l'état final, de l'évolution ou de l'état initial 30 min

L'objectif de cette séance est d'amener les élèves à raisonner sur une même situation pour laquelle on cherche soit l'état final, soit la diminution, soit l'état initial. Les autres cas ne sont pas rencontrés ici. Dans un premier temps l'activité s'appuie sur des énoncés sans données et sans question, afin de centrer l'attention des élèves sur la compréhension de la situation. Viennent ensuite les énoncés avec des données, la compréhension de la situation permet d'organiser les données de manière à identifier plus facilement les quantités avant et après et la diminution. L'introduction de la question ciblera la donnée à rechercher.

- L'enseignant·e ouvre la séance en annonçant l'objectif : il s'agit de raisonner et comprendre des énoncés de problèmes de parties-tout avec transformations. Chercher les questions qu'on peut se poser à partir de certains énoncés.
- Dans la phase de modelage, l'enseignant·e s'appuie sur un énoncé sans donnée écrite dans le diaporama. Il/elle raisonne sur l'énoncé en oralisant sa pensée. Il/elle repère qu'il manque les données mais organise les informations dans la ligne du temps que les élèves connaissent déjà. Il faudrait connaitre au moins deux quantités , avoir une question qui porte sur la troisième et avoir un énoncé de problème. Cette phase peut donner lieu à une manipulation réelle d'œufs durs ou en plastique : on ne connait ni le nombre d'œufs AVANT, ni le nombre d'œufs APRÈS, ni le nombre d'œufs cassés. Le diaporama permet d'organiser les informations de l'énoncé sur la ligne du temps. Ainsi, on rend visible la chronologie de l'histoire.
- Dans la phase guidée, le même énoncé avec des œufs est proposé avec deux données, mais sans question. Il faut trouver la question, grâce aux informations de l'énoncé. Dans ce premier cas, la question doit porter sur l'état final, la quantité APRÈS : « *Combien d'œufs a-t-elle maintenant ?* » Le résultat est trouvé mais ce n'est pas l'objectif premier (*12 œufs avant. 4 œufs en moins qui sont cassés. Cela fait 8 œufs après.*) Dans le deuxième cas, la question doit porter sur le nombre d'œufs cassés. Dans le troisième cas, la question doit porter sur le nombre d'œufs achetés.
- Dans la phase de conclusion, l'enseignant·e invite les élèves à exprimer ce qu'ils ont appris dans la séance. Avec leur aide, il reformule ce qui doit être retenu : *Dans les problèmes de parties-tout avec transformation, la question indique ce que l'on cherche : soit la quantité avant, soit la quantité après, soit la quantité en moins ou en plus entre avant et après.*

TEMPS 2

PRATIQUE AUTONOME ▶ fichier p. 109 15 min

▶ **Bilan :** L'appropriation de ce bilan se fait avec l'enseignant·e en réactivant ce qui a été appris dans le module.

▶ **Ex. 8 :** C'est un énoncé de problème de parties-tout avec transformation et recherche de la quantité en plus. La ligne du temps est proposée pour soutenir la réflexion des élèves à travers l'organisation des informations.

▶ **Ex. 9 :** C'est un énoncé de problème de parties-tout avec transformation et recherche de la quantité initiale. La ligne du temps est proposée pour soutenir la réflexion des élèves à travers l'organisation des informations.

Pour différencier

Fichier à photocopier : fiches * et **, *Problèmes de parties-tout : transformations (4)*

BOITE D'AUTONOMIE ▶ Activités au choix de l'enseignant·e (voir la programmation p. 27) 15 min

Pour évaluer

Évaluation sommative ***Problèmes de parties-tout : transformations***
Évaluation formative : problème 2 du fichier élève, p. 106 et problème 8 du fichier élève, p. 109

RÉSOLUTION DE PROBLÈMES

module

Problèmes multiplicatifs

SÉANCES

Sur votre espace numérique

Retrouvez sur l'espace numérique **tous les diaporamas** et les **ressources complémentaires** : matériel, leçons et évaluations modifiables, etc.

Objectifs d'apprentissage

- Résoudre des problèmes multiplicatifs en une étape (champ numérique inférieur ou égal à 30).
- Renforcer le sens de la multiplication (addition réitérée – division quotition – division partition)

Les définitions du lexique et les apports didactiques sont contextualisés par rapport aux objectifs d'apprentissage du CP.

Lexique

- **Tout** : résultat de l'addition réitérée d'une même partie un nombre de fois donné. Se rattache à **la multiplication.**
- **Nombre de parties** : nombre de paquets identiques réalisables à partir d'une quantité totale donnée et de la valeur d'une partie. Se rattache à la **division quotition.**
- **Valeur d'une partie :** résultat de la répartition de la quantité totale en un nombre de paquets identiques donné. Se rattache à la **division partition.**
- **Chaque paquet :** considérés un à un ; paquet par paquet.
- **Identique** : pareil ; ayant le même nombre, la même quantité.
- **Partage équitable :** quand on donne la même quantité à chacun.
- **Multiplication et division :** les deux opérations sont liées. La multiplication consiste à grouper des parties égales et la division consiste notamment à partager une quantité en parties égales. C'est pourquoi la multiplication est l'inverse de la division.
- **Produit : r**ésultat de la multiplication de deux facteurs. Ex. : 15, c'est 3 × 5 ou 5 × 3
- **Multiplicande :** dans un produit de deux facteurs, c'est le premier des deux. Ex. : 5 × 3, c'est 5 fois le nombre 3, soit : 3 + 3 + 3 + 3 + 3. Le multiplicande est 5.
- **Multiplicateur :** dans un produit de deux facteurs, c'est le deuxième des deux. Ex. : 3 × 5, c'est 3 fois le nombre 5, soit : 5 + 5 + 5. Le multiplicateur est 5.

Apports didactiques

- **Les problèmes multiplicatifs** abordés ici se rapprochent des problèmes de parties-tout. La démarche est la même quand on recherche le tout : on additionne des parties. Cette fois, les parties sont toutes identiques. C'est une première approche du sens de la multiplication adaptée au CP.
- Les **problèmes multiplicatifs** permettent d'approcher le **sens de la multiplication - division** : la réunion d'une même partie un nombre de fois donné permet de trouver le tout. C'est l'ajout des parties identiques qui donne la quantité totale. **C'est la multiplication par l'addition réitérée**.
- La multiplication comme **« nombre rectangle » :** c'est un produit de mesures. En calcul, c'est ce concept de la multiplication qui est convoqué et qui s'appuie sur **la propriété de l'associativité** :
$30 = 3 \times 10$ ou 10×3. Dans les deux cas, le produit de ces deux facteurs est égal à 30, peu importe l'ordre des facteurs car le résultat s'exprime dans la même unité. Cet aspect important de la multiplication n'est pas abordé au CP mais il le sera plus tard.

Difficultés rencontrées par les élèves

1 Les élèves peuvent être confrontés aux mêmes difficultés que celles mentionnées dans le premier module.

2 Les difficultés de compréhension peuvent être liées à une mauvaise représentation, lors des situations de partage équitable, de la recherche du nombre de parts (du nombre de groupements – nombre de fois) ou de la recherche de la valeur d'une part (nombre d'unités groupées). Une bonne compréhension de la question posée est essentielle car elle permet de cibler l'unité cherchée (unité de groupements ou unités groupées).

Les groupements seront identifiés dans les énoncés par un vocabulaire véhiculant l'idée de groupement : des paquets, des sachets, des équipes, des lots, des classes… (mais pas toujours).

Les unités groupées peuvent être diverses : des yaourts, des gâteaux, des bonbons…
Les élèves sont amenés à réfléchir à ce qui est recherché : l'unité ou le groupement. Cela renvoie aux notions de multiplicande et de multiplicateur.
$4 \times 3 = 3 + 3 + 3 + 3$ c'est 4 groupements de 3 unités (ex. : 4 paquets de 3 gâteaux).
$3 \times 4 = 4 + 4 + 4$ c'est 3 groupements de 4 unités (ex. : 3 paquets de 4 gâteaux).

3 Les énoncés de problèmes multiplicatifs renvoyant à l'idée d'attribution seront plus résistants car les unités de groupements peuvent être des personnages, pour lesquels l'idée de groupement est plus complexe à conceptualiser. (Ex. : La maitresse a 12 bonbons. Elle distribue 4 bonbons à chaque enfant. Combien chaque enfant aura-t-il de bonbons ?)

SÉANCE 1 Recherche du tout

MATÉRIEL

- **Pour chaque élève :** un cahier de recherche.
- **Collectif :** des madeleines et des sachets pour « jouer la situation », le matériel mathématique de manipulation (cubes emboitables par exemple). Diaporama Multiplicatifs 1

TEMPS 1	Recherche et pratique guidée ▶ Diaporama	30 min	En collectif
TEMPS 2	Pratique autonome ▶ Fichier p. 110	20 min	En individuel
	Boite d'autonomie	10 min	

PRINCIPE DE LA SÉANCE

Dans cette séance, les élèves découvrent des problèmes particuliers de parties-tout avec recherche du tout quand **les parties à ajouter sont identiques**. Ils vivent la situation représentée en manipulant le matériel réel et/ou symbolique afin de pouvoir s'en créer une représentation mentale. L'objectif est que les élèves comprennent que dans certains problèmes, on peut avoir plusieurs fois la même quantité d'objets. On peut les ajouter entre elles, pour trouver le tout comme dans les problèmes de parties-tout. Ces problèmes permettent de travailler la notion de **multiplication par l'addition réitérée**.

La manipulation réelle des objets, articulée à des représentations réelles ou symboliques (grâce aux diaporamas), puis l'appui sur différentes procédures pour trouver le résultat donnent à voir et à comprendre l'importance d'identifier dans l'énoncé **les unités de groupements** et **les unités groupées**. On cherche la totalité des unités.

TEMPS 1

MISSION 1 Recherche du tout 30 min

Cette séance est la première d'une série de quatre dans laquelle on s'attache à résoudre des problèmes multiplicatifs avec recherche du tout. Ces problèmes ne sont pas très résistants pour les élèves. Il s'agit de mettre l'accent sur la phase d'analyse et de compréhension de l'histoire mathématique et de proposer une procédure de représentation aidant à la résolution. Cette schématisation est proposée mais non imposée aux élèves. Dans les phases de recherche en autonomie, il reviendra à l'enseignant·e, grâce à un échange personnalisé avec l'élève, de vérifier la représentation qu'il s'en fait. Il reviendra également à l'enseignant·e d'inciter les élèves à utiliser les procédures apprises en calcul mental pour trouver plus rapidement le résultat du problème (l'appui sur les premiers faits numériques mémorisés : doubles, comptage de 2 en 2, de 10 en 10…).

- L'enseignant·e ouvre la séance en annonçant son objectif : il s'agit de comprendre et résoudre des problèmes de parties-tout quand on réunit plusieurs fois une même partie pour trouver le tout. Il présente alors la situation avec le matériel réel (les madeleines – les paquets) ou/et le matériel mathématique (cubes emboîtables ou autre…).
- Dans la phase de modelage, on identifie une situation de recherche de la quantité totale de madeleines groupées par 5 dans 3 paquets. L'enseignant·e résout le problème en oralisant. Cette phase peut donner lieu à une manipulation réelle des madeleines.
- Dans la phase guidée, un problème du même type est à résoudre par les élèves sur leur cahier. L'enseignant passe auprès d'eux pour guider certains et conforter ceux qui s'engagent dans une procédure acceptable. Dans tous les cas, il s'agit de les

En pratique

Dans la phase de calcul, les stratégies à valoriser sont les procédures les plus efficaces en lien avec les enseignements réalisés en calcul. L'opération (addition) n'est pas induite par la représentation. C'est plutôt celle du comptage de 3 en 3 qui sera efficace ici ou l'appui sur la connaissance des doubles (3 + 3 = 6 ; 6 + 6 = 12).

questionner pour recueillir leur raisonnement et les représentations qu'ils se font de la situation. La correction du problème se fait collectivement. La procédure attendue doit rendre visible à la fois les groupements et les unités groupées.

- Dans la phase de conclusion, l'enseignant·e invite les élèves à exprimer ce qu'ils ont appris dans la séance. Puis, il reformule ce qui doit être retenu : *Dans certains problèmes, il y a plusieurs fois une même partie. Quand on les réunit, elles forment un tout.* La conclusion de la séance se fait en expliquant que ces problèmes s'appellent des problèmes multiplicatifs car on multiplie un nombre de fois une même partie. L'usage de ce vocabulaire spécifique ne sera cependant pas demandé aux élèves.
- L'enseignant·e invite enfin les élèves à inventer oralement des énoncés similaires dans lesquels on recherche le tout. Ces énoncés doivent intégrer des « groupements d'un même nombre d'objets ». Ils peuvent s'appuyer sur les photos inductrices du diaporama.

TEMPS 2

PRATIQUE AUTONOME ▶ fichier p. 110 — 15 min

▶ **Ex. 1 :** L'objectif est d'associer chaque photo de groupements d'unités (3 paquets de 5 bonbons et 5 paquets de 3 bonbons) à la représentation qui correspond. Cet exercice ne devrait pas présenter de difficulté car le lien entre la photo et sa représentation est facile à établir.

▶ **Ex. 2 :** À cette période de l'année, la lecture de l'énoncé du problème ne devrait plus constituer un obstacle à la compréhension de la situation. Une amorce de la représentation est donnée avec un nombre de groupements dénombrable (6 sachets) et un premier groupement avec les 3 unités groupées (3 madeleines).

Pour différencier

Fichier à photocopier : fiches * et **, *Problèmes multiplicatifs (1)*

BOITE D'AUTONOMIE ▶ Activités au choix de l'enseignant·e (voir la programmation p. 27) — 15 min

SÉANCE 2 Recherche de la valeur d'une partie

MATÉRIEL

- ▶ **Pour chaque élève :** un cahier de recherche.
- ▶ **Collectif :** des madeleines et des sachets pour « jouer la situation », le matériel mathématique de manipulation (cubes emboitables par exemple). Diaporama **Multiplicatifs 2**

TEMPS 1	Recherche et pratique guidée ▶ Diaporama	30 min	En collectif
TEMPS 2	Pratique autonome ▶ Fichier p. 111	20 min	En individuel
	Boite d'autonomie	10 min	

PRINCIPE DE LA SÉANCE

Dans cette séance, les élèves **réactivent les problèmes multiplicatifs** avec recherche du tout vus en séance 1 puis découvrent des énoncés du même type dans lesquels on connait un tout qui est partagé équitablement un nombre de fois. On cherche alors **la valeur d'une partie** (le nombre d'unités groupées). Ils vivent la situation représentée en manipulant le matériel réel et/ou symbolique afin de pouvoir s'en créer une représentation mentale. L'objectif est que les élèves rencontrent des situations dans lesquelles on connait la quantité totale d'une collection d'objets de même nature (les madeleines) et le nombre de groupements (les paquets). On peut alors trouver, en distribuant, le nombre de madeleines par paquet.

La manipulation réelle des objets, articulée à des représentations réelles ou symboliques, puis l'appui sur différentes procédures pour contrôler le résultat (vérification que la même quantité a été distribuée dans chaque paquet) donnent à voir et à comprendre les raisonnements possibles et les liens établis entre eux. Ils doivent mener à une première approche, par le sens, de la division partition (division partage).

TEMPS 1

MISSION 2 Recherche de la valeur d'une partie 30 min

Dans cette séance, on recherche la valeur d'une partie. Il s'agit de mettre l'accent sur la phase d'analyse et de compréhension de l'histoire mathématique et de proposer une procédure de représentation aidant à la résolution. Une schématisation est proposée mais non imposée aux élèves. Dans les phases de recherche en autonomie, il reviendra à l'enseignant·e, grâce à un échange personnalisé avec l'élève, de vérifier sa représentation de l'énoncé afin qu'elle soutienne le raisonnement. Il incitera également les élèves à utiliser les procédures apprises en calcul mental pour trouver plus rapidement le résultat au problème (en appui sur les faits numériques mémorisés : doubles, comptage de 2 en 2, de 10 en 10…).

- L'enseignant·e ouvre la séance en annonçant l'objectif : il s'agit de comprendre et résoudre des problèmes quand on connait la totalité des objets à partager équitablement et le nombre de groupements à respecter. On doit alors trouver la valeur d'une partie (le nombre d'unités par groupement).
- Puis l'enseignant·e rappelle, avec l'aide des élèves, ce qui a été vu en séance 1 : *Dans certains problèmes, on a plusieurs fois une même partie. Pour trouver le tout, on additionne cette même partie le nombre de fois donné.*
- Dans la phase de modelage, après avoir formulé la question de l'énoncé (*Combien y a-t-il de madeleines dans chaque paquet ?*), l'enseignant résout le problème en oralisant son raisonnement. Cette phase peut donner lieu à une manipulation réelle des madeleines et des paquets ou du matériel symbolique de mathématique. Il/elle précise alors qu'il faut trouver le nombre de madeleines à mettre dans chaque paquet pour que les paquets soient identiques.
- Phase guidée : même déroulé que dans la séance précédente.
  La répartition des madeleines une à une dans chaque paquet est à favoriser pour stabiliser le sens de cette distribution. La quantité à distribuer le permet encore. Cette fois-ci, il y a 3 paquets de 6 madeleines chacun.
- Dans la phase de conclusion, l'enseignant·e invite les élèves à exprimer ce qu'ils ont appris dans la séance. Avec leur aide, il reformule ce qui doit être retenu : *Dans les problèmes multiplicatifs, si on connait le tout et le nombre de paquets, on peut trouver la quantité dans chaque paquet, la valeur d'une part.*

En pratique

Le contrôle du résultat se fait par la vérification :
- des informations données par l'énoncé (4 paquets ; 12 madeleines) ;
- des contraintes induites par ce type de problème (une distribution de tous les objets de la collection initiale et des parties identiques entre elles) ;
- du produit à partir des deux facteurs : 4 × 3 = 12 (4 paquets de 3 madeleines chacun, cela fait bien 12 madeleines en tout).

TEMPS 2

PRATIQUE AUTONOME ▸ fichier p. 111 15 min

▸ **Ex. 3 :** L'objectif est d'associer chaque photo de groupements d'unités (5 paquets de 4 gommettes et 4 paquets de 5 gommettes) à différentes représentations possibles : analogiques avec des ronds représentant les gommettes, sous forme d'écriture chiffrée, sous forme d'écriture en lettres, sous forme d'écriture additive.

Pour différencier

Fichier à photocopier : fiches * et **, *Problèmes multiplicatifs (2)*

▶ **Ex. 4 :** L'enseignant·e précise aux élèves qu'il/elle souhaite comprendre leur raisonnement grâce à leur trace écrite. On doit y retrouver la quantité totale des 15 crayons répartis équitablement dans 3 boites.

BOITE D'AUTONOMIE ▶ Activités au choix de l'enseignant·e (voir la programmation p. 27) 15 min

SÉANCE 3 Recherche du nombre de parties

MATÉRIEL

- **Pour chaque élève :** un cahier de recherche.
- **Collectif :** des madeleines et des sachets pour « jouer la situation », le matériel mathématique de manipulation (cubes emboitables par exemple). Diaporama Multiplicatifs 3

TEMPS 1	Recherche et pratique guidée ▶ Diaporama	30 min	En collectif
TEMPS 2	Pratique autonome ▶ Fichier p. 112	20 min	En individuel
	Boite d'autonomie	10 min	

PRINCIPE DE LA SÉANCE

Dans cette séance, les élèves réactivent les problèmes multiplicatifs avec recherche de la valeur d'une partie vus en séance 2 puis découvrent des énoncés du même type dans lesquels on connait **un tout qui est partagé équitablement.** On connait la valeur de la partie réitérée mais pas le nombre de fois. On cherche alors **le nombre de parties identiques** (le nombre de groupements ou de paquets). L'objectif est que les élèves rencontrent des situations dans lesquelles on connait la quantité totale d'une collection d'objets de même nature (les madeleines) et la valeur d'un groupement (nombre de madeleines groupées par paquet), et de les amener à trouver le nombre de groupements (les paquets).

La manipulation réelle des objets, articulée à des représentations réelles ou symboliques, puis l'appui sur différentes procédures pour contrôler le résultat (vérification du nombre de paquets) donnent à voir et à comprendre les raisonnements possibles et les liens établis entre eux. Ils doivent mener à une première approche, par le sens, de la division quotition (le nombre de fois ou de paquets).

TEMPS 1

MISSION 3 Recherche du nombre de parties 30 min

Dans cette séance, on recherche le nombre de fois, de paquets identiques. Il s'agit de mettre l'accent sur la phase d'analyse et de compréhension de l'histoire mathématique et de proposer une procédure de représentation aidant à la résolution. Une schématisation est proposée mais non imposée aux élèves.

Phases de recherche en autonomie : mêmes remarques que pour la séance précédente.

- L'enseignant·e ouvre la séance en annonçant l'objectif : il s'agit de comprendre et résoudre des problèmes quand on connait la totalité des objets à partager équitablement et le nombre d'objets par groupement à respecter. On doit trouver le nombre de parties (le nombre de groupements ou de fois).
- L'enseignant·e rappelle ensuite, avec l'aide des élèves, ce qui a été vu en séance 2. Dans certains problèmes, on connait le tout et le nombre de fois (le nombre de groupements ou de parties identiques). On peut alors trouver la valeur de la partie

qui est ajoutée le nombre de fois donné. La méthode de la distribution permet ce partage équitable.

- Dans la phase de modelage, l'enseignant·e résout le problème en oralisant son raisonnement. Cette phase peut donner lieu à une manipulation réelle des madeleines et des paquets ou du matériel symbolique de mathématique : il annonce qu'il y a 20 madeleines en tout et qu'elles sont groupées par 5 dans chaque paquet. Il précise alors qu'il faut trouver le nombre de paquets en faisant attention à ce que tous les paquets soient identiques.
- Phase guidée : même déroulé que dans la séance précédente.
  Le groupement des madeleines par 3 donne le nombre de paquets identiques réalisables pour 21 madeleines. Cette fois-ci, il y a 7 paquets de 3 madeleines chacun.
- Dans la phase de conclusion, l'enseignant·e invite les élèves à exprimer ce qu'ils ont appris dans la séance. Avec leur aide, il reformule ce qui doit être retenu : *Dans les problèmes multiplicatifs, si on connait le tout et la quantité identique par paquet, on peut trouver le nombre de paquets (le nombre de fois).*

TEMPS 2

PRATIQUE AUTONOME ▶ fichier p. 112 (15 min)

▶ **Ex. 5 :** Cet exercice invite les élèves à inventer les questions possibles d'un énoncé de problème dont les données sont proposées sous forme d'une photo illustrant une situation de problème multiplicatif. Le mot interrogatif permet d'amorcer la question. On attend trois questions possibles : *Combien de bonbons y a-t-il en tout ? Combien de paquets de 3 bonbons y a-t-il ? Combien de bonbons y a-t-il dans chaque paquet ?*

▶ **Ex. 6 :** L'enseignant·e précise aux élèves qu'il/elle souhaite comprendre leur raisonnement grâce à leur trace écrite. On doit y retrouver la quantité totale de 20 bonbons groupés par 5, dans 4 sachets.

▶ **Ex. 7 :** Une photo inductrice est donnée ainsi que des mots clés « bouquet - chaque - en tout ». Il est prévisible que la majorité des élèves crée un énoncé avec recherche du tout.

BOITE D'AUTONOMIE ▶ Activités au choix de l'enseignant·e (voir la programmation p. 27) (15 min)

SÉANCE 4 Recherche du tout, de la valeur d'une partie ou du nombre de parties

MATÉRIEL

- ▶ **Pour chaque élève :** un cahier de recherche.
- ▶ **Collectif :** des lots de crèmes dessert pour « jouer la situation » si besoin, le matériel mathématique de manipulation (cubes emboitables par exemple).
  Diaporama Multiplicatifs 4

TEMPS 1	Recherche et pratique guidée ▶ Diaporama	30 min	En collectif
TEMPS 2	Pratique autonome ▶ Fichier p. 113	20 min	En individuel
	Boite d'autonomie	10 min	

PRINCIPE DE LA **SÉANCE**

Dans cette séance, l'objectif est que les élèves comprennent qu'il faut prendre le temps de se **représenter la situation décrite** dans les problèmes simples avec trois données. Ainsi, la question portera parfois sur la recherche du tout (le produit), parfois sur la recherche de la valeur d'une partie (le multiplicateur) et parfois sur le nombre de fois (le multiplicande). Les élèves ont déjà rencontré des multiplications en calcul, mais il est nouveau de rencontrer un énoncé qui décrit ce genre de problème. Cette séance met en exergue le passage de l'énoncé écrit d'un problème (avec des mots désignant le multiplicande et le multiplicateur) à une représentation de la situation. Cette représentation soutiendra la formulation d'une réponse pertinente à la question du problème. Elle s'inscrit en opposition et en complément du concept de la multiplication « rectangulaire » qui ne s'attache qu'au résultat d'un produit de deux facteurs quelle que soit leur place respective dans l'opération.

TEMPS 1

MISSION 4 Recherche du tout, de la valeur d'une partie ou du nombre de parties 30 min

L'objectif de cette séance est d'amener les élèves à raisonner sur une même situation pour laquelle on cherche soit le tout, soit la valeur d'une partie, soit le nombre de paquets, de fois, de parties. La recherche des questions aux énoncés proposés est spécifique aux problèmes multiplicatifs.

- L'enseignant·e ouvre la séance en annonçant l'objectif : il s'agit de raisonner et comprendre des énoncés de problèmes multiplicatifs, puis de chercher les questions qu'on peut se poser à partir de certains énoncés.
- Dans la phase de modelage, l'enseignant·e s'appuie sur un énoncé sans donnée écrite. L'enseignant·e raisonne sur l'énoncé en oralisant sa pensée. Il/elle repère qu'il manque les données et la question dans l'énoncé. Il explique qu'il faudrait connaitre le nombre de lots (de paquets), le nombre de crèmes dessert par lot (par paquet) et le nombre de crèmes dessert en tout.
  Cette phase peut donner lieu à une manipulation réelle de lots de crèmes dessert. Le diaporama permet d'organiser les informations de l'énoncé en plaçant celles qui se rapportent au tout au-dessus des deux qui se rapportent aux deux facteurs. Ainsi, on rend visible le rapport entre les informations : le nombre de lots, chacun constitué d'une même quantité de crèmes dessert, forment le tout.
- Dans la phase guidée, le même énoncé de lots de crèmes dessert est proposé avec deux données, mais sans question. Il faut trouver la question. Le résultat est trouvé mais ce n'est pas l'objectif premier. Deuxième cas : la question doit porter sur le nombre de crèmes par lot. Troisième cas : la question doit porter sur le nombre de lots de 6 crèmes.
- Dans la phase de conclusion, l'enseignant·e invite les élèves à exprimer ce qu'ils ont appris dans la séance. Puis, il reformule ce qui doit être retenu : *Dans les problèmes multiplicatifs, on réunit plusieurs fois une même partie pour constituer le tout. La question indique ce que l'on cherche : soit le tout, soit la valeur d'une partie, soit le nombre de parties (le nombre de fois).*

TEMPS 2

PRATIQUE AUTONOME ▶ fichier p. 113 15 min

▶ **Bilan :** Le bilan reprend la conclusion de la dernière séance. Il permet aux élèves de retrouver quelques repères sur les problèmes multiplicatifs.

▶ **Ex. 8 :** C'est un énoncé de problème multiplicatifs avec recherche de la valeur d'une partie. Un schéma explicatif est demandé aux élèves pour lesquels l'enseignant·e sait que la compréhension fine de la situation peut être résistante.

▶ **Ex. 9 :** C'est un énoncé de problème multiplicatifs avec recherche du nombre de fois (de paquets).

Point de vigilance

Les exercices 8 et 9 peuvent servir d'évaluation formative.

BOITE D'AUTONOMIE ▶ Activités au choix de l'enseignant·e (voir la programmation p. 27) 15 min

Pour évaluer Évaluation sommative ***Problèmes multiplicatifs***

RÉSOLUTION DE PROBLÈMES

module

Problèmes à deux étapes

SÉANCES

Sur votre espace numérique

Retrouvez sur l'espace numérique **tous les diaporamas** et les **ressources complémentaires** : matériel, leçons et évaluations modifiables, etc.

Objectifs d'apprentissage

- Comprendre des problèmes de structure additive à deux étapes avec des compositions d'états ou des transformations d'états.
- Faire réfléchir les élèves sur des énoncés moins stéréotypés que ceux rencontrés jusqu'alors.
- Apprendre à réguler une réponse.
- Résoudre des problèmes additifs à deux étapes.
- Réinvestir ses connaissances sur les problèmes additifs de type parties-tout.

Lexique

- **Étape** : dans ce module, il s'agit du sous-problème prototypique qui peut être identifié dans un problème à étapes.
- **Transformation positive ou négative :** nous l'appellerons quantité en plus (gain) ou en moins (perte) dans ce module.
- **Question** : c'est la question caractéristique posée à la fin des énoncés de problèmes. Cette question est explicite. Elle cible ce qui doit être recherché.
- **Question intermédiaire :** c'est la question rattachée à l'étape. Cette question n'est pas écrite car elle est implicite. Pourtant il faut y répondre en priorité afin de pouvoir résoudre le problème.

Apports didactiques

- Les **problèmes additifs à deux étapes** rencontrés dans ce module prennent deux formes : des problèmes de **parties-tout réunissant des parties différentes** et des **problèmes additifs avec deux transformations** dont on cherche l'état final.
- Les **problèmes additifs de compositions d'états** à deux étapes : la réunion des deux parties permet de constituer le tout. Aussi, quand on a trois parties, le raisonnement est identique pour trouver le tout.

En revanche, quand on cherche une partie sur les trois en connaissant le tout, il est nécessaire de grouper deux des parties dans un premier temps, afin de revenir à un problème prototypique à une seule étape. On peut ensuite trouver la dernière partie. La réunion de différentes parties interrogera la nature des parties à réunir.

- Les **problèmes additifs avec deux transformations d'états** : la quantité en plus ajoutée ou la quantité en moins enlevée à la quantité AVANT permet de trouver la quantité APRÈS. Quand deux évolutions successives ont lieu, il est nécessaire de trouver le résultat de la première évolution afin de revenir à un problème prototypique à seule étape. On peut ensuite trouver le résultat suite à une nouvelle évolution en plus ou en moins.
- La recherche de l'état final ou du tout se réalisera à travers un même traitement mathématique : une suite d'additions ou de soustractions ou la combinaison des deux opérations. Ces problèmes seront traités comme des problèmes de composition de structures additives ou soustractives, en s'appuyant sur des procédures et schémas rencontrés dans les modules précédents.

Difficultés rencontrées par les élèves

1 Difficulté de compréhension : passer de l'énoncé du problème de composition ou de transformation à deux étapes au modèle mathématique permettant de le résoudre. La représentation de la situation associant la succession des étapes n'est pas aisée car la formulation de ce type d'énoncés est nouvelle.

2 Difficulté à inhiber des automatismes liés à la compréhension d'un énoncé de problème prototypique avec trois données dont deux connues.

3 La formulation des énoncés de problèmes à étapes présente de nouvelles caractéristiques :
- l'introduction d'une nouvelle donnée, liée à de nouvelles informations inscrites dans l'énoncé qui nécessitent un traitement en plusieurs étapes ;
- l'absence, dans l'énoncé, de la question intermédiaire qui cible la recherche liée à l'étape à traiter en priorité. Cette question étant non écrite et implicite, c'est une difficulté à surmonter.

La représentation de la situation décrite par l'énoncé est plus complexe. Elle peut prendre plusieurs formes.

SÉANCE 1 Situations de parties-tout (1)

MATÉRIEL

- **Pour chaque élève :** un cahier de recherche.
- **Collectif :** des assiettes à soupe, des assiettes plates et des fourchettes pour « jouer la situation », le matériel mathématique de manipulation (cubes emboitables par exemple).

Diaporama Deux étapes 1

TEMPS 1	Recherche et pratique guidée ▶ Diaporama	30 min	En collectif
TEMPS 2	Pratique autonome ▶ Fichier p. 114	20 min	En individuel
	Boite d'autonomie	10 min	

PRINCIPE DE LA SÉANCE

Dans cette séance, les élèves découvrent des problèmes de parties-tout à deux étapes avec recherche **d'une des trois parties constituant le tout**. Ils vivent la situation représentée en manipulant le matériel réel et/ou symbolique afin de pouvoir s'en créer une représentation mentale. Deux objectifs sont poursuivis dans ce module pour les élèves :

- la rencontre de situations dans lesquelles on connait le tout et deux des parties sur les trois ;
- la rencontre d'énoncés nouveaux dans lesquels une question est implicite (elle est rattachée à une étape).

Dans les premiers énoncés de problème à deux étapes, la situation permet de grouper deux quantités de même nature avec des qualités différentes dans une même sous-collection : c'est l'étape qui correspond à un sous-problème prototypique. Le problème de départ propose trois données dont deux connues. Il est possible de réfléchir sur la **question explicite** de l'énoncé.

La manipulation réelle des objets, articulée à des représentations réelles ou symboliques, puis l'appui sur différentes procédures pour trouver le résultat donnent à voir et à comprendre la nécessité de passer par une étape.

TEMPS 1

MISSION 1 Situations de parties-tout (1) 30 min

Cette séance est la première d'une série de quatre dans laquelle on s'attache à des problèmes à deux étapes avec recherche d'une partie sur les trois de l'énoncé. Le tout et deux parties sont connus. Il faut trouver la troisième partie. Il s'agit de mettre l'accent sur la phase d'analyse et de compréhension de l'histoire mathématique et de proposer une procédure aidant à la résolution. Une schématisation est proposée mais non imposée aux élèves. Dans les phases de recherche, l'enseignant·e veillera à questionner les élèves sur leurs procédures afin d'apporter une médiation langagière adaptée aux besoins de chacun d'eux.

- L'enseignant·e ouvre la séance en annonçant l'objectif : il s'agit de comprendre et de résoudre des problèmes de parties-tout à étapes, quand on recherche une partie.
- Dans la phase de modelage, l'enseignant·e présente la situation avec le matériel réel (le service de table réduit à des assiettes à soupe, des assiettes plates et des fourchettes) ou/et le matériel mathématique (cubes emboitables ou autre…).
- Dans la phase suivante, deux énoncés de problème sont proposés. Il s'agit d'identifier si l'énoncé présente une ou deux étapes.

Premier énoncé : il est nécessaire de se poser la question intermédiaire « Combien de cartes rouges et noires y a-t-il ? ». Ainsi, la réponse à la question initiale peut être trouvée : 32 (cartes en tout) – 15 (cartes noires et rouges) = nombre de cartes bleues. Soit 17 cartes bleues. La vérification se fait par le schéma et le calcul inverse : 15 + 17 = 32

Deuxième énoncé : la résolution de ce problème se fait en une seule étape : 3 + 10 + 13. Nour a 13 animaux.

- Dans la phase de conclusion, l'enseignant·e invite les élèves à exprimer ce qu'ils ont appris dans la séance. Puis, il reformule ce qui doit être retenu : *Pour résoudre certains problèmes, il faut commencer par répondre à une question intermédiaire qui n'est pas écrite. Ce sont des problèmes à étapes.*

TEMPS 2

PRATIQUE AUTONOME ▸ fichier p. 110 — 15 min

▸ **Ex. 1 :** L'objectif est d'identifier les problèmes à deux étapes. Il est possible de demander aux élèves de les résoudre ensuite sur leur cahier pour vérifier le nombre d'étapes réalisées.

▸ **Ex. 2 :** L'objectif est de rédiger les questions intermédiaires pour deux problèmes à étapes :
a. Combien Élodie a-t-elle de billes à midi ?
b. Combien de bols y-a-t-il ?
Il est possible de demander aux élèves de les résoudre ensuite sur leur cahier.

Pour différencier
Fichier à photocopier : fiches * et **, *Problèmes à deux étapes (1)*

BOITE D'AUTONOMIE ▸ Activités au choix de l'enseignant·e (voir la programmation p. 27) — 15 min

SÉANCE 2 Situations de parties-tout (2)

MATÉRIEL

▸ **Pour chaque élève :** un cahier de recherche.
▸ **Collectif :** une caisse de balles de différentes couleurs : des rouges, des vertes et des bleues, pour « jouer la situation », le matériel mathématique de manipulation (cubes emboitables par exemple). Diaporama Deux étapes 2

TEMPS 1	Recherche et pratique guidée ▸ Diaporama	30 min	En collectif
TEMPS 2	Pratique autonome ▸ Fichier p. 115	20 min	En individuel
	Boite d'autonomie	10 min	

PRINCIPE DE LA SÉANCE

Dans cette séance, la réflexion sur les **problèmes de parties-tout à deux étapes** est poursuivie. Elle permettra aux élèves de s'entrainer à résoudre :
- des problèmes de parties-tout avec trois parties et recherche du tout ;
- des problèmes à deux étapes avec recherche d'une partie.

Après avoir **automatisé des procédures de résolution** par analogie avec des problèmes prototypiques rattachés à des problèmes de référence (problèmes des cartes, problèmes des crayons, problèmes des cahiers, problèmes des madeleines), des problèmes plus variés sont proposés. Ceux-ci s'appuient cependant sur des structures mathématiques, des schémas et des procédures intégrés afin que les élèves puissent retrouver des repères connus tout en s'en éloignant peu à peu.

TEMPS 1

MISSION 2 Situations de parties-tout (2) 30 min

Dans cette séance, on s'attache à résoudre des problèmes de parties-tout avec trois parties. Lors de la recherche du tout, la résolution du problème n'est pas très résistante mais la recherche d'une des parties peut être plus complexe. Elle oblige les élèves à considérer les informations de l'énoncés, pour réaliser une étape intermédiaire qui répond à une question implicite, non écrite. La procédure proposée s'appuie sur la recherche de la question intermédiaire (question implicite) qui cerne l'étape à résoudre avant de trouver la réponse à la question explicite de l'énoncé. Cette étape correspond à un sous-problème prototypique. Dans les phases de recherche, l'enseignant·e veillera à questionner les élèves sur leurs procédures afin d'apporter une médiation langagière adaptée aux besoins de chacun d'eux.

- L'enseignant·e ouvre la séance en annonçant l'objectif : il s'agit de comprendre et résoudre des problèmes à étapes.
- L'enseignant·e, avec l'aide des élèves, réactive ce qui a été retenu de la séance 1.
- Dans la phase suivante, la recherche porte sur le tout lorsqu'on réunit trois collections d'objets de même nature mais de qualités différentes : des balles rouges, des vertes et des bleues. Il s'agit dans un premier temps d'imaginer la question possible de l'énoncé, puis de le résoudre : « *Dans une caisse, il y a 5 balles rouges, 7 balles vertes et 6 balles bleues. Combien de balles y a-t-il en tout ?* » L'enseignant·e résout le problème en oralisant son raisonnement. La représentation des trois collections réunies pour constituer le tout est très accessible pour les élèves : ils retrouvent la représentation rencontrée lors du module 2 avec pour problème de référence celui des crayons. L'analogie soutient leur compréhension.
- Dans la phase guidée, un problème du même type est à résoudre par les élèves sur leur cahier. L'enseignant·e passe auprès des élèves pour guider certains et conforter ceux qui s'engagent sur une procédure acceptable. Dans tous les cas, il s'agit de questionner les élèves pour recueillir leur raisonnement et les représentations qu'ils se font de la situation. La correction du problème se fait collectivement.
- Le problème suivant implique la recherche d'une des trois parties quand on connait le tout. L'enseignant·e, avec les élèves, réfléchit à voix haute sur l'énoncé du problème. Les données utilisées pour résoudre cette étape peuvent être surlignées afin de rendre visible le passage de l'énoncé à sa représentation schématique de la réunion des deux collections connues et de cibler la collection dont on cherche la quantité. Le tout réunit les deux collections dont deux vont ne constituer plus qu'une.
- Dans la phase de conclusion, l'enseignant·e invite les élèves à exprimer ce qu'ils ont appris dans la séance. Puis, il reformule ce qui doit être retenu : *Dans les problèmes à étapes, la question écrite de l'énoncé est la question finale. Pour résoudre le problème, on doit d'abord trouver l'étape (trouver la question intermédiaire) et la résoudre.*
- Enfin, l'enseignant·e invite les élèves à inventer oralement des énoncés similaires dans lesquels on recherche le tout ou une des parties.

TEMPS 2

PRATIQUE AUTONOME ▸ fichier p. 115 15 min

▸ **Ex. 3 :** L'objectif est de représenter et de résoudre successivement deux énoncés de problèmes de parties-tout avec trois parties. L'organisation des informations est soutenue par un schéma partiellement complété. Les élèves doivent lire l'énoncé, organiser les informations et résoudre le problème.

▸ **Ex. 4 :** Ici l'élève s'appuie sur sa propre représentation pour résoudre le problème.

Pour différencier

Fichier à photocopier : fiches * et **, *Problèmes à deux étapes (2)*

BOITE D'AUTONOMIE ▸ Activités au choix de l'enseignant·e (voir la programmation p. 27) 15 min

SÉANCE 3 Situations de transformation (1)

MATÉRIEL

- **Pour chaque élève :** un cahier de recherche.
- **Collectif :** des cartes pour « jouer la situation », le matériel mathématique de manipulation (cubes emboitables par exemple). Diaporama Deux étapes 3

TEMPS 1	Recherche et pratique guidée ▶ Diaporama	30 min	En collectif
TEMPS 2	Pratique autonome ▶ Fichier p. 116	20 min	En individuel
	Boite d'autonomie	10 min	

PRINCIPE DE LA **SÉANCE**

Dans cette séance, les élèves découvrent des problèmes de **parties-tout à deux étapes** relevant de situations de transformations. Deux objectifs sont poursuivis dans cette séance :

- la rencontre de situations avec deux transformations successives et la recherche de l'état final. Les transformations peuvent être positives ou négatives ;
- la rencontre d'énoncés nouveaux dans lesquels une question est implicite (elle est rattachée à une étape intermédiaire).

Cette séance permet de réactiver une organisation des informations de l'énoncé sur la **ligne du temps** vue en période 3. Cet appui sur des procédures déjà travaillées facilite la compréhension d'énoncés plus compliqués. La manipulation réelle des objets, articulée à des représentations symboliques, rend visible la nécessité de faire une étape. Cette étape est guidée par une **question implicite** sur laquelle les élèves vont raisonner.

TEMPS 1

MISSION 3 Situations de transformation (1) 30 min

Dans cette séance, on s'attache à des problèmes de transformation avec deux évolutions et recherche de l'état final. Il s'agit de mettre l'accent sur la phase d'analyse et de compréhension de l'histoire mathématique et de proposer une procédure de représentation aidant à la résolution : l'organisation des informations sur la ligne du temps. La recherche de l'état final reste assez intuitive. Cependant, les deux évolutions successives méritent d'être identifiées dans l'énoncé et placées chronologiquement l'une par rapport à l'autre. À partir de cette représentation, il sera aisé de matérialiser les quantités en jeu et d'intervenir pour en ajouter une ou en enlever une. La première étape permet de trouver le résultat de l'état initial ayant subi la première évolution (positive ou négative). La deuxième et dernière étape permet de trouver le résultat après la deuxième évolution (positive ou négative). Ce résultat est la réponse au problème. Aussi, la question intermédiaire sera relative à l'état final de la première étape considérée comme un sous-problème prototypique de transformations. C'est ce qui peut être remarqué avec les élèves.

- L'enseignant·e ouvre la séance en annonçant l'objectif : il s'agit de s'entraîner à comprendre et résoudre des problèmes de transformation avec deux étapes. L'enseignant·e, avec l'aide des élèves, réactive ce qui a été retenu de la séance 2.
- Dans la phase de modelage, les élèves et l'enseignant·e réactivent la procédure qui a été vue en séance 2 et se questionnent sur l'énoncé, pour estimer si celui-ci relève d'un problème à une ou deux étapes. Le problème posé est un problème qui ne peut pas être résolu en une seule étape (un seul calcul). Il s'agit de trouver la première étape (le premier calcul) à réaliser. Les informations de l'énoncé sont placées sur la ligne du temps dans l'ordre. Cet énoncé contient des mots indicateurs de

temps qui guident la chronologie de l'histoire mathématique (La récréation – midi – le soir). Le placement sur la ligne du temps invite à réfléchir sur l'ordre des actions.

- Dans la phase suivante, les élèves sont amenés à réfléchir successivement sur deux énoncés de problèmes de parties-tout (la première relève d'une situation de transformation à une étape, la deuxième relève d'une situation de transformation à deux étapes). À la lecture de l'énoncé, les élèves prennent des indices pour estimer s'il s'agit d'un problème pouvant être résolu avec ou sans étape. La vérification se fait en organisant les informations dans une représentation adaptée. On s'apercevra à cette occasion de la porosité entre les problèmes de parties-tout avec ou sans transformation.
- Dans la phase de conclusion, l'enseignant·e invite les élèves à exprimer ce qu'ils ont appris dans la séance. Avec leur aide, il reformule ce qui doit être retenu : *Dans certains problèmes, on ne peut pas trouver la réponse à la question tout de suite. Il faut faire une étape. Cette étape répond à une question qui n'est pas écrite mais qu'on peut se poser. On réalise alors un premier sous-problème puis, on répond à la question finale.*

TEMPS 2

PRATIQUE AUTONOME ▸ **fichier** p. 116 — 15 min

Ex. 5 : L'objectif est d'organiser les informations sur la ligne du temps et de résoudre successivement deux énoncés de problèmes de transformations avec recherche de l'état final et deux évolutions. La compréhension de la chronologie est soutenue par un schéma partiellement complété.

Ex. 6 : Cette fois-ci l'élève s'appuie sur sa propre représentation pour résoudre le problème.

Pour différencier

Fichier à photocopier : fiches * et **, *Problèmes à deux étapes (4)*

BOITE D'AUTONOMIE ▸ Activités au choix de l'enseignant·e (voir la programmation p. 27) — 15 min

SÉANCE 4 Situations de transformation (2)

MATÉRIEL

- **Pour chaque élève :** un cahier de recherche.
- **Collectif :** une caisse de balles pour « jouer la situation », le matériel mathématique de manipulation (cubes emboitables par exemple).
Diaporama Deux étapes 3

TEMPS 1	Recherche et pratique guidée ▸ Diaporama	30 min	En collectif
TEMPS 2	Pratique autonome ▸ Fichier p. 117	20 min	En individuel
	Boite d'autonomie	10 min	

PRINCIPE DE LA SÉANCE

L'objectif de cette séance est d'amener les élèves à raisonner sur des situations identiques à celles travaillées en séance 3, pour lesquelles on cherche l'état final, après **deux évolutions**, **une positive** et **une négative**. La réflexion porte sur la compréhension de l'énoncé :

- estimer si le problème peut ou non être résolu en une seule étape ;
- si non, rechercher les informations attachées à un sous-problème prototypique (l'étape) avec une question implicite qui peut être imaginée ;
- organiser les informations sur la ligne du temps et vérifier les éléments ci-dessus ;
- schématiser l'énoncé et le résoudre.

TEMPS 1

MISSION 4 Situations de transformation (2) 30 min

Dans cette séance, la réflexion sur les problèmes de parties-tout avec transformation à deux étapes est poursuivie. Les élèves s'entrainent à :
– identifier l'étape, la question intermédiaire quand il y a deux étapes ;
– résoudre des problèmes de transformation avec recherche de l'état final.

- L'enseignant·e ouvre la séance en annonçant l'objectif : il s'agit de s'entrainer à comprendre et résoudre des problèmes de transformation avec deux étapes. L'enseignant·e, avec l'aide des élèves, réactive ce qui a été retenu de la séance 3.
- Dans la phase de modelage, les élèves et l'enseignant·e réactivent la procédure qui a été vue en séance 3. Le problème posé ne peut pas être résolu en une seule étape. Les informations de l'énoncé sont placées sur la ligne du temps, dans l'ordre. Cet énoncé ne contient pas de mots indicateurs de temps. Le placement sur la ligne du temps invite à réfléchir sur l'ordre des actions.
- Dans la phase suivante, un nouvel énoncé de problème est posé.
- Dans la phase de conclusion, l'enseignant·e invite les élèves à exprimer ce qu'ils ont appris dans la séance. Avec leur aide, il reformule ce qui doit être retenu : *Dans les problèmes de parties-tout avec transformations à étapes, on doit bien réfléchir aux informations de l'énoncé : organiser les informations sur la ligne du temps, chercher la question intermédiaire, résoudre les étapes l'une après l'autre dans l'ordre, vérifier le résultat.*

TEMPS 2

PRATIQUE AUTONOME ▸ fichier p. 117 15 min

- **Bilan :** L'accent est mis sur l'étape et la nécessité de trouver une question intermédiaire.
- **Ex. 7 :** C'est un énoncé de problème de parties-tout à deux étapes avec transformation et recherche de l'état final. Les deux évolutions sont négatives.
- **Ex. 8 :** Cet exercice invite les élèves à inventer un énoncé de problème. Il n'est pas forcément attendu que les élèves rédigent un problème à étapes, même si cela serait un bon indicateur de leur compréhension. Une photo inductrice est donnée et des mots clés induisent des situations de transformations. Il est prévisible que la majorité des élèves crée un énoncé avec recherche de l'état final.

BOITE D'AUTONOMIE ▸ Activités au choix de l'enseignant·e (voir la programmation p. 27) 15 min

Pour évaluer
Évaluation sommative ***Problèmes à deux étapes***
Évaluation formative : un problème du fichier élève, p. 117 et l'exercice 4 p. 115

GRANDEURS ET MESURES

module

Les longueurs

MISSIONS

Sur votre espace numérique

Retrouvez sur l'espace numérique **tous les diaporamas** et les **ressources complémentaires** : matériel, leçons et évaluations modifiables, etc.

Objectifs d'apprentissage

- Utiliser le lexique spécifique aux longueurs.
- Comparer des objets selon leur longueur.
- Comparer des segments selon leur longueur.
- Connaitre et utiliser les unités mètre et centimètre et les symboles associés (m et cm).
- Connaitre quelques longueurs de référence.
- Savoir qu'un mètre est égal à cent centimètres.
- Savoir mesurer la longueur d'un segment en utilisant une règle graduée.

Lexique

- **Grandeur :** caractéristique ou propriété d'un objet mathématique ou physique.
- **Comparaison directe** : comparaison selon une grandeur sans utiliser d'objet intermédiaire.
- **Comparaison indirecte** : comparaison selon une grandeur qui utilise un objet intermédiaire (une bande par exemple).
- **Mesurage** : mesure d'un objet selon une grandeur en unité arbitraire.
- **Unité arbitraire :** unité (souvent choisie dans les objets de la vie quotidienne) utilisée pour le mesurage d'une grandeur.
- **Unité usuelle :** unité utilisée dans le système métrique international.
- **Mesurer** : attribuer, pour une grandeur, une mesure exprimée dans une unité donnée, arbitraire ou usuelle.
- **Estimer** : évaluer, sans mesurer, une mesure de grandeur.

Apports didactiques

- Les élèves commencent par formaliser les deux types de **comparaison de longueur : directe et indirecte**, en se confrontant à des situations de la vie quotidienne. Cette première partie permet aux élèves de **percevoir la grandeur « longueur » indépendamment de toute mesure** et d'acquérir le **vocabulaire expert « court » / « long », « de même longueur que »** pour remplacer le vocabulaire courant « petit » / « grand » source de confusions entre grandeurs.
- Ensuite, on aborde **le mesurage**, par l'intermédiaire, là aussi, des objets du quotidien. Le **segment** est introduit comme **objet mathématique** permettant de représenter la longueur d'un objet. On insiste particulièrement ici sur la **notion d'unité** et de report d'unité.
- Cette étape prend son sens dans les deux missions suivantes, en l'appliquant à la **construction du système de mesure** usuel en deux temps :
  - **le mesurage en unités arbitraires** : avec le carré de mosaïque (associé au centimètre) et la bande longue (associée au mètre). La relation qui lie ces deux unités est aussi formalisée ;
  - **l'institutionnalisation des mesures usuelles** et de leurs symboles, en appui sur les références mentales.

  Dans ces deux missions, on travaille particulièrement l'estimation de la mesure.
- Enfin, on aborde plus spécifiquement les compétences autour du segment, dernière étape de l'abstraction, en mesurant et construisant des segments de longueur donnée.

Difficultés rencontrées par les élèves

1 Confusion entre la grandeur « longueur » et sa mesure. Pour remédier à cette difficulté, l'enseignant·e veillera à verbaliser cette distinction. On verbalisera ainsi : *la longueur d'un objet ou d'un segment* et *la longueur du segment mesure...* à ne pas confondre avec *le segment mesure....* Cette distinction, si elle n'est pas exigible à ce stade pour les élèves, doit faire l'objet d'une attention particulière de l'enseignant·e afin de ne pas entretenir la confusion entre la grandeur et sa mesure.

2 Difficulté à positionner correctement la règle. Pour y remédier, l'enseignant·e rappellera que la comparaison directe de longueurs nécessite d'aligner une extrémité, celle du segment, avec celle de la règle : le 0.

3 Difficulté d'estimation d'une longueur (confusion entre 2 cm et 2 m par exemple). La construction du référentiel mental est particulièrement importante pour y remédier et l'enseignant·e fera appel aux objets de référence pour interpeler l'élève, comme le carré de mosaïque ou la règle du tableau.

MISSION 1 Comparer des longueurs (1)

MATÉRIEL

- **Pour chaque élève ou binôme :** 1 stylo, 1 gomme, 1 feutre, 1 cahier, 1 trousse. La fiche *Bandes*
- **Collectif :** diaporama M1

TEMPS 1	MISSION 1 ▶ Diaporama	20 min	En collectif
	Pratique guidée ▶ Fichier p. 118	10 min	En collectif
TEMPS 2	Pratique autonome ▶ Fichier p. 119	15 min	En individuel
	Boite d'autonomie	15 min	

PRINCIPE DE LA MISSION

Dans cette mission, les élèves vont devoir **comparer les longueurs d'objets** de leur quotidien de **manière directe** : tout d'abord visuellement, puis ensuite en formalisant l'alignement d'une extrémité. Ils devront ensuite élargir cette compétence à des bandes.

TEMPS 1

MISSION 1 Comparer des longueurs (1) 20 min

Cette mission est la première du module sur la grandeur « longueur ». Les élèves vont y formaliser la comparaison directe, qu'elle soit visuelle ou par déplacement d'objets.

- Dans un premier temps, les élèves observent le matériel de leur quotidien d'écolier. Plusieurs comparaisons deux à deux de la longueur de ces objets se succèdent. La première est perceptive puisque visuelle. Les élèves sont amenés à verbaliser cette méthode : *Lorsque les longueurs sont suffisamment différentes, on peut comparer des longueurs visuellement*. L'exemple suivant ne permet pas d'effectuer cette comparaison visuellement ce qui rend nécessaire une nouvelle méthode : l'alignement de l'une des extrémités des deux objets, en appui sur le bord de la table, par exemple. Cette méthode, découverte au cycle 1, par les comparaisons de taille des enfants, est formalisée ici. On la réinvestit pour ordonner les cinq objets selon leur longueur. Cette première partie de mission permet ainsi d'introduire le vocabulaire expert : « long » « court » d'une part mais aussi, par la verbalisation, la formulation exacte des comparaisons : *La longueur de .... est plus longue/courte que la longueur de ...* . Cette verbalisation de l'enseignant·e est importante pour que les élèves prennent conscience de la grandeur « longueur ».
- Dans un second temps, les élèves sont confrontés à des comparaisons de longueur de bandes. On retrouve la comparaison visuelle et la comparaison par alignement d'extrémités. L'une d'entre elles n'est cependant pas possible par ces deux méthodes : la mission se conclut sur ce constat. Cette partie, outre réinvestir le vocabulaire « long/court », permet d'introduire « aussi long que ». L'introduction de bandes pour représenter une longueur est également un premier pas vers l'abstraction de la grandeur. La dernière situation fait le lien avec la mission suivante où les bandes et les objets ne seront pas déplaçables.

Point de vigilance

Dans cette première mission de "Grandeurs et mesures", comme dans toutes celles qui vont suivre, il sera essentiel pour l'enseignant·e d'adopter un langage précis, notamment pendant les étapes de verbalisation.

BILAN ET MINIQUIZ

PRATIQUE GUIDÉE ▶ fichier p. 118 — 10 min

- **Ex. 1 :** On travaille, dans cet exercice, la comparaison de longueurs sur des objets. Les élèves doivent entourer dans chaque cas l'objet le plus long. Une difficulté peut apparaitre pour la dernière comparaison où les objets sont de même longueur. La présence de l'enseignant·e pour la conduite de cet exercice lèvera cet obstacle.
- **Ex. 2 :** Dans cet exercice des bandes de la plus longue à la plus courte, la première étant indiquée afin de guider les élèves vers la consigne de coloriage.
- **Ex. 3 :** Dans ce dernier exercice en présence de l'enseignant·e, on retrouve les comparaison directes possibles de bandes. À noter que pour le cas C, ce sont les extrémités droites des bandes qui sont alignées, ce qui peut être un obstacle pour les élèves.

TEMPS 2

PRATIQUE AUTONOME ▶ fichier p. 119 — 15 min

- **Ex. 4 :** Pour ce premier exercice en autonomie, les élèves retrouvent un exercice similaire à l'exercice 1, sans difficulté particulière.
- **Ex. 5 :** Exercice similaire à l'exercice 3.
- **Ex. 6 :** À l'instar de l'exercice 2, on ordonne des bandes. Aucune amorce n'est proposée cependant.

Pour différencier
Fichier à photocopier : fiches * et **, *Comparer des longueurs (1).*

BOITE D'AUTONOMIE ▶ Activités au choix de l'enseignant·e (voir la programmation p. 27) — 15 min

Trace écrite : Leçon *Longueurs 1*

Pour évaluer : Évaluation *Longueurs*

MISSION 2 Comparer des longueurs (2)

MATÉRIEL

- **Pour chaque élève ou binôme :** 1 stylo, 1 gomme, 1 feutre, 1 cahier, 1 trousse. La fiche *Bande* et des bandes blanches prédécoupées (elles doivent mesurer environ 1 ou 2 cm de large pour une bonne préhension de l'élève et peuvent être issues de papiers à recycler).
- **Collectif :** diaporama M2

TEMPS 1	MISSION 1 ▶ Diaporama	20 min	En collectif
	Pratique guidée ▶ Fichier p. 120	10 min	En collectif
TEMPS 2	Pratique autonome ▶ Fichier p. 121	15 min	En individuel
	Boite d'autonomie	15 min	

PRINCIPE DE LA MISSION

Dans cette mission, les élèves vont devoir **comparer les longueurs de bandes**, puis d'objets de leur quotidien de **manière indirecte** : en apprenant à prélever les longueurs à l'aide d'une bande blanche pour effectuer la comparaison.

TEMPS 1

MISSION 2 Comparer des longueurs (2) 20 min

Cette mission est « l'inverse » de la précédente : les élèves doivent tout d'abord apprendre à comparer des bandes non comparables avec les méthodes formalisées dans la première mission, avant d'apprendre à comparer les longueurs d'objets non déplaçables. Cette situation nécessite l'utilisation de bandes et d'abstraire la longueur d'un objet à l'aide d'une bande. L'abstraction de la longueur d'un objet par un segment sera abordée dans une mission ultérieure.

- Dans un premier temps, les élèves se rappellent les différents cas de comparaison directe, puis la situation pour laquelle il n'était pas possible de répondre jusqu'à présent. C'est sur celle-ci que s'appuie la mission 2. Les élèves se mettent en situation de recherche afin de faire apparaitre des stratégies : découpage des bandes, prélèvement ou repérage de longueurs à l'aide des bandes blanches fournies. Ces procédures sont présentées à la classe, sans hiérarchiser leur efficacité. Notons que de nombreuses procédures sont possibles. Il appartient à l'enseignant·e, d'une part de valider avec les élèves les procédures correctes et d'autre part de ne pas restreindre celles-ci aux trois qui sont ensuite formalisées.
- Dans un second temps, les élèves doivent réinvestir ces méthodes dans le cas de la comparaison de longueur d'objets non déplaçables et non visuelle. Comme indiqué, cette comparaison nécessite de maitriser le prélèvement de longueurs à l'aide des bandes blanches. On formalise les trois méthodes suivantes : le découpage de deux bandes aux longueurs des objets afin de les comparer en alignant les extrémités, le découpage d'une seule bande à la même fin de comparaison avec le second objet, le repérage de la longueur sur une ou deux bandes.

Point de vigilance

Plusieurs méthodes de comparaison indirecte sont efficientes, aussi l'enseignant·e ne restreindra pas les élèves à celle qui est formalisée.

BILAN ET MINIQUIZ

PRATIQUE GUIDÉE ▶ fichier p. 120 10 min

- **Ex. 1 :** On travaille, dans cet exercice, la comparaison de longueurs de bandes à l'aide d'une bande blanche. Les élèves sont libres de choisir la méthode utilisée mais seule celle du repérage a été rappelée dans le bilan.
- **Ex. 2 :** Dans cet exercice, on applique la procédure précédente en comparant des objets selon leur longueur. Une difficulté peut apparaitre pour identifier les extrémités des objets afin d'en prélever la longueur de manière exacte. L'enseignant·e pourra alors marquer ces extrémités si besoin.

TEMPS 2

PRATIQUE AUTONOME ▶ fichier p. 121 15 min

- **Ex. 3 :** On retrouve, pour ce premier exercice en autonomie, la comparaison de bandes, similaire à l'exercice 1.
- **Ex. 4 :** Dans cet exercice, l'élève doit ordonner quatre bandes et prélever les longueurs.
- **Ex. 5 :** Dans cet exercice, les élèves doivent identifier les bandes de même longueur que la bande de référence. Lors de la pratique guidée, l'enseignant·e pourra expliciter la consigne de cet exercice si besoin.

Pour différencier

Fichier à photocopier : fiches * et **, *Comparer des longueurs (2).*

BOITE D'AUTONOMIE ▶ Activités au choix de l'enseignant·e (voir la programmation p. 27) 15 min

Trace écrite Leçon *Longueurs 1*

Pour évaluer Évaluation *Longueurs*

MISSION 6 Mesurer des longueurs avec des unités arbitraires

MATÉRIEL

- **Pour chaque élève ou binôme :** les unités-mosaïque (matériel détachable), 1 feuille blanche, des kaplas, la fiche *Segments 1*, les bandes violettes de 4 cm (matériel détachable), 1 craie. Il est préférable que le matériel détachable du fichier soit préparé en amont de la mission mais il est tout à fait possible de le faire faire aux élèves au moment de la diapositive « Prépare ton matériel ».
- **Collectif :** diaporamas M6a et M6b

TEMPS 1	MISSION 6a ▶ Diaporama	30 min	En collectif
TEMPS 2	MISSION 6b ▶ Diaporama	20 min	En collectif
	Pratique guidée ▶ Fichier p. 128	10 min	En collectif
TEMPS 3	Pratique autonome ▶ Fichier p. 129	15 min	En individuel
	Boite d'autonomie	15 min	

PRINCIPE DES MISSIONS

Dans la **mission 6a**, les élèves apprennent à positionner correctement des **unités arbitraires** pour représenter la longueur puis la largeur d'une feuille et découvrent le **segment comme outil mathématique** représentant une longueur. Enfin, dans la **mission 6b**, ils **mesurent les longueurs** avec des unités arbitraires. Ils découvrent ainsi le **principe de l'unité**.

TEMPS 1

MISSION 6a Positionner des unités arbitraires pour mesurer une longueur (30 min)

Cette mission 6a est dédiée au positionnement correct des unités arbitraires pour représenter une longueur, ici d'une feuille, préalable au mesurage en unités arbitraires. C'est aussi l'occasion d'introduire le segment.

- Dans un premier temps, les élèves sont invités à représenter la longueur de la feuille en mode paysage à l'aide des kaplas. Afin d'introduire les conditions nécessaires à cet exercice, plusieurs propositions d'élèves fictifs sont débattues, en premier lieu avec des espaces (kaplas disjoints), ensuite non alignés avec les extrémités de la longueur et enfin non alignés avec le bord de la feuille. Le segment est alors introduit comme outil pour représenter lui aussi le bord de la feuille, et donc sa longueur, sur laquelle on peut s'appuyer pour aligner les kaplas et débuter à son extrémité. On constate cependant ici que, mis bout à bout, les unités kaplas ne coïncident pas avec la seconde extrémité.
- Dans un second temps, on réinvestit cette méthode pour positionner correctement les unités-mosaïque, sur la largeur de la feuille cette fois, où un segment a été représenté. Sans la nommer c'est la première mesure en unités arbitraires effectuée par les élèves. Ils peuvent alors constater que les mosaïques sont alignées sur le segment, sans espaces, et correspondent aux deux extrémités du segment.

BILAN ET MINIQUIZ

TEMPS 2

MISSION 6b Mesurer des longueurs avec des unités arbitraires 20 min

Cette mission 6b vient formaliser et introduire la compétence « mesurer », en unités arbitraires. Les élèves sont invités à mesurer des segments puis des objets avec différentes unités arbitraires.

- Dans un premier temps, une fiche où sont représentés trois segments de différentes longueurs est proposée aux élèves. Il leur est demandé de représenter les longueurs des deux premiers segments à l'aide des unités-kapla en les mettant bout à bout. C'est l'occasion de rappeler les caractéristiques du mesurage : unités alignées le long du segment, sans espace, l'une des extrémités de l'unité coïncidant avec celle du segment. L'enseignant·e veillera à ce que cette manipulation des élèves soit effective et correcte. Puis, on introduit la terminologie mathématique : *La longueur du segment A mesure deux unités-kapla*. Le troisième segment est également mesuré mais n'est pas mesurable exactement.
- Dans un second temps, on mesure la longueur d'une craie en unités-bande violette puis en unités-mosaïque afin de réinvestir, d'une part la méthode précédente sur un objet et, d'autre part de faire prendre conscience aux élèves qu'un objet peut être mesuré dans différentes unités. Par l'intermédiaire d'un travail d'élève fictif, on débat et conclut que, pour exprimer une mesure, il est nécessaire de préciser l'unité dans laquelle la longueur est mesurée.

Point de vigilance

Ici encore l'enseignant·e veillera à adopter une verbalisation mathématique complète : *La longueur de .... mesure ... unité-....* Il ou elle sera également particulièrement attentif à ce que les élèves comprennent le principe de l'unité, qui n'est pas formalisé en CP, mais tout de même introduit par la manipulation de ces unités arbitraires.

BILAN ET MINIQUIZ

PRATIQUE GUIDÉE ▶ fichier p. 128 10 min

▶ **Ex. 1 :** On aborde dans cet exercice la mise bout à bout d'unités arbitraires afin de représenter la longueur d'un segment. La troisième proposition introduit des briques de différentes longueurs ce qui vient à l'encontre du principe d'unité ; l'enseignant·e le soulignera en collectif. Une ambiguïté peut être soulevée pour la dernière proposition où les briques sont correctement positionnées mais avec la mesure qui n'est pas exacte.

▶ **Ex. 2 :** On mesure ici trois segments en unités-bande verte (matériel détachable) afin que l'enseignant·e puisse vérifier cette compétence de manipulation en particulier.

TEMPS 3

PRATIQUE AUTONOME ▶ fichier p. 129 15 min

▶ **Ex. 3 :** À l'instar de l'exercice 1, les élèves doivent identifier les photos où les unités-mosaïque sont correctement positionnées.

▶ **Ex. 4 et 5 :** Les élèves doivent mesurer des segments en unités-bande dans l'exercice 4 et en unités-mosaïque dans l'exercice 5. Des difficultés peuvent apparaître pour les segments dont la mesure n'est pas exacte mais « comprise entre... et... ».

Pour différencier

Fichier à photocopier : fiches * et **, *Mesurer des longueurs avec des unités arbitraires*

BOITE D'AUTONOMIE ▶ Activités au choix de l'enseignant·e (voir la programmation p. 27) 15 min

Pour évaluer Évaluation *Longueurs*

MISSION 9 Construire des relations entre unités de mesure de longueur

MATÉRIEL

- **Pour chaque élève ou binôme :** les unités-mosaïque (matériel détachable), 1 feuille blanche, 2 bandes (découpées dans un rouleau de bande à joint de placo) de longueur 20 cm et 1 m, graduées tous les 10 cm. Les bandes à joint de placo ont été choisies pour leur robustesse et leur maniabilité. Elles doivent être préparées en amont de la mission.
- **Collectif :** diaporama M9

TEMPS 1	**MISSION 1** ▶ Diaporama	20 min	En collectif
	Pratique guidée ▶ Fichier p. 134	10 min	En collectif
TEMPS 2	**Pratique autonome** ▶ Fichier p. 135	15 min	En individuel
	Boite d'autonomie	15 min	

PRINCIPE DE LA MISSION

Dans cette mission, les élèves vont apprendre à **construire le lien entre les longueurs** de trois objets de référence du système usuel de mesure de longueur mais sans nommer les mesures. Ils devront ensuite **estimer des longueurs** avec ces unités de référence.

TEMPS 1

MISSION 9 Construire des relations entre unités de mesure de longueur 20 min

Cette mission s'appuie sur les équivalences entre l'unité-mosaïque, la bande courte de mesure de longueur 20 unités-mosaïque et la bande longue de mesure de longueur 100 unités-mosaïque. Les élèves effectuent du mesurage afin de construire ces équivalences, sans nommer les unités usuelles. Les unités usuelles seront introduites dans la mission suivante, en lien avec les unités mentales de référence découvertes ici.

- Dans un premier temps, les élèves doivent ranger les trois objets de la mission, de la longueur la plus courte à la longueur la plus longue. Cette étape est sans difficulté puisque la comparaison de longueur est visuelle. Elle permet cependant à l'enseignant·e de verbaliser une nouvelle fois les méthodes de comparaison de longueur et notamment celle d'alignement des extrémités. Les élèves sont invités à estimer la mesure de la bande courte en unités-mosaïque. Pour cela, ils peuvent s'appuyer sur les manipulations des missions précédentes, mais aussi sur la présence d'une graduation indiquant 10 unités-mosaïque. Une fois l'estimation débattue en classe, ils vérifient en positionnant les carrés de mosaïque correctement bout à bout, comme expliqué dans la mission 6a. Ce mesurage de la bande courte permettra dans la mission suivante d'y associer le double-décimètre comme référence mentale.
- Dans un second temps, les élèves doivent estimer la longueur de la bande longue en unités-mosaïque. Deux méthodes peuvent apparaitre : expérimentale en effectuant un mesurage de la bande en unités-mosaïque, ou plus réfléchie, en remarquant les graduations tous les 10 unités-mosaïque qui permettent de mesurer en utilisant le calcul par dizaines. C'est cette dernière méthode qui permet de formaliser l'équivalence : une unité-bande longue équivaut à 100 unités-mosaïque. On conclut cette mission en recherchant dans l'environnement de la classe des objets qui se mesurent en unités-bande longue.

Point de vigilance

Dans cette mission, une difficulté peut apparaitre lors des phases d'estimation car les objets sont rarement représentés en vraie grandeur. Pour y remédier, l'enseignant·e utilisera, dans un premier temps, au maximum des objets de l'environnement de l'élève.

BILAN ET MINIQUIZ

PRATIQUE GUIDÉE ▶ **fichier** p. 134 10 min

▶ **Ex. 1 :** Dans cet exercice, les élèves doivent associer la longueur d'un objet avec l'unité de référence utilisée pour le mesurer. C'est donc l'estimation qui est travaillée. La difficulté principale réside dans la représentation des objets qui ne sont pas en grandeur réelle.

▶ **Ex. 2 :** On travaille ici le mesurage de la longueur d'objets représentée à l'aide d'un segment. L'unité utilisée est l'unité-mosaïque. L'enseignant·e verbalisera la phrase mathématique *La longueur de .... mesure .... unités-mosaïque*, qui pour des raisons de compréhension des élèves a été synthétisée.

TEMPS 2

PRATIQUE AUTONOME ▶ **fichier** p. 135 15 min

▶ **Ex. 3 :** On retrouve pour cet exercice les modalités d'estimation similaires à l'exercice 1.

▶ **Ex. 4 :** On travaille également dans cet exercice l'estimation, mais les élèves doivent, cette fois, être davantage précis et cocher la bonne mesure de la longueur d'un objet parmi trois proposées.

▶ **Ex. 5 :** Cet exercice est similaire à l'exercice 2 où les élèves doivent mesurer la longueur d'objets en unités-mosaïque.

Pour différencier
Fichier à photocopier : fiches * et **, *Mesurer des longueurs en unités arbitraires*

BOITE D'AUTONOMIE ▶ Activités au choix de l'enseignant·e (voir la programmation p. 27) 15 min

Pour évaluer Évaluation *Longueurs*

MISSION 10 Estimer et mesurer en cm et en m

MATÉRIEL

▶ **Pour chaque élève ou binôme :** les unités-mosaïque (matériel détachable), 2 bandes (découpées dans un rouleau de bande à joint de placo) de longueur 20 cm et 1 m, graduées tous les 10 cm, 1 craie. Un double décimètre sera nécessaire en cours de mission. Les bandes à joint de placo sont celles de la mission précédente.

▶ **Collectif :** diaporama M10

TEMPS 1	MISSION 1 ▶ Diaporama	20 min	En collectif
	Pratique guidée ▶ Fichier p. 136	10 min	En collectif
TEMPS 2	Pratique autonome ▶ Fichier p. 137	15 min	En individuel
	Boite d'autonomie	15 min	

PRINCIPE DE LA MISSION

Dans cette mission, les élèves vont faire le lien entre **les unités arbitraires** de la mission précédente et **les unités usuelles** du centimètre et du mètre. Ils vont comprendre l'équivalence 1 m = 100 cm. Ils vont également associer la bande courte au double-décimètre et l'utiliser pour mesurer la longueur d'un objet.

TEMPS 1

MISSION 10 Estimer et mesurer en cm et en m (20 min)

Cette mission s'appuie sur les équivalences entre le carré de mosaïque, la bande courte de 20 unités-mosaïque et la bande longue de 100 unités-mosaïque qui sont formalisées pour introduire respectivement le centimètre, le double-décimètre et le mètre.

- Dans un premier temps, les élèves se remémorent l'ensemble des découvertes de la mission précédente associées aux trois unités abordées. On demande aux élèves de trouver dans leur univers immédiat un objet correspondant à la bande courte, avec pour objectif d'introduire le double-décimètre présent dans leur matériel. Un rappel de l'équivalence avec le mesurage en unités-mosaïque permet d'introduire le carré de mosaïque comme l'unité usuelle du centimètre et par conséquent le double-décimètre comme mesurant 20 centimètres. Cette étape se construit en associant la bande courte graduée, les unités-mosaïque et les graduations du double-décimètre.
- Dans un deuxième temps, on demande aux élèves de mesurer la longueur de la craie avec le double-décimètre après l'avoir estimée. Cette étape s'appuie sur un mesurage effectué dans une mission précédente qu'on retrouve ici en exprimant la mesure en centimètres. C'est aussi l'occasion de rappeler l'alignement de l'extrémité de la craie avec le zéro du double-décimètre et la lecture de la mesure à l'autre extrémité.

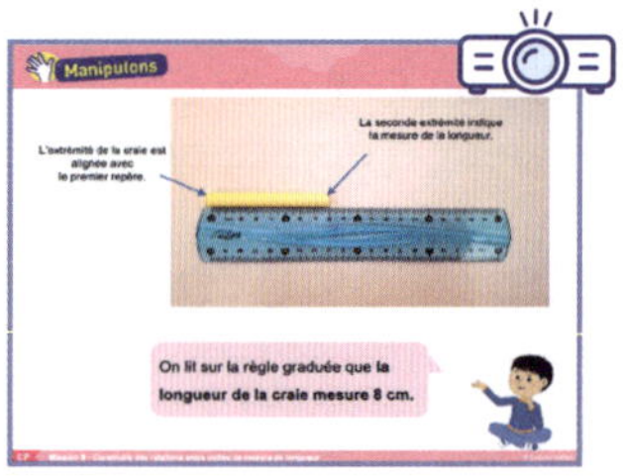

- Enfin, on aborde la troisième unité arbitraire et on associe la bande longue à la règle du tableau pour introduire l'unité usuelle du mètre. On transcrit l'équivalence unité-bande longue = 100 unités-mosaïque en 1 mètre = 100 centimètres, avant de trouver quelques objets dont la longueur se mesure en mètres. À noter que cette équivalence, construite en appui sur les unités-mosaïque, est porteuse de sens pour les élèves et permet de mieux percevoir la centaine. Par ailleurs, dans sa verbalisation l'enseignant·e peut insister sur le préfixe de centi-mètre et expliciter : *Le mètre est 100 fois plus long que le centi-mètre ou le centi-mètre est 100 fois plus court que le mètre*.

BILAN ET MINIQUIZ

PRATIQUE GUIDÉE ▶ fichier p. 136 (10 min)

Cette page, tout comme la suivante, adopte la même typologie d'exercices que la mission précédente afin de renforcer le lien entre les référents des unités usuelles et les unités usuelles elles-mêmes.

▶ **Ex. 1 :** Dans cet exercice, les élèves doivent associer la longueur d'un objet avec l'unité usuelle utilisée pour le mesurer. C'est donc l'estimation qui est travaillée.

▶ **Ex. 2 :** On travaille ici, non plus le mesurage de la longueur d'objets, mais la lecture de mesures sur un double-décimètre. L'enseignant·e verbalisera également la phrase mathématique : *La longueur de .... mesure .... cm.*

Pour différencier

Fichier à photocopier : fiches * et **, *Mesurer en cm et en m*

TEMPS 2

PRATIQUE AUTONOME ▶ fichier p. 137 — 15 min

▶ **Ex. 3 :** On retrouve pour ce premier exercice en autonomie les modalités d'estimation similaires à l'exercice 1.

▶ **Ex. 4 :** On travaille dans cet exercice également l'estimation, mais les élèves doivent être davantage précis et cocher la bonne mesure de la longueur d'un objet parmi trois proposées en centimètres et en mètres.

▶ **Ex. 5 :** Cet exercice est similaire à l'exercice 2 où les élèves doivent lire la mesure de longueur d'objets en centimètres.

BOITE D'AUTONOMIE ▶ Activités au choix de l'enseignant·e (voir la programmation p. 27) — 15 min

Trace écrite : Leçon *Longueurs 2*

Pour évaluer : Évaluation *Longueurs*

MISSION 11 Mesurer, tracer et comparer des segments en cm

MATÉRIEL

- **Pour chaque élève :** un double-décimètre, un crayon de papier, la fiche *Segments 2*. Cette fiche contient trois parties qui peuvent être distribuées séparément.
- **Collectif :** diaporama M11

TEMPS 1	MISSION 1 ▶ Diaporama	20 min	En collectif
	Pratique guidée ▶ Fichier p. 138	10 min	En collectif
TEMPS 2	Pratique autonome ▶ Fichier p. 139	15 min	En individuel
	Boite d'autonomie	15 min	

PRINCIPE DE LA MISSION

On conclut dans cette mission la progressivité des apprentissages des longueurs en abordant les différentes compétences traitées successivement autour du segment : **mesurer un segment en centimètres** à l'aide de la règle graduée, **tracer un segment** de longueur donnée et **comparer les longueurs** de deux segments.

TEMPS 1

MISSION 11 Mesurer, tracer et comparer des segments en cm — 20 min

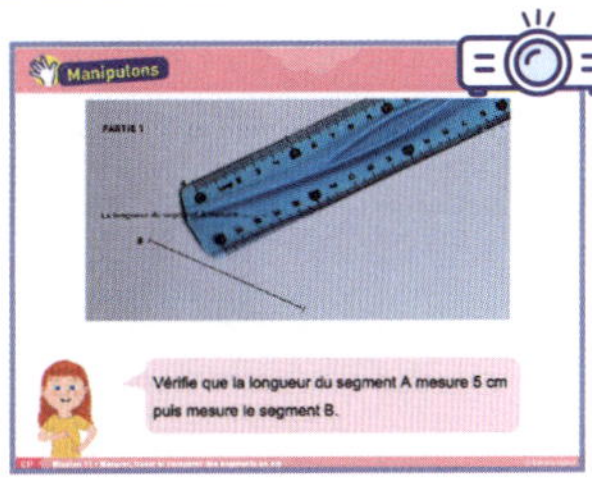

Cette mission s'appuie sur l'utilisation de la règle graduée et revoit certaines compétences abordées dans les missions précédentes, y compris en géométrie, avec la manipulation de la règle.

- Dans un premier temps, les élèves se remémorent la méthode pour mesurer un objet, vue dans la mission précédente. Ils doivent la transférer pour mesurer le premier segment de la fiche fournie. Un exemple fictif permet de débattre et de rappeler les erreurs possibles (mauvais alignement de l'origine ou règle trop écartée voire non parallèle au segment). La « correction » permet de l'appliquer à la mesure d'un deuxième segment. Pour indiquer la mesure de longueur de ce segment, il faut compléter sur la fiche *Segments 2* la phrase mathématique : « La longueur du segment mesure … cm ».

- Dans un deuxième temps, les élèves apprennent à construire un segment de longueur donnée. Il est question ici de transférer la méthode pour mesurer, en insistant sur l'origine de la règle graduée qui doit être la première extrémité du segment et la seconde qui doit indiquer la mesure du segment. L'enseignant·e peut évoquer ici le travail effectué lors des comparaisons indirectes de la mission 2, où les élèves ont appris à repérer une longueur sur une bande blanche. Un pas à pas est proposé afin d'illustrer ces étapes.
- Enfin, on réinvestit la première partie de la mission pour comparer la longueur de deux segments, ce qui constitue une dernière méthode de comparaison, similaire à celle utilisée dans le mesurage, ici en unités usuelles. Les élèves doivent mesurer les longueurs des deux segments proposés à la comparaison, puis ensuite les comparer numériquement.

Point de vigilance

L'enseignant·e sera ici encore particulièrement attentif.ve à la verbalisation des phrases mathématiques correctes et à la précision des tracés.

BILAN ET MINIQUIZ

PRATIQUE GUIDÉE ▸ fichier p. 138 — 10 min

- ▸ **Ex. 1 :** Dans cet exercice, les élèves doivent utiliser la règle graduée pour mesurer des segments en centimètres. La principale difficulté réside dans le dernier exemple dont la mesure n'est pas entière, mais l'enseignant·e pourra rappeler que cette situation s'est produite à de multiples reprises dans les différentes missions.
- ▸ **Ex. 2 :** C'est la compétence de tracé qui est travaillée ici avec ou sans amorce. L'un des segments à construire est en position non prototypique, ce qui peut être un obstacle pour le positionnement de la règle graduée et auquel l'enseignant·e sera particulièrement attentif.
- ▸ **Ex. 3 :** Les élèves doivent mesurer puis construire un segment de 2 cm plus long que celui représenté. Cet exercice vient synthétiser les deux compétences travaillées dans cette page de fichier.

TEMPS 2

PRATIQUE AUTONOME ▸ fichier p. 139 — 15 min

- ▸ **Ex. 4 :** Pour ce premier exercice en autonomie, on insiste à nouveau sur le positionnement de la règle graduée pour mesurer un segment.
- ▸ **Ex. 5 :** Exercice similaire à l'exercice 1, où les élèves doivent mesurer les longueurs de segments.
- ▸ **Ex. 6 :** Exercice similaire à l'exercice 2, où les élèves doivent tracer deux segments de mesures données.

Pour différencier

Fichier à photocopier : fiches * et **, *Mesurer en cm et en m*

BOITE D'AUTONOMIE ▸ Activités au choix de l'enseignant·e (voir la programmation p. 27) — 15 min

Trace écrite Leçon *Longueurs 2*

Pour évaluer Évaluation *Longueurs*

GRANDEURS ET MESURES

module

Les masses

MISSION

Sur votre espace numérique

Retrouvez sur l'espace numérique **tous les diaporamas** et les **ressources complémentaires** : matériel, leçons et évaluations modifiables, etc.

Objectifs d'apprentissage

- Utiliser le lexique associé aux masses.
- Comparer des objets selon leur masse.

Lexique

- **Grandeur :** caractéristique ou propriété d'un objet mathématique ou physique : ici, la masse.
- **Comparaison directe** : comparaison selon une grandeur sans utiliser d'objet intermédiaire. Ici, le soupesage ou la comparaison de la masse de deux objets à l'aide d'une balance de type Roberval.
- **Comparaison indirecte** : comparaison selon une grandeur qui utilise un objet intermédiaire afin de comparer la masse de deux objets à l'aide de celle d'un autre ou bien de ranger les masses de trois objets.

Apports didactiques

- Dans ce premier module, on aborde uniquement le **début de la progressivité sur les masses : la comparaison**. Le mesurage en unités arbitraires et à l'aide des unités usuelles sera introduit en CE1.
- On aborde en premier lieu la **comparaison directe de masses**, en s'appuyant sur deux méthodes :
  - le soupesage, comparaison du domaine de la perception à l'aide du toucher, est l'équivalent de la comparaison visuelle de la longueur à l'aide de la vue.
  - l'utilisation de la balance à plateau, en formalisant son fonctionnement.

Dans les deux cas, la **comparaison de masse est directe.** Cette première partie de la progressivité permet aux élèves de **percevoir la grandeur « masse » indépendamment de toute mesure** et d'acquérir le **vocabulaire expert « léger » / « lourd », « de même masse que »** pour remplacer le vocabulaire courant « petit » / « grand » source de confusions entre grandeurs.

- On aborde ensuite la **comparaison indirecte** au travers d'exemples guidés afin de pouvoir comparer deux objets ou en ranger trois.

Difficultés rencontrées par les élèves

1 Confusion entre longueur et masse. L'utilisation dans le langage de « grand » ou « petit » a conduit les élèves à associer « grand » et « lourd », d'une part, et « petit » et « léger », d'autre part. Ainsi nombreux sont ceux qui, lors du soupesage ou de la lecture de la balance, continueront de « se fier » à cette association. Pour y remédier, de nombreux exemples contre-intuitifs sont proposés dans la méthode et l'enseignant·e pourra nourrir la séance avec davantage d'exemples de l'environnement des élèves.

2 Difficulté à percevoir les masses : certains élèves peuvent être en difficulté lorsqu'il s'agit de comparer la masse de deux objets en les soupesant. Cette difficulté est en partie liée à la précédente. Pour y remédier on multipliera les exemples avec des objets de masses très différentes, puis de plus en plus proches et on proposera de soupeser avec les yeux bandés.

3 Difficulté à **interpréter la position des plateaux de la balance**. En effet, l'objet le plus léger est celui situé le plus "haut", ce qui peut être contre-intuitif pour les élèves. La manipulation répétée de la balance permet aux élèves de se familiariser avec cette interprétation.

4 Difficulté à **ranger des masses**. Pour ranger les masses de trois objets, il peut être nécessaire d'effectuer trois comparaisons deux à deux entre les masses de ces objets. Lors de ces comparaisons, un objet peut se révéler à la fois plus léger puis plus lourd. Là encore, une manipulation répétée permet aux élèves d'acquérir la méthode qui convient.

MISSION 3 Comparer des masses

MATÉRIEL

- **Pour chaque élève ou binôme :** 1 stylo, 1 gomme, 1 feutre, 1 cahier 24 × 32, 1 trousse, 1 feuille blanche. Une balance à plateaux sera nécessaire en cours de mission. Une balance pour deux ou trois élèves peut être suffisante.
- **Collectif :** diaporama M3

TEMPS 1	MISSION 1 ▶ Diaporama	20 min	En collectif
	Pratique guidée ▶ Fichier p. 122	10 min	En collectif
TEMPS 2	Pratique autonome ▶ Fichier p. 123	15 min	En individuel
	Boite d'autonomie	15 min	

PRINCIPE DE LA MISSION

La première partie de la mission est axée sur la **comparaison d'objets du quotidien par observation et soupesage**. La seconde partie s'appuie sur l'**utilisation des balances de type Roberval.**

TEMPS 1

MISSION 3 Comparer des masses 20 min

- Cette mission est l'unique du module sur les masses en CP, la suite de la progressivité ayant lieu au CE1. On aborde les deux méthodes de comparaison directe de la masse de deux objets. On y évoque également la recherche du plus léger ou plus lourd objet parmi trois objets.
- Les élèves réutilisent les cinq objets de la mission de comparaison directe de longueurs, avec pour nouvel objectif de comparer leur masse. L'enseignant·e explique qu'ils vont devoir identifier l'objet le plus lourd après avoir rappelé les méthodes de comparaison de longueurs.
- Dans un premier temps, on demande aux élèves d'effectuer «visuellement» une hypothèse sur l'objet le plus lourd, en s'appuyant sur la comparaison directe entre le cahier et la gomme. Cette comparaison est l'occasion d'introduire, pour la confirmer, la méthode du soupesage. L'enseignant·e guide les élèves vers cette manipulation en leur demandant de prendre les deux objets à comparer dans chaque main et de « sentir » les masses. Plusieurs estimations puis comparaisons par soupesage se succèdent, permettant à l'élève de combattre le rapport intuitif entre long et lourd, puis de « tester les limites » de cette méthode avec la comparaison de masses proches (stylo et feutre).
- Dans un deuxième temps, on introduit un nouvel outil de comparaison de masses : la balance à plateaux, de type Roberval. Afin d'en saisir le fonctionnement, le parallèle est fait entre les comparaisons par soupesage et à l'aide de la balance sur les deux premiers cas abordés : la gomme et le cahier, puis le stylo et la feuille. On dégage ainsi le principe de la balance : la hauteur relative des plateaux et la position de l'aiguille. Afin de pouvoir comparer plus précisément les masses du stylo et du feutre on effectue cette comparaison avec la balance où les élèves doivent être attentifs à la position de l'aiguille indiquant la comparaison mais aussi aux mouvements des plateaux.
- On termine en évoquant la comparaison de la masse de trois objets par comparaison deux à deux.

Point de vigilance

La principale difficulté rencontrée par les élèves lors de cette mission réside dans la corrélation mentale entre un objet long (ou volumineux) et un objet lourd. L'élève calque ainsi la comparaison « plus lourd » sur celle « plus longue ». Le vocabulaire mathématique permet également de différencier et de ne pas tout regrouper sous le terme « plus petit, plus grand ».

BILAN ET MINIQUIZ

PRATIQUE GUIDÉE ▶ fichier p. 122 10 min

- **Ex. 1 :** On travaille la comparaison directe de masses par lecture de la position des plateaux des balances proposées. Il s'agit pour l'enseignant·e de vérifier que chaque élève est en capacité d'interpréter correctement la position relative des plateaux.
- **Ex. 2 :** On aborde ici une comparaison des deux méthodes découvertes : soupesage ou à l'aide de la balance en se questionnant sur la méthode la plus adaptée. On attend ici des élèves qu'ils identifient les cas pour lesquelles les masses des objets semblent trop proches pour que la méthode de soupesage soit fiable. L'enseignant·e nommera les objets en jeu si nécessaire (plume et jeu de cartes / petites voitures violette et verte).
- **Ex. 3 :** Dans cet exercice, on aborde, outre la lecture de la balance, la problématique des contenants identiques, qui ne permettent pas de « visualiser » la situation. Les élèves doivent faire abstraction de l'objet pour se concentrer sur la position relative des plateaux ou la position de l'aiguille. Par ailleurs, l'enseignant pourra utiliser l'ambiguïté de l'énoncé pour aborder le rangement des trois bouteilles et demander aux élèves d'identifier puis justifier, laquelle des trois bouteilles est la plus légère / lourde.

Pour différencier

Fichier à photocopier : fiches * et **, *Comparer des masses*

TEMPS 2

PRATIQUE AUTONOME ▶ fichier p. 123 15 min

- **Ex. 4 :** Exercice similaire à l'exercice 1, pratiqué en présence de l'enseignant, où l'élève doit identifier l'objet le plus léger.
- **Ex. 5 :** Exercice similaire à l'exercice 2 où l'élève doit déterminer laquelle des méthodes entre le soupesage et l'utilisation de la balance est la plus adaptée à la comparaison de masses. Les objets concernés sont un tétraèdre et un cône d'une part, et une clémentine et un ananas d'autre part.
- **Ex. 6 :** À l'instar de l'exercice 3, les élèves doivent comparer des pommes de différentes couleurs et/ou identifier la pomme la plus légère parmi les trois. L'enchainement des trois comparaisons rend toutefois le rangement plus difficile car les pommes ne sont pas toujours situées sur le même plateau.

BOITE D'AUTONOMIE ▶ Activités au choix de l'enseignant·e (voir la programmation p. 27) 15 min

Trace écrite Leçon *Masses*

Pour évaluer Évaluation *Masses*

GRANDEURS ET MESURES

module

La monnaie

MISSIONS

Sur votre espace numérique

Retrouvez sur l'espace numérique **tous les diaporamas** et les **ressources complémentaires** : matériel, leçons et évaluations modifiables, etc.

Objectifs d'apprentissage

- Utiliser le lexique spécifique lié à la monnaie.
- Comparer les valeurs de deux ensembles constitués de pièces de monnaie ou de deux ensembles constitués de pièces et billets.
- Déterminer la valeur en euros d'un ensemble constitué de pièces et billets.
- Constituer une somme d'argent donnée avec des pièces et des billets.
- Simuler des achats en manipulant des pièces et des billets fictifs. Rendre la monnaie

Lexique

- **Valeur** : la valeur est un nombre. Dans le contexte de la monnaie, c'est le « nombre d'euros » associé à une pièce, un billet ou une collection de pièces et billets.
- **Somme** : résultat d'une addition. Dans le contexte de la monnaie, ce terme désigne par extension la valeur totale d'un ensemble de pièces et billets et donc la somme des valeurs.
- **Euro** : une des unités usuelles associée à la grandeur « monnaie ».

Apports didactiques

- La **monnaie est une grandeur**, au même titre que la longueur ou la masse. Les élèves la rencontrent **très tôt dans leur quotidien**, habitués à estimer la valeur d'un objet (le prix) dans les unités usuelles, déterminer s'ils possèdent suffisamment pour l'acheter et éventuellement anticiper ou contrôler la monnaie rendue. Sa manipulation, avec parfois des échanges, fait partie du quotidien, même si l'argent dématérialisé peut constituer un obstacle pour certains élèves. Dans ce module, nous nous proposons de **formaliser l'ensemble de ces compétences**.
- Comme toute grandeur mesurable, la monnaie possède, pour la mesurer, des unités usuelles. En CP, seul l'euro est introduit et l'ensemble des compétences listées est abordée en euros. Le centime d'euro sera introduit en CE1 et donnera lieu à une introduction de l'écriture décimale.
- La **manipulation de la monnaie fictive** est une **étape essentielle** dans la découverte et la compréhension des missions. Ainsi les élèves seront confrontés systématiquement à des situations concrètes, pour déterminer une équivalence, par exemple. Cette étape s'appuie sur les **compétences de numération** et du système décimal et constitue une première étape dans l'abstraction, le matériel multibase étant remplacé par la monnaie fictive.
- Petit à petit, cette manipulation laissera la place à une manipulation mentale afin de constituer une étape supplémentaire dans l'abstraction. Ainsi, les élèves seront amenés à déterminer, par le calcul, une somme d'argent. Ils seront amenés également à déterminer le rendu de monnaie par la recherche d'un complément, dans la dernière mission du module qui vient faire la synthèse lors de résolution de problèmes de prix.

Difficultés rencontrées par les élèves

1 Compétences liées à la numération : certains élèves, notamment lors des échanges par équivalence, peuvent être mis en difficulté lors de l'étape d'abstraction. L'enseignant.e peut alors réintroduire l'utilisation de la monnaie fictive autant que nécessaire pour dépasser cette difficulté. Le recours au matériel multibase de numération peut également être envisagé.

2 La représentation des problèmes de prix : elle s'appuie sur le triptyque : « l'objet coute / l'enfant paie avec / le caissier rend ». Cette représentation imagée dans le fichier peut être difficile à comprendre, aussi l'enseignant.e verbalisera chaque étape, notamment durant la pratique guidée.

MISSION 4 Manipuler les euros

MATÉRIEL

- **Pour chaque élève ou binôme :** les euros (matériel détachable). Le matériel détachable contient la monnaie suffisante pour que chaque élève puisse pratiquer individuellement les manipulations.
- **Collectif :** diaporama M4

TEMPS 1	MISSION 1 ▶ Diaporama	20 min	En collectif
	Pratique guidée ▶ Fichier p. 124	10 min	En collectif
TEMPS 2	Pratique autonome ▶ Fichier p. 125	15 min	En individuel
	Boite d'autonomie	15 min	

PRINCIPE DE LA MISSION

Dans cette mission, les élèves découvrent les **pièces** et les **billets en euros** ainsi que le **vocabulaire** associé. Ils construisent les **équivalences** les plus courantes de 2 €, 5 € et 10 € par la **manipulation** avant de passer à une **représentation plus abstraite**.

TEMPS 1

MISSION 4 Manipuler les euros 20 min

Cette mission est la première du module sur la monnaie. On aborde la valeur des pièces et des billets, exprimée en euros. C'est la seule unité de monnaie introduite au CP.

- Dans un premier temps, on identifie sur les pièces et les billets la valeur de chacun, puis l'unité de monnaie dans laquelle ils sont exprimés. La valeur correspond au nombre indiqué sur les pièces et les billets, c'est-à-dire à une mesure en euros de la grandeur « monnaie » (voir l'introduction générale de «Grandeurs et mesures »). Si la distinction entre unité et valeur n'est pas exigible des élèves, il est important que l'enseignant·e veille à ce que les élèves indiquent systématiquement l'unité. Le symbole € est introduit durant cette première partie.
- Ensuite, on construit petit à petit les différentes équivalences en commençant par la pièce de 2 € et le billet de 5 €. Une grande place est accordée à la manipulation de la monnaie fictive, afin que chaque élève puisse déterminer et ancrer visuellement ces équivalences. L'enseignant·e verbalisera ainsi par exemple : *Une pièce de 2 € peut être remplacée par deux pièces de 1 €.*
- On aborde enfin les équivalences possibles du billet de 10 € en réinvestissant celles qui ont été construites auparavant. À ce stade, il n'est pas possible d'être exhaustif : seulement quatre équivalences seront proposées lors de la phase de mise en commun. Lors de la phase de recherche, l'enseignant·e doit donc s'assurer que chaque proposition des élèves, autre que celles du diaporama, soit valide afin de ne pas ancrer des équivalences erronées.
- Pendant le travail sur la recherche d'équivalences, la numération occupe une place prépondérante lors des phases de verbalisation. Il est nécessaire d'oraliser systématiquement les décompositions utilisées telles que : *Le billet de 5 € peut être remplacé par 5 pièces de 1 €*. Si l'additivité n'est pas un objectif d'apprentissage ici, on pourra tout de même abstraire par exemple : 5 € = 1 € + 1 € + 1 € + 1 € + 1 € ou bien 10 € = 5 € + 5 €. Cela permettra de renforcer l'apprentissage des décompositions abordées en période 1 en numération.

BILAN ET MINIQUIZ

Point de vigilance

Cette mission, si elle ne possède pas d'écueil particulier, est cependant la première sur la monnaie et les compétences travaillées seront réutilisées tout au long des missions suivantes du module.

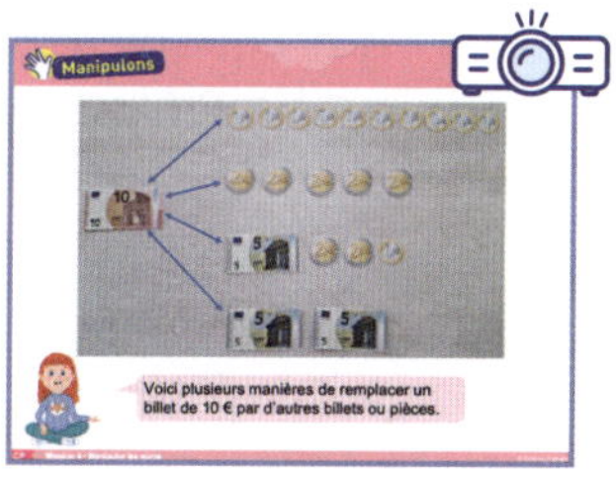

PRATIQUE GUIDÉE ▸ fichier p. 124 — 10 min

- **Ex. 1 :** On travaille, dans cet exercice, sur la reconnaissance de la valeur des pièces et des billets découverts dans la mission en l'inscrivant sous forme chiffrée.
- **Ex. 2 :** On aborde ici l'équivalence avec le billet de 5 €. Plusieurs possibilités sont traitées, contraintes par les pièces disponibles.

TEMPS 2

PRATIQUE AUTONOME ▸ fichier p. 125 — 15 min

- **Ex. 4 :** Pour le premier exercice en autonomie, les élèves retrouvent les modalités de l'exercice 2 autour des équivalences avec le billet de 10 €.
- **Ex. 4 :** Le principal obstacle rencontré peut être le glissement de pièces et de billets fictifs vers leur représentation abstraite. Cet obstacle a été rencontré auparavant lors du miniquizz où les élèves ont été amenés à effectuer cette tâche sous le contrôle de l'enseignant·e.
- **Ex. 5 :** Un second obstacle peut intervenir lors du travail autour des équivalences du billet de 20 €, valeur non abordée lors de la mission. Un appui sur la monnaie fictive peut être nécessaire pour le surmonter.

Pour différencier
Fichier à photocopier : fiches * et **, *Manipuler les euros*

BOITE D'AUTONOMIE ▸ Activités au choix de l'enseignant·e (voir la programmation p. 27) — 15 min

Trace écrite Leçon *Monnaie 1*

Pour évaluer Évaluation *Monnaie*

MISSION 5 Déterminer et constituer une somme en euros

MATÉRIEL
- **Pour chaque élève ou binôme :** les euros (matériel détachable). Le matériel détachable contient la monnaie suffisante pour que chaque élève puisse pratiquer individuellement les manipulations.
- **Collectif :** diaporama M5

TEMPS 1	MISSION 1 ▸ Diaporama	20 min	En collectif
	Pratique guidée ▸ Fichier p. 126	10 min	En collectif
TEMPS 2	Pratique autonome ▸ Fichier p. 127	15 min	En individuel
	Boite d'autonomie	15 min	

PRINCIPE DE LA MISSION

Dans cette mission, les élèves commencent par **déterminer la somme constituée** par un ensemble de pièces et billets, par simple addition puis en réinvestissant les équivalences découvertes auparavant. Ensuite, ils apprennent à **constituer un ensemble de pièces et billets** représentant une somme donnée.

TEMPS 1

MISSION 5 Déterminer et constituer une somme en euros 20 min

Dans cette mission, pour déterminer ou constituer une somme, la manipulation de monnaie fictive est omniprésente. À noter que les sommes en jeu sont inférieures à 50 €, cette mission intervenant en période 2.

- Dans un premier temps, les élèves doivent comparer le contenu de deux porte-monnaie d'enfants. Plusieurs méthodes peuvent émerger, dont celle « terme à terme » en s'aidant des équivalences, mais qui ne sera pas traitée ici. L'objectif est double : guider les élèves vers une comparaison par calcul de sommes et décorréler le nombre de pièces de la valeur totale. Ainsi, les élèves sont amenés à calculer la somme détenue par chaque enfant. C'est l'occasion de formaliser ce calcul en s'appuyant sur une égalité et de renforcer la compréhension du terme « somme ». Le deuxième calcul de somme vient réinvestir cette écriture en utilisant le symbole € avant de formaliser cette fois la comparaison numérique à l'aide du signe. Notons qu'ici encore, le lien entre la grandeur « monnaie » et la numération est particulièrement présent. Cette partie se termine par un calcul de somme privilégiant les équivalences découvertes dans la mission 4. Il servira à l'enseignant·e de test pour vérifier la bonne compréhension des compétences abordées.
- Dans un second temps, il s'agit d'effectuer la compétence inverse : une valeur totale étant donnée, l'élève doit constituer un ensemble de pièces et billets de même valeur. Cette compétence est introduite par un achat fictif. Une première solution est proposée afin de faire réagir les élèves sur la somme correspondante. Cet ensemble de pièces et billets, s'il correspond bien, n'est cependant pas celui qui en utilise le moins. C'est cette dernière compétence qui est abordée enfin par comparaison des deux solutions proposées. L'enseignant·e formalisera à l'oral la méthode pour constituer un ensemble de pièces et billets optimal.

Point de vigilance

Dans cette mission, l'enseignant·e sera attentif.ve à ce que les élèves manipulent et comprennent l'égalité issue des calculs de sommes. Ainsi, les deux membres de l'égalité doivent être véritablement égaux en valeur afin de ne pas ancrer une mauvaise représentation du signe =.

BILAN ET MINIQUIZ

PRATIQUE GUIDÉE ▶ fichier p. 126 10 min

- ▶ **Ex. 1 :** On travaille, dans cet exercice, sur la détermination de sommes de pièces et billets, sans difficulté particulière. Cet exercice permet à l'enseignant·e de vérifier les acquis de la mission.
- ▶ **Ex. 2 :** Dans cet exercice, les élèves doivent représenter les pièces et billets nécessaires pour représenter une somme. Cet exercice, en présence de l'enseignant·e, permet de faire le lien avec cette méthode et notamment de vérifier que les élèves constituent la bonne somme mais aussi de préférence avec le moins de pièces et billets.

TEMPS 2

PRATIQUE AUTONOME ▶ fichier p. 127 15 min

- ▶ **Ex. 3 :** Cet exercice est similaire à l'exercice 1, les sommes à calculer nécessitant les équivalences de 10 €.
- ▶ **Ex. 4 :** Les élèves doivent ici entourer les pièces et billets nécessaires pour constituer une somme donnée de 17 € en faisant varier les contraintes.
- ▶ **Ex. 5 :** On retrouve ici les modalités de l'exercice 2 où les élèves doivent représenter les pièces et billets nécessaires à une somme donnée.

Pour différencier

Fichier à photocopier : fiches * et **, *Déterminer et constituer une somme en euros*

BOITE D'AUTONOMIE ▶ Activités au choix de l'enseignant·e (voir la programmation p. 27) 15 min

Trace écrite Leçon *Monnaie 2*

Pour évaluer Évaluation *Monnaie*

MISSION 7 Rendre la monnaie

MATÉRIEL

- **Pour chaque élève ou binôme :** les euros (matériel détachable). Le matériel détachable contient la monnaie suffisante pour que chaque élève puisse pratiquer individuellement les manipulations.
- **Collectif :** diaporama M7

TEMPS 1	MISSION 1 ▶ Diaporama	20 min	En collectif
	Pratique guidée ▶ Fichier p. 130	10 min	En collectif
TEMPS 2	Pratique autonome ▶ Fichier p. 125	15 min	En individuel
	Boite d'autonomie	15 min	

PRINCIPE DE LA MISSION

Dans cette mission, les élèves se questionnent sur la **suffisance d'argent** pour payer un achat puis apprennent, à partir de situations de plus en plus complexes, à **rendre la monnaie en euros**, d'abord sans passage de la dizaine, puis avec. On aborde également la problématique du **groupement d'achats**.

TEMPS 1

MISSION 7 Rendre la monnaie 20 min

Dans cette mission, pour apprendre à rendre la monnaie, la manipulation de monnaie fictive est omniprésente. Les exemples choisis pour appréhender la situation impliquent de faibles sommes afin de ne pas complexifier inutilement cet apprentissage.

- Dans un premier temps, les élèves sont confrontés à une situation d'achat et doivent s'interroger : *Ai-je assez d'argent pour payer ?* C'est l'occasion de formaliser cette comparaison à l'aide des symboles > ou <. Cette étape permet de réinvestir la comparaison de deux sommes par le biais de la numération. Dans le premier cas, l'enfant ne possède pas suffisamment d'argent tandis que, dans le second, l'achat est possible. L'élève est alors amené à s'interroger sur la somme que doit lui rendre le libraire. Cette première situation de rendu permet d'installer, sur un cas sans difficulté de numération, la méthodologie par recherche de complément en appui sur la droite graduée et l'addition à trou. C'est aussi à partir de ce premier exemple que les différentes étapes du rendu de monnaie sont représentées pour faire le lien avec celles du fichier élève : « Combien coute l'objet ? », « Combien l'enfant possède ? » et « Combien doit-on rendre ? »
- Dans un second temps, la situation précédente se complexifie en introduisant l'achat de deux objets. L'élève est amené à s'interroger sur la méthode à utiliser : acheter les objets successivement ou bien effectuer un achat groupé. C'est cette seconde option qui est choisie et qui introduit la recherche du complément à rendre. Ce dernier nécessite le passage par la dizaine supérieure et donc « deux bonds ». Dans cette partie, il est important que l'enseignant·e puisse observer les élèves préparant la monnaie nécessaire au rendu. De cette manière, il/elle pourra verbaliser ensuite les deux bonds nécessaires en faisant référence aux manipulations des élèves. Cette étape peut être également l'occasion de remédier, par la manipulation de la monnaie, aux difficultés rencontrées par les élèves en numération/calcul.

Point de vigilance

Dans cette mission, l'enseignant·e sera attentif.ve à ce que les élèves manipulent et comprennent l'égalité à trou issue des calculs de sommes et sa représentation sur la droite graduée par un ou plusieurs bonds. Il/elle pourra matérialiser cette égalité par deux ensembles de pièces et billets qui doivent posséder la même valeur.

BILAN ET MINIQUIZ

PRATIQUE GUIDÉE ▶ fichier p. 130 — 10 min

▶ **Ex. 1 :** On travaille, dans cet exercice, le rendu de monnaie sans passage par la dizaine. On attend des élèves qu'ils représentent les pièces nécessaires pour rendre la monnaie, en écrivant éventuellement l'addition à trou. La somme à rendre doit également être écrite.

▶ **Ex. 2 :** Dans cet exercice, les élèves doivent représenter et écrire le rendu de monnaie. La difficulté supplémentaire réside dans le passage par la dizaine. L'enseignant·e pourra s'appuyer sur la décomposition 1 € + 10 € pour déterminer ce complément, physiquement représenté par des pièces et billets existants.

TEMPS 2

PRATIQUE AUTONOME ▶ fichier p. 131 — 15 min

▶ **Ex. 3 :** Exercice tout à fait similaire à l'exercice 1 réalisé en présence de l'enseignant. Le complément recherché nécessite cependant l'utilisation d'une pièce et d'un billet au minimum.

▶ **Ex. 4 :** Exercice similaire cette fois à l'exercice 2. La difficulté peut résider cette fois dans la somme utilisée pour payer qui met en jeu deux billets.

▶ **Ex. 5 :** On termine enfin par un rendu de monnaie mettant en jeu, à la fois des nombres plus grands, et un passage par la dizaine.

Pour différencier
Fichier à photocopier : fiches * et **, *Rendre la monnaie.*

BOITE D'AUTONOMIE ▶ Activités au choix de l'enseignant·e (voir la programmation p. 27) — 15 min

Trace écrite Leçon *Monnaie 3*

Pour évaluer Évaluation *Monnaie*

MISSION 8 Résoudre des problèmes de prix

MATÉRIEL

▶ **Pour chaque élève ou binôme :** les euros (matériel détachable). Le matériel détachable contient la monnaie suffisante pour que chaque élève puisse pratiquer individuellement les manipulations.

▶ **Collectif :** diaporama M8

TEMPS 1	MISSION 1 ▶ Diaporama	20 min	En collectif
	Pratique guidée ▶ Fichier p. 132	10 min	En collectif
TEMPS 2	Pratique autonome ▶ Fichier p. 133	15 min	En individuel
	Boite d'autonomie	15 min	

PRINCIPE DE LA MISSION

Dans cette mission, les élèves revoient les différentes compétences acquises lors des missions précédentes : **échange**, **calcul de somme**, **comparaison**, **rendu de monnaie**. Ces compétences sont utilisées dans la résolution des différentes catégories de problèmes que l'on peut rencontrer dans le quotidien.

TEMPS 1

MISSION 8 Résoudre des problèmes de prix 20 min

Dans cette mission, pour déterminer ou constituer une somme, la manipulation de monnaie fictive devient un support de remédiation ou de validation et laisse place à l'abstraction par le calcul et la représentation.

- Dans un premier temps, les élèves doivent réinvestir leurs compétences pour calculer une somme de deux achats afin de comparer les prix de deux magasins. La situation proposée met en effet en scène l'achat de deux fournitures scolaires dont les prix ont été relevés dans deux magasins différents. Il est préférable ici que la monnaie fictive ne soit qu'un outil de validation pour les élèves pour lesquels l'abstraction par le calcul serait encore difficile. On compare la somme de 11 € et 8 € avec le double de 10 €, comparaison formalisée par l'inégalité.
- Dans un second temps, on retrouve les compétences abordées lors de la mission précédente : grouper des achats, se questionner sur l'argent nécessaire pour les acheter et enfin déterminer le rendu éventuel. Par l'intermédiaire d'une seconde situation où l'on ajoute l'achat de trois éléments d'un menu, on revoit ces différentes compétences. Dans le fichier, cet enchainement se matérialise par deux problèmes de type distinct : « Ai-je suffisamment ? » et « Rendre la monnaie ». Les problèmes à étape ne sont pas envisageables à ce stade. À l'instar de la première situation, on la représentera ici encore par le calcul de la somme 6 € + 3 € + 2 € = 11 € et l'inégalité. De même, on représentera le rendu de monnaie à l'aide de l'opération 11 + … = 20.

Point de vigilance

Dans cette mission, l'enseignant·e sera attentif.ve à ce que les élèves manipulent et comprennent l'égalité issue des calculs de somme ainsi que le symbole de comparaison. Il/elle sera aussi attentif.ve à ce que les élèves se détachent petit à petit de la manipulation dans la dernière mission en particulier.

BILAN ET MINIQUIZ

PRATIQUE GUIDÉE ▶ fichier p. 132 10 min

▶ **Ex. 1 :** Dans ce premier exercice on retravaille les problèmes du type « Ai-je assez d'argent ? ». À noter qu'il est nécessaire, dans un premier temps, de calculer la somme des achats et de mentaliser le calcul de la somme disponible pour payer, ce qui peut constituer une difficulté.

▶ **Ex. 2 :** Dans cet exercice, les élèves doivent déterminer la somme des prix de deux paniers de fruits et légumes puis rendre la monnaie. Les valeurs en jeu peuvent constituer un obstacle.

▶ **Ex. 3 :** La pratique guidée se termine par un exercice où les élèves doivent comparer les prix dans deux boulangeries afin de trouver la moins chère.

TEMPS 2

PRATIQUE AUTONOME ▶ fichier p. 133 15 min

▶ **Ex. 4 :** Exercice similaire à l'exercice 1. La valeur disponible ne permet pas ici de faire l'achat des deux tickets de manège.

▶ **Ex. 5 :** Exercice similaire à l'exercice 3, la comparaison mettant en jeu des valeurs similaires également.

▶ **Ex. 6 :** Exercice similaire à l'exercice 2. Il s'agit ici de faire la somme de trois achats et déterminer le rendu de monnaie. Les prix en jeu ne sont pas *a priori* un facteur de difficulté.

Pour différencier

Fichier à photocopier : fiches * et **, *Résoudre des problèmes de prix.*

BOITE D'AUTONOMIE ▶ Activités au choix de l'enseignant·e (voir la programmation p. 27) 15 min

Pour évaluer Évaluation *Monnaie*

GRANDEURS ET MESURES

module

Le repérage dans le temps

MISSIONS

Sur votre espace numérique

Retrouvez sur l'espace numérique **tous les diaporamas** et les **ressources complémentaires** : matériel, leçons et évaluations modifiables, etc.

Objectifs d'apprentissage

- Lire sur une horloge à aiguilles une heure donnée en heures entières.
- Positionner les aiguilles d'une horloge correspondant à une heure donnée (uniquement les heures entières inférieures ou égales à 12).
- Associer une heure à un moment de la journée.

Lexique

- **Instant/durée :** on peut définir l'instant comme l'équivalent du point en géométrie et la durée comme le segment. Ainsi, un événement possède un instant de début, un instant de fin et une durée que l'on peut mesurer. Ce lexique est, en CP, exclusivement à destination de l'enseignant.e mais sera utilisé par les élèves en CE1 et CE2.

Apports didactiques

- L'objectif général du module est de se familiariser avec les **horloges à aiguilles** et de pouvoir les **manipuler avec des heures entières**. On travaillera donc uniquement la **grandeur « instant »** associée à la lecture de l'heure et le **repérage dans la journée**. La grandeur « durée » sera quant à elle abordée à partir du CE1. En CP, seule la référence au matin ou à l'après-midi qui « dure 12 heures » est présente.
- Par l'expérimentation, les élèves apprennent à caractériser et à représenter le temps selon les deux grandeurs (instant et durée) en appui notamment sur la **flèche du temps** qui prend la forme en CP d'une **frise représentant la journée**.
- Cet apprentissage débute par la **notion d'ordre chronologique** afin d'aborder le repérage d'événements dans la journée et la distinction « matin » et « après-midi ». Les élèves découvrent ensuite que l'utilisation d'une horloge permet de préciser la manière de se repérer sur cette journée.
- Nous avons fait le choix de n'aborder que le vocabulaire **« matin »** et **« après midi »**. En effet, des termes comme « nuit » ou « soir », employés dans le langage courant, ne relèvent pas du langage mathématique. Ce choix permet d'effectuer le parallèle avec les **« heures du matin »** et les **« heures de l'après-midi »** dans la seconde mission, correspondant aux deux tours que fait la petite aiguille de l'horloge dans une journée.

Difficulté rencontrée par les élèves

1 Persistance du vocabulaire courant. Les élèves utilisent couramment un vocabulaire non mathématique pour se repérer dans la journée. Il peut donc être déstabilisant de n'employer que deux termes pour découper la journée. L'enseignant.e insistera sur cette distinction entre langage courant et langage mathématique.

MISSION 12 Se repérer dans la journée

MATÉRIEL

- **Pour chaque élève ou binôme :** La fiche Étiquettes *Temps*. Il est préférable que les étiquettes *Événements* et *Horaires* soient découpées en amont de la mission. Les étiquettes *Horloges* de la fiche serviront à la mission suivante.
- **Collectif :** diaporama M12

TEMPS 1	MISSION 1 ▶ Diaporama	20 min	En collectif
	Pratique guidée ▶ Fichier p. 140	10 min	En collectif
TEMPS 2	Pratique autonome ▶ Fichier p. 141	15 min	En individuel
	Boite d'autonomie	15 min	

PRINCIPE DE LA MISSION

La mission s'appuie sur une série d'**événements** issus de la vie quotidienne qu'il faut replacer dans l'ordre chronologique, dans un premier temps le « **matin** » et ensuite l' « **après-midi** ». La correspondance avec un horaire écrit littéralement apparait dans un second temps.

TEMPS 1

MISSION 12 Se repérer dans la journée 20 min

Cette mission est la première du module « Se repérer dans le temps ». On apprend à se repérer dans la journée et on travaille la notion d'ordre chronologique, avant de l'associer à des horaires pour se repérer plus précisément dans la journée.
La principale difficulté rencontrée par les élèves lors de cette mission réside dans l'absence de référence aux moments de la journée « soir » ou « nuit » qui font partie du langage courant mais non du langage mathématique. L'enseignant. e pourra, par exemple, accoler deux journées pour faire comprendre aux élèves que la nuit est à la fois une partie de l'après-midi et du matin.

- Dans une première partie, les élèves découvrent des étiquettes représentant des événements de la journée, issus de leur quotidien et doivent les décrire. Il leur est demandé de les ranger dans l'ordre, ordre qui se révèlera chronologique. Cet ordre chronologique est l'occasion d'introduire un premier vocabulaire avec « plus tôt » ou « plus tard ».
- Dans la deuxième partie, on s'intéresse aux événements qui ont lieu le « matin » jusqu'à « midi ». Savoir repérer un événement dans la journée et le situer le matin, donc avant midi, est l'objectif d'apprentissage de cette partie. L'enseignant.e introduit les horaires associés sur le modèle « neuf heures du matin ». Les élèves doivent s'appuyer sur l'ordre des nombres pour associer événements et horaires. La difficulté réside dans l'équivalence entre les horaires « douze heures » et « midi ». Cet horaire, associé au repas à la cantine, marque la fin de la matinée.
- La troisième partie de la mission reprend ce même schéma pour introduire le vocabulaire d'« après-midi » en s'appuyant sur la subtilité d'écriture et de compréhension « après midi ». Les horaires écrits sous la forme « quatre heures de l'après-midi » sont abordés par association également.

BILAN ET MINIQUIZ

PRATIQUE GUIDÉE ▸ **fichier** p. 140 — 10 min

- **Ex. 1 :** On travaille l'ordre chronologique sur la routine du matin. Aucune difficulté particulière n'est abordée dans cet exercice.
- **Ex. 2 :** Les élèves doivent compléter des événements en spécifiant leur moment dans la journée.

TEMPS 2

PRATIQUE AUTONOME ▸ **fichier** p. 141 — 15 min

- **Ex. 3 :** Ce premier exercice en autonomie demande aux élèves de relier des événements de la journée à des horaires situés sur la frise de la journée. La compréhension des illustrations peut constituer un obstacle concernant l'entrée ou la sortie de l'école auquel l'enseignant.e remédiera en explicitant si besoin les illustrations avant de les laisser en autonomie.
- **Ex. 4 :** Exercice similaire à l'exercice précédent, retraçant une journée de sortie en bus. La frise de la journée n'est plus présente et les élèves doivent s'appuyer uniquement sur les horaires indiqués dans les étiquettes.

BOITE D'AUTONOMIE ▸ Activités au choix de l'enseignant·e (voir la programmation p. 27) — 15 min

Trace écrite : Leçon *Temps*

Pour évaluer : Évaluation *Temps*

MISSION 13 Lire et indiquer les heures entières

MATÉRIEL

- **Pour chaque élève ou binôme :** L'horloge (matériel détachable) et la fiche Étiquettes *Temps*
  Les étiquettes *Événements* et *Horaires* ont été découpées pour la mission précédente.
  Il est préférable que les étiquettes *Horloges* soient découpées au préalable de la mission.
- **Collectif :** diaporama M13

TEMPS 1	MISSION 1 ▸ Diaporama	20 min	En collectif
	Pratique guidée ▸ Fichier p. 142	10 min	En collectif
TEMPS 2	Pratique autonome ▸ Fichier p. 143	15 min	En individuel
	Boite d'autonomie	15 min	

PRINCIPE DE LA MISSION

La mission s'appuie sur la même série d'événements issus de la vie quotidienne que lors de la précédente mission, cette fois associée à des **horloges à aiguilles**, dans un premier temps le « **matin** » et ensuite l' « **après-midi** ». On apprend ici à **lire sur l'horloge à aiguilles** et à **positionner correctement les aiguilles**.

TEMPS 1

MISSION 13 Lire et indiquer les heures entières 20 min

Dans cette mission, on manipule l'horloge à aiguilles du matériel détachable, côté heures entières. Les horaires ont été découverts sous forme littérale dans la mission précédente et sont maintenant abordés à l'aide de ce support. Pour cela, on s'appuie une nouvelle fois sur le repérage dans la journée.

- Dans une première partie, les élèves redécouvrent les étiquettes représentant des événements du matin, issus de leur quotidien et doivent les associer à une nouvelle série d'étiquettes représentant des horloges. La correspondance s'effectue par comparaison entre l'horaire écrit sous forme littérale et la lecture de l'horloge où figurent les heures chiffrées. Ils peuvent ainsi décrire et comprendre le fonctionnement d'une horloge à aiguilles en différenciant l'aiguille des heures de celle des minutes (qui est toujours positionnée sur le 12 ici).
- Dans une deuxième partie, les élèves sont amenés à manipuler l'horloge à aiguilles en reproduisant et lisant un horaire projeté puis à en représenter un autre sans guide visuel. Ces manipulations viennent renforcer les apprentissages de la première partie sur le fonctionnement de l'horloge et de ses aiguilles. L'enseignant.e pourra prolonger cette partie de la mission si il/elle le souhaite en utilisant le verso de l'horloge où ne figurent pas les heures chiffrées. Il/elle pourra également faire la démonstration des 12 heures qui constituent le matin en faisant tourner l'aiguille des heures. Le cas de « midi » pourra également être abordé plus spécifiquement avec les élèves en appui sur l'événement « prendre son repas à la cantine ».
- La dernière partie de la mission élargit le fonctionnement de l'horloge aux heures de l'après-midi, d'abord en associant une même position à deux événements distincts : « se lever le matin » et « prendre son repas du soir », puis en demandant aux élèves d'afficher un horaire de l'après-midi.

BILAN ET MINIQUIZ

PRATIQUE GUIDÉE ▶ fichier p. 142 10 min

- ▶ **Ex. 1 :** On travaille dans ce premier exercice la lecture de l'heure sur une horloge à aiguilles sans complexité particulière, excepté la présence de l'aiguille des secondes pour la première horloge. L'enseignant.e pourra le mentionner et expliquer que cela sera abordé dans les années suivantes.
- ▶ **Ex. 2 :** Les élèves doivent représenter les deux aiguilles pour indiquer l'heure. La principale difficulté réside dans l'oubli de l'aiguille des minutes et particulièrement dans le cas de l'horaire « midi ».
- ▶ **Ex. 3 :** En présence de l'enseignant.e nous avons souhaité proposer un exercice où figurent des horloges plus atypiques, dont l'une où ne figurent pas les heures chiffrées.

TEMPS 2

PRATIQUE AUTONOME ▶ fichier p. 143 15 min

- ▶ **Ex. 4 :** Exercice similaire à l'exercice 1.
- ▶ **Ex. 5 :** Exercice similaire à l'exercice 2.
- ▶ **Ex. 6 :** Dans ce dernier exercice, les élèves doivent relier des horloges et des horaires mélangés entre matin et après-midi.

Pour différencier

Fichier à photocopier : fiches * et **, *Lire et indiquer les heures entières*

BOITE D'AUTONOMIE ▶ Activités au choix de l'enseignant·e (voir la programmation p. 27) 15 min

Trace écrite Leçon *Temps*

Pour évaluer Évaluation *Temps*

ESPACE ET GÉOMÉTRIE

module

Le repérage dans l'espace

MISSIONS

Sur votre espace numérique

Retrouvez sur l'espace numérique **tous les diaporamas** et les **ressources complémentaires** : matériel, leçons et évaluations modifiables, etc.

Objectifs d'apprentissage

- Connaitre et utiliser le vocabulaire lié aux positions relatives.
- Situer des personnes ou des objets les uns par rapport aux autres ou par rapport à d'autres repères dans la classe.
- Construire et utiliser des représentations de la classe (maquette, plan) pour localiser, mémoriser et communiquer un emplacement.
- Se déplacer et décrire des déplacements dans la classe en s'orientant et en utilisant des repères.
- Utiliser et produire une suite d'instructions qui codent un déplacement en utilisant un vocabulaire spatial précis.
- Construire et reproduire un assemblage de solides à partir d'un modèle en trois dimensions ou de représentations planes.

Lexique

- **Déplacement relatif / position relative** : en fonction de l'orientation du personnage.
- **Déplacement absolu** : en fonction de repères fixes.
- **Pivoter vers** : action de changer d'orientation sans déplacement. À ne pas confondre avec : **Tourner** : changer l'orientation de son déplacement tout en avançant.
- **Sur / sous** : induit une notion de contact de deux objets.
- **Au-dessus / en dessous** : induit une notion d'absence de contact entre les deux objets.

Apports didactiques

- L'orientation et le repérage spatial sont travaillés depuis la maternelle en passant par le corps. **L'enfant de cycle 2 termine son processus de latéralisation, mais tous n'en sont pas au même point**. Le travail sur le repérage va permettre à l'élève de confirmer ses acquisitions.
- Progressivement, l'élève représente son espace proche. **L'oral a une place dominante** quant à la description de l'espace et des déplacements. Peu à peu, il acquiert un vocabulaire spatial commun à tous. Il comprend la nécessité de parler le même langage pour se faire comprendre, qu'il soit verbal ou codé.
- On multipliera les différents procédés de repérages :
  - repérage d'une position par rapport à des repères fixes ;
  - repérage des déplacements en **repérage absolu**, c'est-à-dire avec des repères de direction fixes ; codage par instructions des déplacements en **repérage relatif**, ce qui obligera l'élève à se décentrer, à **se mettre mentalement à la place de** l'objet orienté qui se déplace (avancer, reculer, pivoter à droite ou à gauche).
- Les élèves pourront réinvestir leur découverte des différents déplacements en faisant déplacer un robot (Bee-bot) ou en faisant bouger un personnage à travers des applications (TuxBot). Gratuite, cette dernière permet le travail des deux types de déplacement.
- Lors de la reproduction d'assemblages de solides, l'élève réinvestit le vocabulaire de repérage et utilise l'orientation, pour décrire et construire ces assemblages.

Difficultés rencontrées par les élèves

1 Latéralité non fixée : avoir des difficultés à reconnaitre la gauche de la droite, ne pas avoir de main plus habile… Utiliser des aides cognitives ou matérielles*.

2 Difficulté à passer du réel au plan. On peut travailler avec une étape de construction de la maquette, puis le passage au plan, qui est une vue de la maquette de dessus.

3 Difficulté à se décentrer pour se mettre à la place du personnage ou du robot. Dans ce cas, il est important de faire vivre la situation aux élèves pour pouvoir ensuite s'orienter mentalement. On peut aussi tourner le support au besoin.

4 Difficulté à voir ce qui est caché dans un assemblage de solides. L'utilisation d'un visualiseur et la manipulation permettent de mieux anticiper.

* Pour plus d'informations sur la latéralité et les aides matérielles à proposer aux élèves, vous pouvez consulter le site : latéralité, distinction droite gauche et orientation spatiale (psychomotricien-liberal.com).

MISSION 1 Se repérer dans l'espace de la classe

MATÉRIEL

- **Pour chaque élève :** fiche *Repérage*, 5 gommettes rondes rouges
- **Collectif :** diaporama M1

TEMPS 1	MISSION 1 ▶ Diaporama	20 min	En collectif
	Pratique guidée ▶ Cahier géométrie p. 4	10 min	En collectif
TEMPS 2	Pratique autonome ▶ Cahier géométrie p. 5	15 min	En individuel
	Boite d'autonomie	15 min	

PRINCIPE DE LA **MISSION**

Dans cette mission, les élèves construisent un affichage de mots servant au repérage en décrivant une situation. Ils construisent un code clair associé au lexique de repérage.

TEMPS 1

MISSION 1 Se repérer dans l'espace de la classe 20 min

- Cette mission est la première du module « Repérage dans l'espace ». On uniformise le langage spatial. Dans un premier temps, les élèves décrivent une classe. On laisse verbaliser les élèves. Ils seront sur la description : *il y a, on voit*… et peut-être que les prémices du langage de repérage apparaitront : *là, c'est la place de*…
- Ensuite, on décrit une situation en prenant pour repères des objets les uns par rapport aux autres au sein de la classe. Il est important que l'enseignant·e veille à ce que les élèves utilisent le mot adéquat (*sur, devant, dans, entre*…) et évitent les raccourcis trop vagues, comme *là, à coté de* durant cette seconde partie. L'enseignant·e corrige les formules erronées au fur et à mesure. On commence par « devant » qui ne pose pas d'ambiguïté. Attention avec « sur » / « sous » et « au-dessus » / « en dessous » qui impliquent une notion de contact ou non.
- On construit petit à petit les différents codes, qu'on récapitule sous forme d'un affichage à l'aide de la fiche support, qui servira de référent pour la classe.
- La fiche support est préremplie pour « sous », « dans » et « derrière », car c'est difficile à faire avec une gommette, les autres mots du repérage sont à compléter.

En pratique

Dans la mesure du possible, il est préférable de travailler avec une photo de la classe des élèves.

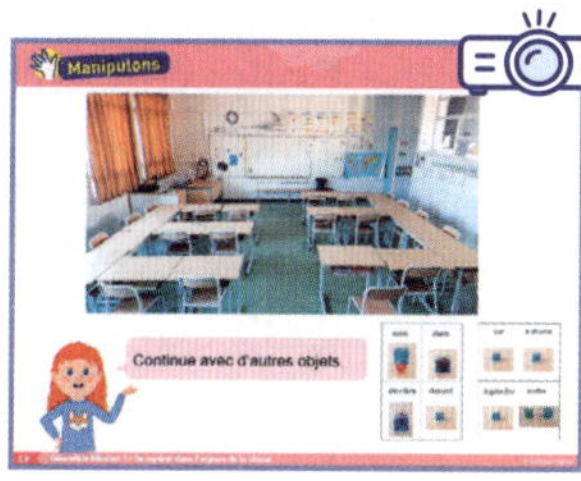

BILAN ET MINIQUIZ

Dans le miniquiz, la première difficulté sera de prendre les animaux comme des dessins sur une affiche et non pas comme des éléments orientés : *Quel animal est **dessiné** à droite de… ?* La seconde difficulté est le fait de répondre avec ses doigts, ce qui est plus rapide que l'utilisation d'une ardoise, mais demande une certaine dextérité.

PRATIQUE GUIDÉE ▶ Cahier de géométrie p. 4 10 min

- **Ex. 1 :** Les élèves travaillent sur la reconnaissance des situations vues précédemment, afin d'y associer le lexique du repérage. L'élève peut prendre référence dans le bilan juste au-dessus. Notons qu'il reste deux intrus : « derrière » et « à droite ».
- **Ex. 2 :** L'enseignant·e aide préalablement à la lecture de chaque item afin que la lecture ne soit pas un obstacle. Pour la même raison, il fait pointer le prénom des élèves lors de sa lecture. Ici l'élève est dans le même sens que les élèves de l'illustration afin de rendre plus facile le repérage.

TEMPS 2

PRATIQUE AUTONOME ▶ **Cahier de géométrie** p. 5 — 15 min

- ▶ **Ex. 3 :** Les élèves sont amenés à dessiner une balle, comme cela a été fait lors de la mission. Ils peuvent prendre le bilan comme référence.
- ▶ **Ex. 4 :** Les obstacles vont être au niveau de l'observation fine de la photo pour trouver tous les détails.
- ▶ **Ex. 5 :** Le dessin peut être un obstacle, même si un modèle est présenté. L'enseignant·e peut également lire au préalable les 4 items.

Pour différencier
Fichier à photocopier : fiches * et **, *Se repérer dans l'espace de la classe*

BOITE D'AUTONOMIE ▶ Activités au choix de l'enseignant·e (voir la programmation p. 27) — 15 min

Trace écrite Leçon *Le repérage dans l'espace*

Pour évaluer Évaluation *Le repérage dans l'espace*

MISSION 2 De la maquette au plan de la classe

TEMPS 1	MISSION 2 ▶ Diaporama	20 min	En collectif
	Pratique guidée ▶ Cahier géométrie p. 6	10 min	En collectif
TEMPS 2	Pratique autonome ▶ Cahier géométrie p. 7	15 min	En individuel
	Boite d'autonomie	15 min	

MATÉRIEL

▶ **Option 1 : travail uniquement à partir du diaporama**
– **Collectif :** une maquette de la classe du diaporama partiellement construite en Lego, un couvercle en carton, un couvercle transparent, une feuille de calque, un feutre fin. Quelques accessoires Lego : briques, figurine, plante, etc, et quelques gommettes de couleur.

▶ **Option 2 : travail à partir de la photo de la classe des élèves (à privilégier)**
– **Collectif :** une photo de la classe à projeter, une maquette de la classe partiellement construite en lego, un couvercle en carton, un couvercle transparent, une feuille de calque, un feutre fin.
– **Pour chaque élève :** le plan de la classe, des gommettes de couleur

▶ **Collectif :** diaporama M2

PRINCIPE DE LA MISSION

Dans cette mission, les élèves découvrent comment passer **de la réalité de leur classe à un plan** de la classe. Ils passent par l'étape **de construction d'une maquette**, afin de mieux comprendre que le plan est une vue de dessus simplifiée. Ils font des allers-retours entre chaque modélisation du lieu classe pour mieux se les approprier.

TEMPS 1

MISSION 2 De la maquette au plan de la classe 20 min

- Cette mission se focalise sur **le passage de la maquette au plan**. L'enseignant·e montre dans un premier temps la photo de la classe (celle du diaporama ou celle de la classe des élèves) et fait verbaliser les élèves sur ce qu'ils voient : le tableau, le bureau de l'enseignant·e, les tables d'élèves, le placard, la porte… **L'enseignant·e propose ensuite une maquette partiellement construite.** Les élèves repèrent les différents items qu'ils avaient proposés précédemment et complètent pour finir la maquette (les tables des élèves par exemple).
- Ensuite, l'enseignant·e fait observer la maquette par les élèves vue de dessus pour voir comment sera le plan de la classe. Il pose la maquette dans un couvercle en carton, puis pose dessus un couvercle transparent, et enfin fixe la feuille de calque dessus. À l'aide d'un feutre fin, l'enseignant·e trace les contours et quelques meubles, puis fait tracer quelques éléments par les élèves, en veillant à ce qu'ils se trouvent bien au-dessus pour éviter les distorsions dues au parallaxe.
- Dans la deuxième partie de la mission, consacrée aux allers-retours d'une modélisation à une autre, l'enseignant·e propose de placer des figurines ou des objets sur la maquette et de faire correspondre sur le plan une gommette, et inversement, en se repérant avec les différents éléments de la classe.

En pratique

Dans le cas où le travail se fait sur la classe réelle, placer un élève et des objets dans la classe, et faire travailler les élèves sur le placement sur la maquette et sur le plan de classe.

BILAN ET MINIQUIZ

Points de vigilance sur le bilan : on ne voit pas tout sur la photo : il manque le fond de la classe, contrairement à la maquette et au plan.

PRATIQUE GUIDÉE ▶ Cahier de géométrie p. 6 10 min

▶ **Ex. 1 :** On travaille, dans cet exercice, la reconnaissance terme à terme entre la photo et le plan. L'image a déjà été vue dans le diaporama. Il manque deux tables sur le deuxième plan.

▶ **Ex. 2 :** On aborde ici le positionnement d'objets les uns par rapport aux autres. La difficulté réside dans le travail direct sur le plan. L'enseignant·e peut aider à la lecture des objets repères en les surlignant avec des couleurs différentes.

Attention pour la plante à gauche du tableau ; la correction se met à la place d'un élève assis dans la classe, mais si l'élève dessine la plante de l'autre côté, ce n'est pas vraiment faux, car cela signifie qu'il se repère dans l'espace de la page.

TEMPS 2

PRATIQUE AUTONOME ▶ Cahier de géométrie p. 7 15 min

▶ **Ex. 3 :** Il n'y a pas d'obstacle particulier, si ce n'est le léger changement d'orientation entre la photo et le plan de construction. On peut demander aux élèves de réaliser les constructions si besoin.

▶ **Ex. 4 :** Sur le plan, le personnage est vu de dessus, on ne voit que sa tête et ses mains vers l'avant. En cas de difficultés, proposer une brique de lego et un personnage pour observer par-dessus.

Pour différencier

Fichier à photocopier : fiches * et **, *Se repérer sur un plan*

BOITE D'AUTONOMIE ▶ Activités au choix de l'enseignant·e (voir la programmation p. 27) 15 min

Trace écrite Leçon *Le repérage dans l'espace*

Pour évaluer Évaluation *Le repérage dans l'espace*

MISSION 3 Coder un déplacement

MATÉRIEL

- **Collectif :** la maquette et le plan de la mission 2, une figurine, un feutre, les fiches *Drapeaux et Instructions*. Plans de ville avec quadrillage. 12 cerceaux, une corde ou une craie.
- **Collectif :** diaporamas M3a et M3b

TEMPS 1	MISSION 3a ▶ Diaporama	30 min	En collectif
TEMPS 2	MISSION 3b ▶ Diaporama	20 min	En collectif
	Pratique guidée ▶ Cahier géométrie p. 8	10 min	En collectif
TEMPS 3	Pratique autonome ▶ Cahier géométrie p. 9	15 min	En individuel
	Boite d'autonomie	15 min	

PRINCIPE DES MISSIONS

Dans la mission 3a, les élèves construisent dans un premier temps un langage commun de déplacement, qu'ils utilisent dans des déplacements au sein de la classe en utilisant leur corps, puis sur la maquette et le plan. On introduit le quadrillage comme repère de déplacement sur un plan.

Dans la mission 3b, dans un objectif d'abstraction, les élèves réinvestiront ces acquis en EPS (toujours avec leur corps) sur un réseau de cerceaux, puis en classe sur un quadrillage, afin d'acquérir la capacité de se décentrer.

TEMPS 1

MISSION 3a Se repérer, se déplacer dans la classe 30 min

- Cette mission permet de vivre les déplacements avec son corps et de **transposer sur une maquette et un plan, ce qui a été vécu dans l'espace de la classe**. On acquiert la nécessité d'un langage commun et de repères communs.
- L'enseignant·e fait le lien avec la séance précédente, la construction de la maquette et du plan de la classe. Il place une fiche « drapeau vert » pour le départ et une fiche « drapeau rouge » sur l'arrivée (deux changements de direction maximum). Dans un premier temps, on place un élève au départ, et les autres lui donnent des instructions pour qu'il rejoigne l'arrivée. L'enseignant·e reprend le vocabulaire en imposant le verbe « avancer » et le verbe « pivoter » (qui évoque juste un changement de direction) à la place de « tourner ». Ils ont désormais **un langage commun**.

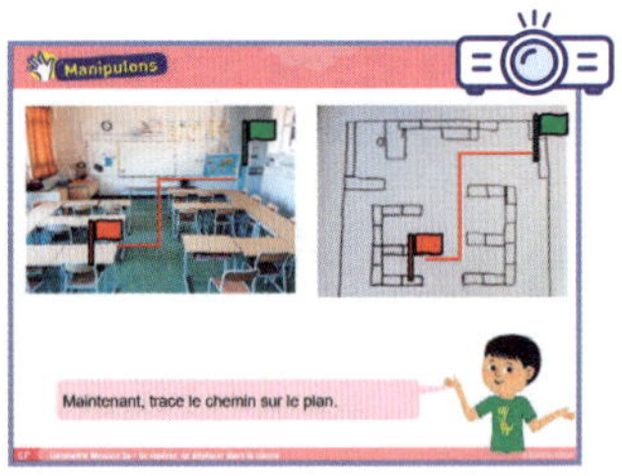

- Dans un deuxième temps, les élèves recommencent le même déplacement dans la réalité de la classe, mais aussi sur la maquette, à l'aide d'une figurine, toujours sur la dictée d'instructions de leurs camarades. L'enseignant·e fait remarquer que les deux « personnes » ne se déplacent pas à la même vitesse, donc n'ont pas tout à fait les mêmes instructions.
- Dans un troisième temps, ils font de même sur le plan, et obtiennent la même conclusion.
- Il est temps d'avoir **un repère commun,** après un langage commun. L'enseignant·e propose des plans de ville, cartes routières ou autres possédant **un quadrillage**. L'enseignant·e construit alors ce quadrillage avec les élèves sur le plan de la classe : les lignes, puis les colonnes, pour transmettre le vocabulaire lié au quadrillage : **ligne**, **colonne**, **case**.
- Dans un dernier temps, l'enseignant·e et les élèves codent un déplacement pas à pas, en s'aidant des cases de leur plan. C'est l'introduction au codage de déplacement qui se déroule dans le temps 2.

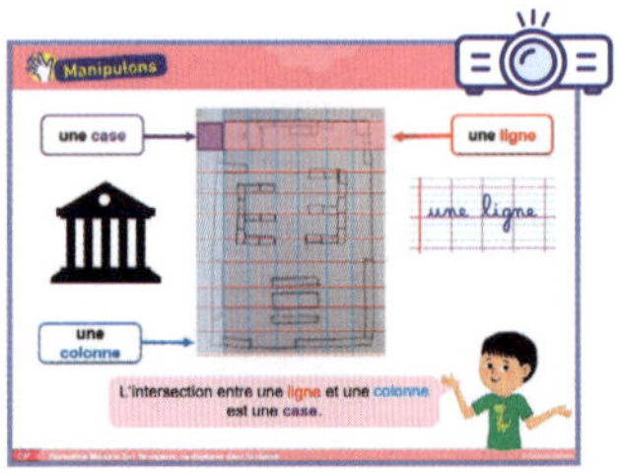

BILAN ET MINIQUIZ

TEMPS 2

MISSION 3b Coder un déplacement 20 min

- Cette mission reprend le travail de codage du déplacement abordé dans le temps 1, mais de façon plus abstraite, plus proche de l'algorithmie. Les élèves vivent d'abord les situations avec leur corps, en EPS, à l'aide d'un réseau de cerceaux au sol, organisés en constellation rectangulaire 4 x 3.
- Un élève, orienté comme ses camarades, se rend du départ vers l'arrivée (en faisant deux changements de direction maximum). L'enseignant·e marque le chemin parcouru pour mémoire à l'aide d'une craie ou d'une corde. L'élève recommence et pose les cartes « instructions » avec l'aide de l'enseignant·e au fur et à mesure de son déplacement, comme à la fin de la mission précédente. On vérifie en lisant les instructions recueillies et en les exécutant à nouveau.
- Ensuite, le même type d'exercice est recommencé 3 fois en changeant de départ et d'orientation afin de travailler la décentration et la capacité à se mettre à la place de l'élève qui se déplace.
- Puis le but est de simplifier les instructions pour éviter la répétition. On remplace alors l'instruction ***avancer*** par ***avancer … fois***, en complétant le nombre d'itérations. C'est le début de l'algorithmie.

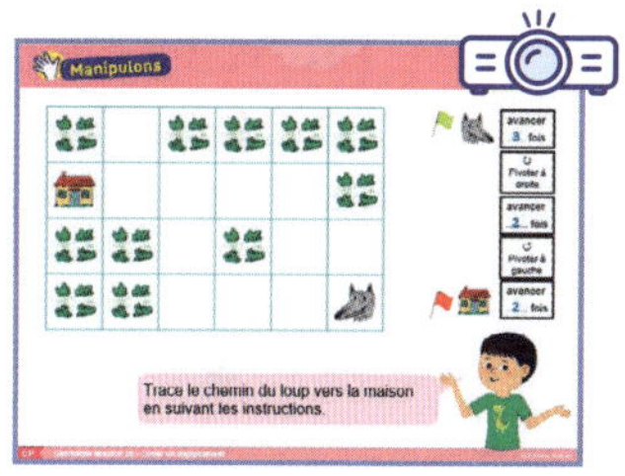

- C'est le passage sur le quadrillage. La difficulté réside dans le fait de se mettre à la place du loup, dans la bonne direction pour choisir entre pivoter à droite ou à gauche. Pour le premier exercice, les élèves doivent retrouver la suite d'instructions en venant afficher au tableau les étiquettes « instructions » complétées. Quant au deuxième exercice, c'est la situation inverse, les élèves ont le chemin codé et un élève vient le tracer au tableau.

BILAN ET MINIQUIZ

PRATIQUE GUIDÉE ▸ Cahier de géométrie p. 8 10 min

- ▸ **Ex. 1 :** Dans cet exercice on occulte le problème de l'orientation, l'élève doit juste remplir le nombre d'occurrences de déplacement manquant dans la suite d'instructions.
- ▸ **Ex. 2 :** Pour faciliter le travail, on demande à l'élève de tracer dans un premier temps le chemin au crayon de papier en suivant le message, puis de colorier selon la couleur de la coccinelle. Le principal obstacle est la difficulté à s'orienter comme les coccinelles.

TEMPS 3

PRATIQUE AUTONOME ▸ Cahier de géométrie p. 9 15 min

- ▸ **Ex. 3 :** Cet exercice permet de compléter une suite d'instructions par des nombre et par les termes « droite » ou « gauche ». L'enseignant·e peut afficher un référentiel de mots au besoin.
- ▸ **Ex. 4 :** La difficulté est de comprendre que c'est le même message pour les deux pandas, alors que les pandas ne sont pas orientés de la même manière au départ.
- ▸ **Ex. 5 :** Dans un premier temps, l'élève trace le chemin passant par toutes les carottes, puis il code ce chemin en recopiant les instructions. En cas de difficulté à l'écrit, l'enseignant·e peut prévoir des étiquettes « instructions » à coller. Il est possible que l'élève ne prenne pas le chemin le plus court ou fasse des pauses à chaque carotte, ce qui engendre une suite d'instructions plus longue.

Pour différencier
Fichier à photocopier : fiches * et **, *Coder un déplacement*

BOITE D'AUTONOMIE ▸ Activités au choix de l'enseignant·e (voir la programmation p. 27) 15 min

Trace écrite Leçon ***Se repérer***

Pour évaluer Évaluation ***Coder un déplacement***

MISSION 4 Construire un assemblage de solides

MATÉRIEL
- **Pour chaque élève :** 12 cubes, 8 pavés
- **Collectif :** les modèles réels préalablement construits, des photos des assemblages
- **Collectif :** diaporama M4

TEMPS 1	MISSION 4 ▶ Diaporama	20 min	En collectif
	Pratique guidée ▶ Cahier géométrie p. 10	10 min	En collectif
TEMPS 2	Pratique autonome ▶ Cahier géométrie p. 11	15 min	En individuel
	Boite d'autonomie	15 min	

PRINCIPE DE LA MISSION

Les élèves **observent des assemblages de cubes ou de pavés puis de cubes et de pavés et en déduisent le nombre de pièces qui a servi à leur construction.** Ils vérifient par la construction réelle.

TEMPS 1

MISSION 4 Construire un assemblage de solides 20 min

Cette mission peut être réalisée en tandem avec les CE1.

- La reproduction d'assemblages de solides est faite à partir de modèles réels ou de photos de modèles. L'utilisation d'un visualiseur permet de partager à toute la classe une vision de l'assemblage sous plusieurs angles.
- Pour commencer, il s'agit de dénombrer le nombre de cubes utilisés, avec une certaine progressivité. Tout d'abord, tous les cubes sont visibles, puis certains cubes n'ont qu'un morceau de face visible, et enfin, certains cubes sont cachés. L'enseignant·e veille à avoir à disposition un modèle réel afin que les élèves puissent s'y référer au besoin. La reproduction permet aux élèves l'autocorrection. Pour aider à voir encore mieux les parties cachées, l'enseignant·e peut déconstruire par strates l'assemblage.
- Ensuite, on réitère avec des pavés. Ceux-ci peuvent être horizontaux ou verticaux, contrairement aux cubes. Puis on complique encore avec un mélange de cubes et de pavés. Ici, deux cubes font la taille d'un pavé.

En pratique
Si possible, réaliser les photos avec le matériel de classe.

BILAN ET MINIQUIZ

PRATIQUE GUIDÉE ▶ Cahier de géométrie p. 10 10 min

▶ **Ex. 1 :** L'enseignant·e peut apporter une aide en faisant marquer chaque cube avec un point, et proposer de construire l'assemblage en réel.

Pour différencier
Fichier à photocopier : fiches * et **, *Construire un assemblage de solides*

TEMPS 2

PRATIQUE AUTONOME ▶ Cahier de géométrie p. 11 15 min

▶ **Ex. 3 :** Le principal obstacle rencontré peut être l'oubli des cubes cachés. Les élèves ont la possibilité de construire les assemblages.

▶ **Ex. 5 :** Cet exercice a été fait lors de la mission.

BOITE D'AUTONOMIE ▶ Activités au choix de l'enseignant·e (voir la programmation p. 27) 15 min

Trace écrite Leçon *Le repérage dans l'espace*

Pour évaluer Évaluation *Le repérage dans l'espace*

ESPACE ET GÉOMÉTRIE

module

Les solides

MISSIONS

Sur votre espace numérique

Retrouvez sur l'espace numérique **tous les diaporamas** et les **ressources complémentaires** : matériel, leçons et évaluations modifiables, etc.

Objectifs d'apprentissage

- Reconnaitre des solides usuels : cube, boule, cône, cylindre, pavé, pyramide.
- Nommer un cube, un pavé et une boule.
- Décrire un cube ou un pavé en utilisant le terme « face ». Connaitre le nombre et la nature des faces d'un cube et d'un pavé.
- Construire des cubes et des pavés.

Lexique

- **Solide :** forme ayant un volume fini, palpable. On peut appréhender ses trois dimensions au toucher.
- **Polyèdre** : solide dont toutes les faces sont des polygones (pas de surfaces courbes). Le cube, le pavé droit, les prismes et les pyramides sont des polyèdres.
- **Pavé droit** : polyèdre dont les six faces sont des rectangles. En CP, il est nommé seulement **pavé**.
- **Cube** : polyèdre dont les six faces sont des carrés. En CP, il n'est pas considéré comme un pavé droit particulier.
- **Pyramide** : polyèdre composé d'une face polygonale et, pour toutes les autres, de faces triangulaires.
- **Face** : on parle de face lorsque c'est une **face plane** (à distinguer d'une surface courbe). Elle sera assimilée plus tard à une figure plane.
- **Arête** : dans un solide, intersection de deux faces planes. C'est un segment.
- **Sommet** : dans un solide, intersection d'arêtes. C'est un point. Le cône, bien qu'il n'ait pas d'arête, a cependant un « sommet » appelé normalement « apex ».
- **Patron** : ensemble plat qui, par pliages successifs, permet de recouvrir entièrement le solide sans superposition. En CP, on l'appelle **pliage**. C'est un assemblage de figures planes. Plusieurs patrons sont possibles pour un même solide.

Apports didactiques

- Dès l'école maternelle, les élèves manipulent des « formes » qui sont en réalité des **solides**, car **manipulables**. Ils créent des assemblages. Le travail de composition/décomposition, de préhension et de toucher permet de dégager leurs caractéristiques afin de pouvoir les reconnaitre et les discriminer.
- On continuera ce travail de perception par le toucher en utilisant un **langage précis et adapté** et on veillera à introduire le vocabulaire approprié au cours des manipulations et des activités (jeux de construction, d'empreinte, etc.) où il prendra sens pour les élèves.
- Par le travail de **caractérisation**, des classements seront effectués afin de permettre le développement de la connaissance des solides, en se détachant progressivement du perceptif.
- La construction du cube et du pavé se réduira à **l'assemblage de faces** au CP, car plus facilement perceptibles. Le cube sera modélisé avec ses sommets et arêtes en CE1.
- L'utilisation des empreintes de ces solides pour basculer vers les figures planes dans le module suivant est un plus.

Difficultés rencontrées par les élèves

1 **Difficulté d'appréhension des notions de face plane, d'arête ou de sommet** lors de la manipulation : difficulté sensorielle.

2 **Difficulté de repérage lors du comptage des différents éléments caractéristiques**. Certains élèves peuvent compter plusieurs fois la même face.

3 **Difficulté langagière** entre les mots « figure » et « solide » : parler de « carré » au lieu de « cube ».

4 **Confusion** entre « face » et la perception d'une surface courbe, non plane.

5 **Difficulté à plier « mentalement »** un patron pour obtenir un cube ou un pavé.

MISSION 5 Reconnaitre un solide

MATÉRIEL

▸ **Collectif :** la fiche *Solides*, 6 cerceaux, des objets réels en forme de solides (trousses, balles, jeux, boites diverses fermées, matériel pédagogique). Diaporama M5

TEMPS 1	MISSION 5 ▸ Diaporama	20 min	En collectif
	Pratique guidée ▸ Cahier géométrie p. 12	10 min	En collectif
TEMPS 2	Pratique autonome ▸ Cahier géométrie p. 13	15 min	En individuel
	Boite d'autonomie	15 min	

PRINCIPE DE LA MISSION

Dans cette mission, les élèves manipulent des objets de la vie courante, et en les catégorisant, ils les transforment en objets mathématiques : des solides. Ils apprennent à en reconnaitre certains et sont capables d'en nommer trois : le cube, le pavé, la boule.

TEMPS 1

MISSION 5 Reconnaitre un solide 20 min

Cette mission peut être réalisée en tandem avec les CE1.

- Cette mission est la première du module sur les solides. Cependant, lors du travail précédent sur la construction d'assemblages (mission 4), les élèves ont déjà manipulé les cubes et les pavés. La mission « Maths en vie » (voir programmation page 22), permettra aux élèves de bien comprendre ce qu'est un solide : un objet que l'on peut prendre à la main.

- Dans un premier temps, les élèves observent les objets proposés dans le diaporama et cherchent des similitudes. L'enseignant·e retient les critères « mathématiques » de ressemblance et élude les critères autres : couleurs, marques/logos, matières, contenus…
- Si le critère de classement par formes n'a pas été trouvé, l'enseignant·e indique le classement en 6 familles. Les élèves classent alors les objets de la classe selon ces critères, dans les 6 cerceaux correspondants aux 6 familles. Ils argumentent leurs choix au fur et à mesure.
- L'enseignant·e distribue les photos de solides en noir et blanc, et demande à quelques élèves de les ranger dans le bon cerceau. Les autres élèves valident ou non le placement de la carte. L'enseignant·e laisse du temps à l'argumentation et à la discussion. Le travail sur photo noir et blanc est un premier pas vers la représentation et l'abstraction.
- L'enseignant·e revient sur chaque famille de solides. Le nom mathématique du solide est annoncé, associé à sa description sensorielle : tactile et visuelle. On veillera à ce que le bon mot soit énoncé et retenu sans confusion : **« boule »** et non « rond », **« cube »** et non « carré », **« pavé »** et non « rectangle ».

BILAN ET MINIQUIZ

PRATIQUE GUIDÉE ▸ Cahier de géométrie p. 12 10 min

▸ **Ex. 1 :** On consolide, dans cet exercice, la notion de solide. Il faut barrer les photos des surfaces et des tracés : ce sont des formes et figures planes.

▸ **Ex. 2 :** On travaille, dans cet exercice, sur le classement de solides. On associe des photos d'objets de la vie quotidienne avec celles de modèles mathématiques de la classe.

TEMPS 2

PRATIQUE AUTONOME ▶ **Cahier de géométrie** p. 13 15 min

- **Ex. 3 :** Le principal obstacle peut être le doublement du pavé, dont un avec une position non conventionnelle.
- **Ex. 4 :** La difficulté réside en des orientations différentes entre les objets du code couleur et les objets à entourer.

BOITE D'AUTONOMIE ▶ Activités au choix de l'enseignant·e (voir la programmation p. 27) 15 min

Trace écrite Leçon *Les solides*

Pour évaluer Évaluation *Les solides*

Pour différencier Fichier à photocopier : fiches * et **, *Les solides*

MISSION 6 Décrire un cube et un pavé

MATÉRIEL

▶ **Par binôme :** un objet en forme de cube, un objet en forme de pavé, une plaque de gommettes rondes. Le cube et le pavé peuvent être fabriqués au préalable par l'enseignant·e.

TEMPS 1	MISSION 6 ▶ Diaporama	20 min	En collectif
	Pratique guidée ▶ Cahier géométrie p. 14	10 min	En collectif
TEMPS 2	Pratique autonome ▶ Cahier géométrie p. 15	15 min	En individuel
	Boite d'autonomie	15 min	

PRINCIPE DE LA **MISSION**

Dans cette mission, les élèves observent de plus près le cube et le pavé afin d'en construire les caractéristiques qui définissent chacun d'eux : le nombre et la forme des faces.

TEMPS 1

MISSION 6 Décrire un cube et un pavé 20 min

- Les élèves manipulent ces solides régulièrement. Dans un premier temps, l'enseignant·e définit le mot « face » comme une partie du solide qui peut être en contact avec la table. L'élève pose alors une gommette sur celle-ci, puis sur toutes les autres faces, afin d'éviter de compter plusieurs fois la même face. L'élève identifie le nombre de faces en numérotant chaque gommette posée. Il en conclut que le cube a 6 faces.
- Ensuite, l'élève observe la forme de chaque face. Elles sont toutes carrées et de même taille.
- On réitère cette démarche pour le pavé. L'enseignant·e veille à ce que le pavé n'ait que des faces strictement rectangulaires. Les 6 faces se décomposent en trois paires de faces rectangles.

En pratique

Au besoin, l'enseignant·e peut passer par une prise d'empreinte des faces pour vérifier la forme des faces (dans du sable, de la pâte à modeler…).

BILAN ET MINIQUIZ

PRATIQUE GUIDÉE ▶ **Cahier de géométrie** p. 14 10 min

▶ **Ex. 1 :** On structure les caractéristiques du cube et du pavé. L'élève peut utiliser le bilan comme référence pour compléter ces fiches d'identité.

▶ **Ex. 2 :** On observe ici la compréhension du concept de face : visible (à colorier) et cachée (à compléter).

TEMPS 2

PRATIQUE AUTONOME ▶ **Cahier de géométrie** p. 15 15 min

▶ **Ex. 3 :** Le principal obstacle rencontré peut être la présence de l'item « 3 faces », qui correspond aux 3 faces visibles, mais qui ne caractérise aucun des deux solides.

▶ **Ex. 4 :** L'élève répond de manière inversée, grâce à cette devinette.

▶ **Ex. 5 :** La difficulté réside dans la vision dans l'espace. L'enseignant·e peut proposer les assemblages en réel ou proposer de les construire pour pouvoir répondre.

BOITE D'AUTONOMIE ▶ Activités au choix de l'enseignant·e (voir la programmation p. 27) 15 min

Trace écrite Leçon *Les solides*

Pour évaluer Évaluation *Les solides*

Pour différencier Fichier à photocopier : fiches * et **, *Les solides*

MISSION 7 Construire un solide

MATÉRIEL

▶ **Par binôme :** un cube et un pavé partiellement construits avec les faces cartonnées ou plastifiées du gabarit, les faces restantes, du ruban adhésif

TEMPS 1	MISSION 7 ▶ Diaporama	20 min	En collectif
	Pratique guidée ▶ Cahier géométrie p. 16	10 min	En collectif
TEMPS 2	Pratique autonome ▶ Cahier géométrie p. 17	15 min	En individuel
	Boite d'autonomie	15 min	

PRINCIPE DE LA MISSION

Dans cette mission, les élèves réinvestissent leurs connaissances sur le nombre et la forme des faces du cube et du pavé. Ils complètent un cube et un pavé, partiellement construits, pour plus de facilité.

TEMPS 1

MISSION 7 Construire un solide 20 min

Cette mission peut être réalisée en tandem avec les CE1.

- Cette mission demande de la dextérité et une bonne coordination dans le binôme pour construire les solides. Pour plus de facilité, il est possible d'utiliser des polydrons, ou faces magnétiques.
- L'enseignant·e montre un cube et un pavé, puis le matériel découpé aux élèves. Il/elle demande combien de faces ils vont devoir utiliser pour construire un cube et un pavé.
- L'enseignant·e propose une amorce de construction, avec un solide dont déjà 3 faces sont reliées. Les élèves doivent choisir les faces manquantes pour le compléter. Chaque binôme complète ses deux solides.

En pratique

L'enseignant·e peut préparer les morceaux de ruban adhésif le long de la table.

BILAN ET MINIQUIZ

PRATIQUE GUIDÉE ▶ Cahier de géométrie p. 16 10 min

- ▶ **Ex. 1 :** On travaille, dans cet exercice, sur la reconnaissance des faces nécessaires pour construire le cube : les 6 carrés. Les faces en forme de parallélogramme sont présentes afin d'observer la capacité de l'élève à voir les propriétés du cube sur la photo et non les formes visibles sur sa représentation à plat.
- ▶ **Ex. 2 :** On observe ici la capacité de l'élève à plier mentalement pour obtenir le solide cherché.
- ▶ **Ex. 3 :** Il faut, pour l'élève, réinvestir ses connaissances sur le cube (6 faces) et le transférer sur le nombre de photos.

En pratique

Ex. 2 : l'enseignant·e peut aussi préparer les 4 pliages, pour que les élèves viennent s'y référer au besoin.

TEMPS 2

PRATIQUE AUTONOME ▶ Cahier de géométrie p. 17 15 min

- ▶ **Ex. 4 :** Tout comme pour l'exercice 1 réalisé en pratique accompagnée, l'élève doit retrouver les faces nécessaires pour construire cette fois-ci un pavé. Les mêmes difficultés sont présentes avec en plus une question de nombre de rectangles.
- ▶ **Ex. 5 :** Même exercice que l'exercice 2, mais pour le pavé.
- ▶ **Ex. 6 :** Il faut, pour l'élève, réinvestir ses connaissances sur le pavé (6 faces) et le transférer sur le nombre de pots de peinture.

BOITE D'AUTONOMIE ▶ Activités au choix de l'enseignant·e (voir la programmation p. 27) 15 min

Trace écrite Leçon *Les solides*

Pour évaluer Évaluation *Les solides*

Pour différencier

Fichier à photocopier : fiches * et **, *Les solides*

ESPACE ET GÉOMÉTRIE

module

La géométrie plane

MISSIONS

Sur votre espace numérique

Retrouvez sur l'espace numérique **tous les diaporamas** et les **ressources complémentaires** : matériel, leçons et évaluations modifiables, etc.

Objectifs d'apprentissage

- Reconnaitre des formes planes (disque, carré, rectangle et triangle) dans un assemblage et dans son environnement proche.
- Nommer le disque, le carré, le rectangle et le triangle.
- Donner une première description du carré, du rectangle, et du triangle en utilisant les termes « sommet » et « côté ».
- Repérer visuellement des alignements.
- Utiliser la règle pour repérer ou vérifier des alignements.
- Utiliser la règle comme instrument de tracé.
- Construire un carré, un rectangle, un triangle ou un assemblage de ces figures sur du papier quadrillé ou pointé.

Lexique

- **Figure plane** : ensemble de points organisés. Elle n'a pas d'épaisseur. C'est un tracé.
- **Point** : plus petite entité géométrique, représentée par une croix (intersection).
- **Droite** : ensemble infini de points alignés.
- **Segment** : portion de droite limitée par deux extrémités (bornes).
- **Cercle** : ensemble de points situés à la même distance d'un centre.
- **Disque** : ensemble de tous les points contenus à l'intérieur d'un cercle.
- **Polygone** : figure fermée composée de segments successifs.
- **Triangle** : polygone à trois cotés.
- **Rectangle** : polygone à quatre côtés et quatre angles droits.
- **Carré** : polygone à quatre côtés de même longueur et quatre angles droits.
- **Côté** : segment d'un polygone.
- **Sommet** : point d'intersection de deux côtés d'un polygone.
  Note : Les angles droits ne sont pas au programme du CP, mais on s'appuie sur le papier quadrillé ou pointé pour les former.

Apports didactiques

- Au cycle 2, « en géométrie, les élèves renforcent leur maitrise du vocabulaire spécifique et apprennent à manipuler les outils permettant de réaliser des constructions géométriques avec précision : règle, compas et équerre. Ils apprennent progressivement à passer d'une géométrie où les formes planes sont reconnues perceptivement à une géométrie où elles sont caractérisées par des propriétés contrôlées par des instruments. L'utilisation combinée des outils de construction et de la connaissance des propriétés des figures planes permet aux élèves d'argumenter sur la nature de celles-ci. »
- Au CP, « les connaissances sur les figures de référence (carré, rectangle, triangle, cercle) s'acquièrent à partir de manipulations, de descriptions et de résolutions de problèmes. Les concepts généraux de la géométrie plane (droite, point, segment) sont introduits en situation, sans faire l'objet de définitions formelles. Il est particulièrement important que le professeur s'exprime dans un langage précis, utilisant le vocabulaire géométrique approprié, et qu'il encourage les élèves à se l'approprier et, progressivement, à l'utiliser. Ce vocabulaire prend son sens grâce aux manipulations et aux situations d'action proposées. » (programmes)
- Les faces des solides rencontrés précédemment permettent aux élèves de nommer quelques figures planes (carré, rectangle, disque) qu'ils apprennent ensuite à reproduire. Les figures planes, qui sont reconnues de façon globale en début de cycle sont progressivement décomposées en éléments simples : des points (sommets) et des segments (côtés). L'angle droit n'est pas abordé au CP, mais la construction des figures est guidée par le papier quadrillé ou pointé.
- Pour les constructions de figures, la progressivité passe également par le support utilisé : la manipulation sur le géoplan, la construction sur le quadrillage puis sur le papier pointé. Le travail à main levée sur ces supports est un passage indispensable pour bien séparer la compréhension de la figure de la dextérité dans l'usage de la règle.
- La description des relations entre des formes planes manipulées et des figures planes représentées, qu'elles soient juxtaposées ou superposées, est étayée par le langage de repérage précédemment acquis. Le lexique propre aux figures planes complète la description des assemblages de figures. L'utilisation de formes manipulables est une aide non négligeable.

Difficultés rencontrées par les élèves

1 Difficulté de repérage sur le géoplan, le papier quadrillé ou pointé.

2 Difficulté à observer les égalités de longueur.

3 Difficulté à identifier des figures simples dans une figure complexe (assemblages).

4 Difficulté de repérage dans l'organisation spatiale des figures simples entre elles dans un assemblage.

5 Difficulté à manipuler la règle : savoir maintenir une règle à l'aide du pouce et de l'index.

6 Difficulté à placer correctement un point symbolisé par une croix.

7 Manque de précision dans les alignements avec la règle pour tracer ou prolonger un trait.

MISSION 8 Reconnaitre les formes planes

MATÉRIEL

- **Pour chaque élève :** planche 4 du matériel cartonné : formes géométriques découpées, feuille blanche et crayon de papier

TEMPS 1	**MISSION 8** ▶ Diaporama	20 min	En collectif
	Pratique guidée ▶ Cahier géométrie p. 18	10 min	En collectif
TEMPS 2	**Pratique autonome** ▶ Cahier géométrie p. 19	15 min	En individuel
	Boite d'autonomie	15 min	

PRINCIPE DE LA MISSION

Tout comme avec les solides, les élèves classent les formes planes selon des critères de ressemblance. Ils reconnaissent et nomment les formes planes déjà rencontrées au cycle 1. Ils s'en servent comme gabarit pour garder trace d'un assemblage. Les différentes formes planes du matériel cartonné permettent de ne pas rester dans des formes prototypiques.

TEMPS 1

MISSION 8 Reconnaitre les formes planes (20 min)

- Cette mission est la première du module de géométrie plane. Pour commencer, les élèves classent les différentes formes cartonnées. Ils peuvent les manipuler. Ils nomment les quatre familles : carrés, rectangles, triangles et disques. L'enseignant·e insiste sur le terme « disque », et non pas « rond » ni « cercle », car il s'agit d'une forme remplie et non d'un tracé.
- L'enseignant·e propose ensuite un assemblage de formes (une voiture), et demande aux élèves de reconnaitre les formes utilisées. On attend le réinvestissement du vocabulaire précédemment acquis. L'enseignant·e demande à garder trace de cet assemblage pour plus tard et demande de quelle manière cela peut être réalisé. On attend les propositions : *dessiner, faire le contour…*
- L'enseignant·e énonce : *On va utiliser les formes comme **gabarit** et tracer le contour*, en précisant la nécessité d'un appui ferme et d'un tracé au plus proche du gabarit. Les élèves tracent à l'aide des gabarits par type de forme, pour commencer à associer le geste du contour au nom de la forme, ce qui sera repris dans la mission suivante. Quand le tracé de l'assemblage de formes planes est réalisé, l'enseignant·e fait colorier les roues afin de bien associer le terme « disque », et non « cercle », à la forme, et fait nommer les différentes formes par les élèves.

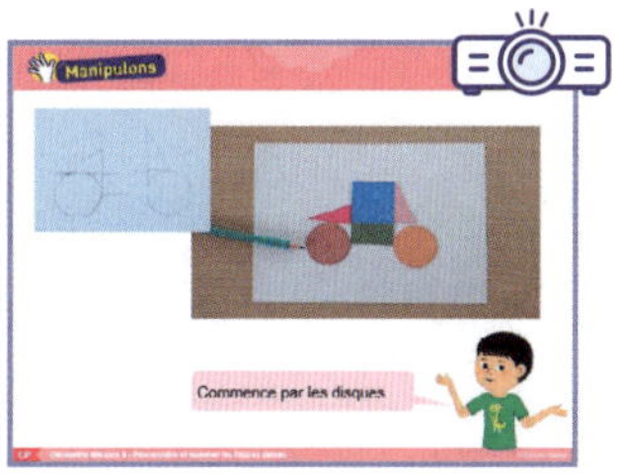

En pratique

Utiliser de la pâte à fixer pour maintenir les pièces.

BILAN ET MINIQUIZ

Pour le mini-quiz, l'enseignant fait préparer l'ardoise des élèves avec des tracés à main levée des quatre formes, à côté desquels les élèves écriront le nombre de formes utilisées.

PRATIQUE GUIDÉE ▶ **Cahier de géométrie** p. 18 10 min

- ▶ **Ex. 1 :** Comme dans le miniquiz, il s'agit de reconnaitre et dénombrer les formes utilisées dans un assemblage.
- ▶ **Ex. 2 :** Il s'agit ici de reconnaissance de formes et de coloriage selon un code couleur. Les trois intrus présents sont proches des formes demandées.

TEMPS 2

PRATIQUE AUTONOME ▶ **Cahier de géométrie** p. 19 15 min

- ▶ **Ex. 3 :** Pas de difficulté pour cet exercice équivalent à l'exercice 2.
- ▶ **Ex. 4 :** Il s'agit encore de reconnaissance de formes, en traçant le contour de panneaux routiers selon un code. L'enseignant·e veille à proposer aux élèves des feutres assez larges pour éviter que les élèves colorient au lieu de tracer.
- ▶ **Ex. 5 :** Les contours sur les photos sont déjà tracés. Les élèves prennent référence sur le bilan pour y associer les noms écrits des formes.

BOITE D'AUTONOMIE ▶ Activités au choix de l'enseignant·e (voir la programmation p. 27) 15 min

Trace écrite Leçon *Les figures planes*

Pour évaluer Évaluation *Les figures planes*

Pour différencier Fichier à photocopier : fiches * et **, *Reconnaitre les formes planes*

MISSION 9 Décrire les figures planes

MATÉRIEL

▶ **Pour chaque élève :** planche 4 du matériel cartonné : formes géométriques découpées, feuille blanche et crayon de papier

TEMPS 1	MISSION 9 ▶ Diaporama	20 min	En collectif
	Pratique guidée ▶ Cahier géométrie p. 20	10 min	En collectif
TEMPS 2	Pratique autonome ▶ Cahier géométrie p. 21	15 min	En individuel
	Boite d'autonomie	15 min	

PRINCIPE DE LA MISSION

Dans cette mission, les élèves apprennent à décrire les formes planes en utilisant les termes mathématiques « sommet » et « côté ». Ils expérimentent en manipulant et en traçant les contours des formes.

TEMPS 1

MISSION 9 Décrire les figures planes 20 min

- Cette mission permet de faire la différence entre la forme et la figure plane. Les élèves se munissent d'un carré, d'un rectangle, d'un triangle et d'un disque parmi leurs formes cartonnées.
- Les élèves manipulent le disque et font le tour avec leur doigt. L'enseignant·e leur demande de verbaliser le geste qu'ils font : tourner. Les élèves tracent ensuite le contour du disque et obtiennent donc un cercle.
- De la même manière, les élèves manipulent le triangle, le carré et le rectangle, verbalisent le geste : glisser tout droit un certain nombre de fois. Cette verbalisation permettra d'introduire le mot correct qui est le « côté ». L'enseignant·e introduit aussi le mot « sommet », qui est l'intersection de deux côtés.
- Suite à ces explorations, l'enseignant·e demande la différence entre le carré et le rectangle, qui ont le même nombre de côtés et de sommets. L'enseignant·e introduit la notion de longueur et de largeur pour le rectangle.
- L'enseignant·e revient avec les élèves sur les analogies et différences de lexique entre les formes planes et les figures planes.

BILAN ET MINIQUIZ

Le bilan s'attarde sur le vocabulaire **sommet** et **côté**. On y ajoute le terme de **polygone**, figure fermée constituée uniquement de segments.
Le miniquiz permet l'entrainement au tracé de figures planes à main levée.

PRATIQUE GUIDÉE ▸ Cahier de géométrie p. 20 10 min

- ▸ **Ex. 1 :** Dans cet exercice, il faut relier la description à la forme plane et la nommer.
- ▸ **Ex. 2 :** Dans cet exercice, on vérifie la connaissance du triangle comme un polygone à 3 côtés, c'est-à-dire une figure fermée composée uniquement de côtés.

TEMPS 2

PRATIQUE AUTONOME ▸ Cahier de géométrie p. 21 15 min

- ▸ **Ex. 3 et 4 :** La principale difficulté est de penser à **fermer** la figure.
- ▸ **Ex. 5 :** On propose un polygone irrégulier concave afin de montrer les possibilités des polygones.
- ▸ **Ex. 6 :** C'est un défi. On part à l'inverse des autres exercices, de la définition – une figure fermée – et d'un déplacement de règle, donc d'un côté, que l'on reproduit 3 fois. Cela donne un polygone à 3 côtés : un triangle.

BOITE D'AUTONOMIE ▸ Activités au choix de l'enseignant·e (voir la programmation p. 27) 15 min

Trace écrite Leçon *Les figures planes*

Pour évaluer Évaluation *Les figures planes*

Pour différencier Fichier à photocopier : fiches * et **, *Décrire les figures planes*

MISSION 10 Reconnaitre un alignement de points

MATÉRIEL

- **Collectif :** 6 plots de marquage EPS, un grand piquet ou un manche à balai, une règle de tableau d'un mètre

TEMPS 1	MISSION 10 ▶ Diaporama	20 min	En collectif
	Pratique guidée ▶ Cahier géométrie p. 22	10 min	En collectif
TEMPS 2	Pratique autonome ▶ Cahier géométrie p. 23	15 min	En individuel
	Boite d'autonomie	15 min	

PRINCIPE DE LA MISSION

Dans cette mission, les élèves découvrent d'abord le concept d'alignement puis les moyens de vérifier celui-ci à l'aide d'objet rectiligne ou de la règle.

TEMPS 1

MISSION 10 Reconnaitre un alignement de points (20 min)

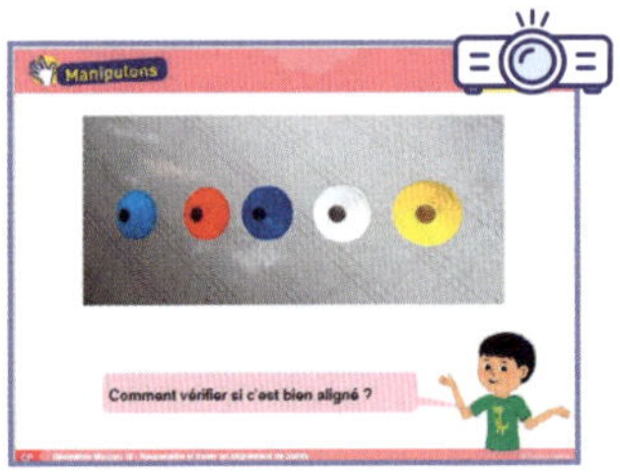

- Cette mission est la première des deux missions consacrées à la règle en géométrie : la règle pour repérer ou construire un alignement, puis la règle comme outil de tracé. En grandeurs et mesures, elle est utilisée pour mesurer.
- Dans un premier temps, on identifie ce qu'est un alignement. L'enseignant·e demande à 5 élèves de se mettre en file indienne devant lui, bien alignés. Le concept d'alignement signifie que le premier objet de la ligne cache tous ceux qui sont derrière. Ce que l'enseignant·e peut faire vérifier par un autre élève qui se met devant la file. Il ne faut voir « qu'une seule tête ! ». Les élèves sont alors **alignés**. Un élève vient placer un plot contre les pieds de chaque élève. Les 5 élèves de la file sortent sans déplacer les plots.
- Ensuite, les élèves observent les plots symbolisant la place des 5 élèves. L'enseignant·e leur demande comment vérifier que les plots posés sont bien alignés, car c'est plus compliqué de se mettre au ras du sol pour ne voir qu'un objet. On attend des propositions comme un piquet, une règle, un manche à balai, une corde tendue… c'est-à-dire quelque chose de bien « droit », rectiligne.
- L'enseignant·e propose de vérifier avec le piquet, et fait remarquer les plots espacés du piquet ou recouverts par le piquet. Les élèves désignent le(s) plot(s) non aligné(s). L'enseignant·e demande de rendre tous les plots alignés en s'aidant du piquet. Il ne doit plus y avoir d'espace entre le plot et le piquet. Insister sur le fait d'être précis. L'exigence sera la même au niveau des tracés. L'enseignant·e conclut avec les élèves : « *lorsque les objets sont sur la même droite, ils sont **alignés**.* ». L'enseignant·e propose de vérifier avec un autre outil, la règle, en remplacement du piquet.
- Pour terminer la mission, l'enseignant·e demande aux élèves de placer un sixième plot aligné aux 5 autres, au-delà de la règle. Plusieurs procédures sont proposées par les élèves, on pourra retenir le fait de glisser la règle le long des plots, mais il faut que la règle soit encore contre au moins deux plots. L'enseignant peut montrer, en exagérant, ce qu'il se passe si on ne reste en appui que sur un seul plot.

BILAN ET MINIQUIZ

PRATIQUE GUIDÉE ▶ **Cahier de géométrie** p. 22 — 10 min

- **Ex. 1 :** On travaille, dans cet exercice, sur la reconnaissance d'alignements d'objets symbolisés par des croix. L'enseignant·e veille à ce que les élèves prennent le centre de la croix pour référence.
- **Ex. 2 :** Ici, on se détache des objets pour ne travailler qu'avec la plus petite entité géométrique : le point. L'enseignant·e peut aider les élèves à trouver quel outil et quelles techniques peuvent les aider pour vérifier l'alignement. On propose de tracer les droites.

TEMPS 2

PRATIQUE AUTONOME ▶ **Cahier de géométrie** p. 23 — 15 min

- **Ex. 3 :** Il faut ici repérer les segments alignés puis tracer la portion du segment manquant. La difficulté réside dans la gestion de l'épaisseur de la mine de crayon, pour avoir un alignement parfait. C'est l'occasion d'insister sur le fait qu'en géométrie, on utilise un crayon bien taillé.
- **Ex. 4 :** Dans cet exercice, il est demandé aux élèves de tracer deux points alignés aux deux autres. Il faudra pour ce faire tracer la droite entre les deux points comme sur le modèle. Il est attendu que les élèves tracent leurs points autant entre les deux points tracés qu'au-delà de ces deux points.

Pour différencier
Fichier à photocopier : fiches * et **, *Reconnaître un alignement de points*

BOITE D'AUTONOMIE ▶ Activités au choix de l'enseignant·e (voir la programmation p. 27) — 15 min

Trace écrite Leçon *Alignements et tracés*

Pour évaluer Évaluation *Alignements et tracés*

MISSION 11 Tracer à la règle

MATÉRIEL
- **Pour chaque élève :** une feuille A4, un crayon de papier taillé, un crayon de couleur bleu et un rouge

TEMPS 1	MISSION 11 ▶ Diaporama	20 min	En collectif
	Pratique guidée ▶ Cahier géométrie p. 24	10 min	En collectif
TEMPS 2	Pratique autonome ▶ Cahier géométrie p. 25	15 min	En individuel
	Boite d'autonomie	15 min	

PRINCIPE DE LA MISSION

Dans cette mission, l'enseignant·e observe les différentes procédures de tracé à la règle des élèves et choisit des tracés incorrects, puis avec les élèves, ils déterminent les causes et trouvent les solutions pour ne plus avoir ce type de tracés. Dans un second temps ils se familiarisent en contexte avec les mots points, segments et droites.

TEMPS 1

MISSION 11 Tracer à la règle 20 min

- Dans cette mission, les élèves commencent par manipuler librement la règle pour tracer. L'enseignant·e observe et choisit des tracés incorrects. L'enseignant·e identifie et partage avec les élèves les tracés incorrects. Ils cherchent ensemble la cause de ces erreurs et cherchent une solution pour y remédier.
- L'enseignant·e et les élèves récapitulent les procédures pour un tracé correct, mais aussi celles permettant une certaine fluidité selon si on est gaucher ou droitier, ou si le tracé est vertical ou horizontal.
- À la suite de ces points d'attention, les élèves s'entrainent à tracer à partir de points. Dans un premier temps, une droite passant par un point, puis un segment entre deux points. L'enseignant·e est attentif·ve à ne pas placer les points à l'extrémité du tracé de la droite pour ne pas suggérer une limite et faire comprendre la notion d'infini. L'enseignant·e demandera aux élèves, sous la forme de dictée, de s'entrainer à tracer des droites ou des segments.

BILAN ET MINIQUIZ

PRATIQUE GUIDÉE ▸ Cahier de géométrie p. 24 10 min

- **Ex. 1 :** L'obstacle peut être de ne pas relier les points se faisant face ; en commençant par la première ligne et ainsi de suite.
- **Ex. 2 :** On s'entraine ici à tracer des droites passant par deux points. Les points sont maintenant en forme de croix. Les tracés sont presque tous proches de l'horizontale.
- **Ex. 3 :** Il s'agit de relier les points de 1 à 6. Cette fois-ci, les tracés sont obliques.

TEMPS 2

PRATIQUE AUTONOME ▸ Cahier de géométrie p. 25 15 min

- **Ex. 4 :** On s'entraine ici à tracer des segments entre deux points.
- **Ex. 5 :** Il s'agit également de tracer des segments dans tous les sens afin de reproduire le moulin. La difficulté réside dans l'identification des points à relier.

BOITE D'AUTONOMIE ▸ Activités au choix de l'enseignant·e (voir la programmation p. 27) 15 min

Trace écrite Leçon ***Alignements et tracés***

Pour évaluer Évaluation ***Alignements et tracés***

Pour différencier
Fichier à photocopier : fiches * et **, *Tracer à la règle*

MISSION 12 Construire un triangle, un rectangle, un carré

MATÉRIEL

- **Par binôme :** un géoplan, des élastiques
- **Pour chaque élève :** la fiche *Papier pointé et quadrillé*

NB : On peut fabriquer un géoplan avec un dessous de plat en liège et des punaises hautes, ou utiliser l'application Géoboard.

TEMPS 1	**MISSION 12** ▶ Diaporama	20 min	En collectif
	Pratique guidée ▶ Cahier géométrie p. 26	10 min	En collectif
TEMPS 2	**Pratique autonome** ▶ Cahier géométrie p. 27	15 min	En individuel
	Boite d'autonomie	15 min	

PRINCIPE DE LA MISSION

Dans cette mission, les élèves construisent les figures à l'aide d'élastiques sur le géoplan, avec des contraintes données, comme des sommets imposés. Ils reportent la figure formée sur un papier pointé, puis sur un quadrillage, en utilisant la règle pour tracer. Ils réinvestissent leurs compétences dans le domaine du repérage et dans le tracé. Ils approcheront les notions de propriétés de longueurs égales pour le carré et le rectangle grâce aux différents supports.

TEMPS 1

MISSION 12 Construire un triangle, un rectangle, un carré (20 min)

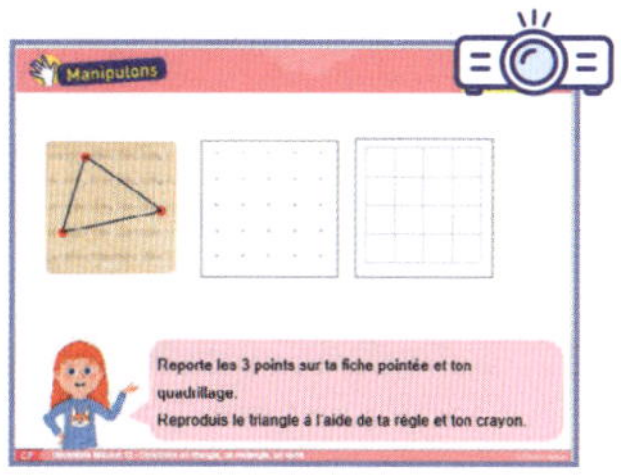

- Cette mission permet le passage de la construction des figures par manipulation à la construction tracée, avec l'aide du papier pointé et du quadrillage.
- L'enseignant·e montre 3 points particuliers sur le géoplan et demande la figure qui pourrait être tracée avec ces 3 sommets. Le lien se fait avec la séance de description des figures planes de la mission 9. Les élèves reproduisent le triangle sur leur géoplan (individuellement ou en binôme). Puis ils reproduisent avec leur règle le triangle sur du papier pointé puis sur du papier quadrillé, en s'aidant de ce qu'ils ont appris en repérage (lignes et colonnes). Pour s'entrainer, ils inventent deux autres triangles, qu'ils reproduisent de la même manière.
- Ensuite, on réitère cette construction avec 4 points, afin que les élèves reproduisent de la même manière le rectangle. Puis on ajoute une difficulté supplémentaire : la construction à partir de 3 points seulement, c'est-à-dire à partir de 2 côtés. Les élèves doivent réinvestir la notion d'égalité de longueurs des côtés opposés. Ils s'entrainent en traçant d'autres rectangles sur les supports.
- Enfin, toujours avec 4 points disposés différemment, les élèves reproduisent de la même manière le carré. On ajoute également une difficulté supplémentaire : la construction à partir de 3 points. Enfin, un niveau supplémentaire de difficulté est ajouté : la construction fait à partir de 2 points seulement, c'est-à-dire à partir d'un seul côté. Les élèves doivent réinvestir la notion d'égalité de longueurs des quatre côtés du carré. Ils s'entrainent en traçant d'autres carrés sur les supports.

BILAN ET MINIQUIZ

Le miniquiz propose différents tracés des trois figures, dont certains ne sont pas corrects. Il s'agit ici de chercher le bon tracé, de repérer les erreurs possibles et d'expliquer ce qui ne va pas, de repérer le bon placement des sommets sur le papier pointé, mais aussi de tracer les différentes figures sur l'ardoise **à main levée**.

PRATIQUE GUIDÉE ▶ Cahier de géométrie p. 26 — 10 min

- **Ex. 1 :** Cet exercice est un réinvestissement de la reproduction de figures sur différents supports, comme dans la mission. Il s'agit ici du passage du géoplan au papier pointé. Le tracé s'effectue à main levée pour ne pas cumuler les difficultés possibles de maniement des outils de tracé.
- **Ex. 2 :** Même travail de reproduction et de réinvestissement, mais cette fois-ci du papier pointé vers le papier quadrillé. La difficulté réside dans le repérage des nœuds du quadrillage comme emplacements des sommets de la figure.

TEMPS 2

PRATIQUE AUTONOME ▶ Cahier de géométrie p. 27 — 15 min

- **Ex. 3 :** Le principal obstacle rencontré peut être l'amorce du triangle avec un seul côté, ce qui laisse beaucoup de choix pour le placement du troisième sommet. Dans cette page, les tracés se font à la règle sur le quadrillage comme sur le papier pointé.
- **Ex. 4 :** Il s'agit ici de compléter le tracé d'un rectangle à partir de deux côtés. Les amorces ne sont pas orientées de la même façon.
- **Ex. 5 :** Il s'agit ici de compléter le tracé d'un carré à partir de deux côtés ou d'un seul.

BOITE D'AUTONOMIE ▶ Activités au choix de l'enseignant·e (voir la programmation p. 27) — 15 min

Trace écrite : Leçon *Alignements et tracés*

Pour évaluer : Évaluation *Alignements et tracés*

Pour différencier
Fichier à photocopier :
fiches * et **,
Construire un triangle, un rectangle
fiches * et **,
Construire un rectangle, un carré

MISSION 13 Construire un assemblage de figures planes

MATÉRIEL
- **Pour chaque élève :** les formes planes du matériel cartonné, la fiche *Assemblages*, un crayon de papier et une règle
- **Par binôme :** un géoplan et des élastiques

TEMPS 1	MISSION 13 ▶ Diaporama	20 min	En collectif
	Pratique guidée ▶ Cahier géométrie p. 28	10 min	En collectif
TEMPS 2	Pratique autonome ▶ Cahier géométrie p. 29	15 min	En individuel
	Boite d'autonomie	15 min	

PRINCIPE DE LA MISSION

Dans cette mission, les élèves observent la composition d'assemblages de formes palpables qu'ils décrivent oralement par la décomposition en formes simples. Ils affinent leur description en utilisant leurs positions relatives, puis leurs mesures. Les différentes étapes se font par un passage de formes manipulables à leur représentation sur le géoplan, puis sur papier pointé et quadrillé.

TEMPS 1

MISSION 13 Construire un assemblage de figures planes 20 min

- Cette mission permet un rebrassage complet de la géométrie, tant du point de vue du repérage que du point de vue de la description de figures et du repérage d'alignements. C'est aussi l'occasion de réinvestir les mesures de longueur avec l'unité carreau.
- Dans un premier temps, les élèves identifient, sur un assemblage, les différentes formes qui le composent, puis comment elles sont organisées entre elles.
- Dans un deuxième temps, les élèves reproduisent ce nouvel assemblage sur le géoplan. Ils réinvestissent la construction de figures. En reproduisant, ils prennent conscience des côtés en commun par les deux portions d'élastique qui se superposent. Les élèves retranscrivent ensuite sur papier pointé et sur quadrillage leur production du géoplan. C'est l'occasion d'introduire la notion de mesure, qui peut être nécessaire à la reproduction.
- Dans un troisième temps, l'assemblage présenté comporte une superposition de figures simples. Cette partie permet de prendre conscience des formes « cachées » sur un assemblage de figures tracées. L'enseignant·e propose aux élèves une sorte de jeu, où un élève fait deviner à l'autre son assemblage sur le géoplan pour que l'autre le trace sur son papier pointé ou quadrillé. L'enseignant·e rappelle qu'il faut que l'assemblage ne soit composé qu'avec les trois figures connues : triangle, carré ou rectangle, et limite l'assemblage à deux figures en ne donnant que deux élastiques. Les élèves comparent leurs assemblages et affinent leur description. Ils échangent ensuite les rôles.
- Dans un dernier temps, il s'agit de compléter la reproduction d'un assemblage de formes présenté sur un papier quadrillé. Cette reproduction peut être faite au tableau en collectif, ou en individuel. Le recours aux formes planes cartonnées facilite la reproduction individuelle.

BILAN ET MINIQUIZ

Le miniquiz correspond à de la géométrie mentale, telle que décrite dans les travaux de Jean-Luc Bregeon.

PRATIQUE GUIDÉE ▶ Cahier de géométrie p. 28 10 min

- ▶ **Ex. 1 :** L'enseignant lit plusieurs fois la description pour que les élèves entourent l'assemblage correspondant. La difficulté réside dans le fait de porter son attention sur l'ensemble du message, et non une partie seulement, afin d'être sûr de son choix.
- ▶ **Ex. 2 :** Même type d'exercice avec le même type de difficulté, mais cette fois ci, il s'agit d'une superposition de figures simples.
- ▶ **Ex. 3 :** Le principal obstacle rencontré peut être la double reproduction d'une figure par glissement et non par symétrie, obstacle qui peut apparaitre avec le modèle placé au milieu. L'enseignant·e veille à la compréhension de la consigne.

TEMPS 2

PRATIQUE AUTONOME ▶ **Cahier de géométrie** p. 29 15 min

- **Ex. 4 :** L'obstacle peut être dû à la superposition. L'enseignant·e propose le recours aux formes planes cartonnées si besoin.
- **Ex. 5 :** Il s'agit de reproduire l'assemblage de figures proposé sur papier quadrillé ou pointé. Les élèvent le reproduisent soit en utilisant leurs connaissances en repérage, soit en traçant des figures simples organisées.

BOITE D'AUTONOMIE ▶ Activités au choix de l'enseignant·e (voir la programmation p. 27) 15 min

Trace écrite Leçon *Les figures planes*

Pour évaluer Évaluation *Les figures planes*

Pour différencier
Fichier à photocopier : fiches * et **, *Construire un assemblage de figures planes*

MISSION 14 Entrainement

MATÉRIEL
▶ **Pour chaque élève :** règle, crayon de papier et crayons de couleurs

	Pratique autonome ▶ Cahier de géométrie p. 30-31	30 min	En individuel

PRINCIPE DE LA MISSION

Dans cet entrainement, il est proposé un travail préalable à main levée ou avec la règle. Puis un travail de poursuite de frise et de reproduction de motifs.

L'enseignant·e peut proposer cet entrainement à tout moment de l'année selon l'avancée des élèves.

PRATIQUE AUTONOME ▶ **Cahier de géométrie** p. 30-31 30 min

- **Ex. 1 :** Il s'agit de reproduire les trois figures planes à partir de sommets, soit à main levée, soit avec la règle.
- **Ex. 2 :** Les frises sont continues et présentées sur du papier quadrillé. Elles sont progressives : avec des segments qui suivent le quadrillage, puis avec des obliques, et enfin les deux ensemble.
- **Ex. 3 :** Les frises sont continues et présentées sur du papier seyes pour être reproduites sur un cahier.
- **Ex. 4 :** Quatre motifs sont présentés, il s'agit d'en reproduire un dans son cahier et de le répéter afin de créer une frise.

Pour différencier
Fichier à photocopier : fiches * et **, *Frises et motifs*

Organisation et gestion de données

MISSIONS

Sur votre espace numérique

Retrouvez sur l'espace numérique **tous les diaporamas** et les **ressources complémentaires** : matériel, leçons et évaluations modifiables, etc.

Objectifs d'apprentissage

- Collecter des données et présenter ces données sous forme d'un tableau ou d'un diagramme en barres.
  - L'élève apprend à effectuer un recueil de données pour des populations de moins de quarante individus, à partir d'une question du type : « Quel est ton animal préféré ? ».
  - L'élève sait produire et utiliser un outil lui permettant de recueillir les réponses de l'ensemble de la population étudiée. L'élève sait ensuite organiser dans un tableau les données recueillies.
  - L'élève sait construire un diagramme en barres restituant les résultats de son enquête.
  - À chacune des étapes, l'élève sait interpréter, lire, communiquer sur les données disponibles en utilisant les expressions : « le plus » ; « le moins », « le plus grand », « le plus petit », « autant que », « plus que », « moins que ».
- Construire et compléter un tableau à double entrée.
  - L'élève sait qu'un tableau à double entrée permet d'organiser et de représenter tous les couples qu'il est possible de former à partir de 2 critères.
  - L'élève sait qu'une ligne et une colonne d'un tableau à double entrée permettent d'identifier le contenu de la case située à leur intersection.
  - L'élève sait compléter un tableau (à partir de 2 critères).

Lexique

- **Collecter et traduire des données :** actions qui permettent de traduire une série de données en une collection organisée. La collecte de données débute fréquemment par une série de symboles plus ou moins organisés.
- **Diagramme en barres :** type de représentation de données sous la forme de rectangles dont la hauteur est proportionnelle à la donnée collectée.

Apports didactiques

- L'objectif général du module est de se familiariser avec différents types de représentations de données après en avoir fait la collecte.
- Pour **collecter des données**, nous avons fait le choix d'effectuer un sondage, afin d'ancrer cette compétence dans le quotidien de l'élève. Cette étape est d'autant plus importante qu'elle permet à l'élève d'abstraire les résultats sous forme de symboles, passant de la collecte à la représentation. À noter que cette compétence s'apparente à des activités de classement comme les élèves de CP ont pu en mener en cycle 1.

- Pour **représenter des données**, plusieurs outils sont d'ores et déjà abordés, dépendants du nombre de critères utilisés pour collecter les données. Ainsi, si la collecte repose sur un seul critère, on représentera les résultats dans un premier temps sous la forme d'un tableau à simple entrée, puis sous la forme d'un diagramme, plus visuel. Si la collecte repose sur 2 critères, on abordera alors le tableau à double entrée, construit lui-même comme un « empilement » de tableaux à simple entrée.
- Cette progressivité dans le nombre de critères étudiés se retrouve dans l'enchainement des missions du module, en construisant tout d'abord les outils pour représenter une collecte simple critère puis doubles critères.
- À toutes les étapes de ces représentations, les élèves apprennent également à interpréter les données collectées puis représentées, s'appuyant indifféremment sur un tableau simple ou double entrée, ou bien sur un diagramme en barres qu'ils auront construit auparavant.

Difficultés rencontrées par les élèves

1 Organisation des données : lors de la collecte des données, l'organisation des symboles peut être une difficulté, liée à la maitrise de la numération, les élèves n'ayant pas le réflexe du groupement (par 5 ou 10 ici).

2 Passage du tableau à simple entrée au diagramme en barres. Cette étape nécessite chez les élèves un passage entre le tableau vertical et le tableau horizontal avant de passer au diagramme lui-même. Si le diagramme en soi-même est naturellement construit, c'est bien cette transposition des 2 tableaux qui constitue une difficulté.

3 Confusion entre colonne et ligne dans un tableau à double entrée. Cette confusion constitue l'écueil majeur de la lecture / complétion d'un tableau. La régularité dans le vocabulaire de l'enseignant en citant systématiquement les coordonnées sous la forme colonne / ligne peut aider les élèves à mieux se repérer dans le tableau.

MISSION 1 Collecter et représenter des données

MATÉRIEL

- **Pour chaque élève :** des gommettes carrées bleues, rouges et vertes.
- **Collectif :** sondage sur la couleur préférée effectué en amont de la mission. Diaporama M1.

TEMPS 1	MISSION 1 ▶ Diaporama Pratique guidée ▶ Cahier géométrie p. 32	30 min	Alternance entre travail individuel et collectif en appui sur la page 32 du cahier.
TEMPS 2	Pratique autonome ▶ Cahier géométrie p. 33	15 min	En individuel
	Boite d'autonomie	15 min	

PRINCIPE DE LA MISSION

La mission s'appuie sur la collecte des données d'un sondage, tour à tour représentées par des symboles, un tableau à simple entrée et enfin un diagramme en barres. Elle alterne entre travail individuel de recherche et mise en commun collective, en appui sur le cahier de géométrie p. 32.

TEMPS 1

MISSION 1 Collecter et représenter des données (30 min)

- Cette mission est la première du module Organisation et gestion de données, qui en comporte deux. On y apprend à collecter et représenter une série de données reposant sur un unique critère, ici la couleur préférée parmi trois propositions, **pour laquelle les élèves ont voté préalablement (prévoir un temps pour cette activité).**
- Dans un premier temps, les élèves se remémorent le sondage effectué. Le dépouillement permet aux élèves de se positionner en scrutateurs et d'organiser, d'abord selon la technique de leur choix, la collecte des résultats de ce sondage.
- La mise en commun, éventuellement en appui sur des représentations fictives de travaux d'élèves (disponibles dans le diaporama pour aider l'enseignant·e), permet de dégager les critères efficaces de lisibilité de la représentation symbolique lors de la collecte de données : une représentation linéaire de symboles, triés par couleurs et organisés par « paquets » cohérents avec les principes de la numération décimale.
- Dans un second temps, les élèves sont invités à réfléchir à une représentation plus abstraite encore, la mise en commun dégageant la piste d'un tableau à simple entrée regroupant les résultats obtenus. Ici encore 2 types de tableaux sont proposés dans le diaporama, vertical en lien avec la représentation symbolique précédente, puis horizontal pour faire le lien cette fois avec la représentation en diagramme en barres suivante. Cette dernière représentation prend alors forme comme construction plane des gommettes empilées sous forme de tour, la hauteur de la tour correspondant au nombre de gommettes empilées. Une version plus mathématique est alors proposée aux élèves, permettant d'introduire les axes, et l'ordonnée particulièrement. Cette dernière compétence s'apparente à une graduation de pas 1 permettant de lire plus aisément la hauteur des barres.

En pratique

Il est indispensable de réaliser le sondage sur lequel repose la mission en amont, en entrant dans la classe par exemple, les élèves mettant la gommette carrée de vote dans une urne.

Point de vigilance

Pour cette mission, le cahier est utilisé en même temps que le diaporama. Les deux colonnes de la partie guidée (page de gauche) permettent de garder une trace du travail de recherche individuelle de l'élève puis de la mise en commun.

BILAN ET MINIQUIZ

Le bilan synthétise les différentes représentations issues du sondage. Dans le mini-quiz, on aborde, à partir d'une situation simple, l'interprétation d'un tableau, puis d'un diagramme en barres.

TEMPS 2

PRATIQUE AUTONOME ▶ Cahier de géométrie p. 33 — 15 min

▶ **Ex. 1 :** L'ensemble de l'exercice est conçu pour reprendre le cheminement de la mission en s'appuyant sur la collecte de différents noms d'animaux sur une illustration et en construisant successivement le tableau puis le diagramme en barres, avant de les interpréter.

BOITE D'AUTONOMIE ▶ Activités au choix de l'enseignant·e (voir la programmation p. 27) — 15 min

Trace écrite — Leçon *Collecter et organiser des données*

Pour évaluer — Évaluation *Organisation et gestion de données*

MISSION 2 Construire un tableau à double entrée

MATÉRIEL

- **Pour chaque élève :** la fiche support « Tableaux », des gommettes de 4 couleurs et 3 formes différentes.
- **Collectif :** Diaporama M2

TEMPS 1	MISSION 1 ▶ Diaporama	20 min	Individuel ou en binôme
	Pratique guidée ▶ Cahier géométrie p. 34	10 min	En collectif
TEMPS 2	Pratique autonome ▶ Cahier géométrie p. 35	15 min	En individuel
	Boite d'autonomie	15 min	

PRINCIPE DE LA MISSION

La mission est dans la continuité de la mission précédente où les élèves avaient appris à représenter des données sous forme de tableau à simple entrée. Ils poursuivent leur travail en triant puis organisant cette fois sous la forme d'un tableau à double entrée, croisant forme et couleur des gommettes utilisées précédemment.

TEMPS 1

MISSION 2 Construire un tableau à double entrée 20 min

Dans cette mission, on manipule les gommettes de différentes formes et couleur afin de construire des tableaux simple entrée qui deviendront un tableau double-entrée.

- Dans un premier temps, les élèves découvrent le matériel et doivent proposer un tri des gommettes de différentes formes et différentes couleurs. Cette activité familière des élèves permet de verbaliser la présence de 2 critères. Ils sont ensuite invités à compléter une première bandelette-tableau du matériel que l'enseignant distribue, tout d'abord en positionnant l'une des formes de la bonne couleur puis en totalité. Cette première étape a pour but de réinvestir les compétences de la mission précédente dans le tri de formes d'une même couleur. La seconde étape vient généraliser cette démarche et la transférer aux autres couleurs afin de compléter intégralement les bandelettes-tableaux du matériel. Cela permet d'une part de vérifier que la méthode est acquise, et d'autre part de préparer la construction du tableau à double entrée qui va suivre. En effet, une fois cette activité terminée, les élèves sont invités à réfléchir sur une représentation qui permet de regrouper / synthétiser les 4 bandelettes-tableaux et de faire apparaître l'objet de la mission.
- La première partie de cette mission se termine par l'introduction du vocabulaire colonne/ligne pour repérer un élément du tableau en fonction des 2 critères présents. À noter que les coordonnées sont nommées sous la forme colonne (future abscisse) puis ligne (future ordonnée).
- Dans un second temps, les élèves réinvestissent l'ensemble des compétences de la première partie, en appui sur une illustration d'animaux qu'il convient d'organiser à l'aide d'un tableau dont les colonnes répertorient leur couleur et les lignes les différentes espèces. C'est aussi l'occasion d'aborder avec les élèves une situation où l'un des éléments ne peut être inséré dans le tableau.

En pratique

Le cas échéant, prévoir de la colle afin de reconstituer le tableau à double entrée à partir des bandelettes-tableau.

Point de vigilance

Verbalement, insister sur les coordonnées sous la forme colonne/ligne en joignant le geste à la parole.

BILAN ET MINIQUIZ

PRATIQUE GUIDÉE ▸ Cahier de géométrie p. 34 10 min

▸ **Ex. 1 :** On complète dans cet exercice un tableau à double entrée en coloriant 2 demi-disques suivant des critères de couleur. On repère ensuite la position de certains disques à l'aide du vocabulaire *colonne* et *ligne*, ce qui constitue le principal obstacle ici.

TEMPS 2

PRATIQUE AUTONOME ▸ Cahier de géométrie p. 35 15 min

▸ **Ex. 2 et 3 :** Ces deux exercices déclinent de manière similaire le cheminement de l'exercice 1, en appui tout d'abord sur un cornet de glaces de différents parfums et nombre de boules, puis ensuite d'une tenue haut et bas de différentes couleurs.

BOITE D'AUTONOMIE ▸ Activités au choix de l'enseignant·e (voir la programmation p. 27) 15 min

Trace écrite Leçon *Construire un tableau à double entrée*

Pour évaluer Évaluation *Organisation et gestion de données*

NOTES PERSONNELLES

NOTES PERSONNELLES

Crédits photographiques
16 ALTO IMAGES/Stocksy – stock.adobe.com
Toutes les autres photographies : © Éditions Nathan

Conception de la couverture et de la maquette intérieure : Julie Lannes, Céline Bernard
Mise en pages et schémas : STDI
Illustrations : Thierry Manès
Iconographie : Sylvie Leneveu
Coordination éditoriale : Anne-Lise Barbanès
Édition : Julie Drappier, Stéphanie Herbaut, Marion Jacquemart, Françoise Laurent-Joncoux
Fabrication : Sébastien Argant

Dépôt légal : septembre 2025 - N° éditeur : 125653 - N° de projet : 10304597
Achevé d'imprimer en France, en août 2025
sur les presses de l'imprimerie Chirat - N° 2001053